U0935688

旅游资源研究

周建明　尹泽生　宋增文　沈　薇◎编著

STUDY ON TOURISM RESOURCES

中国旅游出版社

责任编辑： 谯　洁
责任印制： 冯冬青
封面设计： 中文天地

图书在版编目（CIP）数据

旅游资源研究 / 周建明等编著 . -- 北京 : 中国旅游出版社，2022.12

ISBN 978-7-5032-7072-7

Ⅰ . ①旅… Ⅱ . ①周… Ⅲ . ①旅游资源—研究 Ⅳ . ① F590.3

中国版本图书馆 CIP 数据核字（2022）第 225933 号

书　　名： 旅游资源研究

作　　者： 周建明等　编著
出版发行： 中国旅游出版社
（北京静安东里6号　邮编：100028）
http://www.cttp.net.cn　E-mail:cttp@mct.gov.cn
营销中心电话：010-57377108，010-57377109
读者服务部电话：010-57377151
排　　版： 北京旅教文化传播有限公司
经　　销： 全国各地新华书店
印　　刷： 北京明恒达印务有限公司
版　　次： 2022年12月第1版　2022年12月第1次印刷
开　　本： 787毫米×1092毫米　1/16
印　　张： 19.5
字　　数： 437千
定　　价： 79.00元
ISBN 978-7-5032-7072-7

前　言

旅游资源是旅游业发展的基础，其科学认知是旅游规划的前提。通过对旅游资源的科学研究并制定相应的国家标准是旅游资源可持续利用、旅游规划编制科学性的重要组成部分。

2022 年 3 月 30 日，国家文化和旅游部发布信息，将开展中国特品级旅游资源名录建设工作。文化和旅游部认为，建设中国特品级旅游资源名录，有利于全面摸清优质旅游资源家底，有利于引导高等级旅游产品开发建设，有利于推动旅游资源普查工作全面深入开展。可见，旅游资源的科学认知对现代旅游业的发展具有突出重要的意义。

我国对旅游资源的学理性研究已经历了 40 多年。20 世纪 80 年代起，我国现代旅游业开始迅速发展，地理学界率先开始对旅游资源进行科学性研究，旅游资源一词开始频繁使用，其后其他学科也相继加入，并从各个学科的不同角度对其进行研究。以科学研究为基础，国家旅游局组织专家团队相继编制了 1992 年版《旅游资源普查规范（试行稿）》、GB/T 18972—2003《旅游资源分类、调查与评价》、GB/T 18972—2017《旅游资源分类、调查与评价》。尹泽生先生是编制这三个标准（规范）的课题组组长或主要起草人。这些规范标准在旅游资源开发与保护、旅游规划与项目建设、旅游行业管理与旅游法规建设、旅游资源信息管理与开发利用等方面发挥了重要作用。

中国城市规划设计研究院文化与旅游规划研究所的前身是旅游规划研究中心，成立于 1999 年。也是在当年，尹泽生先生自中国科学院地理所退休后，受邀担任中规院旅游规划研究中心的专家，承担或指导了大量旅游规划中的旅游资源专题研究任务，为旅游中心发展做出了卓越贡献！受尹泽生先生爱人王立军研究员委托，我们汲取了编著者对旅游资源科学研究、标准制定与实践应用的三个层次研究，将旅游资源分类、调查与评价的相关概念理解、主要方法、标准内容、宣贯要点及含义解读，专项旅游资源分类调查与评价要求和旅游资源开发利用建议与思路等内容编制成书。同时，本书也是中规院文旅所周建明所长等承担的院“科技创新基金”重点研究项目“旅游规划编制理论与方法研究”的一部分。本书还收录了编著者完成的我国东部、中部、西部、东北等不同区域，涵盖省域、市域、县域、景区等不同层次的旅游资源分类、调查与评价应用研究的主要成果，作为对旅游资源研究相关理论成果和规范标准应用的实践验证，也是对我国广袤国土上旅游资源概貌的认知图谱。

本书框架思路和内容提纲由周建明教授拟定，以尹泽生先生的多年研究成果和中规院文旅所的实践案例为主，还收录了中科院地理所的两个旅游资源案例（内蒙古、福建平潭）。沈薇规划师在整理尹先生相关研究成果的基础上，增补了我国旅游发展概况、旅游资源定义和内涵、旅游资源学术研究进展、旅游标准化概况、2017 版国标主要变化、旅游资源分类调查与评价、相关国内外研究综述、旅游资源研究趋势与展望等相关研究内容，并对尹先生部分文稿进行了完善，形成了本书初稿；宋增文高级规划师在初稿基础上进行了框架优化、内容统稿和修改完善；王立军研究员整理提供了尹先生在旅游资源研究中的主要贡献部分内容，并对本书初稿提出了修改完善的意见；最后周建明教授进行了审改并定稿。本书内容除编著者的研究工作外，还梳理分析了部分学者的相关研究成果，编著者对引用其中研究成果的学者表示衷心感谢！还有中国旅游出版社谯洁主编对本书出版的大力支持，在此表示诚挚的谢意！

进入新时代，我国旅游市场出现了新的需求和特征，旅游资源研究与实践也要顺应时代变化。本书是编著者对旅游资源科学认知与实践应用方面的总结，欢迎各界同人提出宝贵意见与建议！

编著者

2022 年 8 月

于中国城市规划设计研究院

目 录

第一章　旅游资源研究背景与进展

一、我国旅游业发展概况

随着改革开放进程的推进，我国旅游业发展的格局逐步展开，伴随国家战略不断融入改革开放和经济社会发展的各个阶段，旅游业的定位得到不断提升，并逐渐成长为重要的战略性支柱产业。据相关统计，近年我国 31 个省、直辖市、自治区中，有 24 个将旅游业提高到主导产业或支柱产业的重要地位。同时，作为富民产业、绿色产业，旅游业在资源环境的保护式开发、基础设施的建设和实现共同富裕等方面功不可没。旅游业的发展离不开旅游资源，旅游资源是旅游业发展的基础。

改革开放 40 多年以来，在经济社会发展的支撑下，在市场与产业政策的有序引导下，旅游逐渐成为中国人日常生活刚需，旅游消费大众化已成为趋势（见表 1–1）。与此同时，中国入境旅游也得到了稳步发展。

表 1–1　2011—2021 年旅游统计数据

年份	2011	2012	2013	2014	2015	2016	2017	2018	2019	2020	2021
国内游客（亿人次）	26.41	29.57	32.62	36.11	40	44.4	50.01	55.39	60.06	28.8	32.5
入境游客（万人次）	13542	13241	12908	12850	13382	13844	13948	14120	14531	—	—
出境人数（万人次）	7025	8318	9819	10728	11689	12203	13051	14972	15463	—	—

中国特色社会主义进入新时代以后，社会主要矛盾已经转化为人民日益增长的美好生活需要和不平衡不充分发展之间的矛盾，休闲、旅游等精神层次的追求正是满足人民对美好生活的向往、提高国民福祉的重要途径。

旅游业是国民经济的重要增长点，是经济发展新常态下扩大消费的重要动力源，具有很强的融合能力和巨大的增长潜力，并具有最终消费、多层次多样化消费和可持续消费特征。文化和旅游部统计数据显示，新冠肺炎疫情前的 2019 年全国旅游业对我国 GDP 的综合贡献占比达 6.7%。

二、旅游资源领域的缘起与发展历程

（一）旅游资源的缘起

旅游资源是旅游业可持续发展的物质基础和旅游生产力增长的潜力所在。旅游资源在古代就被人们描述和记载，如公元前4世纪古希腊的《导游手册》、13世纪意大利的《马可·波罗游记》、我国春秋时代的《山海经》、战国时期的《尚书·禹贡》、北魏的《水经注》、明代的《徐霞客游记》等，均有大量的旅游资源记述。二战以后，随着世界经济和旅游需求的日益增长，旅游资源逐渐成为地理和旅游等学科的重点研究领域。

（二）我国旅游资源工作的兴起与发展

1. 兴起

我国是世界上旅游资源最丰富的国家之一，但国内“旅游资源”一词出现较晚，20世纪80年代起，我国现代旅游业开始迅速发展，其在国民经济中所占的比重越来越大，逐步发展成为国民经济中的重要产业。各界逐渐认识到，大力发展旅游业，对于调整人与自然的关系，提高人类生活质量，美化区域环境，建立良性生态系统，均可发挥积极作用。此后，学界逐步加强对旅游资源的重视，开始频繁使用这一名词并从各种角度对其进行研究，并且研究范围走向社会化、研究内容不断丰富、研究领域日益扩展、研究目的更加强调实用，逐渐形成体系。20世纪80年代初期的《中国大百科全书·地理学卷》中，正式辑录了“旅游资源”一词，这是我国较早出现的陈述旅游资源定义、概念、范围的科学文献。它对引发之后学术界和开发管理部门对旅游资源研究的重视，及这一体系的初步建立和渐趋成熟，起到先导性作用。

而开展全国旅游资源普查工作，为进一步科学保护和合理利用旅游资源提供系统的科学依据，是发展我国旅游事业的一项重要的基础性工作，对促进我国旅游业从外延型向效益型、质量型转变，开拓有发展后劲的旅游产品，充实、丰富我国旅游业的总体形象，使我国旅游业持续、稳定、协调地发展，有着重要的现实意义和历史意义。

2. 规范化探索

上世纪90年代初期，国家为开展旅游资源普查，组织了旅游及各方面专家对旅游资源的内涵和外延进行了广泛的研究，其中也包含对“旅游资源”定义的认定：“自然界和人类社会凡能对旅游者产生吸引力，可以为旅游业开发利用，并可产生经济效益、社会效益和环境效益的各种事物和因素，都可视为旅游资源。”这一认定将旅游资源在前人定义的基础上精练提高到一个新的高度，形成了旅游资源研究的良好形势。面对这一形势，主要做三个方面的工作：旅游资源的开发和保护，要求摸清旅游资源家底；为了推动旅游资源科学理论和应用技术的进步，要求从深层次上认识旅游资源；为建立国家和地区旅游科学档案，需要提供旅游资源基础资料，建立并逐步完善一个国家级的信息库。

在这样的背景下，学术界按基本成因、属性、功能、利用方式、效果等原则，将全国旅游资源进行多级划分，形成了数十种方案，特别是一些以区域为主和应用特色鲜明的分类系统研究较为活跃。其中，国家旅游局和国家科学技术委员会于1989~1992 年间，组织编制了《旅游资源普查规范（试行稿）》，从理论和方法上对旅游资源的性质、类别、调查程式、成果表达等方面进行了有益的探索，初步形成了一套实用的旅游资源研究的规范化文件，在旅游资源应用研究方面迈出了关键的一步。

在规范指导下，很多地区开展了旅游资源调查，取得了一些可喜的成绩：①积累了丰富的资料和数据。黑龙江省、西双版纳、桂林等十几个地区分别获得了大量完整的旅游资源资料，出版了 5 部 7 册旅游资源研究专著；②厘清了旅游资源脉络，加强对旅游资源状况的整体把握。根据旅游资源情况及时提出调整开发布局措施；③深层次挖掘旅游资源，明确旅游开发形象，扩充旅游资源开发领域；④加大旅游资源与旅游环境保护力度。

我国旅游资源的开发利用虽然已经取得了上述成绩，但是从社会发展对旅游的需求关系来看，还是远远不够的。有时由于某些使用者，特别是决策层还不能深刻认识旅游资源的真正价值，而使其在开发过程中存在着一定程度的盲目性和随意性，造成一些旅游资源开发决策的失误，导致旅游在低水平上运作。此外，有相当多的人只是看到了我国旅游资源的表面优势，对旅游资源的劣势及某些旅游资源赋存环境的忧患，诸如高品位旅游资源的不合理利用、人均旅游资源相对短缺、旅游生态环境的日益恶化、旅游资源开发的不平衡性（区域开发的不平衡、开发项目的不平衡、开发层次的不平衡）、旅游资源开发过程的短视行为、旅游资源开发中缺少完善的立法和管理体制等认识不足，还没有引起足够的重视，导致我国旅游资源开发利用的现实与旅游业可持续发展的要求不相适应。造成这一现象的原因主要是对旅游资源的家底认识不清，表现为旅游资源概念不明、旅游资源分类混乱、旅游资源数量不清、旅游资源品位不定、研究范围和研究内容相对局限；各自为政，缺乏统一标准；数据量小，以理性评价为主，不便于应用；学术探讨与实际应用脱节等诸多方面。

另外，随着旅游业的迅速发展，人们对旅游资源资料、数据的需求量迅速扩大，如何对这些资料和数据进行评估、排序、储存和运用，成为当时十分迫切的任务。而尽快建立旅游资源分类和评价系统，则是完成这一任务的关键。

3. 标准化发展

从 1999 年开始，国家标准化管理委员会组织国家旅游局和中国科学院的科研、管理人员着手编制 GB/T 18972—2003《旅游资源分类、调查与评价》。编写组在编稿过程中，先后在福建、湖北、黑龙江、江苏、河南等省的一些地区进行了专项旅游资源详细调查试点。

2003 年标准出台后，发挥了多方面的积极作用：①积累完善的数据和资料，建立旅游资源信息开发管理系统；②全面认识和准确把握调查区域旅游资源的性质和特点；③彰显旅游开发的整体形象，调整旅游开发框架；④促进旅游资源向旅游产品的转化；⑤使区域旅游规划与项目建设更加合理；⑥加强旅游资源与旅游环境保护。

当然，旅游资源调查实施也反映出了标准存在的一些缺陷和问题，2017 年，国家旅游局基于旅游界对旅游资源的含义、价值、应用等多方面的研究和实践成果，提出

GB/T 18972—2017《旅游资源分类、调查与评价》，重点对旅游资源的类型划分进行了修订，使标准更加突出实际操作、突出资源与市场的有机对接以及对旅游资源及其开发利用的综合评价，更加适用于旅游资源开发与保护、旅游规划与项目建设、旅游行业管理与旅游法规建设、旅游资源信息管理与开发利用等方面的工作。

三、旅游资源的定义与内涵

（一）国内外学者对旅游资源的定义

“旅游资源”是中国旅游理论和实践领域的重要概念，对于旅游资源的学术定义的讨论由来已久。有关旅游资源的研究论著数量众多，旅游资源的评价与开发也是中国数十年来旅游规划的重要内容。关于旅游资源的概念，多年来许多学者对此作了积极的探讨，并提出了许多建设性的概念。表 1–2 大致按时间顺序列出了我国较有影响的论著 / 论者对旅游资源概念所做的界定。

表 1–2　我国较有影响的旅游资源概念界定

作者，提出年份	观点 / 定义
王立纲，1982	旅游资源是旅游者参观游览的目的物，是旅游业存在和发展的凭借条件
邓观利，1983	凡是足以构成吸引旅游者的自然和社会因素，亦即旅游者的旅游对象或目的物都是旅游资源，均统称旅游资源
郭来喜，1984	凡是能为人们提供旅游观赏、知识乐趣、度假休闲、娱乐休息、探险猎奇、考察研究以及人民友好往来和消磨闲暇时间的客体和劳务，都可称为旅游资源
黄辉实，1985	旅游资源就是能吸引人们前来游览、娱乐的各种事物的原材料。它们本身不是游览的目的物和吸引物，必须经过开发才能成为有吸引力的事物
孙文昌，1986	旅游资源应指凡能激发旅游者旅游动机的，能为旅游业所利用的，并由此而产生经济效益和社会效益的自然和社会的实在物
邢道隆，1990	从现代旅游业来看，凡能激发旅游者旅游动机，为旅游业所利用，并由此产生经济价值的因素和条件，均可成为旅游资源
陈传康、刘振礼，1990	旅游资源是在现实条件下，能够吸引人们产生旅游动机并进行旅游活动的各种因素总和
李天元、王连义，1991	凡是能够造就对旅游者具有吸引力环境的自然事物、文化事物、社会事物或其他任何因素，都可构成旅游资源
国家旅游局，1992	自然界和人类社会凡能对旅游者产生吸引力，可以为旅游业开发利用，并可产生经济效益、社会效益和环境效益的各种事物和因素
保继刚、楚义芳，1993	旅游资源是指对旅游者具有吸引力的自然存在和历史文化遗产，以及直接用于旅游目的的人工创造物
杨振之，1997	旅游资源是旅游地资源、服务及其设施、旅游客源市场三大要素相互吸引、相互制约的有机系统，是有关这三大要素相互间吸引向性的总和
王大悟、魏小安，2000	旅游资源可以有广义和狭义两种理解。广义的理解涉及旅游活动的商品、设施、服务，包括人力、物质和资金资源，以及吸引物资源；狭义指具有经济开发价值的旅游吸引物

续表

作者，提出年份	观点 / 定义
张辉，2002	从经济学角度看，旅游资源是指那些对旅游者构成吸引力和对旅游经营者具有经营价值的自然和社会事物与现象的总和
王洪滨、高苏，2010	旅游资源是所有能被即时或周期性欣赏，并因而产生经济、社会、环境效应的自然与人文诸因素
谢彦君，2011	先于旅游而客观地存在于一定地域空间并因其对潜在旅游者所具有的休闲体验价值而可供旅游产业加以开发的潜在财富形态

概括而言，旅游资源一词总体上在中国学术界被理解成这样三种含义：能吸引旅游者前往旅游的事物（旅游吸引物）；能被旅游业开发利用的吸引物资源（被旅游业利用的吸引物资源）；旅游业中各种能创造价值的资源（旅游业资源）。这当中，第一种含义已被学术界和业界普遍接受。后两种含义尚未被广泛接受，在学理和逻辑上也存在较多漏洞。

目前，在中国，几乎所有论及旅游资源的论著和文件，都将“旅游资源”的英文名称翻译为“tourism resources”，然而，在西方国家尤其是英语界，一般不使用 tourism resources 一词，偶尔使用其含义也不同于我们所指的吸引物资源，而相当于“旅游领域的各种资源”。而汉语“旅游资源”的含义只接近于英文的“tourist attraction”（旅游吸引物）。英语界学者对于 tourist attraction 的理解和概念界定也存在一些分歧，如表 1–3 所示。

表 1–3　国外学者较有影响力的 tourist attraction 概念界定

定义者	定义 / 观点
斯沃布鲁克（Swarbrooke）	景点（visitor attraction）应该是一个独立的单位，一个专门的场所，或者是一个有明确界限的、范围不可太大的区域，交通便利，可以吸引大批的游人闲暇时来到这里，作短时访问
冈恩（Gunn）	吸引物是指那些为游客的兴趣、活动和享受而开发出来的，有规划和管理的地方
米德尔顿（Middleton）	一个指定的、长久性的、由专人管理经营的，为出游者提供享受、消遣、娱乐、受教育机会的地方
英国旅游局（British Tourist Authority）	旅游景区（attraction）是一个长期存在的出游目的地，其首要目的是向公众开放并满足进入者的娱乐、兴趣和教育的需求，而不是仅仅用于购物、体育运动、观看电影和表演
刘（Lew）	旅游吸引物本质上是由所有足以将每个旅游者从家中吸引过来的要素构成的。这些要素通常包括可供观赏的风景，可参与的活动，可追忆的经历
库珀（Cooper），朱（Gee）	吸引物未必是一个地域上有明确边界的地方，海滨、海滩、气候、植被、野生动物、节庆活动都可以是旅游吸引物
霍洛韦（Holloway）	吸引物的概念十分广泛，包括许多不同的风景名胜和场所……也许最简便的方法就是承认任何对人有吸引力，足以让他们前来造访的地方就可被认为是“访问者吸引物”
麦肯奈尔（Mac Cannell）	我把旅游吸引物（tourist attraction）定义为旅游者在游览时和景观以及标示信息之间的关系，并且为该景观提供信息

续表

定义者	定义 / 观点
利珀（Leiper)	旅游吸引物系统包含了三种成分，旅游者或人的要素，核心吸引物或中心要素，以及标识信息或提供信息的要素，当这三种要素合而为一，旅游吸引物便开始存在

综观“旅游吸引物”与“旅游资源”研究，中西方均有从理论到实践再到理论的研究轨迹和相似的研究主题：从早期概念界定与类型研究，中期开发与管理实践研究，近期新兴理论领域（如“旅游吸引物”法律属性，“旅游吸引物”知识转移与创新）和GIS、网络分析、多变量分析等新技术手段的探索。其中，争论较多、较为持久的当属边界与内涵的讨论。西方近年来“旅游吸引物”类型之讨论基于边界与范畴思考，本质上仍然是边界与内涵讨论。国内亦然，并突出地表现为“旅游资源”概念特别是对“旅游资源”与“旅游吸引物”关系的争论。

张凌云把对两者关系的研究概括为“旅游资源”等于“旅游吸引物”、“旅游资源”是“旅游吸引物”与旅游产品的交集、“旅游资源”是“旅游吸引物”与旅游产品的并集 3 类观点，并引发激烈讨论。厉新建等借助“（未开发的）海景到底是旅游吸引物还是旅游资源呢？”的设问，质疑传统“旅游资源”定义与标准，并反思“旅游吸引物”与“旅游资源”的关系问题。邵祎否认西方“旅游吸引物”是国内“旅游资源”概念，认为“旅游吸引物”已进入市场，范畴上属于产品，而“旅游资源”更偏重于未进入市场的事物，故“旅游资源”是“旅游吸引物”的前状态，并建议使用“旅游吸引物资源”名称。张勇认为 3 类观点均不正确，因为“旅游吸引物比旅游资源外延要广”“不是所有的旅游资源都会产生经济效益并成为旅游产品的”“把旅游资源等同于旅游业资源，无限地扩大了旅游资源的范畴”。彭德成则认为旅游资源是个动态概念，从学科角度还未形成一个广为接受的定论。就两者关系看，国内“旅游资源”研究大致形成传统与新兴研究之分野：前者多视“旅游资源”与“旅游吸引物”为共同的旅游对象；后者则赋予“旅游资源”更多的内涵与意义，强调“旅游资源”与“旅游吸引物”的差异部分。保继刚认为，从本质上来说，“旅游资源”表述带有明显的经济学色彩，而“旅游吸引物”一词能够更直观地陈述其本质属性。

分析所有的定义，争议的焦点主要集中在两点：一是旅游资源的属性，即应具有哪些属性的东西才算旅游资源，这是旅游资源的内涵问题；二是旅游资源的范围的界定，即旅游系统中哪些要素可以界定为旅游资源，这是旅游资源的外延问题。

（二）旅游资源的外延

就旅游资源的外延问题来看，随着经济社会发展阶段的变化，尤其是旅游需求与技术进步的变化，旅游业越来越综合，越来越多地跨越三次产业的边界，成为横跨第一、第二、第三次产业的现代综合性产业系统，出现了所谓“大旅游”的概念，由此而纳入旅游产业系统的旅游资源要素范畴在不断外延。浏览最近十年来的旅游资源文献以及相关旅游发展规划成果，可以发现有关旅游资源的外延存在以下基本倾向：

一是将旅游资源等同于旅游吸引物。从旅游资源的内涵来看，具有吸引力是旅游资源的核心价值。因此，具有旅游吸引力的要素就是旅游资源，旅游吸引物也就纳入了旅游资源的范畴。旅游资源是否等同于旅游吸引物，是旅游资源领域内一个长期争论的命题。如果强调旅游资源“吸引力”的核心价值取向，具有吸引力的要素、现象或事件，称其为“旅游资源”或许无可厚非。大多数情况下，人们在交叉使用这两个概念。

二是将旅游资源等同于旅游地或旅游目的地。显然，旅游目的地或旅游地是由若干具有显著旅游吸引物所组成的地域综合体，是一个更偏重于空间范畴的概念。关于空间资源是否属于旅游资源的范畴，也是一个值得探讨的命题。其中，空间资源的一个独特性，就是其“区位”价值。虽然“区位”是一个确定的、不可替代的空间，却又是一个具有不确定性解释的空间，有时又被人称为“地缘关系”，由此而演绎出地缘经济价值、地缘政治价值或地缘旅游价值等。面临一个复杂多变的世界，越来越多的旅游学者把“区位”视作旅游资源的范畴，甚至被认定为一个地区或一个城市或一座岛屿旅游业能否快速成长或转型升级发展的重要资源优势。

三是将旅游资源等同于旅游产品（旅游服务）。2003 年版的中国旅游资源分类标准系统一个重大的进步，就是尽量消除旅游资源类别中的产品类型或被视作旅游产品的类型。严格意义上的旅游产品应该是在旅游资源基础上经过人为加工、或改造、或组合、或创造出来的。旅游产品不同于一般意义上的产品，具有典型的个性化特征和差异化特征。旅游产品针对旅游者、旅游经营者与旅游管理者，具有不同层面的理解和含义。但是在一些特定的环境里，旅游产品与旅游资源有时具有高度的一致性。因此，一些学者将旅游资源等同于旅游产品，特别是等同于旅游景观产品，是有其理论依据的。在旅游资源与旅游产品的相互关系上，旅游资源是基础性，是原发性的；旅游产品是旅游资源的利用，是继生性的、后天性的；当一项旅游产品构件被用于一项新旅游产品的开发，它也就具有旅游资源的属性。旅游资源与旅游产品这种复杂的互动关系，应引起人们的关注。

四是旅游资源等同于旅游基础设施。旅游是人们空间移动性行为，特别是跨区域移动性行为，为人们的这种跨区域移动性行为服务的行业就是旅游业。实现人们的跨区域旅游需要一些必要的基础设施，如旅游交通设施、旅游接待设施、旅游安全设施等。2003 年版的中国旅游资源分类标准系统将许多设施纳入了旅游资源的范畴。设施是旅游实现的基本条件，是旅游产品实现的基本载体，也是旅游资源定义中“可开发”的重要属性载体。从这个意义上讲，旅游资源包含旅游基础设施无可厚非；但旅游基础设施也是旅游产品实现的重要构件和载体，其产品属性也是非常明显的。例如，包价旅游产品的实现，其实质是一组以基础设施为载体的服务组合（经营商）或体验组合（旅游者）。因此，旅游资源与旅游基础设施的相互关系，也是需要进一步澄清的命题。

五是旅游资源等同于环境。将环境视为重要的旅游资源，是导致旅游资源范畴变化的革命性的观点。旅游虽然是一种时尚的生活方式，但离不开其赖以存在与发展的环境基础。在经典旅游业教程中，旅游供给要素包括自然资源与环境、人文环境、交通运输、招待礼节和文化资源，包括目的地的上层建筑与社会基础等，将资源等同于环境。实际上，自然生态环境与人文社会环境总是交织复合在一起，构成一种总体的景观风景线。有国外旅游经历的人，对异国他乡的环境总是有着深刻的印记。从这个意义上讲，环境不仅是旅游资源，也是旅游产品，是实实在在的旅游生产力。随着人类对全球气候变化的觉醒和生态文明建设进程的推进，将生态环境纳入旅游资源的范畴，也有其合理的逻辑性。应对健康与养生需求，将气候环境优势纳入目的地建设的旅游资源范畴的学者也相当普遍。

六是将旅游资源等同于旅游八要素。现代旅游不仅关注传统旅游所关注的食、住、行、游、购、娱六要素，还关注环境（包括安全）与营销，由此而构成旅游八要素。从包价旅游的业态来看，经营者推出的其实就是一组涉及八要素的“菜单”供旅游者选择，双方达成服务供给与支付意愿，成就一次旅游体验的产品实现过程和交易过程。精明的旅游经营者就好比酒店的“高级厨师”，将那些资源要素组合成为适合不同口味需求的“菜单”，供不同需求的旅游者选择。目的地发展与建设可视为“菜单”模式，善于把不同的要素，诸如物质文明、精神文明、生态文明的成果与要素统筹到目的地的产品供给系统中来，以应对市场需求和变化，这是一种高端的旅游资源配置和利用模式。从这个意义上讲，能够统筹到旅游供给系统中来组合或集成为不同特色的旅游产品的要素，应该属于旅游资源的范畴。

七是将旅游资本、科技与人才等纳入旅游资源范畴。从旅游经济学视角考察，现代旅游业的发展，创意、规制、技术装备、景区场景建设，无不与资本、科技与人才等软资源要素密切相关。文艺、工艺、美术、教育、设计、网络技术、影视技术、动画技术越来越多地介入旅游目的地建设和旅游产品的开发。张艺谋的“印象系列实景演出剧”，所调动的资源要素，可能在中国旅游资源分类系统中难以完全“对号入座”。显然，这些要素资源似乎也不应该排除在旅游资源范畴之外。

总之，旅游资源的外延倾向是明显的，也许还有一些倾向有待于进一步总结和归纳。目前学术界有把旅游资源与旅游业资源相剥离的倾向或主张，以维系旅游资源对于旅游者“吸引力”的核心价值观。但是，鉴于旅游与旅游业的相互依存关系，要把旅游资源与旅游业资源分得泾渭分明，还不是一般人所能理解的命题。之所以有上述那些旅游资源外延扩展的倾向或观点，关键在于对“旅游和旅游产业”关系的辩证分析和理解。对“旅游和旅游产业”关系的辩证理解的出发点不同，对旅游资源的类型和范畴的理解也就不同，旅游资源的外延倾向也就不可避免。

（三）国家标准对旅游资源的定义

而《中国旅游资源分类、调查与评价》（GB/T 18972—2003）将旅游资源限定为“自然界和人类社会凡能对旅游者产生吸引力，可以为旅游业开发利用，并可产生经济效益、社会效益和环境效益的各种事物和因素”，提出后得到了学界的广泛使用。

这一定义主要反映以下 5 个方面的内容。

第一，吸引力是认定旅游资源的核心。构成旅游的三个要素，旅游主体（旅游者）、旅游客体（旅游资源）和旅游媒介（旅游业）中，旅游资源之所以能够成为旅游者实施旅游的对象，主要是因为它所具有的吸引功能。

旅游资源的吸引功能表现在它对旅游者所激发起的旅游动机，这包括两方面的因素，首先是由于旅游资源本身或旅游资源所构成的旅游产品能够满足旅游者实施旅游的愿望，这种愿望包括很多方面，诸如人们对开阔眼界、满足好奇、扩大阅历、休憩养生、锻炼体魄、积累知识、交流情感等，这些动机涵盖了对自然美的向往、对娱乐休闲度假健身康疗的需求、对精神文化的探索等；其次是旅游者由于希望改变生活环境而到异地体验所产生的旅游动机。

第二，旅游资源所指范围十分广泛。定义中提到的旅游资源涵盖面是整个自然界和人类社会，这实际上已把现今地理圈层内和历史进程中形成的一切有形实体、精神要素和某些相关环境囊括在内，时空扩展范围异常广阔。

人类对旅游资源的认识历史很久远，古代人们主要是由于对生存的依赖、对山水的向往、对神祇的崇敬所进行的游猎渔牧、户外巡游、宗教礼拜等活动。除了为生计的游牧人群外，实施上述活动的主体基本局限在帝王、官宦、军旅、商贾、僧侣、文人等圈内。人们在这些活动中认识了主要以外观为主的物质型旅游资源。到了近现代，旅游活动逐渐大众化，旅游主体发生了明显的变化。除了观光游览外，休憩、康乐、健身、探险、求知、生态与环境保育等旅游活动渐次加入，旅游者选择的空间迅速扩大，使旅游资源几乎到了无所不包的地步。此时，除了物质型旅游资源继续保持主体外，非物质型旅游资源的地位有了明显提升。

第三，对旅游资源加以必要的限定。旅游资源被规定“对旅游者产生吸引力”，属于一般原则，这里说的旅游者，指的是旅游者群体，至少应是其中的大多数，而不仅仅只是针对个别人。只是个别人有兴趣，而对其余人索然无味的，不能成为旅游资源；一般从事劳务的人员，因为发挥的主要是媒介作用，不能成为旅游资源；探亲访友的对象，是旅游者的局部行为目标，同样不能成为旅游资源；一般的旅游设施和旅游服务，属于旅游开发中的旅游环境和旅游条件，不能成为旅游资源；目前，限于条件暂时不能开发的，可以不认为是现实的旅游资源，但可列为“潜在旅游资源”。至于未来的甚至难以预料的吸引因素，一般不构成当前的旅游资源。

第四，与旅游业有必然的联系。旅游资源“可以为旅游业开发利用”，即旅游资源必须是现代社会行为旅游活动的关注对象，而非仅供研究的理论产物和个人活动的目的物。旅游资源在开发过程中，不同阶段可能有不同形态和不同内涵，但只要正在被旅游业利用或未来能够被旅游业利用，都被认为存在着这种联系。

第五，旅游资源开发产生的经济效益、社会效益和环境效益密不可分。旅游资源开发后必须同时产生经济效益、社会效益和环境效益，整体是健康积极向上的。达不到这一要求的任何事物和因素，目前都不能称为旅游资源。

可以发现，这一定义体现了如下原则：

其一，不能把旅游资源的赋存环境当作旅游资源。赋存环境包括的面很广泛，它的核心概念就是“周围的境况”，旅游环境就是旅游资源周围的境况，实际上是旅游资源生成、演化和现实存在所依托的自然、历史文化和社会条件。环境是环绕着中心存在物的客观存在的总和。中心存在物可以是物质的，也可以是非物质的。旅游环境是围绕旅游者所形成的一种客观存在的物质系统，其内在特征表现为旅游环境结构，外在特征表现为旅游环境状态。旅游环境系统可以分成不同层次和子系统，如通常条件下的环境系统主要由气、水、土和生物等要素组成，它们分别构成了大气环境、水环境、土壤环境和生物环境等子系统。赋存环境对于开发旅游固然也是主要考虑的因素，但它本身和旅游资源是两个不同的体系，是一个与旅游资源本身有一定距离的外围空间，比较抽象，不是真正意义上的旅游资源。旅游资源必须是能够吸引人的事物和因素，旅游环境则不然，许多环境要素并不吸引人，有的还是被旅游所排斥的。旅游环境的许多要素，如地理区位、旅游容量、物资供应、经济状况、土地利用条件、经济状况、发展潜力、管理和服务等，大量引入旅游资源分类因素中来，它是一个与旅游资源本身有一定距离的外围空间，本身不是旅游资源。

其二，不能把旅游产品当作旅游资源。旅游产品是旅游吸引物、旅游服务和旅游设施的总和，所含的内容比较宽泛，而旅游资源指的是其自身，只是旅游产品中旅游吸引物的一部分，不是旅游产品的全部。应该避免把旅游产品，如景区和景点、旅游项目、旅游线路等列为旅游资源类型。目前，最常出现的问题是将景区景点当作旅游资源。景区景点经过了人为的作用，它们或者是由单一性质的事物个体，或者是由单一性质的事物集合体，或者是由不同性质事物组合体构成的，将前两种作为旅游资源是合理的，因为它们的性质统一，具有专指的客观事物属性，认定的标准是一致的，分类时不会产生疑义。而事物组合体是不同性质的多介质、多因素、多显示的综合产物，难以按照深层次的标准认定它们，即使认定，也是指向其中的突出事物个体或事物集合体，对以外的次要事物个体或事物集合体往往是忽略的。由于景区景点的旅游产品性质，不能与构成它们的基础元素旅游资源等同对待。

其三，不能把旅游开发条件当作旅游资源。有的将旅游资源开发所面临的交通、客源数量、滞留时间、吸引距离、开放时间等也作为认定旅游资源的条件。须知这些都是一些开发条件，有些还是一些市场因素，与资源完全是不同的体系。这些条件和因素受原生的旅游环境、人为创造的基础设施、旅游服务等旅游业存在发展的影响，是旅游资源被有效利用的前提，是外加的内容，它们不能构成旅游资源类型。旅游开发条件与人的主观意识和主观努力有关，旅游资源是一种特定的对象，是相对独立的事物和因素，它自身的性质特点并不因为它能不能开发，或开发条件的好坏而发生变化。产生这一误解的根本原因是将旅游资源和旅游资源开发混为一谈，譬如从质量价值的角度来看，按照既定标准评价出来的旅游资源品质等级，并不因为某些条件的改善，如由于交通线路的通达，或者由于投资力度的加大，甚至由于受到某些关注而提升档次；反之，也不会由于这些条件的缺失和不足而降低档次。

可以看出，标准认定的旅游资源是一种与生俱来的、不被外界左右的、以自身特质而具有吸引力的事物和因素。旅游资源当然也有变化，但这种变化是只有符合自身的演变的规律时才会发生，频繁发生的外界环境要素的变化一般不影响旅游资源本质属性的变化。

四、旅游资源研究的科学基础

（一）旅游资源具有区域科学性质

区域科学又称空间科学，是将区域内的一切自然、人文、社会要素视为一个综合体，研究它们彼此间的关系和差异。旅游资源所在的空间区域就具有这样的性质，在一定的区域内，不同性质的旅游资源彼此间的关系和差异，将成为区域旅游资源研究的内容。

地域是具有一定地理位置和可量度的空间，这个空间因受到很多不同性质、特征的因素影响而具有一定存在规律。旅游资源的生成、演化势必受制于这一规律。不同的自然带、不同的地质构造背景、不同的历史发展、不同的文化源流、不同的社会进步阶段等，都将对旅游资源的宏观存在状况起很大作用。地域要素和它们之间的互相作用、互相影响的关系是旅游资源研究的核心。

旅游资源在区域内的形态分布、存在方式、分布格局的环境影响也是旅游资源研究的关键内容之一。在一个区域，特别是在一个较大的区域内，旅游资源的形态、结构、变化都将受到这个区域环境的影响。研究这种影响不但要研究它的空间，还要研究它的时间序列；不但要研究自然影响，还要研究人为活动的影响；不但要研究影响的过程，还要研究影响的结果。

（二）旅游资源研究有广泛科学技术支撑

旅游资源涉及的面很广泛，许多自然科学、社会科学和在生产活动中使用的应用科学、技术科学，都与旅游资源研究有密切关系，它们通过以下几种方式对旅游资源研究提供有力的支撑。

第一，科学的理念被引入旅游资源体系中。目前旅游资源体系，大体上采用自然科学和人文科学的传统科学分类法，命名为反映各种自然现象和自然景观的自然旅游资源，以及由各种社会现象，包括历史文物、文化艺术和物质生产所构成的人文旅游资源。另外，在许多分支学科内，发展了各自领域内的专项旅游资源类型，如地质旅游资源、地貌旅游资源、湖泊旅游资源、河流旅游资源、森林旅游资源、草原旅游资源、生态旅游资源、农业旅游资源、工业旅游资源、文物旅游资源、文化旅游资源、宗教旅游资源、体育旅游资源等，这些旅游资源正在构成各自的旅游资源体系。这些体系中的旅游资源，对相关学科的依赖性很大，各类旅游资源经常采用相关学科中的分类原则划分。

第二，旅游资源类型广泛采纳其他科学术语，从而打上了各种科学的烙印。如地质学中的构造学、古生物学派生出来在某些地质区域存在的地层剖面、断层景观、生物化石点等地质类旅游资源类型名词。地貌学、冰川学、灾害地学派生出来几乎在所有地域存在的地形形态构成的地貌类旅游资源类型名词；海洋学、陆地水文学派生出来某些河口与海岸、湖泊区域、河流段落、地下水出露地的水体与水域旅游资源类型名词；天文学与气候学派生出来在某些特殊地理区域的特殊气候地、气候变化所形成的天象气候类旅游资源类型名词，如极光、海市蜃楼发生地、避暑地、物候现象等。

动物学、植物学、古脊椎动物学、古人类学派生出来的在森林、草原、野生动物栖息地、湿地景观等地出现的生物类旅游资源类型名词；人类活动遗址、建筑学、历史学、考古学派生出来几乎在所有人类活动区域存在的构筑物、遗址类等旅游资源类型名词；商品学派生出来中工农业、传统手工业生产的产品等旅游商品类名词。艺术与文学、民族学、民俗学派生出来文学艺术作品、人类活动等物质和非物质类旅游资源类型名词。

第三，旅游资源广泛借鉴科学研究内容和研究方法。旅游资源研究与许多学科的研究有很多共通之处，在研究程序、研究过程、成果处理等各方面都可借鉴其他学科研究的成熟经验，如地学、生物学研究常用的研究方法，三个阶段（准备、野外工作、室内整理）的运行模式，以及实际操作时的调查、观测、描述、采样与实验室分析、地图显示、影像记录、综合分析等，几乎完全不变地被应用到旅游资源研究中去。除此之外，许多学科中的一般科学方法，如基本逻辑方法、数学方法、系统方法等，也可在旅游资源研究中使用。如利用逻辑方法中的推理和论证的原则，确定旅游资源的定义和正确使用词项；利用类比方法、归纳方法、演绎方法建立旅游资源分类系统；利用数学统计、信息技术建立旅游资源评价模型和旅游资源信息系统等。

五、旅游资源研究内容

由于旅游资源在自然界和人类社会存在的广泛性，旅游资源在开发运行中的多变性，旅游者受体对旅游资源的全面需求所形成的旅游资源的多元性质，需要对旅游资源进行多层面研究才能取得理想的结果。这些研究主要包括如图 1–1 所示内容。

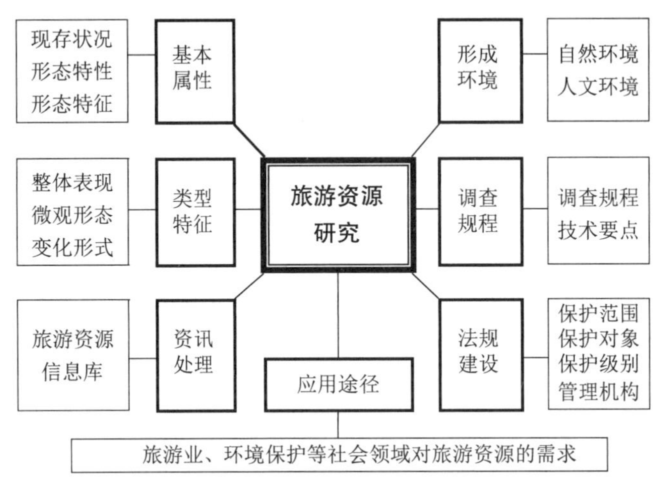

图 1–1　旅游资源研究的内容体系

（一）旅游资源的基本属性

旅游资源的性质与状态是旅游资源的本质属性，它决定了旅游资源的景观特征，蕴含着丰富的科学文化信息。掌握旅游资源的基本属性，是进行旅游资源类型划分的中心环节，也是旅游开发时树立旅游区域和建设项目旅游形象的主要依据。

（二）旅游资源的形成环境

由于旅游资源类型的多样，它们的形成环境也有很大不同。形成环境有自然环境，也有人文环境，环境的印痕通常长久地反映到旅游资源类型上去，成为类型自身的一种科学、文化标记。研究这些标记，可以从更深层次了解旅游资源的内在特质，开发更有价值的特色旅游产品。

（三）旅游资源的类型特征

旅游资源类型的特征，包括它们的整体表现、微观形态、变化形式，都是构成旅游资源吸引力的基本要素。这些特征反映出了它们的基本属性及其形成环境，对这些类型特征进行的解剖、分析、测试、陈述，建立明确、简捷、应用型的旅游资源分类系统，可以由表及里、由浅入深地了解和掌握它们。

（四）旅游资源的调查规程

规范化的调查是深入认识和积累旅游资源的一个必需的过程，旅游资源学研究特别需要探讨和制定大区域和综合性的旅游资源调查规程，明确调查流程的整体要求、程序和技术重点。对于较小范围的专题或专项旅游资源调查，也要给予关注。

（五）旅游资源的资讯处理

旅游资源学对于安全、快速处理规范化的旅游资源资料与数据，应该走信息数字旅游管理系统的道路，需要建立一个完善的旅游资源信息库。这个信息库可与其他旅游开发计算机管理系统接口连接，像旅游地理信息系统、旅游市场分析系统、旅游者流动模型、旅游规划与旅游开发管理系统等。

（六）旅游资源的法规建设

为保证旅游资源研究、旅游资源与旅游环境保护、旅游资源开发的顺利实施和旅游资源的长期安全，需要进行旅游资源法规建设，这是实现旅游资源科学管理的必要条件。法规内容包括保护范围、保护对象和保护级别、管理机构和职责等。

（七）旅游资源的应用途径

旅游资源的开发利用是旅游资源学研究的终端目的之一，研究社会、环境保护等领域对旅游资源的需求。为此，除了对旅游资源深入研究和认识以外，还要对旅游资源的赋存环境和旅游资源开发条件同时进行研究。赋存环境和开发条件主要包括地理区域、现有基础和对旅游资源开发所做的准备等。

六、旅游资源学术研究进展

（一）国外学术研究进展

在西方国家尤其是英语国家，汉语“旅游资源”的含义接近于英文的“tourist attraction（旅游吸引物）”。西方“旅游吸引物”研究大致源起于20世纪六七十年代，对国内旅游资源研究起到指导性作用，以Clare Gunn、Dean Mac Cannell等为早期代表。20世纪八九十年代围绕概念界定和类型研究形成理论探索热潮，特别是Mac Cannell与Neil Leiper的“旅游吸引物系统”、Alan Lew的旅游吸引物框架影响较为深远。对作为旅游吸引物的历史遗址、宗教场所与圣地、边境与政治边界、城市少数族裔聚集区、艺术与文学胜地、乡土民居等的类型探索与分类研究，拓展了旅游吸引物边界，丰富了其内涵。2000年后则进入跨学科、多领域交叉研究，研究主题相对分散，且多实践探索与类型讨论。缘于对旅游实践的关注，“旅游吸引物”出现语义转变而不再单纯聚焦于吸引物本身。自20世纪90年代后期延续至今的“旅游吸引物”开发与管理研究，研究对象实已偏向作为地域的旅游地或景区景点研究。

与此同时，20世纪90年代以来，由于工业化对生态环境造成的负面影响，国外出现对旅游资源非使用价值相关的研究，其中条件价值评估法（CVM）作为针对环境问题进行经济学分析的重要量化方法受到普遍关注，环境资源非使用价值评估的可行性、评估对政府决策的帮助以及游客的支付意愿成为国外学者的关注点。21世纪以来，旅游资源非使用价值实现的方法与模型日益受到重视，对旅游资源非使用价值评估从环境总价值评估中独立出来，呈现出研究领域扩大，研究方法改进和研究程度加深的特点。2010年之后，国外旅游资源非使用价值研究开始关注人地关系研究，呈现出生态学、环境学、生物学等多学科交叉研究的特点。主要涉及旅游景区准入费、旅游资源非使用价值支付意愿、旅游资源非使用价值评估及修正研究。

旅游资源的评价也是国外旅游资源研究的重要领域①。康德美学的“四个契机”为现代旅游资源视觉质量评价奠定了基础，认为美感是建立在鉴赏能力和资源美景度之上，对美学的评价受制于主观感觉。Osgood等和Graik对景观组成要素的描述研究进行深入分析，通过对不同景观要素的组合进行分类，得到不同视觉感受或质量的景观资源，评价中特别重视景观资源替代物的选取和语言描述的准确性。由于条件价值法（CVM）在旅游资源货币价值研究中处于主导地位，因此，国外学者运用该方法进行了大量研究，尽管CVM理论和应用还存在有效性问题，但总体来说该方法有利于旅游决策部门和公众清楚认识到旅游资源的内在价值，有助于旅游部门进行管理和推进公众参与。Harrison C等和Cosgrove D认为对人类文化遗产价值的研究有助于人们理解文化的旅游资源价值和美学价值，并能推进文化认同和文化融合。同时，通过对旅游景观中具有特别意义的文字和符号进行考证，有助于获取并认识这些文化价值及其变化特征。另外，旅行费用法（TCA）和享乐定价法（HPA）在旅游资源评价中也得到广泛运用。

（二）国内学术研究进展

1. 国内旅游资源学术研究发展历程

20世纪50年代以来，旅游资源相关研究广泛吸引了世界学者的关注，中国部分学者则于20世纪70年代末期开始投身其中。历时40余年的发展，在吸收国外相关研究成果的基础上，中国的旅游资源研究在理论和实践上均取得了较大进展。根据“中国知网”的文献数据可以直观看出，自1982年以来，旅游资源的学术研究呈现出三个重要的发展阶段（图1–2）。

① 根据罗艳（2015）对国外旅游资源评价研究的梳理。

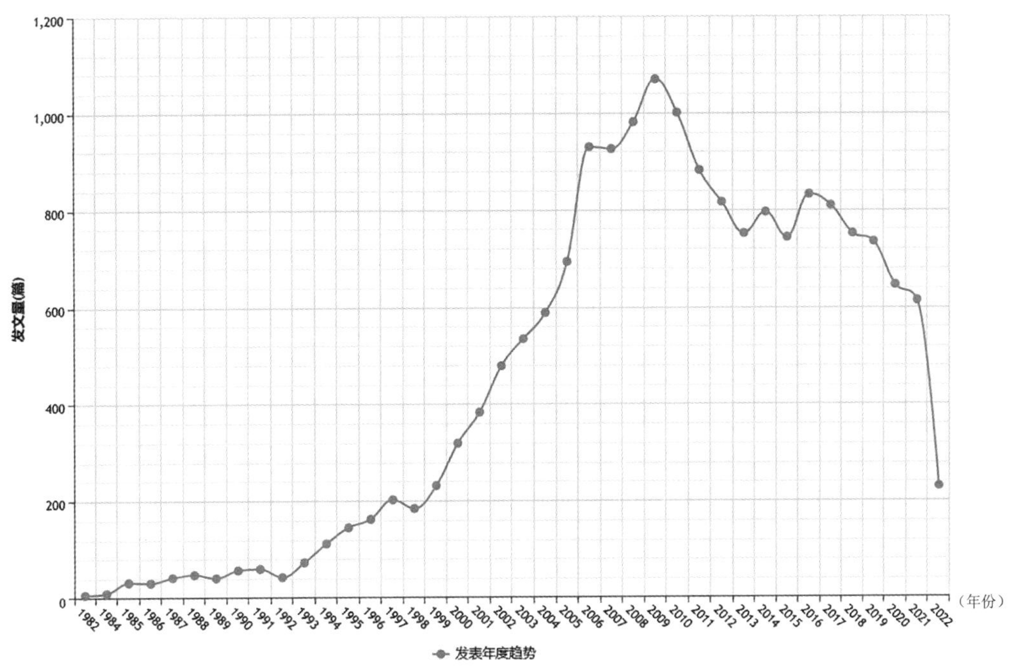

图 1-2　中国知网（cnki.net）文献中“旅游资源”题名搜索文献数量变化

（1）萌芽起步期。国内第一篇关于旅游资源研究的学术文献发表于 1982 年，这一时期适逢改革开放的重要起步阶段，我国经济发展迈入了全新的轨道，旅游业随之蓬勃发展，应势而为旅游资源的调查、评价和开发等工作步入正轨。但是，随后的整个 20 世纪 90 年代，关于旅游资源的研究总体上处于缓慢推进的状态，发文数量较少，具有影响力的学者或团队数量有限，且发展规模较小。然而，值得一提的是，这一时期以陈传康先生为代表的北京大学旅游地理研究团队和以郭来喜先生为代表的中国科学院地理科学与资源研究所旅游地理研究团队已经初步形成。在研究选题和内容方面，主要关注了宏观层面旅游资源开发过程中遇到的实际问题，其中，区域旅游资源的分类、调查和评价是学者们关注的重点，尤其是“旅游资源非优区”研究引起了广泛关注。同时，该阶段对于“什么是旅游资源”的争论居高不下，学者们从不同视角出发，展开对旅游资源概念内涵、外延和边界的阐释，对旅游资源问题理性探讨的开端，为后续研究工作的开展奠定了良好的基础。

（2）发展成熟期。进入 21 世纪以后的十年间，旅游资源相关研究受到广泛关注，进入了学术研究的快速发展期。具体表现为研究学者数量增多，发表文章数量逐年攀升，从 2001 年到 2011 年，发文数量翻倍，2009 年的发文量则达到历史峰值。同时，文章质量不断提高，研究的深度和广度进一步加强，研究话题不断丰富，涉及旅游资源与旅游产业、旅游市场等的量化关系，旅游资源开发中的可持续发展等内容，逐步厘清了旅游资源保护与开发的二元关系。此外，点轴理论、模糊理论、竞合理论、共生理论等成为旅游资源问题研究的新视角，从不同层面解释了旅游资源应用中的新机遇和挑战。该阶段，旅游资源研究快速发展，其研究框架、研究方法和研究范式已基本形成，实践应用强势推进了理论研究的发展。

（3）关注减少期。旅游资源的学术研究在经历了发展成熟期的稳步持续推进之后，遇到了拓展延伸研究的发展瓶颈。从 2012 年开始，旅游资源相关研究的发文量发生了数量减少的巨大变化。总之，这一时期，对于旅游资源学术研究的关注度逐渐下降，总体呈现出波动递减的发展态势。主要原因表现在以下两个方面：一是在学术研究层面，传统意义上的旅游资源研究已相对成熟，而新的理论突破或创新需要学术共同体进行长时期的探索和推进，故而导致探索性研究成果明显缺位；二是在实践应用层面，中国旅游业正在经历由资源、市场、资本和政策共同驱动的革新历程，传统旅游业态不断改造、升级、融合，实践应用中正在遇到或可能存在的问题处于震荡浮现期，从实践中引发的理论思考有待加强。但是，目前关于旅游资源概念的学科归属与统一界定、旅游资源在旅游业转型升级过程中的划分标准与评判指标等问题尚未得到有效解决，因此，学术研究中对于旅游资源的持续探索非常必要，且具有重大意义。

2. 国内旅游资源学术研究要点内容

研究内容主要包括旅游资源的概念与特性、旅游资源分类与评价、旅游资源保护与开发、旅游资源空间结构、旅游资源禀赋与经济社会发展等方面。

国内学者关于旅游资源研究进展的总结包括旅游资源的研究趋势和主题概括以及各类旅游资源研究成果的归纳，如生态旅游资源、森林旅游资源、滨海旅游资源、地质旅游资源等。

张广海、王佳（2010）利用中国知网，以“旅游资源”为主题词，分析了旅游资源研究内容，主要包括旅游资源开发研究、旅游资源保护和旅游资源特征的研究、旅游资源评价和旅游资源分类研究、旅游资源概念研究，它们分别占旅游资源文献总数的 38%、16%、11% 和 8%。国内学者从多个方面对旅游资源进行研究，其研究成果数量多、范围广、涉及面宽，经历了从定性研究到定量研究、从单体要素研究到综合整体研究、从效益性研究到可持续性研究的发展历程，研究层次和理论水平得到较大的提升。

齐武福（2011）根据国家地质公园旅游资源特征、类型和评价方面的研究，通过查阅近几年来相关的研究文献，将学者关注和探讨的热点和难点问题加以系统梳理和综述，发现由于研究起步较晚，研究时间短，目前仍存在许多问题：还未搭建起一个研究的理论平台；在研究方法上，大多引用地学和旅游学的一般研究方法，缺少哲学、心理学、社会学等多学科的交融、多领域的渗透；研究者尚缺乏强烈的“问题”意识——许多研究者仅满足于笼统地概述、泛泛地评价，无法满足下一步进行旅游资源开发的需要。

张广海、王佳（2012）在分析医疗旅游资源研究进展的基础上，进一步分析我国医疗旅游资源类型，包括依托特殊气候条件的医疗旅游资源、依托特色中药资源的医疗旅游资源、依托传统中医医术及中医名家的医疗旅游资源和依托现代高科技医疗技术的医疗旅游资源。根据各类医疗旅游资源的地域分布特点，进一步将我国医疗旅游划分为东部现代医疗旅游区、西部中医治疗旅游区、中部医疗购物旅游区、东北养生休闲旅游区四类功能区。最后，探讨了医疗旅游资源研究面临的问题。

罗芬等（2014）对国内外森林旅游资源的内涵演变、分类、调查及评价 4 个方面的研究进展进行总结，指出旅游资源内涵的演变是研究者对旅游业的认识由观光旅游向狭义旅游业再到广义旅游业逐步变化的客观表征，旅游资源分类的依据主要呈现为物质属性、市场重要性与学科差异 3 类，旅游资源调查的共性内容为地理位置、物质属性、利用与保护前景，旅游评价多采用层次评价法，并对森林旅游资源分类、调查与评价中的不足进行了讨论。

邹智深、苏勇军（2015）总结发现我国滨海旅游学术研究历经 30 余年，已经取得了较为丰硕的研究成果，主要集中在滨海旅游资源的调查与评价、保护和可持续发展的实现，滨海旅游产业发展与产品开发，滨海旅游的发展对经济、环境、社会产生的影响等方面。这些成果为我国滨海旅游实践提供了理论指导。但与国外滨海旅游发达国家相比，我国滨海旅游出现得较晚，相关研究在深度、广度和水平上存在着较大差距，国内滨海旅游研究亟待在研究内容、研究方法、研究力量等几方面实现突破。

冉雯瑞（2017）以 1995~2016 年公开发表的中国生态旅游资源研究成果为基础，采用系统综述方法，对筛选出的文献进行分析，从概念与分类，评价与方法，开发保护与对策及其他方面展开述评，发现针对生态旅游资源脆弱性的研究较少，全部集中在理论层面讨论。提出加强生态旅游资源的脆弱性研究，对旅游区环境容量的研究，永续开展生态旅游更为重要。

张清等（2018）总结发现，国外关于生态旅游资源的分类研究从 20 世纪 60 年代开始可以分为探索期、快速发展期和巩固与革新期三个阶段，国内相关研究始于 20 世纪 90 年代中期，可分为初始、繁荣和停滞期三个阶段。总体上生态旅游资源分类研究逐渐形成了多学科理论综合指导的趋势，也存在着偏重专家评估方法，分类指标体系构建缺乏对生态旅游资源特性及研究样地特性的综合考虑等问题。

秦登妹等（2019）在系统分析国内外海滩旅游资源评价研究进展的基础上，针对现阶段国内评价研究无统一标准的不足，借鉴国外经验，选取海滩开发状况、自然因素、环境因素、人文社会因素四个方面 20 个评价因子，提出新的海滩旅游资源评价体系。

白凯、王馨（2020）总结国内旅游资源学术研究的发展趋势和研究主题，将其划分为萌芽起步期、发展成熟期和停滞衰退期三个研究阶段，研究主题则主要包括旅游资源概念界定、调查实践、评价与开发等。

在新时代、新的发展背景下，也有不少学者做出了一些创新性研究。

黄震方等（2020）从新战略、新需求、新技术、新方法、新动力等方面，诠释了国家战略背景下旅游资源科学新的时代特征，提出新时代的旅游资源研究应借鉴和融合相关理论，从资源本底、资源利用、空间格局和系统协同层面，建立旅游资源的基础理论，并将旅游吸引物理论和旅游人地关系理论作为理论核心。从旅游资源要素维度、空间维度和开发维度，构建了“三维一体”的旅游资源研究框架，重点围绕生态文明战略、文化强国战略、国土空间战略、新型城镇化战略、乡村振兴战略、“一带一路”倡议、创新驱动战略、健康中国战略和区域发展等国家战略，凝练相关科学问题，深入开展旅游资源研究的本土实践和学术探索，推动旅游资源理论与应用创新，构建中国特色的旅游资源科学体系。

刘洋等（2020）从全域旅游视角出发，对地质旅游资源概念与分类、调查与评价、开发与保护进行分析、总结，发现地质旅游资源概念与分类仍然存在争议；地质旅游资源调查已基本形成三步调查法，地质旅游资源评价主要采用层次分析法，评价因子选取上多注重社会经济条件；地质旅游资源开发集中在与其他旅游资源整合上，宏观上侧重分级、分区与开发模式研究，微观上注重具体旅游路线规划；地质公园是目前保护地质旅游资源重要的手段；如何在我国旅游业转型升级中找到自身定位，充分发挥作用，探寻实现全域旅游，是未来关注的焦点；地质公园的建立目标与全域旅游的理念相辅相成，建议将部分地质公园的研究成果与全域旅游结合，促进全域旅游的实施，推动我国旅游业转型升级。

总体而言，近年来，国内旅游资源研究领域不断拓宽，研究内容日益丰富，定量研究更加普遍，应用导向比较突出，并在近些年来呈现出与信息化和经济社会发展相结合、更加关注休闲资源与旅游体验研究等特征，且有少数学者关注到国家战略背景下的旅游资源研究。但仍以应用性评价研究居多，理论创新相对不足，跨学科综合研究比较薄弱，难以阐释复杂的旅游资源问题及其变化规律，未能更好地适应旅游资源消费和产业发展需求。

（三）旅游资源相关理论基础

就理论研究而言，目前，旅游资源科学尚未形成自身的理论体系，其理论研究主要借鉴和融合地理学、生态学、经济学、社会学、人类学、美学等相关理论，形成了由旅游吸引物理论、旅游人地关系理论、旅游系统理论、景观生态学理论、需求层次理论、旅游文化学理论、旅游体验理论、旅游人类学理论、利益相关者理论、旅游地生命周期理论、空间结构理论、生态文明与可持续发展理论、景观美学理论等构成的理论基础。主要可分为资源本底、资源利用、空间格局和系统协同等层面（如表 1–4 所示）。

表 1–4　旅游资源相关理论基础

主要类别	基础理论	研究重点
资源本底理论	旅游吸引物理论，景观美学理论，景观生态学理论，旅游文化学理论，符号学理论等	旅游资源吸引力要素与吸引物体系构建，旅游吸引半径测度与机理分析，旅游吸引物及其价值资产评估，旅游景观美学评价，生态旅游资源与景观生态格局，旅游资源的文化基因与文化认同，旅游文化的真实性与地方性，旅游文化记忆与文化变迁，旅游吸引物符号表征与建构，旅游资源形成机制等
资源利用理论	需求层次理论，旅游体验理论，旅游人类学理论，利益相关者理论，投入产出理论，旅游地生命周期理论等	旅游资源的市场需求与感知差异，旅游资源分类与评价，主题旅游资源（生态旅游、文化旅游、红色旅游、康养旅游、研学旅行、黑色旅游、声景观旅游、味景观等旅游资源）的评价与开发，人类学或社会学视角的旅游资源开发及其影响，利益相关者视角的旅游资源保护与开发利用，旅游资源禀赋与旅游经济发展关系，旅游投资对旅游资源的影响与效应测度，旅游资源（旅游地）的演化特征与开发前景预测等

续表

主要类别	基础理论	研究重点
空间格局理论	区位理论，空间结构理论等	旅游资源的区位特征与地域差异，旅游资源的空间结构、演化特征与形成机制，旅游资源空间组织与功能区划，旅游资源的空间重构与空间效应等
系统协同理论	旅游系统理论，人地关系理论，生态文明与可持续发展理论等	旅游资源系统的要素、结构、特征与演化规律，人类旅游活动对旅游资源的影响及其作用机理，旅游资源承载力评价模型与应用，旅游资源保护与可持续利用，旅游文化的恢复与重构，旅游资源与旅游经济（社会发展）的耦合关系与协同模式等

其中，旅游吸引物理论是对旅游资源本质特征及其相关特性的科学表达；旅游人地关系理论是建立在人地互动及其内在关联基础上形成的系统理论。这两大理论构成了旅游资源的理论核心。

（1）旅游吸引物理论：如旅游资源的概念内涵所述，吸引力是构成旅游资源的核心要素，因而，旅游吸引物理论是旅游资源的理论核心之一，并可视为反映旅游资源本身属性的理论“内核”。其理论内涵可归纳为：①旅游吸引物是吸引游客离开惯常环境到异地开展旅游活动的各种事物和现象。②旅游吸引物既具有吸引游客到访景点的客观属性，又具有代表目的地社会形象、文化符号或被旅游地宣传形象表征的社会属性与象征属性。③旅游吸引物是基于开展旅游活动的本质要求，由主客体之间互动和共同作用的结果，通常具有吸引力的事物和现象，如不能吸引游客离开惯常环境开展旅游活动，则不构成旅游吸引物。④旅游吸引物是由旅游者、吸引物核心要素和标志物组成的系统，对旅游者产生吸引力并促使其出游，既要有核心吸引物要素，又要有旅游标识物等媒介（包括游前所获信息的驱动型标识物、旅途所获信息的旅途标识物和目的地所获信息的目的地标识物），以激发游客的动机、获取旅游信息、计划旅游活动、丰富旅游体验、形成旅游形象和升华旅游意义。⑤旅游吸引物的动态演化和不断发展的过程，通过资源命名、界定范围、提升价值、宣传推广和社会认知，增强旅游核心吸引力并促进旅游吸引物“神圣化”。

（2）旅游人地关系理论：旅游资源是人类旅游活动的载体，旅游发展的本质不仅要依托旅游资源开发旅游产品，满足人民旅游生活需求，促进经济社会发展，还要保证旅游开发、经营与消费行为不破坏旅游资源和生态环境，不威胁资源环境和人类生产生活的可持续发展，这就要求最大限度地协调好旅游人地关系，因而旅游人地关系理论也是旅游资源核心理论之一，并可视为反映旅游资源对外服务属性的理论“外核”。依据吴传钧等、陆大道提出和发展的人地关系理论，黄震方等从认识论、本体论和方法论角度，较为系统地阐述了旅游人地关系的理论内涵。结合旅游资源科学特点，可将其理论内涵归纳为：①地表人类活动与地理环境相互作用形成了动态、复杂、开放的人地关系地域系统，人类旅游活动和旅游资源环境组成的“人地旅游资源系统”是人地关系地域系统的重要组成部分。②旅游资源学是以“人地旅游资源系统”为研究对象，探究旅游资源的特征与保护利用，揭示人类旅游活动与旅游资源相互关系并服务于旅游与经济社会发展及人类生活的一门学科。③“人”是旅游人地关系中的主体；“地”（旅游地资源与环境）是旅游人地关系中的客体，是人类旅游活动的物质基础和空间场所；“人地关系”是人类旅游活动与旅游地资源环境之间客观存在的依存共生关系、相互制约关系和因果作用关系。④建立人类旅游活动与旅游地资源环境之间的和谐共生关系是旅游资源理论的研究目标和基本宗旨，必须坚持生态文明、协调共生、可持续（绿色）发展的思想，加强“人地旅游资源系统”优化调控，不断化解人地关系对立矛盾，建立健全人地系统耦合机制，推动旅游资源永续利用、旅游人地关系协调共生、旅游资源环境与旅游业可持续发展。

七、尹泽生先生在旅游资源研究中的主要贡献

尹泽生先生，1963 年于北京大学地质地理系毕业后一直在中国科学院地理科学与资源研究所工作，为该所研究员。前期主要从事区域地貌、地理环境变迁与人地关系研究，1987 年后转向旅游地理及旅游资源与旅游规划研究，先后承担和完成了多项旅游资源研究及旅游区规划课题。特别是 1989 年后受国家旅游局委托，主持编制了全国旅游资源普查规范，此后作为主要起草人又编写了多项旅游资源普查及旅游区等级划分的国家标准。2000 年退休后作为专家主要受聘于中国城市规划设计院文化与旅游规划研究所（原旅游中心），2008 年后同时又作为专家咨询委员会委员受聘于中国农业大学农业规划科学研究所及北京市富通环境工程公司农业工程，还作为专家受聘于中国社会科学院旅游中心、北京旅游学会、联合国工业发展组织绿色产业中国专家委员会、中国旅游协会咨询中心，以及作为旅游顾问、特聘专家受聘于一些省市、大学等。还曾担任中国地理学会旅游地理专业委员会副主任、全国旅游标准化技术委员会委员、中国旅游规划开发联合中心理事等。

尹泽生先生的成果及主要贡献归纳如下：

（一）作为主要编写人编制完成的旅游资源相关的国家标准

国家旅游局法规性文件《中国旅游资源普查规范（试行稿）》，1992 年

国家标准《旅游景区质量等级的划分与评定》，国标 GB/T 17775—1999

国家标准《中国旅游资源分类、调查与评价》，国标 GB/T 18972—2003

国家标准《中国旅游资源分类、调查与评价》，国标 GB/T 18972—2017

（二）主持或作为主要成员参加的旅游资源专项研究工作如下

浙江省：全省 2004 年，杭州市 2002 年

福建省：全省 2001 年，平潭县 1990 年，南平市及武夷山 2000 年

新疆维吾尔自治区：全自治区 1994 年，阿勒泰市及喀纳斯景区 2003 年，赛里木湖 2003 年，怪石峪景区 2004 年

内蒙古自治区：全自治区 2003 年，纳林湖区 2006 年，乌梁素海 2006 年

甘肃省：全省 2006 年，合作市 2007 年，兰州市 2008 年

海南省：全省 2006 年，海口 2009 年

黑龙江省：大庆市 1997 年，全省 1998 年，黑河市及五大连池景区 2000 年，齐齐

哈尔市 2006 年，漠河市 2008 年，扎龙 2009 年，哈尔滨市 2010 年

江西省：赣州市 1997 年，上犹县与大余县 2000 年，章江下游 2001 年，夏府景区 2006 年，井冈山笔架山景区 2007 年，星子县 2011 年

西藏自治区：藏南及藏西 2004 年，青藏铁路西藏段 2008 年，那曲普若岗日 2009 年，林芝卡定沟 2012 年

河南省：云台山景区 2000 年，新乡小浪底 2002 年，开封市 2003 年，郑州惠济区 2014 年

广东省：斗门县 2003 年，广州市 2004 年，珠海市 2013 年

江苏省：徐州市 2001 年，苏州太湖 2002 年，常熟市 2002 年

云南省：勐腊县 1993 年，勐海县 1994 年，景洪市 1995 年

湖南省：炎陵县 1999 年，凤凰县 2001 年，道县 2006 年

青海省：三江源地区 2008 年

四川省：宜宾市 2014 年

广西壮族自治区：北海市 1997 年

湖北省：五峰县 2001 年

河北省：赤城 2004 年

贵州省：平塘县 2013 年

另外，作为特聘专家参加了中国农业大学 49 项涉农旅游资源研究与规划任务。

（三）作为主要编写人的出版著作

1. 专著

《勐海县旅游资源》，中国旅游出版社，1996，主编

《勐腊县旅游资源》，中国旅游出版社，1996，主编

《黑龙江省旅游资源》（一、二、三册），中国旅游出版社，1998，主编

《景洪市旅游资源》，四川教育出版社，1998，主编

《中国旅游资源分类、调查与评价（GB/T18972-2003）实用方法简编》，2003，执笔人

《旅游资源详细调查实用指南》，中国标准出版社，2006，编著

2. 大型画册

《中国自然景观》，中国画报出版社，1990，主要作者

《中国地理图片集（第一集）》，测绘出版社，1990，主编

《中国自然景观：大地纵横、黄河、黄土、黄淮海》，中国画报出版社，1992，主编

《中国新疆环游录》，科学出版社，1995，副主编

《大庆漫游》，北京出版社，1999，主编

《中国西部地区典型自然景观地图集》，中国地图出版社，2013，副主编

3. 主要研究论文

尹泽生 . 论中国旅游资源普查中的“基本类型”[C]. 区域旅游开发研究，1991：44-51.

尹泽生．旅游资源地图的种类和编制方法［J］．自然资源，1992（04）：74–79.

尹泽生，李亮．我国旅游资源普查的基本任务和基本方法［J］．旅游学刊，1992（03）：42–44+35–60.

尹泽生，李亮．西班牙旅游资源开发途径［J］．地理学与国土研究，1992（01）：55–58.

尹泽生，宋关福．区域旅游资源评价基本原理［J］．旅游学刊，1995（05）：39–42+61.

尹泽生，马绍嘉，宋关福．旅游资源特征值评价的实际运用［C］．全国第 13 届、山东省第 5 届旅游地学与旅游地理第 2 届年会暨海洋景观、烟台和威海海滨旅游资源开发战略研讨会论文集 .1998：118–129.

尹泽生．旅游资源国家标准起草过程及其技术要点［J］．上海标准化，2003（09）：35–38+2.

尹泽生．北京市旅游开发中资源的区域表达程式和内容［J］．北京联合大学学报，2003（01）：127–131.

尹泽生．旅游发展中的科技作用［J］．旅游学刊，2004（04）：7.

尹泽生．旅游资源国家标准分类系统解析［C］．生态·旅游·发展——第二届中国西部生态旅游发展论坛论文集，2004：15–21.

尹泽生，牛亚菲．从规范到标准的递进［J］．旅游学刊，2005（06）：5–6.

尹泽生．地文旅游资源认定的地貌学法则［C］．第一届国际花岗岩地质地貌研讨会交流文集，2006：161–166.

尹泽生，陈田，牛亚菲等．旅游资源调查需要注意的若干问题［J］．旅游学刊，2006（01）：14–18.

尹泽生．地文旅游资源认定的地貌学法则［J］．地质论评，2007（S1）：160–164.

第二章　旅游资源标准化

一、旅游标准化概况

20 世纪 80 年代起，我国旅游业高速发展，迅速成长为国民经济的重要产业。但旅游业的标准化工作却相对落后，实用的行业和国家旅游标准数量很少，这一情况对旅游业带来的不利影响日益显现。一个行业的标准完善程度、先进适用程度以及标准化工作的开展程度是衡量这个行业是否成熟，是否先进的重要标志。重视制定行业标准的科学进步，重视推广标准、开展标准化活动，是加强行业管理的重要手段，是提高行业管理水平、发展旅游生产力的重要措施。国家相关部门在 20 世纪 80 年代末期，开始了中国旅游标准化建设工作。1987 年，我国首次制定并于 1993 年颁布实施了《旅游涉外饭店星级的划分与评定》，后经 1997 年、2003 年、2010 年修订为《旅游饭店星级的划分与评定》。这一标准的出台，不仅对我国旅游行业，而且对全国服务性行业标准化工作的推动起到了非常显著的示范作用。随后旅游标准化工作呈现出快速、高效、持续发展的势头。

（一）旅游标准化工作机制逐步建立

1995 年，经国务院标准化主管部门批复，国家旅游局成立了旅游标准化专业机构——全国旅游标准化技术委员会（SAC/TC210，以下简称旅游标委会），负责旅游业的标准化技术归口工作，分别负责旅游标准化各个方面的研究工作和标准编制的组织工作。旅游标委会由国务院标准化主管部门（即国家标准化管理委员会，简称“国家标准委”）委托国家旅游局负责领导和管理，委员由旅游行政管理人员和旅游专家及旅游企业的专业人员组成。

1998 年 3 月，国家旅游局在质量规范与管理司设立“质量标准处”，负责全国旅游行业的质量标准化工作。2001 年年初，又成立了全国旅游质量认证管理委员会，至此初步建立了旅游标准制定与实施的领导机构。此后，旅游标准化工作机制不断完善，“政府部门指导、行业协会运作、企业共同参与”的工作格局基本形成。

（二）旅游标准研究和制修订工作逐步推进

2000 年，国家旅游局发布实施《旅游业标准体系表》，首次建立了以旅游六要素（食、住、行、游、购、娱）为基础的标准体系框架。2009 年及 2016 年，以业态、产品（服务）供应商类型、功能类别作为分类依据，又对该框架进行了两次全面的修订完善。如图 2–1 所示，是“十三五”期间旅游业标准体系表。

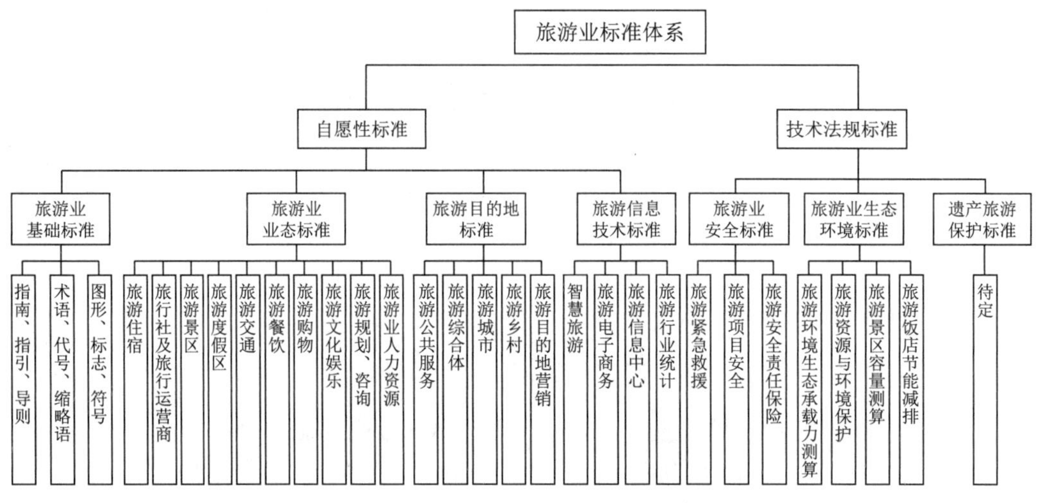

图 2–1　“十三五”期间旅游业标准体系表

目前，在旅游公共服务、旅游景区与度假区、旅游企业与旅游新业态、旅游绿色环保与节能减排、旅游信息服务等方面已研制和发布了一批重要旅游标准。据国家旅游局制定的《全国旅游标准化发展规划（2016–2020）》披露，至 2015 年 12 月，我国旅游业已有国家标准 30 项、行业标准 41 项、地方标准 400 多项、企业标准达 2 万多项，旅游标准体系基本形成。

2021 年 5 月，文化和旅游部旅游质量监督管理所印发《我国旅游业标准体系表（2020）》，新版旅游业标准体系表包含已发布的旅游业及相关国家标准 55 项和行业标准 71 项，展示了旅游领域相关标准体系全貌。（图 2–2）

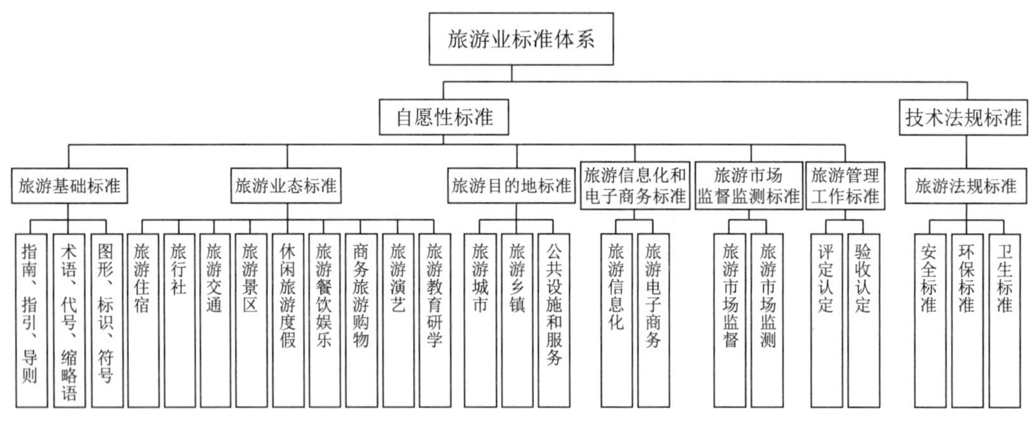

图 2–2　旅游标准体系表 2020 结构框架图（来源：我国旅游业标准体系表 2020）

其中《旅游资源分类、调查与评价》被纳入了指南、指引、导则类旅游基础标准。可见旅游资源分类、调查与评价工作的旅游行业发展和相关工作的基础性作用。

此外，旅游标准化试点示范取得良好成效，树立了一批旅游标准化示范标杆，产生了较大的辐射带动作用，形成了一整套推进旅游标准化工作的经验。标准使旅游开发内容和开发方法日益规范化，从而促进旅游走向成熟，促进了旅游资源向旅游产品的转化，并最大限度地避免和减少盲目性。旅游标准化国际合作与交流有效开展，标准化支持政策和管理措施得到加强。

二、旅游资源标准化

（一）从规范到标准的递进

1. 试行规范

20 世纪 80 年代，国家旅游局和国家科委计划开展全国旅游资源普查，并且将其列入国家旅游局上报给原国家计委的“八五”重点工作计划。中科院地理所与原国家旅游局共同组织成立了“中国旅游资源普查规范”编写组。此后，通过基础调查、规范起草、意见征求、研究试点，确立了《中国旅游资源普查规范（试行稿）》，于 1992 年 11 月 30 日正式发布。全部内容分为正文五章（总则、旅游资源普查分类、普查工作的实施、普查验收、附则）、六个附件（普查相关表格、地图图例）。

《中国旅游资源普查规范（试行稿）》（以下简称《规范》）是国内旅游资源前期标准化文件，规范发布后，中科院地理所选择不同地域类型（省区、地区、县区、景区）在全国 10 多处地方相继开展了规范的后续研究推广工作，力求从实用上和理论上有新的建树，并根据旅游资源普查工作实践，提出修订分类系统和评价方法。此后，我国的旅游资源学术领域走过了一段由理论研究到实际应用，由点及面，由感性接触向理性认知的逐步前进的过程。这一过程，使人们慢慢了解了旅游资源标准化工作的意义，开始接受了它的理念和它的规范程式，并对各地以应用为目的的旅游资源研究和旅游资源开发产生了有效推动。

由于各地旅游业的启动发展，要求学术界从深层次上认识旅游资源，摸清旅游资源家底，以推动旅游资源的开发和保护，建立国家和地区旅游科学档案和旅游资源信息库的呼声越来越高涨，1998 年，国家旅游局提出编制旅游资源分类与评价国家标准，在分析 1993 年以来起草组成员和全国各地执行《中国旅游资源普查规范（试行稿）》的成功经验和出现的问题的基础上，广泛获取学术界和旅游部门的理论技术支持，对旅游资源的属性、范围、形成条件、综合与个性特征、分类等核心问题进行了查新，整编出《学术界关于旅游资源的论述》。并在《规范》起草过程中，选择省、地区、县等三级（黑龙江省、保定地区、西双版纳自治州、江西赣州地区、福建平潭县）安排文本验证，及时发现文本和运作中存在的问题，取得了实际经验，以期保证标准文件的科学性和可操作性。

2. 国家标准

2003 年 2 月 24 日，国家质量监督检验检疫局发布国家标准 GB/T 18972—2003《旅游资源分类、调查与评价》，于 2003 年 5 月 1 日起在全国实施。在《标准》出台后，起草组又参与了河南省、杭州市、浙江省，以及广州市、西藏部分地区的旅游资源详细调查培训和部分组织、调查工作，证明《标准》在操作层面上是可行的。

GB/T 18972—2003 发布后，在实践层面取得了较多成果，积累了丰富的资料和数据；厘清了旅游资源脉络，加强对旅游资源的整体把握；深层次挖掘旅游资源，明确旅游开发形象，扩充旅游资源开发领域；加大旅游资源与旅游环境保护力度。从此，学界对国内旅游的研究日益增多，国内旅游变成官民共同关注的对象，多数研究者从“增加外汇收入，促进各国人民之间友好往来”的国家目标的产业格局中走出来，国内旅游逐渐成为中国旅游发展的第一要务，从而使我国对国内旅游的研究数量和质量都得到了极大的提升。

2017 年 12 月 29 日，国家质量监督检验检疫总局发布了 GB/T 18972—2017《旅游资源分类、调查与评价》，该版标准在 2003 版的基础上，对旅游资源分类表做了继承性修编，分类层次和类型进行了简化；旅游资源主类的排序和名称做了调整；旅游资源亚类设置了23个，比原亚类总数减少8个，主要改变为取消重复类型、同类归并，名称也随之做了相应调整；旅游资源基本类型设置了 110 个，比原基本类型总数减少了 45 个，主要改变为同类归并，科学吸纳和整合相关物质和非物质遗产类资源，名称也随之做了相应调整。

（二）旅游资源标准化涉及的地学问题

旅游资源标准化是在旅游资源研究的基础上形成的，所涉及的科学领域极其广泛，许多自然科学、社会科学和在生产活动中使用的应用科学、技术科学，都与旅游资源标准有密切关系。其中中科院地理所人员依据自身的区域、环境、资源专业优势参与旅游资源研究和标准起草，起到了重要的作用。

1. 旅游资源本质上是地学科学区域研究的对象

此类研究将区域内的一切自然、人文、社会要素视为一个综合体，研究它们彼此间的关系和差异。旅游资源所在的空间区域就具有这样的性质，在一定的区域内，不同性质的旅游资源彼此间的关系和差异，将成为区域旅游资源研究的内容。

受地域控制的旅游资源在不同的自然带、不同的地质构造背景、不同的历史发展、不同的文化源流、不同的社会进步阶段，其生成、结构、类型、状况、演化千差万别。这一差别反映出来的地域要素和旅游资源之间的互相作用、互相影响的关系是旅游资源标准立论的核心。

2. 旅游资源类型广泛采纳地学科学术语

采纳科学术语，从而使旅游资源类型打上了各种现代科学的烙印。其中特别是大量的学术语被直接采用，如地质学中的构造学、古生物学派生出来在某些地质区域存在的地层剖面、断层景观、生物化石点等地质类旅游资源类型名词。地貌学、冰川学、灾害地学派生出来几乎在所有地域存在的地形形态构成的地貌类旅游资源类型名词；海洋学、陆地水文学派生出来某些河口与海岸、湖泊区域、河流段落、地下水出露地的水体与水域旅游资源类型名词；天文学与气候学派生出来在某些特殊地理区域的特殊气候地、气候变化所形成的天象气候类旅游资源类型名词，如海市蜃楼发生地、避暑地、物候现象等。动物学、植物学、古脊椎动物学、古人类学派生出来的在森林、草原、野生动物栖息地、湿地景观等地出现的生物类旅游资源类型名词等。

3. 借鉴地学学科研究方法的成熟经验

旅游资源在研究程序、研究过程、成果处理等各方面都借鉴地学学科研究的成熟经验，如地学研究常用的研究方法，三个阶段（准备、野外工作、室内整理）的运行模式，以及实际操作时的调查、观测、描述、采样与实验室分析、地图显示、影像记录、综合分析等，几乎完全不变地被应用到旅游资源研究中去。除此之外，许多学科中的一般科学方法，也在旅游资源研究中使用。如利用逻辑方法中的推理和论证的原则，确定旅游资源的定义和正确使用词项；利用类比方法、归纳方法、演绎方法建立旅游资源分类系统；利用数学统计、信息技术建立旅游资源评价模型和旅游资源信息系统等。这些内容都清晰地反映在旅游资源标准中。

三、GB/T 18972—2003《旅游资源分类、调查与评价》解读

（一）GB/T 18972—2003 在理论创新及认识上的主要变化和进步

对“旅游资源”概念进行了较严格的界定。提出“自然界和人类社会凡能对旅游者产生吸引力，可以为旅游业开发利用，并可产生经济效益、社会效益和环境效益的各种事物和因素”为旅游资源。这一定义强调以下六点：吸引力是认定旅游资源的核心；旅游资源所指范围十分广泛；对旅游资源加以必要的限定；与旅游业有必然的联系；旅游资源开发产生的经济效益、社会效益和环境效益密不可分；旅游资源是开放性的资源。

1. 规范了旅游资源分类体系

在不同分类概念的前提下，当时出现的分类方案不下百种。分类体系的建立涉及资源的分类原则和分类指标。最初，《规范》提出了“性状”“指标控制”和“包容性”三项原则，但因为受到了当时认识水准的限制，部分违反了科学分类的一般规律。这一失误在随后的《标准》中，很快得到了根本的修正，保留并发挥了性状分类原则，将其余两项“原则”取消，因此强化了分类的科学性和可操作性。按此原则设计出简便明了的分类指标，并以较少的层次完成旅游资源结构，依次称为“主类”“亚类”“基本类型”。其中旅游资源“基本类型”在概念上有所创新，其含义是“按照旅游资源分类标准所划分出的最小程度集合单位”，调查实践表明，基本类型是判断旅游资源性质和特征的重要依据和最核心的分类单位。

2. 统一了简单易行的旅游资源整体调查程式

调查分为“旅游资源详查”和“旅游资源概查”两种模式，前者属于对一个地区的旅游资源综合性质的调查；后者属于专门目的的调查。这两种模式的调查，其调查性质、目的、技术支撑、适用范围、组织形式、工作方式、提交文件、成果处理等方面都有差别；调查的对象锁定在创新命名的“旅游资源单体”上，这是一种可作为独立观赏或利用的旅游资源基本类型的单独个体。这个概念在旅游资源调查中十分重要，同一基本类型的各个单体，由于它们的外在特征、体量、内在性质的差别而

相互分开，所以单体的数量、自身性质和特点、品质等，便成为调查和评价关注的对象；在调查的方式上，提倡现场运作和利用与旅游资源有关的各种资料和研究成果，完成统计、填表和编写调查文件等项工作。在调查阶段上，旅游资源详查一般需要经过三个阶段：准备工作阶段、实地调查阶段、数据采集与成果汇编阶段。三个工作阶段相互关系十分密切，互相补充，依次深入，缺一不可。其中实地调查阶段起着承上启下的作用：准备工作阶段收集来的资料和数据需要在这个阶段得到全面的验证，通过实际调查进一步发现新的资料，补充和完善旅游资源单体系列；旅游资源详查要求填写“旅游资源调查表”，该表格承载了表现旅游资源最核心的内容，调查者在调查准备阶段中收集到的各类旅游资源资料和数据，该旅游资源单体所赋存的环境，开发的情况、单体保护状况等内容，都要在这一表格中体现出来。这对以后旅游资源评价、旅游资源调查成果的质量，以及依据旅游资源调查成果所进行的旅游资源开发将起到至关重要的作用；在质量控制方面，强调整个运作过程的科学性、客观性、准确性。要求在调查过程中，坚持利用最新和最权威的科学概念，认识、解释、记录基本类型单体所涉及的各项内容。同时要寻求资料、数据的准确来源，应达到规定的精度。为达到上述要求，调查人员在资料与数据的采集中，要避免主观臆断、不切实际。

3. 旅游资源评价思路有质的飞跃

原《规范》文稿缺少旅游资源评价内容，因而使得这一文件不完整。《标准》增加了这一部分。长期以来，学术界和资源开发部门在旅游资源评价中存在着一个明显的认识误区，这就是将旅游资源评价和旅游资源开发评价这两个评价体系的概念、内容、方法、结果混淆起来。很多研究者将后者代替了前者，依此产生的旅游资源评价方案几乎全部依照这一法则，这种理解对认识旅游资源很不利。不少人误将旅游资源开发评价中的外围因素，如旅游环境、旅游产品、旅游开发条件列为旅游资源的评价因子。《标准》认为依此因子不能产生严格意义上的旅游资源评价，评价因子必须具有全部资源类型的共同特征，因而提出了“旅游资源共有因子综合评价系统”，这一评价体系的评价因子有“观赏游憩使用价值”“历史文化科学艺术价值”“珍稀奇特程度”“规模、丰度与概率”“完整性”“知名度和影响力”“适游期或使用范围”“完整性”等。这些评价因子都反映了旅游资源单体本身固有的性质，数量不多，掌握起来比较方便。

（二）标准的技术体系

旅游资源标准内容中，主要是旅游资源分类、旅游资源调查和旅游资源评价，它们中的许多核心技术构成标准的骨架和灵魂。

1. 旅游资源分类

旅游资源分类在标准的技术体系中具有举足轻重的地位，它在此后旅游资源调查、旅游资源评价、旅游开发技术体系研究中起到关键作用。

学术界对旅游资源分类争议很大，标准采用的分类系统在于强调它的应用性质。这一系统有几点创新：一是本系统将地学分类中普遍使用的“属性”，也就是旅游资源的现存状况、形态、特性、特征作为旅游资源类型划分的基本原则，而不是把很多分离于旅游资源之外的附加因素，诸如地理位置和可进入性、存在的环境和环境质量、功能利用方式，开发利用程度、效果基础设施、客源市场，区域经济发展水平、开发序位、劳务等外在因素，作为旅游资源的分类指标。从而和大多数旅游资源分类不同；二是将“旅游资源基本类型”和“旅游资源单体”引入分类系统，旅游资源基本类型是“按照旅游资源分类标准所划分出的最小程度集合单位”，旅游资源单体是“可作为独立观赏或利用的旅游资源基本类型的单独个体”。它们成为标准最重要的立论概念和进行调查评价的实际对象。

GB/T 18972—2003《旅游资源分类、调查与评价》将全部旅游资源划分为 3 个层次：“主类”8 类，“亚类”31 类、“基本类型”155 类。其中，基本类型是最实际的资源调查和资源评价单位。

2. 旅游资源调查

旅游资源调查具有以下性质：其一，执行既定的调查规程，有严格的质量控制，有规范化文件处理等；其二，针对整个调查区域，它注意旅游资源在区域内的构成、单体与群体之间关系、不同旅游资源类型之间的关系、旅游资源与旅游环境关系等问题；其三，调查可以发现新的旅游资源类型、旅游资源布局规律、对旅游资源产生新的认识等。

标准规定旅游资源调查分为“旅游资源详查”和“旅游资源概查”两种方式，其调查方式和精度要求不同。

调查过程中坚持“科学、客观、准确”三项原则，在资料的收集与整理、实地调查与测量、实验分析过程中，调查人员要坚持采用最新的科学概念，认识、解释、记录基本类型实体所涉及的各项内容。同时要寻求资料、数据的准确来源，应达到规定的精度。为达到这一要求，调查人员一般应坚持实地调查、验证。在资料与数据的采集中，避免不切实际的主观臆断，要忠实记录调查时现实存在的情况，行文时要避免使用不着边际的文学语言，力戒浮华。

3. 旅游资源评价

标准采用共有因子评价方式。

“旅游资源共有因子综合评价”是依照旅游资源基本类型所共同拥有的因子对旅游资源单体的价值和程度进行的评价。标准采用了三级方式评价体系，包括 3 项评价项目和 8 个评价因子，分别为：“资源要素价值”评价项目中的评价因子“观赏游憩使用价值”“历史文化科学艺术价值”“珍稀奇特程度”“规模、丰度与概率”“完整性”；“资源影响力”项目中的评价因子“知名度和影响力”“适游期或使用范围”；“附加值”评价项目中的评价因子“环境保护与环境安全”。

共有因子评价遵循三项原则：一是量化原则。评价全部采用数值表现方法，旅游资源单体按 8 组 32 项评价因子计算因子小分，各因子小分相加得出该单体旅游资源总分；二是评价因子要素并列和得分平等原则。评定时单体只要符合其中一个要素的质量要求时，即可获得相应的分数；三是环境干预原则。环境不是评价的必要因素，但环境将对旅游资源单体起控制性的作用，以此影响单体的整体质量。

依据旅游资源单体的评价总分 100，将其分为以下五级，从高到低为：得分值域≥90，定为五级旅游资源。得分值域≥ 75~89，定为四级旅游资源。得分值域≥ 60~74，定为三级旅游资源。得分值域≥ 45~59，定为二级旅游资源。得分值域≥ 30~44，定为一级旅游资源。

四、GB/T 18972—2003《旅游资源分类、调查与评价》宣贯

2003 年 5 月 1 日，国家标准《旅游资源分类、调查与评价》(以下简称“标准”或“本标准”)，由国家质量监督检验检疫总局发布，随即在全国实施。标准的出台，面临着国家旅游发展的良好环境和形势，旅游界要求在实际工作中应用本标准的呼声也日益增长。为了适应这一形势，国家旅游局组织标准编写组起草了宣贯教材。

(一)标准应用的范围

本标准主要适用于旅游界：各类型旅游区（点）的旅游资源开发与保护、旅游规划与项目建设、旅游行业管理与旅游法规建设、旅游资源信息管理与开发利用等方面。

对于研究者来说，由于旅游资源研究内容的不断丰富和深化，涉及旅游资源研究的各个方面，如旅游资源的赋存环境、旅游资源开发方法、旅游资源开发与社会进步；不同层次如旅游资源的成因机制、演化过程、形态与结构、价值、环境关联、保护、利用等各类问题，实施本标准可最大限度地获取到这些资料和数据。

对其他行业和部门，如城建、园林、工业、农业、林业、文物、宗教、体育等许多部门和某些企业的资源开发也有一定的参考意义。

(二)标准的性质和任务

1. 加强对旅游资源的全面认识和掌握

执行本标准，可以得到很多收获：旅游资源涉及的领域十分广阔，其中区域科学、自然科学、人文科学、建筑科学、环境科学、美学、信息科学等都与旅游资源发生密切的关系；依据本标准对旅游资源的调查和评价，可以从较深层次挖掘旅游资源的精髓；寻求有价值的特色旅游资源，发现新的旅游资源组合，开辟旅游资源转化旅游产品的途径，扩充旅游资源开发领域；深入的旅游资源调查和评价，有可能发现未知的旅游资源。

2. 使区域旅游规划与项目建设更加合理

可以使旅游资源开发建立在更加科学合理的基础上，其中特别是各区域旅游规划和旅游项目建设中，对于旅游资源的认定能够避免和减少盲目性，因为旅游资源在空间上所具有的可比性，便于研究者、管理者最大限度地明确自身的旅游资源优势，避免因认识不足而导致的某些失误。

为此，建议按照本标准采集的旅游资源单体，在服务于旅游规划和旅游项目建设时要进行正确的区域表达，其内容包括量值的表达、品质的表达、组合关系的表达等。

3. 促进旅游资源法规建设和旅游资源保护

旅游资源法规的制定与实施，涉及旅游资源的类型、组合关系、保存现状、保护措施、开发情况，以及依据旅游资源观赏游憩使用价值、历史文化科学艺术价值、珍稀奇特程度、规模与丰度、完整性、环境安全等因素划分的旅游资源等级，均与执行本标准有密切关系。

在对旅游资源科学准确认定的基础上，可以制定旅游资源开发、利用、保护的各种法律、法规、规章、条例，其依据是旅游资源的类型、等级，及其与赋存环境的关系。

4. 为建立旅游资源信息开发管理系统打下基础

本标准按区域系统开展旅游资源详查可以获得统一的旅游资源资料和数据，在旅游资源调查评价的基础上，完成旅游资源单体数据采集与存录、评价分析、查询检索、地图制作、输出的自动登录、分类、管理、查询、分析的目的。同时，在此基础上可以继续研究与旅游资源关联的旅游区与旅游点、旅游环境、旅游资源开发条件、旅游服务等多方面的管理软件。

（三）标准制定的意义

1. 促进旅游学科发展

旅游资源的研究在很大程度上决定了旅游学的研究水平，这是因为旅游资源的研究内容涉及很多基础学科，如地学、生物学、历史学、文学、美学、建筑科学、环境科学、技术科学、信息科学等，这些基础学科的科学理论和实用方法被广泛地运用到旅游学中，构成旅游学的基石和旅游业的基础。

2. 对区域旅游开发的作用

（1）积累旅游资源的科学资料和数据。按照一种既定的科学分类系统和规范化技术规程将有价值资料和数据整理在一起，需要对旅游资源进行系统、完整、深入的研究。这样才能厘清复杂的旅游资源脉络，掌握区内旅游资源的全貌，真正了解到有价值的旅游资源。除此之外，这种研究还要坚持与时俱进，与学科发展和社会进步相适应，新的旅游资源出现后，要及时地将它们吸收进来。

（2）对旅游资源进行科学认定。旅游资源研究不只停留在对旅游资源资料和数据积累的阶段上，等级评定应该说是最重要的一个环节。这种研究有这样几个特点：一是在注意旅游资源表象的同时，更要关注它的内涵。二是在针对区域研究的同时，更要开展专题研究。三是提倡多层面的研究。

（3）促进旅游资源向旅游产品的转化。旅游资源对于确定旅游产品的类型占据重要位置，因此可以说它是支撑旅游产品的核心要素。旅游资源的性质，可以决定旅游地的形象及其主要旅游开发方向。对于某些可以开发成为参与性、体验性旅游产品的旅游资源，特别需要加强定量研究。

3. 加强景观与环境保护

旅游景观是旅游资源的外在表现，旅游环境是旅游资源的赋存空间，景观的完整程度、赋存空间的环境质量，决定了旅游地的吸引力程度。所以针对旅游资源的研究是景观环境保护的中心议题，此类研究可以确定景观环境保护的类型、保护的力度、保护的方式、保护的结果。在研究旅游资源的同时，还要同时对旅游资源的赋存环境开展相关研究。

4. 促进社会进步

将旅游资源丰厚的人类历史的、文化的信息传达给旅游业者和广大游客，可以提高他们自身的文化素质，使旅游成为探索科学的旅游、追寻历史的旅游、理解文化艺术的旅游、体验美的旅游。以此反映自然科学、人文科学的深刻内涵，可以加强旅游业者和广大游客对旅游资源的科学认知。

由于公众需求所带来的视角变化，使大量科学的事物、文化的载体和非物质因素被认为是旅游资源，许多社会资源和基础设施也开始融入旅游资源，使人们更加自觉地关注、爱戴、保护这些事物和因素，不但旅游业因此受益，其他如乡土教育、爱国主义教育、精神文明教育、就业、扶贫等显示社会进步的现象也逐步变成人们生活的一部分。

（四）标准制定的原则和方法

1. 科学的理念被引入旅游资源分类体系中

目前旅游资源分类体系，完全采用自然科学和人文科学的传统科学分类法，命名为自然旅游资源和人文旅游资源。二者的基本思路是一致的。在许多分支科学内，发展了各自领域内的专项旅游资源类型，这些旅游资源正在构成各自的旅游资源体系。

2. 旅游资源类型广泛采纳其他科学名词

旅游资源直接或间接使用其他科学名词，从而打上了各种科学的烙印。

其中引用最多的有地质学中的构造学、古生物学；地貌学、冰川学、灾害地学；海洋学、陆地水文学；天文学与气候学；动物学、植物学、古脊椎动物学、古人类学；建筑学、历史学、考古学；商品学；艺术与文学、民族学、民俗学等学科。

3. 借鉴科学研究内容和研究方法

旅游资源研究与许多学科的研究有很多共同之处，在研究程序、研究过程、成果处理等各方面都可借鉴其他学科研究的成熟经验。

引用研究内容和研究方法最多的学科是地学、生物学、环境科学、信息科学，此外还有建筑学、历史学、考古学等。

（五）标准文本结构

标准文本正文 9 个部分，包括三个核心内容：旅游资源分类、旅游资源调查、旅游资源评价。此外，还有三个规范性附录："旅游资源基本类型释义""旅游资源单体调查表""旅游资源调查区实际资料表"。文本的这一结构，层次清晰，简单明了，便于使用者理解和掌握（图 2–3）。

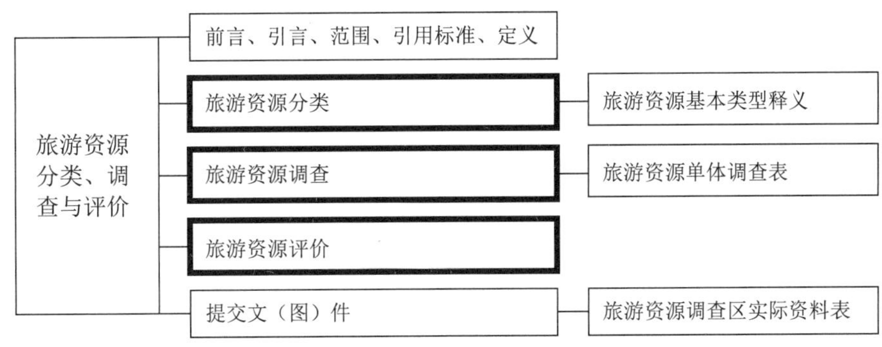

图 2-3　标准文本结构

（六）提交的文件与图件

旅游资源调查、评价后，将产生大量有用的资料和数据，对这些资料和数据的汇总、整编，以便提交一套完整的文件和图件。这些文件和图件实际上是一次新的再创造，有很好的价值，一定要引起足够的重视。

标准规定全部文件与图件包括“旅游资源调查区实际资料表”“旅游资源图”和《旅游资源调查报告》。

旅游资源详查和旅游资源概查的文（图）件类型和精度不同，旅游资源详查需要完成全部文（图）件，包括填写“旅游资源调查区实际资料表”，编绘“旅游资源地图”，编写《旅游资源调查报告》。旅游资源概查要求编绘“旅游资源地图”，其他文件可根据需要选择编写。

1.《旅游资源调查报告》的编写

旅游资源调查报告是要求提交的必不可少的规范化文件，报告正文和有关附件汇集了旅游资源调查的资料和数据，义是调查研究成果的主要表现形式，因此报告可以被认为是一部全面论述调查区域旅游资源性质、特点的科学专著和旅游资源科学数据集成。其学术价值和实用意义是不言而喻的，因此，调查者对此应给予必要的重视。

（1）文字篇目。报告正文按专著的方式编写，在旅游资源调查、评价的基础上，对调查区域旅游资源所处的环境、旅游资源的存在状况，旅游资源形成演化规律，旅游资源类型特征，旅游资源量值、品质、组合关系评价，旅游资源保护与开发中的问题，作宏观论述。正文要求附加插图和表格。

附件显示旅游资源调查、评价所获得的基础资料和数据，以及由此产生的旅游资源图。

以下列出报告的参考章目：

前言

第一章　调查区旅游环境

第二章　旅游资源开发历史和现状

第三章　旅游资源类型

第四章　旅游资源评价

第五章　旅游资源保护与开发建议

主要参考文献

附图：旅游资源图（或优良级旅游资源图）

附件：A. 旅游资源单体实录

B. 旅游资源单体统计一览表

（2）“旅游资源评价”的内容提示。第四章专门论述旅游资源评价，主要任务是将旅游资源单体统计表上的单体和区域环境结合起来，从各个侧面显示它们按类型（或基本类型，或亚类、或主类）、或按行政区域（或地区级区域，或县级区域，或乡镇级区域）和景区的区域表达关系。

①量值的表达。基本类型数量。基本类型的总体数量占 155 种的比例，表明旅游资源的丰富程度。按省级、地区级、县级，确定其为 A 级、B 级、C 级、D 级和 E 级地区。

各大类中亚类数量。各大类中所获亚类总数占该大类全部亚类数量的比例，表明不同性质旅游资源的聚集状况。

单位面积内旅游资源基本类型单体结构分析。按调查区单位面积（如 100 平方公里）内基本类型单体数量，计算出基本类型单体密度指标，表示该区旅游资源的丰富程度。

小区得分排序。依据基本类型数量、基本类型单体数量及各自占总数的百分比和密度计算出的小区得分，衡量各个调查小区的分布情况，据此可以得出基本类型单体数量排序。

人文旅游资源和自然旅游资源数量结构。调查区自然旅游资源（主类 A、B、C、D）基本类型数量和人文旅游资源（主类 E、F、G、H）基本类型数量所占的比例，可认为该地区自然旅游资源和人文旅游资源所占比重。

②品质的表达。旅游资源单体质量分级构成。将各旅游资源单体从五级到一级的数量列出，然后分别计算其占该类型的百分数，可表示出调查区各质量等级的单体数量及其所占的比例，以此表达旅游资源基本类型的优劣程度。

自然旅游资源和人文旅游资源的分级质量等级构成。各级旅游资源基本类型单体中，属于自然旅游资源和人文旅游资源的单体数量，及其占其总数的比例，反映了调查区两大类型旅游资源中，各类旅游资源的重要程度和门类齐全程度。还可以将各级旅游资源基本类型按其数量反映在曲线图上，以此看出自然旅游资源和人文旅游资源从五级到一级的上升或下降趋势，从而推测出调查区今后旅游资源开发中的侧重点。

旅游资源基本类型等级分级结构。从各质量等级旅游资源基本类型单体的数量，看出调查区各级旅游资源基本类型品质差异，结构变化特点，资源品种齐全程度，搭配方式状况等。

各调查小区旅游资源分级构成情况。若对各调查小区五级到一级旅游资源分别按 10、7、5、3、1 赋值，可概略反映调查区的区域综合评判总分。以此可以对全部调查小区的整体旅游资源的质量等级进行排序并按数值大小划分各小区的质量级别。

资源等级区域分析。各调查小区的旅游资源质量等级分析，包括所属基本类型的数量、基本类型单体的数量，以及它们所拥有的五级到一级的基本类型和基本类型单体的数量；还包括其中各调查小区旅游资源基本类型的数量，以及它们所拥有的五级到一级的基本类型和基本类型单体的数量和占本类型的比例。依此可以分析出该调查区各级旅游资源基本类型所占的比重和各调查小区各级旅游资源基本类型所占的比重。

③组合关系的表达。集合区的表达。将集合区内的质量等级属于优良级的五级、四级、三级的旅游资源基本类型单体，按旅游资源主类进行统计。然后将其单体数量分别乘以 10、7、5，得出该集合区旅游资源的等级分数，确定其所属质量等级。将整个调查区内的集合区，按质量等级排序。

组合线路的表达。根据对组合线路带内的旅游资源基本类型单体的数量进行的统计，按照赋分标准确求得其得分值，确定其质量等级。

组合区的表达。根据调查区内旅游资源集合区的质量等级，将其合并成若干旅游资源开发区域和开发地带。

2.“旅游资源图”（或“优良级旅游资源图”）的编制

（1）一般要求。旅游资源图包括两种形式：“旅游资源图”是表现五级、四级、三级、二级、一级旅游资源单体的地图。“优良级旅游资源图”是表现五级、四级、三级旅游资源单体的地图。

使用最新的纸版地理底图或先进的 GIS 制图软件。纸版地理地图包括地形图、政区地图，要求地形清晰、准确，主要地物要表现现实聚落（通常到乡镇，个别到相关村落、街区）、主要交通（一般为铁路、县级以上的公路和连接该单体的交通线、水上航路）、旅游区（附加界线）和旅游点等。

旅游资源单体数据量很大，其中很大一部分属于地学数据，而 GIS（地理信息系统）是处理地学数据的最佳工具，具有很强的属性数据和空间数据录入、存储、管理、检索、分析、制图功能，包括旅游资源单体属性输入、图形数据输入、多媒体输入、自动成图编辑、显示等。根据 GPS 数据（经纬度坐标）自动生成电子地图、能够叠加遥感影像数据形成地图。

旅游资源图按专题地图的方式编制。本图属于示意图性质，主要表现旅游资源单体在图上的基本位置和相互关系，允许有一定误差。

各级旅游资源使用下列图例（见表 2 1）。

表 2-1　旅游资源图图例

旅游资源等级	符号	使用说明
五级旅游资源	■	1. 图例大小根据图面大小而定，形状不变 2. 自然旅游资源（旅游资源分类表中主类 A 地文景观、B 水域风光、C 生物景观、D 天象与气候景观）使用蓝色图例；人文旅游资源（旅游资源分类表中主类 E 遗址、F 建筑与设施、G 旅游商品、H 人文活动）使用红色图例 3. 在图上单体符号一侧加注旅游资源单体代号或单体序号
四级旅游资源	●	
三级旅游资源	◆	
二级旅游资源	□	
一级旅游资源	○	

（2）注意事项。在地理底图（地形图、政区图）的实际位置上标注旅游资源单体（部分集合型单体可将范围绘出）。在图上单体符号一侧加注该单体代号或单体序号。

图面拥挤时，可在图面上附加镶图，相关单体符号表现在镶图上；也可制附表，表中排列单体名录。镶图和附表以连线与实际位置连接。

图上排出图例。

3.“调查区实际资料表”的填写

本标准附录C“调查区实际资料表”是旅游资源调查结束后需要填写的一份工作记录，从中可以全面了解调查区的基本情况、调查过程、调查成果和科技统计档案、工作责任等，其核心内容包括：

（1）调查区基本资料。调查区概况（面积、行政区域、人口、所处的旅游区位）；调查工作过程（工作程序和调查重点、提交主要文件、图件）；调查区旅游开发现状和前景（总体情况、产业地位、旅游开发潜力）。

（2）各层次旅游资源数量统计。填写调查区旅游资源主类、亚类、基本类型的数目及其占全国的比例。

（3）各主类、亚类旅游资源基本类型数量统计。填写8个主类、31个亚类所属基本类型的数目及其占全国的比例。

（4）各级旅游资源单体数量统计。填写各级及未获等级旅游资源单体数量。

（5）优良级旅游资源单体名录。填写五级、四级、三级旅游资源单体名称。

五、国标修编与2017版国标主要变化

（一）旅游资源国标修编的背景

GB/T 18972—2003《旅游资源分类、调查与评价》出台以来，其“旅游资源分类表”（下称“2003年分类表”）面临如下形势：

1. 指导全国旅游资源调查执行面较大

不完全统计全国按照2003年分类表所进行的旅游资源专业调查评价的区域有几百个。其中仅中科院地理所2003年分类表起草团队曾参与或指导过的旅游资源调查，就有6个省（市、自治区）的旅游资源详查、50多个地市和县区的旅游资源详查或概查。并在此基础上编写和出版了数十篇旅游资源分类研究论文和12部（集）旅游资源论著。同时开发出了地区性的旅游资源评价软件。

2. 分类思路与分类体系被学界广泛引用于科研、教学领域

目前国内一些旅游教科书采用了2003年分类表。各地旅游规划也多采纳本分类标准。这十多年来，全国城建、农业、林业、水利、地质、环境、文保、遗产等与旅游事业有关的部门，以往都不同程度地使用或采纳2003年分类表中的内容，在他们的规划、专业开发过程中，也常常接受分类表中的旅游资源理念，使用分类表规定的技术体系。不少涉及区域规划、旅游开发、景观生态、水利部门在制定该领域专业标准或技术规范时也都采用了2003年分类表的部分内容。

3. 得到社会普遍认同，影响面日渐扩大

其中标记之一，是知名搜索门户网站的密集报道，2014 年 7 月查询登载和评述 2003 年分类表的各类网站数量很多，累积量很大，如谷歌查得 3270 项，百度查得 5700000 项。

4. 2003 版国标面临的形势与挑战

2003 年分类表，诞生于我国旅游事业大发展的初期，学术界、使用者对科学、实用的旅游资源分类有较高期待，但事实是当时学术水准和技术条件尚不成熟，标准起草者的多方位专业水平有局限，加上没有足够多的成果范例可供参照，技术手段也不能保证，这使得分类表存在着不少缺陷。

2003 年分类表出台十多年来，我国旅游形势发生了很大变化，旅游界对旅游资源有了更广的思考和更深的理解，研究和应用分类表的旅游部门和单位，数量急剧增加，其学术品质有了很大提高，对旅游资源的要求也有很大提升，这使得 2003 年分类表的科学水准和技术含量也要相应升华。与此同时，这十多年来，常常关注和使用旅游资源的其他专业部门，也对分类表有新的需求。所以，此次对旅游资源标准的修编，受到了旅游界及其相关的学术界的关心、理解和支持。目前，全国旅游业迅猛发展，由于旅游概念的更新，旅游资源基础资料信息的大量积累，以及科学技术的进步，处理手段的现代化，修编 2003 年分类表成为必然。

在此背景下，2011 年，国家旅游局下达了《旅游资源分类、调查与评价》国家标准修订任务的通知（旅规划财务发〔2011〕3 号），要求全面梳理 2003 年标准颁布实施以来的相关研究成果，使标准更加突出实践操作，更加突出资源与市场的有机对接，更加突出对旅游资源及其开发利用的综合评价。

（二）旅游资源新版国标的变化

2017 年新版《国标》颁布，出现了如下主要变化：

1. 概念界定更为准确

在原有旅游资源概念的基础上，对“事物和因素”的描述进行了改动，将其替换表述为“事物和现象”。使用“事物和现象”的表述强调了核心关键概念的二元互动关系。事物（Thing）是哲学的基本概念，随西学东进进入中国之后，被译为“事物”，成为中国现代哲学的基本概念，但在中国现代哲学的事物概念里，只有“物”之含义，没有“事”之含义。而“现象”则是客观存在的事物作用于人的感觉器官而在大脑中形成的表象，现象本身绝不是纯客观的东西，它是客观的物质特性同人的感官相互作用的结果。现象并不是脱离人的主体而客观存在着的，它既有客观性的一面，又有主体性的一面。任何现象，如果没有外物一定特性的作用，没有感觉主体参与的生理过程，是不可能形成的。“事物和现象”的使用，既强调了物质和意识、客观与主观的对立差异，也强调了二者之间互为联系、互为统一的因果逻辑。“事物和现象”概念的使用涵盖了“因素”的范畴。因素主要是构成事物的内在条件或组成成分，现象则主要由两种因素构成：一种是客体因素，即客观事物；一种是主体因素，即人的感觉器官。旅游资源概念“现象”的表述，能将某些现存的，能够吸引旅游者的自然或人为因素进行涵盖，如极光、日出、潮汐等属于自然现象；旅游节庆、民俗节日等属于人为现象。概念界定的细微变化，既是学术研究积累与转化的成果展现，也是实践应用过程中对问题的总结与思考，在不断接近客观事实的过程中，概念的严谨性和科学性实现了质的提升。

2. 旅游资源分类的科学合理化

这为旅游资源评价工作的顺利开展提供了重要保障。现行《国标》在不突破既定分类标准和原则的基础上，对原有的旅游资源分类实施了继承性修编，既保留了“主类—亚类—基本类型”的三级分类结构，又进一步增强了旅游资源分类的包容性。其突出变化主要表现在以下几个方面。首先，对旅游资源的分类进行了取消重复类型、同类归并的简化处理，其中，亚类减少了 8 类，基本类型减少了 45 个。例如，对“生物景观”主类之下的亚类进行了精简，将原来的“树木、草原与草地、花卉地”亚类统一合并为“植被景观”亚类。在“建筑与设施”主类之下的亚类中，将原来的七项合并为三项亚类，分别为“人文景观综合体、实用建筑与核心设施、景观与小品建筑”。其次，进一步扩充了景观的基本类型，涵盖了许多近年来发展迅速的新兴旅游资源。例如，在“水域景观”主类的基本类型中加入了“现代冰川”，囊括了冰雪旅游带动下产生的新兴人造旅游资源；在“天象与气候景观”主类的基本类型中加入了“地表光现象”，主要包括现代灯光技术应用之下催生的全新旅游资源，如民俗灯会、灯光秀、光影表演等。再次，提升了对非物质文化遗存的关注。在“历史遗迹”主类下直接划分为“物质类文化遗存”和“非物质类文化遗存”两大亚类，“非物质类文化遗存”亚类的基本类型中加入了新类型，具体包括“民间文学艺术、地方习俗、传统服饰装饰、传统演艺、传统医药和传统体育赛事”六类。最后，细化了旅游购品并对应调整了名称表达。在旅游资源分类中，将“旅游商品”主类的表述换成了“旅游购品”，并且在对“旅游购品”亚类的划分上更加细致，划分为“农业产品、工业产品和手工工艺品”三类，取代了原“地方旅游商品”单一亚类的分类标准。

表 2–2　2017 年版旅游资源国标旅游资源基本类型释义

主类	亚类	基本类型	简要说明
A 地文景观	AA 自然景观综合体	AAA 山丘型景观	山地丘陵内可供观光游览的整体景观或个别景观
		AAB 台地型景观	山地边缘或山间台状可供观光游览的整体景观或个别景观
		AAC 沟谷型景观	沟谷内可供观光游览的整体景观或个体景观
		AAD 滩地型景观	缓平滩地内可供观光游览的整体景观或个别景观
	AB 地质与构造形迹	ABA 断裂景观	地层断裂在地表面形成的景观
		ABB 褶曲景观	地层在各种内力作用下形成的扭曲变形
		ABC 地层剖面	地层中具有科学意义的典型剖面
		ABD 生物化石点	保存在地层中的地质时期的生物遗体、遗骸及活动遗迹的发掘地点

续表

主类	亚类	基本类型	简要说明
A 地文景观	AC 地表形态	ACA 台丘状地景	台地和丘陵形状的地貌景观
		ACB 峰柱状地景	在山地、丘陵或平地上突起的峰状石体
		ACC 垄岗状地景	构造形迹的控制下长期受溶蚀作用形成的岩溶地貌
		ACD 沟壑与洞穴	由内营力塑造或外营力侵蚀形成的沟谷、劣地，以及位于基岩内和岩石表面的天然洞穴
		ACE 奇特与象形山石	形状奇异、拟人状物的山体或石体
		ACF 岩土圈灾变遗迹	岩石圈自然灾害变动所留下的表面痕迹
	AD 自然标记与自然现象	ADA 奇异自然现象	发生在地表一般还没有合理解释的自然界奇特现象
		ADB 自然标志地	标志特殊地理、自然区域的地点
		ADC 垂直自然带	山地自然景观及其自然要素（主要是地貌、气候、植被、土壤）随海拔呈递变规律的现象
B 水域景观	BA 河系	BAA 游憩河段	可供观光游览的河流段落
		BAB 瀑布	河水在流经断层、凹陷等地区时垂直从高空跌落的跌水
		BAC 古河道段落	已经消失的历史河道现存段落
	BB 湖沼	BBA 游憩湖区	湖泊水体的观光游览区与段落
		BBB 潭池	四周有岸的小片水域
		BBC 湿地	天然或人工形成的沼泽地等带有抑止或流动水体的成片浅水区
	BC 地下水	BCA 泉	地下水的天然露头
		BCB 埋藏水体	埋藏于地下的温度适宜、具有矿物元素的地下热水、热汽
	BD 冰雪地	BDA 积雪地	长时间不融化的降雪堆积地面
		BDB 现代冰川	现代冰川存留区域
	BE 海面	BEA 游憩海域	可供观光游憩的海上区域
		BEB 涌潮与击浪现象	海水大潮时潮水涌进景象，以及海浪推进时的击岸现象
		BEC 小型岛礁	出现在江海中的小型明礁或暗礁
C 生物景观	CA 植被景观	CAA 林地	生长在一起的大片树木组成的植物群体
		CAB 独树与丛树	单株或生长在一起的小片树林组成的植物群体
		CAC 草地	以多年生草本植物或小半灌木组成的植物群落构成的地区
		CCD 花卉地	一种或多种花卉组成的群体
	CB 野生动物栖息地	CBA 水生动物栖息地	一种或多种水生动物常年或季节性栖息的地方
		CBB 陆地动物栖息地	一种或多种陆地野生哺乳动物、两栖动物、爬行动物等常年或季节性栖息的地方
		CBC 鸟类栖息地	一种或多种鸟类常年或季节性栖息的地方
		CBD 蝶类栖息地	一种或多种蝶类常年或季节性栖息的地方

续表

主类	亚类	基本类型	简要说明
D 天象与气候景观	DA 天象景观	DAA 太空景象观赏地	观察各种日、月、星辰、极光等太空现象的地方
		DAB 地表光现象	发生在地面上的天然或人工光现象
	DB 天气与气候现象	DBA 云雾多发区	云雾及雾凇、雨凇出现频率较高的地方
		DBB 极端与特殊气候显示地	易出现极端与特殊气候的地区或地点，如风区、雨区、热区、寒区、旱区等典型地点
		DBC 物候景象	各种植物的发芽、展叶、开花、结实、叶变色、落叶等季变现象
E 建筑与设施	EA 人文景观综合体	EAA 社会与商贸活动场所	进行社会交往活动、商业贸易活动的场所
		EAB 军事遗址与古战场	古时用于战事的场所、建筑物和设施遗存
		EAC 教学科研实验场所	各类学校和教育单位、开展科学研究的机构和从事工程技术试验场所的观光、研究、实习的地方
		EAD 建设工程与生产地	经济开发工程和实体单位，如工厂、矿区、农田、牧场、林场、茶园、养殖场、加工企业以及各类生产部门的生产区域和生产线
		EAE 文化活动场所	进行文化活动、展览、科学技术普及的场所
		EAF 康体游乐休闲度假地	具有康乐、健身、休闲、疗养、度假条件的地方
		EAG 宗教与祭祀活动场所	进行宗教、祭祀、礼仪活动场所的地方
		EAH 交通运输场站	用于运输通行的地面场站等
		EAI 纪念地与纪念活动场所	为纪念故人或开展各种宗教祭祀、礼仪活动的馆室或场地
	EB 实用建筑与核心设施	EBA 特色街区	反映某一时代建筑风貌，或经营专门特色商品和商业服务的街道
		EBB 特性屋舍	具有观赏游览功能的房屋
		EBC 独立厅、室、馆	具有观赏游览功能的景观建筑
		EBD 独立场、所	具有观赏游览功能的文化、体育场饰等空间场所
		EBE 桥梁	跨越河流、山谷、障碍物或其他交通线而修建的架空通道
		EBF 渠道、运河段落	正在运行的人工开凿的水道段落
		EBG 堤坝段落	防水、挡水的构筑物段落
		EBH 港口、渡口与码头	位于江、河、湖、海沿岸进行航运、过渡、商贸、渔业活动的地方

续表

主类	亚类	基本类型	简要说明
E 建筑与设施	EB 实用建筑与核心设施	EBI 洞窟	由水的溶蚀、侵蚀和风蚀作用形成的可进入的地下空洞
		EBJ 陵墓	帝王、诸侯陵寝及领袖先烈的坟墓
		EBK 景观农田	具有一定观赏游览功能的农田
		EBL 景观牧场	具有一定观赏游览功能的牧场
		EBM 景观林场	具有一定观赏游览功能的林场
		EBN 景观养殖场	具有一定观赏游览功能的养殖场
		EBO 特色店铺	具有一定观光游览功能的店铺
		EBP 特色市场	具有一定观光游览功能的市场
	EC 景观与小品建筑	ECA 形象标志物	能反映某处旅游形象的标志物
		ECB 观景点	用于景观观赏的场所
		ECC 亭、台、楼、阁	供游客休息、乘凉或观景用的建筑
		ECD 书画作	具有一定知名度的书画作品
		ECE 雕塑	用于美化或纪念而雕刻塑造、具有一定寓意、象征或象形的观赏物和纪念物
		ECF 碑碣、碑林、经幢	雕刻记录文字、经文的群体刻石或多角形石柱
		ECG 牌坊牌楼、影壁	为表彰功勋、科第、德政以及忠孝节义所立的建筑物，以及中国传统建筑中用于遮挡视线的墙壁
		ECH 门廓、廊道	门头廓形装饰物，不同于两侧基质的狭长地带
		ECI 塔形建筑	具有纪念、镇物、标明风水和某些实用目的的直立建筑物
		ECJ 景观步道、甬路	用于观光游览行走而砌成的小路
		ECK 花草坪	天然或人造的种满花草的地面
		ECL 水井	用于生活、灌溉用的取水设施
		ECM 喷泉	人造的由地下喷射水至地面的喷水设备
		ECN 堆石	由石头堆砌或填筑形成的景观
F 历史遗迹	FA 物质类文化遗存	FAA 建筑遗迹	具有地方风格和历史色彩的历史建筑遗存
		FAB 可移动文物	历史上各时代重要实物、艺术品、文献、手稿、图书资料、代表性实物等，分为珍贵文物和一般文物
	FB 非物质类文化遗存	FBA 民间文学艺术	民间对社会生活进行形象的概括而创作的文学艺术作品
		FBB 地方习俗	社会文化中长期形成的风尚、礼节、习惯及禁忌等
		FBC 传统服饰装饰	具有地方和民族特色的衣饰
		FBD 传统演艺	民间各种传统表演方式
		FBE 传统医药	当地传统留存的医药制品和治疗方式
		FBF 传统体育赛事	当地定期举行的体育比赛活动

续表

主类	亚类	基本类型	简要说明
G 旅游购品	GA 农业产品	GAA 种植业产品及制品	具有跨地区声望的当地生产的种植业产品及制品
		GAB 林业产品与制品	具有跨地区声望的当地生产的林业产品及制品
		GAC 畜牧业产品与制品	具有跨地区声望的当地生产的畜牧产品及制品
		GAD 水产品及制品	具有跨地区声望的当地生产的水产品及制品
		GAE 养殖业产品与制品	具有跨地区声望的养殖业产品及制品
	GB 工业产品	GBA 日用工业品	具有跨地区声望的当地生产的日用工业品
		GBB 旅游装备产品	具有跨地区声望的当地生产的户外旅游装备和物品
	GC 手工工艺品	GCA 文房用品	文房书斋的主要文具
		GCB 织品、染织	纺织及染色印花织物
		GCC 家具	生活、工作或社会实践中供人们坐、卧或支撑与贮存物品的器具
		GCD 陶瓷	由瓷石、高岭土、石英石、莫来石等烧制而成，外表施有玻璃质釉或彩绘的物器
		GCE 金石雕刻、雕塑制品	用金属、石料或木头等材料雕刻的工艺品
		GCF 金石器	用金属、石料制成的具有观赏价值的器物
		GCG 纸艺与灯艺	以纸材质和灯饰材料为主要材料制成的平面或立体的艺术品
		GCH 画作	具有一定观赏价值的手工画成作品
H 人文活动	HA 人事活动记录	HAA 地方人物	当地历史和现代名人
		HAB 地方事件	当地发生过的历史和现代事件
	HB 岁时节令	HBA 宗教活动与庙会	宗教信徒举办的礼仪活动，以及节日或规定日子里在寺庙附近或既定地点举行的聚会
		HBB 农事节	当地与农业生产息息相关的传统节日
		HBC 现代节庆	当地定期或不定期的文化、商贸、体育活动等
8	23	110	

注：如果发现本分类没有包括的基本类型时，使用者可自行增加。增加的基本类型可归入相应亚类，置于最后，最多可增加 2 个。编号方式为：增加第 1 个基本类型时，该亚类 2 位汉语拼音字母 +Z、增加第 2 个基本类型时，该亚类 2 位汉语拼音字母 +Y。

第三章　旅游资源分类

作为旅游业发展的基础、旅游调查的重要对象，旅游资源具有广泛、复杂的特点。旅游资源也是旅游规划的基础，旅游资源的规划与开发必须建立在对旅游资源的科学认识和准确把握上。因此对其进行合理、准确的分类能够帮助人们正确认识各类旅游资源的特点与性质，推动相关行业和部门以此为依据有效开展对旅游资源的调查、评价工作。

一、国外学者对旅游资源分类的研究

研究者从不同的视角对旅游资源或旅游吸引物进行了分类，如吸引物的自身物质与环境属性、旅游者需求、开发管理状况、地理学角度的资源类型等。

Claswson 和 Knetsch 从旅游者与旅游资源的空间关系出发，提出旅游资源可以分为利用者导向型、资源基础型和中间型 3 类。其中，利用者导向型是指与资源的内在质量相比，其位置与可进入性显得更为重要的区域；资源基础型是指与资源的所在位置相比，以其出众的自然资源为主要特性的区域；中间型是指在资源地理位置与人类利用方面居于利用者导向型与资源基础型两者之间的中间类型。

Lascuráin 将生态旅游吸引物分为焦点式或旗舰式吸引物、补充式吸引物和支撑式吸引物 3 类。其中，焦点式或旗舰式吸引物是指吸引旅游者到某旅游地游览观光的主要因素，补充式吸引物是指增加区域旅游价值且鼓励游客停留时间更长的因素，支撑式吸引物是指游客在某旅游地可以发现的设施与服务。前两者包括自然吸引物与文化吸引物；后者是观光便利设施，如解说中心、博物馆、膳宿设施、购物店等。他进一步指出，自然吸引物包括地质地貌景观、水体景观、生物景观，文化吸引物包括历史景观、民间传说、历史与建筑性地标等。

Dowling 从吸引物是否具有生命的角度提出将其分为非生物吸引物、生物吸引物和文化吸引物 3 类。其中，非生物吸引物包括地质、地形、土壤、水体、气候等类型，生物吸引物涵盖植物、动物等类型，文化吸引物涉及考古遗迹、历史古迹等类型。

Brass 和 Gutierrez 等将旅游吸引物划分为地质 – 景观 – 美学吸引物、生态 – 生物吸引物、文化 – 历史吸引物和游憩吸引物。其中，地质 – 景观 – 美学吸引物包括山地、水坝、大型岩石、岩层、洞穴、河流、水体、风光、林冠、不同寻常的云层、不同寻常的气象环境等；生态 – 生物吸引物包括某一个或所有的有机物、组成部分、行为、集聚或社群等；文化－历史吸引物包括所有的人类建筑、实践和保留物；游憩吸引物包括人类为了特殊的娱乐或教育目的地而建设的吸引物，如主题公园、植物园、体育场、博物馆、剧院、购物商场等。

Goeldner 和 Ritchie 将旅游吸引物划分为文化吸引物、自然吸引物、事件吸引物、游憩吸引物和娱乐吸引物等。其中，文化吸引物包括历史场所、建筑场所、美食、纪念物、工业场所、博物馆、部落、音乐厅、剧院等，自然吸引物包括土地景观、海洋景观、公园、山岳、植物、动物、海岸、海岛等，事件吸引物涉及大型事件、社区事件、节庆、区域事件、体育事件、贸易事件、公司事件，游憩吸引物包括观光、高尔夫、游泳、网球、徒步、骑自行车、雪地运动等，娱乐吸引物包括主题公园、游乐园、赌场、电影院、购物设施、艺术表演中心、体育馆等。

美国、加拿大的林业管理部门则提出，森林游憩资源涵盖游憩特征资源、游憩机会谱、视觉资源和游憩设施 4 类，视觉资源是超越个体与群落资源的一类重要旅游吸引物。

二、我国旅游资源分类研究

20 世纪 80 年代末期，我国现代旅游业刚刚起步，旅游资源开发与利用评价是当时重要的研究内容，我国关于旅游资源的分类主要以旅游资源的属性为依据。学术界常见的分类方法是将旅游资源分为自然和人文两大类，并逐步细化。而《中国旅游资源普查规范（试行稿）》及后续 GB/T 18972—2003《旅游资源分类、调查与评价》影响最为广泛，在旅游界得到广泛的应用。

（一）GB/T 18972—2003 建标前的旅游资源分类

学术界对旅游资源分类十分重视，1992 年研究出台《中国旅游资源普查规范（试行稿）》前，国内已经出现的旅游资源分类方案数量很多，其中从全国角度考虑的分类方案至少有几十种。这些方案所依据的分类原则诸如基本成因、过程、属性、功能、利用方式、体量、年龄、美学内涵、存在环境与开发条件、开发利用程度等外在性质效果等，很不统一。分类方案一般层次较多，体系复杂。这些方案为标准旅游资源分类打下了基础。

20 世纪 80 年代后期开始，国内旅游资源分类的研究方向大致可以分为侧重理论性研究和侧重实用性研究两个方面。

1. 侧重理论性的研究

主要由一些旅游学者和相关学科的专家所作的理论性旅游资源分类研究。由于分类的目的和要求不同，学术界所依据的旅游资源分类原则也不同，这些原则有旅游资源的性质和成因的分类、旅游资源本身的属性及其组成要素、旅游资源开发利用的变化特征、利用方式和效果、旅游活动的方式、旅游市场特性和开展现状、旅游资源的吸引级别、旅游资源利用效果、旅游经营的角度等。从多角度和较深层次探讨旅游资源的性质和结构，产生了许多有价值的旅游资源分类成果。

根据这一情况，这些分类把很多分离于旅游资源之外的附加因素，如大量存在于各旅游资源分类系统中的诸如地理位置和可进入性、存在的环境和环境质量、功能利用方式，开发利用程度、效果基础设施、客源市场、区域经济发展水平、开发序位、劳务等外在因素，作为旅游资源的分类指标。

这些分类一般都将旅游资源分为自然旅游资源和人文旅游资源两大类型，其中最有代表性的是陈传康、刘振礼在其专著《旅游资源鉴赏与开发》（1990）中的分类。该分类中自然旅游资源包括山水风景、气候、气象奇观、动植物等；人文旅游资源包括文物古迹、文化艺术、民族风情、建筑与科技成就、博物及展览、人造乐园、文体娱乐等。这个分类模式对学术界的影响较大。

2. 侧重实用性的研究

相对于侧重理论性研究的旅游资源分类，侧重实用性研究的旅游资源分类层面较少。但这种模式的分类，是从某一特定的角度进入旅游资源的核心，认识会更加完整和深入，所以更加受到学术界和应用部门的欢迎。此类研究有专题性的、也有区域性的。后者包括局部区域的，也包括全国性的。不管属于哪一种层面，这类旅游资源分类研究，其目的性都很强，它们一般是伴随着区域旅游资源调查、区域旅游开发与项目建设、旅游环境保护等项工作进行的。

20 世纪 90 年代初期以来推行的全国旅游资源普查取得了一定的成果。1992 年出版了《中国旅游资源普查规范（试行稿）》，核心内容之一是旅游资源普查分类系统。为使旅游资源分类便于推广和应用，分类遵循了以下原则：分类对象强调反映旅游资源客体具象；分类原则尽量明确单一；减少分类表层次。按此要求，这一系统强调了以普查为目的的应用性质。实施普查的对象应该是客观存在、相对稳定、特征值明显并易于采集的。为此，研究者提出了“旅游资源基本类型”作为普查对象的专门概念，旅游资源基本类型划分中，为了体现实体的客观性质，事先将不把其体量、年龄、美学内涵、成因过程、用途、开发利用程度等外在性质作为其判断指标。

这一规范将全国旅游资源划分为 68 种基本类型，然后将若干性状相同或相近的基本类型归为 6 类，即：地文景观类（含 12 种基本类型）、水域风光类（6）、生物景观类（5）、古迹与建筑类（31）、消闲求知健身类（10）、购物类（4），（见表 3–1）。这个分类表被国家科委和国家旅游局向全国推荐试行。从 1991 年到 2001 年，各地旅游部门据此对许多地区进行了旅游资源调查，如云南西双版纳自治州、福建省平潭县和南平市、广西桂林市、江西赣州地区、新疆、黑龙江省大庆市和黑河市、北京市怀柔区、湖南省凤凰县、江苏省徐州市、广东省珠海市和斗门县等地区，积累了较丰富的科学资料和数据，获得了一些经验。

这个分类系统，由于它清晰的科学概念和明显的可操作性质而在国内产生了较大影响，许多旅游出版著作均引用分类表原文，许多科研教学单位在一定程度上接受并在实际工作中使用它（见表 3–1）。

表 3-1 《中国旅游资源普查规范（试行稿）》中的中国旅游资源普查分类体系

旅游资源大类		旅游资源基本类型	
名称	定义	名称	数量
地文景观类	长期地质作用和地理过程形成并在地表面或浅地表存留下来的各种自然资源类型	101 典型地质构造 102 标准地层剖面 103 生物化石点 104 自然灾变遗迹 105 名山 106 火山熔岩景观 107 蚀余景观 108 奇特与象形山石 109 沙（砾石）地风景 110 海滨沙（砾石）滩 111 小型岛礁 112 洞穴	12
水域风光类	水体及水体所依存的特定地文环境下构成的自然资源类型	201 风景谷地与河段 203 湖泊与沼泽 204 瀑布 205 泉（地热井）	5
生物景观类	大多以生物群体构成的总体景观为主的资源类型最具特色，个别的还因具有的珍稀品种和奇异形态个体引人注目	301 森林（树林） 302 古树名木 303 奇花异草 304 草原（草地） 305 野生动物栖息地	5
古迹与建筑类	不同时期的人类文化遗存和人工构筑物。主要用于观赏	401 古人类文化遗址遗存 402 古代社会经济文化遗址 403 军事设防构筑物及军事遗址 404 古城和古城遗址 407 宗教建筑与礼制建筑群 408 殿（厅）堂 409 楼阁 410 塔 411 牌坊（楼） 412 碑碣 413 石质古建小品 414 造型园林 415 园林景观建筑 416 桥 417 雕塑 418 陵墓和陵园 419 墓地 420 石窟 421 摩崖字画 422 水工建筑 423 厂矿 424 农林渔牧场 425 特色城镇与村落 426 港口 427 广场 428 乡土建筑 429 民俗街区 430 纪念地与纪念性建筑 431 观景地	32
消闲求知健身类	为旅游者休养生息，探知求源、强健体魄，寻求乐趣而设的建筑物、场所和某些活动方式	501 公共科学教育文化场所 502 休疗养和社会福利设施 503 动物园 504 植物园 505 普通公园 507 运动场馆 508 游乐场所 509 节日庆典活动 510 文艺团体	11
购物类	为旅游者提供的购物场所和产品	601 市场与购物中心 602 庙会及宗教活动 603 著名店铺 604 地方产品	4

后来，随着旅游业开发的力度加大，各方面对旅游资源的要求也日益迫切。国家开始组织对全国旅游资源分类的更深层次的研究。这些研究是在上述旅游资源普查分类的基础上进行的。新的分类继续遵循性状原则和结构简明原则，仍然将资源实体作为划分基本类型的实际对象，坚持将大类和基本类型作为整个体系的两级结构框架。不过为了在新的分类系统中更加凸显分类中的科学含量，对大类和基本类型的内容和名称重新进行了甄别，为了突出基本类型的个性，基本类型的数量有所增加，并且细分为主型和亚型两个档次，主型侧重科学概括，亚型一般是彼此排它更加具象的个体。

（二）GB/T 18972—2003 的旅游资源分类

1. GB/T 18972—2003 标准分类原则

GB/T 18972—2003 标准是以旅游资源普查为目的的，这一以普查为目的的资源分类与一般学科性或其他目的的旅游资源分类不完全相同，它属于一种应用性质的分类。它是在旅游科学分类思想的基础上建立的，但同时兼顾普查工作的要求，特别强调其可操作性。据此，分类时遵循了如下科学分类的通用原则和旅游科学分类的专门原则。

（1）简明结构原则。整个分类系统只分两个层次，名称分别为“旅游资源类”（以下简称“类”）和“旅游资源基本类型”（以下简称“基本类型”）。基本类型共有75种，是本分类规定的最小单元，均为有个性特征的资源单独实体，是普查的具体对象；其中若干性质相同或相近的基本类型可归并成类，共6类。

（2）指标控制原则。我国对旅游资源分类的研究比较活跃，有侧重于为一般目的和学科研究服务的普通分类，也有为特定目的服务的专门分类。但其中多数普通分类划分出的资源类型体系很多，如以景观属性、成因、利用现状、功能、保存特点、规模、级别、价值、开发历史等各种原则为标准的分类方案。

大多数已知的普通分类从不同侧面论述了旅游资源的外部状态和内在规律，为我国旅游资源研究积累了许多经验和资料。但这些分类也都存在着一些不足的地方，共同之处是它们因为往往侧重于某个科学体系，而不大注意操作性，因此所划分出的资源类型过于庞杂。而实际上体系之间的某些类型只有局部的差别，普查时只须用一两个特征值就可将它们分开。也就是说，按科学体系划分出来的两个或两个以上的资源类型，普查时可以同属于一个类。这样就大大减少了普查分类的数目，使普查工作量降低，增加可操作性。这是旅游资源学科分类与普查分类的最重要区别之一。

（3）包容性原则。基本类型一般有各自特定的定义域，并且它们之间有明显的排它性。但在某些情况下，为突出类型中的个体，允许有从属关系。这时候的个体也是一种基本类型。因此各基本类型之间有时便发生这样的关系：其一，不同类型在同一地域上可以相互重叠并具包容关系，不同类型在同一地域上的组合，可构成一个旅游区；其二，相互重叠并具包容关系的类型除了性状不同外，主要是在数量和规模上存在明显的差异。包容类型占有较大的空间，数量多，体量大，既是旅游区的主体又是被包容类型的载体；被包容类型占有较小的空间，数量单一，体量相对较小。如“蚀余景观”和“奇特与象形山石”；“名山”和其中许多自然旅游资源基本类型及人文旅游资源基本类型；“草原”和“奇花异草”“农林渔牧场”（其中的牧场）；“宫廷建筑群”“宗教建筑与礼制建筑群”和“殿（厅）堂”；“陵园”和“墓地”；“造型园林”“动物园”“植物园”“普通公园”和“园林构景”等，分别构成包容类型和被包容类型。

2. GB/T 18972—2003 旅游资源分类标准

标准分类系统的建立，首要任务是选取旅游资源分类指标。

从对旅游资源的定性方面考虑，作为旅游资源，必须对旅游者具有吸引力，这个吸引力主要体现在它的性状、成因、发育过程、组成与结构、体量、年龄、美学内涵等，这些因素统称为旅游资源的属性，都是旅游资源的自身外部表现和它的内在性质。

GB/T 18972—2003 标准系统将这种“属性”作为旅游资源类型划分的指标，也就是依据旅游资源的性状，即现存状况、形态、特性、特征划分类型。这也是本系统旅游资源分类的原则。

按照以上原则，全部基本类型可分属于自然旅游资源和人文旅游资源两大体系。

按自然单元分类，要求同一类型内部自然属性相对一致，是一个完整的自然单元或一个自然单元的一部分。属于人文旅游资源的类型，按人工建筑单元与功能属性分类，小部分按人类活动的方式或活动的结果分类。归于各类的基本类型除了属性不同之外，状态的差异可以使它们相互分开。基本类型的各种状态，不论是具有稳定性质的形态，还是具有不稳定性质的状况，均以能使人观察到或触及到，并能让多人描写、记录、叙述为准。普查分类不把那些臆测和印象中的事物和因素当作旅游资源。

三、旅游资源分类国标中的基本概念

（一）旅游资源基本类型

1. 旅游资源基本类型定义

旅游资源基本类型释义为："按照旅游资源分类标准所划出的基本单位。"

2. 旅游资源基本类型概念的出发点

旅游资源分布面积大，所属类型种类很多。

为了分类，以及随后旅游资源调查的需要，标准中的旅游资源的类型数量要有一个人为限定，限制在一个易于操作的范围内，为此 GB/T 18972—2003 提出了"旅游资源基本类型"的主题概念。这一概念，指按照旅游资源分类标准所划分出的旅游资源基本单位。

鉴于旅游资源类型几乎涉及人类物质圈层和精神圈层的大部分领域，其专业的极大广域性和类型数量的不可控制性，将造成旅游资源体系的庞杂而难以驾驭，从而影响公众的认知和使用。

为此提出的旅游资源基本类型的概念，主要基于两个方面的考虑：一是由于旅游资源的形成机制、发育过程、存在环境不同，形成了各自鲜明的特性、特征、状况、形态，按照这些差异可将众多旅游资源相互分开，成为有明显的定义域，彼此独立的部分；二是每一基本类型一般都有一组固定的特征值，用来表现该基本类型的性质与特点。不同的基本类型，其特征值组合是不同的，以此很容易将它们区别开。

旅游资源数量很多，根据它们的性状特征可以归成某些单元，在这些单元内的事物和因素有某些相同或相似的性质，这就是旅游资源基本类型的概念。

判断旅游资源基本类型的方法除了人们对它们的经验感知外，还可以根据它们所拥有的反映它们的特征值而确定。

3. 旅游资源基本类型的两种形态

旅游资源基本类型包括两种形态：一种是具象、客观存在、稳定的物质型资源实体，是大多数基本类型所具有的。它们能使人观察到或触及，能让多人同时同地或异时异地描写、记录、叙述而保持主体一致；另一种是非具象，不稳定，但客观存在的事物和现象，称为非物质型旅游资源，它们同样具有相对稳定的性状特征，基本类型的数量较少。

（二）旅游资源单体

旅游资源单体是“可作为独立观赏或利用的旅游资源基本类型的单独个体”。这个概念在本标准中十分重要，因为在一个特定的区域内，每种基本类型都可能存在着超过 1 种的单体，这些单体虽然都属于同一的基本类型，但由于它们的外在特征、体量、内在性质的差别而相互分开，所以单体的数量，每个单体自身性质和特点，单体的品质，便成为调查和评价关注的对象。

单体包括“独立型旅游资源单体”和“集合型旅游资源单体”两种形式，在调查时要注意识别它们。独立型旅游资源单体是单独存在的，基本上是一个完整的个体。集合型旅游资源单体是由同一基本类型的独立单体结合在一起的，如众多的沙丘个体组成的沙地区，群聚的岩画个体组成的摩崖字画，种类相同的单独树木构成的独树，单个坟墓排列在一起构成的墓群等。

单体是旅游资源调查和评价的基础，要特别注意不要和旅游地和旅游产品混在一起，一般情况下，旅游地和旅游产品是由多种旅游资源单体组成的，国家旅游局“关于贯彻实施《旅游资源分类、调查与评价》国家标准的通知”〔旅计财发（2003）号〕文件中，进一步阐明了旅游区（点）是具有参观游览、休闲度假、康乐健康等功能，具备相应的旅游服务设施，提供旅游服务的独立单位。旅游区（点）是经过开发、利用旅游资源的结果，是旅游产品形态。旅游资源的调查与评价，应当以旅游资源单体为对象。

四、国标中的旅游资源分类体系

（一）旅游资源分类结构

旅游资源分类的内容决定了它的层次结构，2003 年国家标准《旅游资源分类、调查与评价》分类对象包括两类，分别为旅游资源的实体类型和辅助类型。实体类型是中国旅游资源分类的核心内容；辅助类型是旅游资源主体类型的补充，主要表示那些无形的或形态多变的事物和要素。这些类型一般依附于实体类型。

一般分类系统的层次 3~5 层不等。通常旅游资源划分指标多的系统层次也较多，这在侧重理论性的旅游资源分类系统中常见。但层次多脉络也复杂，不利于实际操作。GB/T 18972—2003 是侧重应用性的旅游资源系统，它的一个主要目的是为区域旅游资源调查服务，因此考虑用较少的层次完成旅游资源结构，其中主要操作层次尽量是一层。因此，分类结构设计为 3 个层次：分别是第一层次的“旅游资源主类”、第二层次的“旅游资源亚类”、第三层次的“旅游资源基本类型”（简称：“主类”“亚类”“基本类型”）。

主类和亚类是组合类型概念，重理性，少实用，为“构造层”，它的作用是体现作者的思路和专业倾向，是旅游资源的框架支撑。而基本类型则是分类表中实际内容，为“实体层”，它的理论意义和实用价值均很突出，是分类、调查、评价的实际对象，因此基本类型在本标准分类中是最实际的资源单位（见图 3–1）。

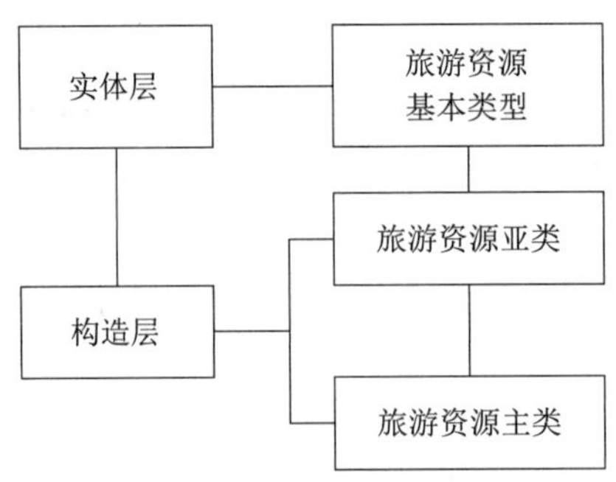

图 3-1　旅游资源分类结构

（二）旅游资源分类表

依此对全国旅游资源按三层结构进行分类排列，得出有 8 个主类，31 个亚类，155 个基本类型的旅游资源系统（见表 3-2）。

表 3-2　旅游资源分类表（标准用表）（GB/T 18972—2003）

主类	亚类	基本类型
A 地文景观	AA 综合自然旅游地	AAA 山丘型旅游地　AAB 谷地型旅游地　AAC 沙砾石地型旅游地　AAD 滩地型旅游地　AAE 奇异自然现象　AAF 自然标志地　AAG 垂直自然地带
	AB 沉积与构造	ABA 断层景观　ABB 褶曲景观　ABC 节理景观　ABD 地层剖面　ABE 钙华与泉华　ABF 矿点矿脉与矿石积聚地　ABG 生物化石点
	AC 地质地貌过程形迹	ACA 凸峰　ACB 独峰　ACC 峰丛　ACD 石（土）林　ACE 奇特与象形山石　ACF 岩壁与岩缝　ACG 峡谷段落　ACH 沟壑地　ACI 丹霞　ACJ 雅丹　ACK 堆石洞　ACL 岩石洞与岩穴　ACM 沙丘地　ACN 岸滩
	AD 自然变动遗迹	ADA 重力堆积体　ADB 泥石流堆积　ADC 地震遗迹　ADD 陷落地　ADE 火山与熔岩　ADF 冰川堆积体　ADG 冰川侵蚀遗迹
	AE 岛礁	AEA 岛区　AEB 岩礁
B 水域风光	BA 河段	BAA 观光游憩河段　BAB 暗河河段　BAC 古河道段落
	BB 天然湖泊与池沼	BBA 观光游憩湖区　BBB 沼泽与湿地　BBC 潭池
	BC 瀑布	BCA 悬瀑　BCB 跌水
	BD 泉	BDA 冷泉　BDB 地热与温泉
	BE 河口与海面	BEA 观光游憩海域　BEB 涌潮现象　BEC 击浪现象
	BF 冰雪地	BFA 冰川观光地　BFB 长年积雪地
C 生物景观	CA 树木	CAA 林地　CAB 丛树　CAC 独树
	CB 草原与草地	CBA 草地　CBB 疏林草地
	CC 花卉地	CCA 草场花卉地　CCB 林间花卉地
	CD 野生动物栖息地	CDA 水生动物栖息地　CDB 陆地动物栖息地　CDC 鸟类栖息地　CDE 蝶类栖息地

续表

主类	亚类	基本类型
D 天象与气候景观	DA 光现象	DAA 日月星辰观察地　DAB 光环现象观察地　DAC 海市蜃楼现象多发地
	DB 天气与气候现象	DBA 云雾多发区　DBB 避暑气候地　DBC 避寒气候地　DBD 极端与特殊气候显示地　DBE 物候景观
E 遗址遗迹	EA 史前人类活动场所	EAA 人类活动遗址　EAB 文化层　EAC 文物散落地　EAD 原始聚落
	EB 社会经济文化活动遗址遗迹	EBA 历史事件发生地　EBB 军事遗址与古战场　EBC 废弃寺庙　EBD 废弃生产地　EBE 交通遗迹　EBF 废城与聚落遗迹　EBG 长城遗迹　EBH 烽燧
F 建筑与设施	FA 综合人文旅游地	FAA 教学科研实验场所　FAB 康体游乐休闲度假地　FAC 宗教与祭祀活动场所　FAD 园林游憩区域　FAE 文化活动场所　FAF 建设工程与生产地　FAG 社会与商贸活动场所　FAH 动物与植物展示地　FAI 军事观光地　FAJ 边境口岸　FAK 景物观赏点
	FB 单体活动场馆	FBA 聚会接待厅堂（室）FBB 祭拜场馆　FBC 展示演示场馆　FBD 体育健身场馆　FBE 歌舞游乐场馆
	FC 景观建筑与附属型建筑	FCA 佛塔　FCB 塔形建筑物　FCC 楼阁　FCD 石窟　FCE 长城段落　FCF 城（堡）FCG 摩崖字画　FCH 碑碣（林）FCI 广场　FCJ 人工洞穴　FCK 建筑小品
	FD 居住地与社区	FDA 传统与乡土建筑　FDB 特色街巷　FDC 特色社区　FDD 名人故居与历史纪念建筑　FDE 书院　FDF 会馆　FDG 特色店铺　FDH 特色市场
	FE 归葬地	FEA 陵区陵园　FEB 墓（群）FEC 悬棺
	FF 交通建筑	FFA 桥　FFB 车站　FFC 港口渡口与码头　FFD 航空港　FFE 栈道
	FG 水工建筑	FGA 水库观光游憩区段　FGB 水井　FGC 运河与渠道段落　FGD 堤坝段落　FGE 灌区　FGF 提水设施
G 旅游商品	GA 地方旅游商品	GAA 菜品饮食　GAB 农林畜产品与制品　GAC 水产品与制品　GAD 中草药材及制品　GAE 传统手工产品与工艺品　GAF 日用工业品　GAG 其他物品
H 人文活动	HA 人事记录	HAA 人物　HAB 事件
	HB 艺术	HBA 文艺团体　HBB 文学艺术作品
	HC 民间习俗	HCA 地方风俗与民间礼仪　HCB 民间节庆　HCC 民间演艺　HCD 民间健身活动与赛事　HCE 宗教活动　HCF 庙会与民间集会　HCG 饮食习俗　HGH 特色服饰
	HD 现代节庆	HDA 旅游节　HDB 文化节　HDC 商贸农事节　HDD 体育节
数量统计		
8 主类	31 亚类	155 基本类型

注：如果发现本分类没有包括的基本类型时，使用者可自行增加。增加的基本类型可归入相应亚类，置于最后，最多可增加 2 个。编号方式为：增加第 1 个基本类型时，该亚类 2 位汉语拼音字母 + Z、增加第 2 个基本类型时，该亚类 2 位汉语拼音字母 + Y。

为旅游资源调查、旅游资源评价、旅游资源开发的需要，每层资源都用汉语拼音符号表示，其中主类用1位，亚类用2位，基本类型用3位。如：

主类“地文景观”用1位“A”，亚类“综合自然旅游地”用2位“AA”，基本类型“山丘型旅游地”用3位“AAA”。

为了更加适用于旅游资源开发与保护、旅游规划与项目建设、旅游行业管理与旅游法规建设、旅游资源信息管理与开发利用等方面的工作，2017版的标准在《旅游资源分类、调查与评价》（GB/T 18972—2003）的基础上修订，对旅游资源的类型划分、调查、评价的实用技术和方法进行了规范，对旅游资源分类表做了继承性修编，分类层次和类型进行了简化。

旅游资源主类的排序和名称做了调整，将原主类的第五类“遗址遗迹”和原主类的第六类“建筑与设施”前后移位，分别改为第六类和第五类；“水域风光”“遗址遗迹”“旅游商品”分别修改为“水域景观”“历史遗迹”“旅游购品”；旅游资源亚类设置了23个，比原亚类总数减少8个，主要改变为取消重复类型、同类归并，名称也随之做了相应调整；旅游资源基本类型设置了110个，比原基本类型总数减少了45个，主要改变为同类归并，科学吸纳和整合相关物质和非物质遗产类资源，名称也随之做了相应调整。

（三）类型陈述与含义说明

1. 地文景观类旅游资源

本主类旅游资源指“长期地质作用和地理过程形成并在地表面或浅地表存留下来的各种景观”。此主类旅游资源通常又被称为“地质地貌旅游资源”，其分布面积大，所属类型种类多，直观性强，一般可以直接构成景观，是旅游资源中最重要的类型之一。

本主类旅游资源包括5种亚类，37种基本类型。以下按各亚类对其包含的基本类型的特征及旅游含义作简要解释。

（1）综合自然旅游地。本亚类包括种7种基本类型。其中山丘型、谷地型、沙砾石地型、滩地型旅游地等4种基本类型，指的是山地、丘陵、谷地、沙漠、戈壁荒原、缓平滩地区域内可供观光游览的整体区域或个别区段。这些基本类型在地域上分布很广泛，主要根据它们的区域特征和整体环境来认定。这些类型有较明显的开发潜力；奇异自然现象是发生在地表面一般还没有合理解释的自然界奇特现象。这些现象的发生在时间或空间上有一定规律性，发生时景观特殊，可以观察到或感觉到；自然标志地是标志特殊地理、自然区域的地点。它们反映出来的自然规律和自然现象有比较深刻的科学意义。垂直自然地带指海拔较高山地地区自然景观及其自然要素（主要是地貌、气候、植被、土壤）随海拔呈递变规律的现象。这种现象在一个短线区间内有明显变化。

（2）沉积与构造。本亚类包括7种基本类型。其中断层、褶曲、节理景观指地球内力作用使地层发生的断裂、扭曲变形和形成的裂隙。这些类型在山地岩石出露区域随处见到，要注意那些变动明显、形态鲜明、反映典型构造事件和具有科学价值的景观现象；地层剖面指地层中具有科学意义的典型切断面。这些剖面在景观上一般不很突出，但它是一个地质时代的记录，地层中往往有反映该地质时代的古生物化石，有时带有环境变化的痕迹；钙华与泉华是岩石中的钙质等化学元素溶解后沉淀形成的形态；矿点矿脉与矿石积聚地指矿床矿石地点和由成景矿物、石体组成的地面；生物化石点指保存在地层中的地质时期的生物遗体、遗骸及活动遗迹的发掘地点。

（3）地质地貌过程形迹。本亚类包括 7 种基本类型。其中凸峰指在山地丘陵地区突出的山峰、丘峰，独峰是平地上突出的丘体和石体。这些类型分布面积很广泛。山丘地区的凸峰众多，重点要关注那些体量巨大、形态突出、景观壮美的单体；基底相连的成片山丘或石体称为峰丛；林立的石（土）质峰林称为石（土）林；奇特与象形山石指的是形状奇异、拟人状物的山体或石体。坡度超过 60° 的高大岩面和岩石间的缝隙是岩壁与岩缝；峡谷段落指两坡陡峭、中间深峻的 V 形谷、嶂谷、幽谷等段落；沟壑地指由内营力塑造或外营力侵蚀形成的沟谷、劣地；丹霞是一种由红色砂砾岩组成的一种顶平、坡陡、麓缓的山体或石体；雅丹主要在风蚀作用下形成的土墩和凹地（沟槽）的组合景观；堆石洞是圕岩石块体塌落堆砌成的石洞；岩石洞与岩穴指位于基岩内和岩石表面的天然洞穴，如溶洞、落水洞与竖井、穿洞与天生桥、火山洞、地表坑穴等；沙丘地指由沙堆积而成的沙丘、沙山；被岩石、沙、砾石、泥、生物遗骸覆盖的河流、湖泊、海洋沿岸地面称为岸滩。

（4）自然变动遗迹。本亚类包括 7 种基本类型。其中由于重力作用使山坡上的土体、岩体整体下滑或崩塌滚落而形成遗留物通称为重力堆积体；饱含大量泥砂、石块的洪流堆积体是泥石流堆积；地震遗迹是在地球局部震动或颤动后遗留下来的痕迹；陷落地指地下淘蚀使地表自然下陷形成的低洼地；火山与熔岩指地壳内部溢出的高温物质堆积而成的火山与熔岩形态。冰川后退或消失后遗留下来的堆积地形称为冰川堆积，由于冰川侵蚀遗留下来冰川侵蚀遗迹。

（5）岛礁。本亚类包括 2 种基本类型。其中小型岛屿上可供游览休憩的区段称为岛区；在江海中隐现于水面上下的岩石及由珊瑚虫的遗骸堆积成的岩石状物称为岩礁。

2. 水域风光类旅游资源

本主类旅游资源指“水体及所依存的地表环境下构成的景观或现象”。

本主类旅游资源包括 6 种亚类 15 种基本类型，对以下单一基本类型或群体基本类型的特征及旅游含义按照它们归属的亚类作简要解释。

（1）河段。本亚类包括 3 种基本类型。其中观光游憩河段指可供观光游览的河流段落；暗河河段指地下的流水河道段落；古河道段落指已经消失的历史河道段落。

（2）天然湖泊与池沼。本亚类包括 3 种基本类型。其中观光游憩湖区是指在湖泊水体内的观光游览区域段落；沼泽与湿地指地表常年湿润或有薄层积水，生长湿生和沼生植物的地域或个别段落；潭池是四周有岸的小片水域。

（3）瀑布。本亚类包括 2 种基本类型。其中从悬崖处倾泻或散落下来的水流称悬瀑，从陡坡上跌落下来落差不大的水流称跌水。

（4）泉。本亚类包括 2 种基本类型。其中水温低于 20℃或低于当地年平均气温的出露泉为冷泉；水温超过 20℃或超过当地年平均气温的地下热水、热汽和出露泉为地热与温泉。

（5）河口与海面。本亚类包括 3 种基本类型。其中观光游憩海域指可供观光游憩的海上区域；海水大潮时潮水涌进景象为涌潮现象；海浪推进时的击岸现象为击浪现象。

（6）冰雪地。本亚类包括 2 种基本类型。其中冰川观光地指现代冰川存留区域；长年积雪地指长时间不融化的降雪堆积地面。

3. 生物景观类旅游资源

本主类旅游资源指“以生物群体构成的总体景观，个别具有的珍稀品种和奇异形态个体”。

本主类旅游资源包括 4 种亚类，11 种基本类型，对以下单一基本类型或群体基本类型的特征及旅游含义按照它们归属的亚类作简要解释。

（1）树林。本亚类包括 3 种基本类型。其中生长在一起的大片树木组成的植物群体为林地；生长在一起的小片树木组成的植物群体为丛树；单株树木为独树。

（2）草原与草地。本亚类包括 2 种基本类型。其中草地指以多年生草本植物或小半灌木组成的植物群落构成的地区；疏林草地指生长着稀疏林木的草地。

（3）花卉地。本亚类包括 2 种基本类型。其中草地上和灌木林、乔木林中的花卉群体分别称为草场花卉地和林间花卉地。

（4）野生动物栖息地。本亚类包括 4 种基本类型。一种或多种水生动物，陆地野生动物（哺乳动物、两栖动物、爬行动物等）、鸟类、蝶类常年或季节性栖息的地方分别称为水生动物栖息地、陆地动物栖息地、鸟类栖息地、蝶类栖息地。

4. 天象与气候景观类旅游资源

本主类旅游资源指“天文现象与天气变化的时空表现”。

本主类旅游资源包括 2 种亚类 8 种基本类型，对以下单一基本类型或群体基本类型的特征及旅游含义按照它们归属的亚类作简要解释。

（1）光现象。本亚类包括 3 种基本类型。其中日月星辰观察地是观察日、月、星辰的地方；光环现象观察地是观察虹霞、极光、佛光的地方；海市蜃楼现象多发地是海面和荒漠地区光折射易造成虚幻景象的地方。

（2）天气与气候现象。本亚类包括 5 种基本类型。其中云雾多发区指云雾及雾凇、雨凇出现频率较高的地方；避暑气候地和避寒气候地指气候上适宜避暑和避寒的地区；极端与特殊气候显示地指易出现极端与特殊气候的地区或地点，如风区、雨区、热区、寒区、旱区等典型地点；物候景观指各种植物的发芽、展叶、开花、结实、叶变色、落叶等季变现象。

5. 遗址遗迹类旅游资源

本主类指“已废弃的人类活动遗存和人工构筑物，目前已不再有实际用途”。

本主类旅游资源包括 2 种亚类 12 种基本类型，对以下单一基本类型或群体基本类型的特征及旅游含义按照它们归属的亚类作简要解释。

（1）史前人类活动场所。本亚类包括4种基本类型。其中人类活动遗址指史前人类聚居、活动场所；文化层指史前人类活动留下来的痕迹、遗物和有机物所形成的堆积层；文物散落地指在地面和表面松散地层中有丰富文物碎片的地方；原始聚落遗址专指史前人类居住的房舍、洞窟、地穴及公共建筑。

（2）社会经济文化活动遗址遗迹。本亚类包括8种基本类型。其中历史事件发生地指历史上发生过重要贸易、文化、科学、教育事件的地方；军事遗址与古战场指发生过军事活动和战事的地方；废弃寺庙指已经消失或废置的寺、庙、庵、堂、院等；废弃生产地指已经消失或废置的矿山、窑、冶炼场、工艺作坊等；交通遗迹指已经消失或废置的交通设施；废城与聚落遗迹指已经消失或废置的城镇、村落、屋舍等居住地建筑及设施；长城遗迹指已经消失的长城遗迹；烽燧指古代边防报警的构筑物。

6. 建筑与设施类旅游资源

本主类指“融入旅游的某些基础设施或专门为旅游开发而建设的建筑物和场所”。

本主类旅游资源包括7种亚类49种基本类型，对以下单一基本类型或群体基本类型的特征及旅游含义按照它们归属的亚类作简要解释。

（1）综合人文旅游地。本亚类包括11种基本类型。其中教学科研实验场所，各类学校和教育单位、开展科学研究的机构和从事工程技术实验场所的观光、研究、实习的地方；康体游乐休闲度假地指具有康乐、健身、消闲、疗养、度假条件的地方；宗教与祭祀活动场所指进行宗教、祭祀、礼仪活动场所的地方；园林游憩区域指园林内可供观光游览休憩的区域；文化活动场所指进行文化活动、展览、科学技术普及的场所；建设工程与生产地指经济开发工程和实体单位，如工厂、矿区、农田、牧场、林场、茶园、养殖场、加工企业以及各类生产部门的生产区域和生产线；社会与商贸活动场所指进行社会交往活动、商业贸易活动的场所；动物与植物展示地指饲养动物与栽培植物的场所；军事观光地指用于战事的建筑物和设施；边境口岸指边境上设立的过境或贸易的地点；景物观赏点指观赏各类景物的场所。

（2）单体活动场馆。本亚类包括5种基本类型。其中聚会接待厅堂（室）指公众场合用于办公、会商、议事和其他公共事物所设的独立宽敞房舍，或家庭的会客厅室；祭拜场馆指为礼拜神灵、祭祀故人所开展的各种宗教礼仪活动的馆室或场地；展示演示场馆指为各类展出演出活动开辟的馆室或场地；体育健身场馆指开展体育健身活动的独立馆室或场地；歌舞游乐场馆指开展歌咏、舞蹈、游乐的馆室或场地。

（3）景观建筑与附属型建筑。本亚类包括11种基本类型。其中佛塔指通常为直立、多层的佛教建筑物；塔形建筑物指为纪念、镇物、表明风水和某些实用目的的直立建筑物；楼阁指用于藏书、远眺、巡更、饮宴、娱乐、休憩、观景等目的而建的二层或二层以上的建筑；石窟指临崖开凿，内有雕刻造像、壁画，具有宗教意义的洞窟；长城段落指古代军事防御工程段落；城（堡）指用于设防的城体或堡垒；摩崖字画指在山崖石壁上镌刻的文字，绘制的图画；碑碣（林）指为纪事颂德而筑的刻石；广场指用来进行休憩、游乐、礼仪活动的城市内的开阔地；人工洞穴指用来防御、储物、居住等目的而建造的地下洞室；艺术建筑与建筑小品指用以纪念、装饰、美化环境和配置主体建筑物的独立建筑物，如雕塑、牌坊、戏台、台、阙、廊、亭、榭、表、舫、影壁、经幢、喷泉、假山与堆石、祭祀标记等。

（4）居住地与社区。本亚类包括 8 种基本类型。其中，传统与乡土建筑指具有地方建筑风格和历史色彩的单个居民住所；特色街巷指能反映某一时代建筑风貌，或经营专门特色商品和商业服务的街道；特色社区指建筑风貌或环境特色鲜明的居住区；名人故居与历史纪念建筑指有历史影响的人物的住所或为历史著名事件而保留的建筑物；书院指旧时地方上设立的供人读书或讲学的处所；会馆指旅居异地的同乡人共同设立的馆舍，主要以馆址的房屋供同乡、同业聚会或寄居；特色店铺指销售某类特色商品的场所；特色市场指批发零售兼顾的特色商品供应场所。

（5）归葬地。本亚类包括 3 种基本类型。其中葬地指帝王及后妃的坟墓及墓地的宫殿建筑，以及一般以墓葬为主的园林；墓（群）指单个坟墓、墓群或葬地；悬棺指在悬崖上停放的棺木。

（6）交通建筑。本亚类包括 5 种基本类型。其中桥指跨越河流、山谷、障碍物或其他交通线而修建的架空通道；车站指为了装卸客货停留的固定地点；港口渡口与码头指位于江、河、湖、海沿岸进行航运、过渡、商贸、渔业活动的地方；航空港指供飞机起降的场地及其相关设施；栈道指在悬崖绝壁上凿孔架木而成的窄路。

（7）水工建筑。本亚类包括 6 种基本类型。其中水库观光游憩区段指供观光、游乐、休憩的水库、池塘等人工集水区域；水井指向下开凿到饱和层并从饱和层中抽水的深洞；运河与渠道段落指正在运行的人工开凿的水道段落；堤坝段落指防水、挡水的构筑物段落；灌区指引水浇灌的田地；提水设施指提取引水设施。

7. 旅游商品类旅游资源

本主类指“市场为旅游者提供的物质产品”。

本主类旅游资源包括 1 种亚类 7 种基本类型，对其作简要解释。

地方旅游商品，本亚类包括 7 种基本类型。是具有跨地区声望的当地生产的物品，其中菜品饮食指具有跨地区声望的地方菜系、饮食；农林畜产品及制品；水产品及制品；中草药材及制品；传统手工产品与工艺品；日用工业品；其他物品。

8. 人文活动类旅游资源

本主类指“人类的某些活动记录和行为方式”。

本主类旅游资源包括 4 种亚类 16 种基本类型，对以下单一基本类型或群体基本类型的特征及旅游含义按照它们归属的亚类作简要解释。

（1）人事记录。本亚类包括 2 种基本类型。其中人物指在当地出生或有密切关系的历史和现代名人；事件指发生过的有影响的历史和现代事件。

（2）艺术。本亚类包括 2 种基本类型。文艺团体指当地表演戏剧、歌舞、曲艺杂技和地方杂艺的团体；文学艺术作品指由当地创作的对社会生活进行形象的概括的文学或艺术作品。

（3）民间习俗。本亚类包括 8 种基本类型。其中地方风俗与民间礼仪指地方性的习俗和风气，如待人接物礼节、仪式等；民间节庆指民间传统的庆祝或祭祀的节日和专门活动；民间演艺指民间各种表演方式；民间健身活动与赛事指地方性体育健身比赛、竞技活动；宗教活动指宗教信徒举行的佛事活动；庙会与民间集会指节日或规定日子里在寺庙附近或既定地点举行的聚会，期间进行购物和文体活动；特色饮食风俗指餐饮程序和方式；特色服饰指具有地方和民族特色的衣饰。

（4）现代节庆。本亚类包括 4 种基本类型。其中旅游节指定期和不定期的旅游活动的节日；文化节指定期和不定期的展览、会议、文艺表演活动的节日；商贸农事节指定期和不定期的商业贸易和农事活动的节日；体育节指定期和不定期的体育比赛活动的节日（见表 3–3）。

表 3–3　旅游资源分类基本类型释义（GB/T 18972—2003）

主类	亚类	代码	基本类型	简要说明
A 地文景观	AA 综合自然旅游地	AAA	山丘型旅游地	山地丘陵区内可供观光游览的整体区域或个别区段
		AAB	谷地型旅游地	河谷地区内可供观光游览的整体区域或个别区段
		AAC	沙砾石地型旅游地	沙漠、戈壁、荒原内可供观光游览的整体区域或个别区段
		AAD	滩地型旅游地	缓平滩地内可供观光游览的整体区域或个别区段
		AAE	奇异自然现象	发生在地表面一般还没有合理解释的自然界奇特现象
		AAF	自然标志地	标志特殊地理、自然区域的地点
		AAG	垂直自然地带	山地自然景观及其自然要素（主要是地貌、气候、植被、土壤）随海拔呈递变规律的现象
	AB 沉积与构造	ABA	断层景观	地层断裂在地表面形成的明显景观
		ABB	褶曲景观	地层在各种内力作用下形成的扭曲变形
		ABC	节理景观	基岩在自然条件下形成的裂隙
		ABD	地层剖面	地层中具有科学意义的典型剖面
		ABE	钙华与泉华	岩石中的钙质等化学元素溶解后沉淀形成的形态
		ABF	矿点矿脉与矿石积聚地	矿床矿石地点和由成景矿物、石体组成的地面
		ABG	生物化石点	保存在地层中的地质时期的生物遗体、遗骸及活动遗迹的发掘地点
	AC 地质地貌过程形迹	ACA	凸峰	在山地或丘陵地区突出的山峰或丘峰
		ACB	独峰	平地上突起的独立山丘或石体
		ACC	峰丛	基底相连的成片山丘或石体
		ACD	石（土）林	林立的石（土）质峰林
		ACE	奇特与象形山石	形状奇异、拟人状物的山体或石体
		ACF	岩壁与岩缝	坡度超过 60° 的高大岩面和岩石间的缝隙

续表

主类	亚类	代码	基本类型	简要说明
A 地文景观	AC 地质地貌过程形迹	ACG	峡谷段落	两坡陡峭、中间深峻的“V”形谷、嶂谷、幽谷等段落
		ACH	沟壑地	由内营力塑造或外营力侵蚀形成的沟谷、劣地
		ACI	丹霞	由红色砂砾岩组成的一种顶平、坡陡、麓缓的山体或石体
		ACJ	雅丹	主要在风蚀作用下形成的土墩和凹地（沟槽）的组合景观
		ACK	堆石洞	岩石块体塌落堆砌成的石洞
		ACL	岩石洞与岩穴	位于基岩内和岩石表面的天然洞穴，如溶洞、落水洞与竖井、穿洞与天生桥、火山洞、地表坑穴等
		ACM	沙丘地	由沙堆积而成的沙丘、沙山
		ACN	岸滩	被岩石、沙、砾石、泥、生物遗骸覆盖的河流、湖泊、海洋沿岸地面
	AD 自然变动遗迹	ADA	重力堆积体	由于重力作用使山坡上的土体、岩体整体下滑或崩塌滚落而形成的遗留物
		ADB	泥石流堆积	饱含大量泥砂、石块的洪流堆积体
		ADC	地震遗迹	地球局部震动或颤动后遗留下来的痕迹
		ADD	陷落地	地下淘蚀使地表自然下陷形成的低洼地
		ADE	火山与熔岩	地壳内部溢出的高温物质堆积而成的火山与熔岩形态
		ADF	冰川堆积	冰川后退或消失后遗留下来的堆积地形
		ADG	冰川侵蚀遗迹	冰川后退或消失后遗留下来的侵蚀地形
	AE 岛礁	AEA	岛区	小型岛屿上可供游览休憩的区段
		AEB	岩礁	江海中隐现于水面上下的岩石及由珊瑚虫的遗骸堆积成的岩石状物
B 水域风光	BA 河段	BAA	观光游憩河段	可供观光游览的河流段落
		BAB	暗河河段	地下的流水河道段落
		BAC	古河道段落	已经消失的历史河道段落
	BB 天然湖泊与池沼	BBA	观光游憩湖区	湖泊水体的观光游览区域段落
		BBB	沼泽与湿地	地表常年湿润或有薄层积水，生长湿生和沼生植物的地域或个别段落
		BBC	潭池	四周有岸的小片水域
	BC 瀑布	BCA	悬瀑	从悬崖处倾泻或散落下来的水流
		BCB	跌水	从陡坡上跌落下来落差不大的水流

续表

主类	亚类	代码	基本类型	简要说明
B 水域风光	BD 泉	BDA	冷泉	水温低于 20℃或低于当地年平均气温的出露泉
		BDB	地热与温泉	水温超过 20℃或超过当地年平均气温的地下热水、热汽和出露泉
	BE 河口与海面	BEA	观光游憩海域	可供观光游憩的海上区域
		BEB	涌潮现象	海水大潮时潮水涌进景象
		BEC	击浪现象	海浪推进时的击岸现象
	BF 冰雪地	BFA	冰川观光地	现代冰川存留区域
		BFB	长年积雪地	长时间不融化的降雪堆积地面
C 生物景观	CA 树木	CAA	林地	生长在一起的大片树木组成的植物群体
		CAB	丛树	生长在一起的小片树木组成的植物群体
		CAC	独树	单株树木
	CB 草原与草地	CBA	草地	以多年生草本植物或小半灌木组成的植物群落构成的地区
		CBB	疏林草地	生长着稀疏林木的草地
	CC 花卉地	CCA	草场花卉地	草地上的花卉群体
		CCB	林间花卉	灌木林、乔木林中的花卉群体
	CD 野生动物栖息地	CDA	水生动物栖息地	一种或多种水生动物常年或季节性栖息的地方
		CDB	陆地动物栖息地	一种或多种陆地野生哺乳动物、两栖动物、爬行动物等常年或季节性栖息的地方
		CDC	鸟类栖息地	一种或多种鸟类常年或季节性栖息的地方
		CDD	蝶类栖息地	一种或多种蝶类常年或季节性栖息的地方
D 天象与气候景观	DA 光现象	DAA	日月星辰观察地	观察日、月、星辰的地方
		DAB	光环现象观察地	观察虹霞、极光、佛光的地方
		DAC	海市蜃楼现象多发地	海面和荒漠地区光折射易造成虚幻景象的地方
	DB 天气与气候现象	DBA	云雾多发区	云雾及雾凇、雨凇出现频率较高的地方
		DBB	避暑气候地	气候上适宜避暑的地区
		DBC	避寒气候地	气候上适宜避寒的地区
		DBD	极端与特殊气候显示地	易出现极端与特殊气候的地区或地点，如风区、雨区、热区、寒区、旱区等典型地点
		DBE	物候景观	各种植物的发芽、展叶、开花、结实、叶变色、落叶等季变现象

续表

主类	亚类	代码	基本类型	简要说明
E 遗址遗迹	EA 史前人类活动场所	EAA	人类活动遗址	史前人类聚居、活动场所
		EAB	文化层	史前人类活动留下来的痕迹、遗物和有机物所形成的堆积层
		EAC	文物散落地	在地面和表面松散地层中有丰富文物碎片的地方
		EAD	原始聚落遗址	史前人类居住的房舍、洞窟、地穴及公共建筑
	EB 社会经济文化活动遗址遗迹	EBA	历史事件发生地	历史上发生过重要贸易、文化、科学、教育事件的地方
		EBB	军事遗址与古战场	发生过军事活动和战事的地方
		EBC	废弃寺庙	已经消失或废置的寺、庙、庵、堂、院等
		ECD	废弃生产地	已经消失或废置的矿山、窑、冶炼场、工艺作坊等
		EBE	交通遗迹	已经消失或废置的交通设施
		EBF	废城与聚落遗迹	已经消失或废置的城镇、村落、屋舍等居住地建筑及设施
		EBG	长城遗迹	已经消失的长城遗迹
		EBH	烽燧	古代边防报警的构筑物
F 建筑与设施	FA 综合人文旅游地	FAA	教学科研实验场所	各类学校和教育单位、开展科学研究的机构和从事工程技术实验场所的观光、研究、实习的地方
		FAB	康体游乐休闲度假地	具有康乐、健身、消闲、疗养、度假条件的地方
		FAC	宗教与祭祀活动场所	进行宗教、祭祀、礼仪活动场所的地方
		FAD	园林游憩区域	园林内可供观光游览休憩的区域
		FAE	文化活动场所	进行文化活动、展览、科学技术普及的场所
	FA 综合人文旅游地	FAF	建设工程与生产地	经济开发工程和实体单位，如工厂、矿区、农田、牧场、林场、茶园、养殖场、加工企业以及各类生产部门的生产区域和生产线
		FAG	社会与商贸活动场所	进行社会交往活动、商业贸易活动的场所
		FAH	动物与植物展示地	饲养动物与栽培植物的场所
		FAI	军事观光地	用于战事的建筑物和设施
		FAJ	边境口岸	边境上设立的过境或贸易的地点
		FAK	景物观赏点	观赏各类景物的场所
	FB 单体活动场馆	FBA	聚会接待厅堂（室）	公众场合用于办公、会商、议事和其他公共事物所设的独立宽敞房舍，或家庭的会客厅室
		FBB	祭拜场馆	为礼拜神灵、祭祀故人所开展的各种宗教礼仪活动的馆室或场地

续表

主类	亚类	代码	基本类型	简要说明
F 建筑与设施	FB 单体活动场馆	FBC	展示演示场馆	为各类展出演出活动开辟的馆室或场地
		FBD	体育健身场馆	开展体育健身活动的独立馆室或场地
		FBE	歌舞游乐场馆	开展歌咏、舞蹈、游乐的馆室或场地
	FC 景观建筑与附属型建筑	FCA	佛塔	通常为直立、多层的佛教建筑物
		FCB	塔形建筑物	为纪念、镇物、表明风水和某些实用目的的直立建筑物
		FCC	楼阁	用于藏书、远眺、巡更、饮宴、娱乐、休憩、观景等目的而建的二层或二层以上的建筑
		FCD	石窟	临崖开凿，内有雕刻造像、壁画，具有宗教意义的洞窟
		FCE	长城段落	古代军事防御工程段落
		FCF	城（堡）	用于设防的城体或堡垒
		FCG	摩崖字画	在山崖石壁上镌刻的文字，绘制的图画
		FCH	碑碣（林）	为纪事颂德而筑的刻石
		FCI	广场	用来进行休憩、游乐、礼仪活动的城市内的开阔地
		FCJ	人工洞穴	用来防御、储物、居住等目的而建造的地下洞室
		FCK	建筑小品	用以纪念、装饰、美化环境和配置主体建筑物的独立建筑物，如雕塑、牌坊、戏台、台、阙、廊、亭、榭、表、舫、影壁、经幢、喷泉、假山与堆石、祭祀标记等
	FD 居住地与社区	FDA	传统与乡土建筑	具有地方建筑风格和历史色彩的单个居民住所
		FDB	特色街巷	能反映某一时代建筑风貌，或经营专门特色商品和商业服务的街道
		FDC	特色社区	建筑风貌或环境特色鲜明的居住区
	FD 居住地与社区	FDD	名人故居与历史纪念建筑	有历史影响的人物的住所或为历史著名事件而保留的建筑物
		FDE	书院	旧时地方上设立的供人读书或讲学的处所
		FDF	会馆	旅居异地的同乡人共同设立的馆舍，主要以馆址的房屋供同乡、同业聚会或寄居
		FDG	特色店铺	销售某类特色商品的场所
		FDH	特色市场	批发零售兼顾的特色商品供应场所
	FE 归葬地	FEA	陵寝陵园	帝王及后妃的坟墓及墓地的宫殿建筑，以及一般以墓葬为主的园林
		FEB	墓（群）	单个坟墓、墓群或葬地
		FEC	悬棺	在悬崖上停放的棺木

续表

主类	亚类	代码	基本类型	简要说明
F 建筑与设施	FF 交通建筑	FFA	桥	跨越河流、山谷、障碍物或其他交通线而修建的架空通道
		FFB	车站	为了装卸客货停留的固定地点
		FFC	港口渡口与码头	位于江、河、湖、海沿岸进行航运、过渡、商贸、渔业活动的地方
		FFD	航空港	供飞机起降的场地及其相关设施
		FFE	栈道	在悬崖绝壁上凿孔架木而成的窄路
	FG 水工建筑	FGA	水库观光游憩区段	供观光、游乐、休憩的水库、池塘等人工集水区域
		FGB	水井	向下开凿到饱和层并从饱和层中抽水的深洞
		FGC	运河与渠道段落	正在运行的人工开凿的水道段落
		FGD	堤坝段落	防水、挡水的构筑物段落
		FGE	灌区	引水浇灌的田地
		FGF	提水设施	提取引水设施
G 旅游商品	GA 地方旅游商品	GAA	菜品饮食	具有跨地区声望的地方菜系、饮食
		GAB	农林畜产品及制品	具有跨地区声望的当地生产的农林畜产品及制品
		GAC	水产品及制品	具有跨地区声望的当地生产的水产品及制品
		GAD	中草药材及制品	具有跨地区声望的当地生产的中草药材及制品
		GAE	传统手工产品与工艺品	具有跨地区声望的当地生产的传统手工产品与工艺品
		GAF	日用工业品	具有跨地区声望的当地生产的日用工业品
		GAG	其他物品	具有跨地区声望的当地生产的其他物品
H 人文活动	HA 人事记录	HAA	人物	历史和现代名人
		HAB	事件	发生过的历史和现代事件
	HB 艺术	HBA	文艺团体	表演戏剧、歌舞、曲艺杂技和地方杂艺的团体
		HBB	文学艺术作品	对社会生活进行形象的概括而创作的文学艺术作品
	HC 民间习俗	HCA	地方风俗与民间礼仪	地方性的习俗和风气，如待人接物礼节、仪式等
		HCB	民间节庆	民间传统的庆祝或祭祀的节日和专门活动
		HCC	民间演艺	民间各种表演方式
		HCD	民间健身活动与赛事	地方性体育健身比赛、竞技活动
		HCE	宗教活动	宗教信徒举行的佛事活动

续表

主类	亚类	代码	基本类型	简要说明
H 人文活动	HC 民间习俗	HCF	庙会与民间集会	节日或规定日子里在寺庙附近或既定地点举行的聚会，其间进行购物和文体活动
		HCG	特色饮食风俗	餐饮程序和方式
		HCH	特色服饰	具有地方和民族特色的衣饰
	HD 现代节庆	HDA	旅游节	定期和不定期的旅游活动的节日
		HDB	文化节	定期和不定期的展览、会议、文艺表演活动的节日
		HDC	商贸农事节	定期和不定期的商业贸易和农事活动的节日
		HDD	体育节	定期和不定期的体育比赛活动的节日

现行 2017 年的旅游资源国标在不突破既定分类标准和原则的基础上，对原有的旅游资源分类实施了继承性修编，既保留了“主类—亚类—基本类型”的三级分类结构，又进一步增强了旅游资源分类的包容性。其突出变化主要表现在以下几个方面。首先，对旅游资源的分类进行了取消重复类型、同类归并的简化处理，其中，亚类减少了 8 类，基本类型减少了 45 个。例如，对“生物景观”主类之下的亚类进行了精简，将原来的“树木、草原与草地、花卉地”亚类统一合并为“植被景观”亚类。在“建筑与设施”主类之下的亚类中，将原来的七项合并为三项亚类，分别为“人文景观综合体、实用建筑与核心设施、景观与小品建筑”。其次，进一步扩充了景观的基本类型，涵盖了许多近年来发展迅速的新兴旅游资源。例如，在“水域景观”主类的基本类型中加入了“现代冰川”，囊括了冰雪旅游带动下产生的新兴人造旅游资源；在“天象与气候景观”主类的基本类型中加入了“地表光现象”，主要包括现代灯光技术应用之下催生的全新旅游资源，如民俗灯会、灯光秀、光影表演等。再次，提升了对非物质文化遗存的关注。在“历史遗迹”主类下直接划分为“物质类文化遗存”和“非物质类文化遗存”两大亚类，“非物质类文化遗存”亚类的基本类型中加入了新类型，具体包括“民间文学艺术、地方习俗、传统服饰装饰、传统演艺、传统医药和传统体育赛事”六类。最后，细化了旅游购品并对应调整了名称表达。在旅游资源分类中，将“旅游商品”主类的表述换成了“旅游购品”，并且在对“旅游购品”亚类的划分上更加细致，划分为“农业产品、工业产品和手工工艺品”三类，取代了原“地方旅游商品”单一亚类的分类标准。

2017 年版国标旅游资源分类及基本类型释义详见第二章表 2–2。

第四章　旅游资源调查

旅游资源调查是依照既定的分类系统，按一定程序对旅游资源单体进行研究和记录的过程。通过调查，可以全面系统地收集旅游资源的基础资料和数据。此外，在调查旅游资源的时候，一般还可对调查区域的旅游环境和旅游开发条件进行同步调查。这样获取的多种资料将对调查区域的旅游开发产生积极的作用，因此这是旅游资源调查中一项重要的工作步骤。

一、旅游资源调查的主要目的

旅游资源调查是一项很认真细致的工作，一个有成效的调查，需要经过很大的努力。如果能坚持做到这一点，将会发挥很好的作用。

（一）积累完善的数据和资料，建立旅游资源信息开发管理系统

旅游资源研究的主要工作之一，是发现、发掘有价值的旅游资源。按照一种既定的科学分类系统和规范化技术规程将这些资料和数据整理在一起。经过旅游资源调查，地区可以获得丰富的旅游资源数据和资料，这些数据和资料因为是规范化调查的成果，其分类系统明确，形式多样，实际资料准确，量化比例高，数量大，为各地资料和数据的对比应用创造了条件。

对于所获得的资料，可以通过计算机技术、地理信息系统（GIS）技术、通信和网络化技术等现代技术手段建立旅游资源管理和开发信息系统。这一系统采用旅游资源调查所获得的文字、地图、图表、数字、照片、影像、录像、声音等多种媒介，利用信息集成和网络技术，多形式、多介质、多功能、全方位地反映调查区域旅游资源的现状和开发管理状况。还可完成旅游资源存录、评价分析、查询检索、地图制作、输出的自动登录、分类、管理、查询、分析等一系列工作。

（二）全面认识和准确把握调查区域旅游资源的性质和特点

严格的旅游资源调查是系统的、完整的、深入的旅游资源研究的一个组成部分，由于是系统的研究，才能厘清复杂的旅游资源脉络；由于是完整的研究，才能掌握区内旅游资源的全貌；由于是深入的研究，才能真正了解到有价值的旅游资源。

旅游资源调查所支撑的这种研究坚持与时俱进，与学科发展和社会进步相适应。由于旅游形势的变化而带来的对旅游资源的新认识，由于新认识所出现的新资料，都要纳入研究计划中去。旅游资源调查的开放性质，表明这一研究不停留在固定的思维

模式上，调查要随着认识而不断发生变化，旅游资源调查要及时追踪这些变化，调查内容要经常修改和充实，新的旅游资源出现后，要及时地将它们吸收进来。这样可以全面认识和掌握调查区域的旅游资源的情况。

开展系统的、完整的、深入的旅游资源研究所进行的旅游资源调查，要在以下几个方面给予关注：

其一，旅游资源涉及的领域十分广阔，其中区域科学、自然科学、人文科学、建筑科学、环境科学、美学、信息科学等都与旅游资源发生密切的关系，在旅游资源调查中，均需要这些科学领域的支持，这种对旅游资源的领悟和整体把握是提升旅游资源调查成果的前提。

其二，旅游资源形式和内涵丰富，旅游资源调查不但要注意它们的外部表象，更要关注它们的内涵，内涵包括它们的成因机制、结构与构造、物质组成、发育过程等内容，对其赋存环境也要了解，详细的旅游资源的调查可以由表及里地从较深层面挖掘旅游资源的精髓。而掌握这一过程，则要求研究者有较为深厚的专业素质。

其三，旅游资源调查，首先要对全部旅游资源单体进行调查和记录，以此了解整个旅游资源体系。但同时要特别注意寻求有价值的特色旅游资源个体，发现新的旅游资源组合。对这些旅游资源个体和组合体，建立更为详尽的资料档案。

其四，在旅游资源调查中，注意纠正原先对旅游资源定位上的不当和失误。造成这种不当和失误的原因，有的是受到学识上的限制，有的是认识上的差异，有的是由于事物发生了变化。调查时要注意吸收专业人员参与专门鉴定予以纠正。

其五，调查过程中，提倡多层面的思考。这基于旅游资源内在、外在的复杂性质，无论是自然的还是人文的，物质的还是非物质的，原生的还是再生的，稳定的还是变化中的，都应成为调查者关注的对象。只有这种从不同角度、不同深度对旅游资源调查，才能更加科学准确地认定旅游资源。

按照以上要求完成的旅游资源调查，有助于对调查区域的旅游资源性质和特点有清晰的认识。

（三）彰显旅游开发的整体形象，调整旅游开发框架

旅游资源的类型对于确定旅游地的形象是至关重要的，外界对于某个旅游地的向往，多是从它所拥有的旅游资源开始的。一个地方主体旅游资源的种类、品位、品牌，是构成旅游形象的核心。主体旅游资源的认定，对确定该地区旅游开发的总体战略也具有关键作用。旅游资源调查，致力挖掘主体旅游资源并将其树立为该旅游地的形象是很有必要的。事实上经常遇到这样的情况，某地对于自身旅游资源的认识，因为缺乏广泛的对比，往往只顾及那些表面风光的和有短期开发效益的部分，忽略那些文化和科技含量较高，符合未来市场需求，但需要认真研究的部分。旅游资源调查要求对旅游资源和旅游环境有一个全面的认识，可能对重新认识旅游资源起到关键的作用。

（四）促进旅游资源向旅游产品的转化

旅游产品是旅游业经营者提供给游客的产品，它是由旅游资源以及各种旅游服务和接待设施共同构成的，一般包括观光类产品、休闲度假类产品、体育健身类产品、生态类产品、文化体验类产品等，其中旅游资源对于确定旅游产品的类型占据重要位置，因此可以说它是支撑旅游产品的核心要素。这些产品在地域上往往是重叠交叉的，对于某个具体旅游地来说，决定其性质和形象的是这些产品中的主体旅游产品，因此也可以认为，旅游资源的性质，可以决定旅游地的形象及其主要旅游开发方向。为此，研究既定旅游区域内旅游资源的数量、旅游资源的等级，旅游资源的组合关系，对该区域的旅游发展是至关重要的。对于某些可以开发成为参与性、体验性旅游产品的旅游资源，如构筑休闲度假旅游产品的避暑气候地、避寒气候地等旅游资源，构筑漂流旅游产品的河段旅游资源，构筑冰雪体育旅游的积雪地旅游资源，构筑生态旅游产品的林地、草地、野生动物栖息地、湖泊区段、沼泽与湿地等旅游资源，特别需要加强定量研究。

区域旅游开发包括对旅游地地域组合及其技术评价、建立旅游区域与旅游地域组织体系、编制旅游区及旅游项目建设规划、组织旅游线路等，实际上是一个旅游产品的形成过程，在这个过程中，旅游资源调查将起到关键的作用。

（五）使区域旅游规划与项目建设更加合理

旅游资源调查，可以使旅游资源开发建立在更加科学合理的基础上，其中特别是各区域旅游规划和旅游项目建设中，对于旅游资源的认定能够避免和减少盲目性，因为旅游资源在空间上所具有的可比性，便于研究者、管理者最大限度地明确自身的旅游资源优势，避免因认识不足而导致的某些失误。

为此，旅游资源调查所采集的旅游资源单体，在服务于旅游规划和旅游项目建设时要进行各种分析，这些分析能够直接或间接为旅游规划和项目设置提供依据。分析内容主要有量值分析、品质分析、组合关系分析。

（1）量值分析可以表达旅游资源各种类型及其所包含的单体数量，其中特别是旅游资源基本类型及其包含的单体数量，还有人文旅游资源和自然旅游资源数量结构等；

（2）品质分析包含各种旅游资源单体质量分级构成、自然旅游资源和人文旅游资源的分级质量等级构成、旅游资源基本类型等级分级结构等；

（3）组合关系分析包含旅游资源基本类型—单体组合、集合区的表达等。

这些分析最初是按照旅游资源类型考虑，最终要放到调查区域上考虑。这样就可以令规划者更加清楚地了解该规划区的旅游资源的类型、数量、质量、结构和区域配置情况，挖掘和发挥优势旅游资源，避免由于低质旅游资源给旅游开发带来的潜在危险，使旅游规划和项目设置更加有了成功的保证。

（六）加强旅游资源与旅游环境保护

旅游资源调查的主要对象是旅游资源本身，但各类旅游资源均与其存在的环境有密切关系。旅游资源的生成机制、演化过程、内部结构、组成成分、景观形态、文化价值等内在性质，以及旅游资源与外部环境接触过程中所发生的变化，都是旅游资源调查的内容。

旅游资源保护是旅游景观、旅游环境实施保护的核心内容。旅游景观是旅游资源的外在表现，旅游环境是旅游资源的赋存空间，景观的完整程度、赋存空间的环境质量，决定了旅游地的吸引力程度。所以针对旅游资源的研究是景观环境保护的中心议题，此类研究可以确定景观环境保护的类型、保护的力度、保护的方式、保护的结果。在研究旅游资源的同时，还要同时对旅游资源的赋存环境开展相关研究。开展旅游资源调查是实施景观和环境保护所必需的工作。

调查时要将旅游资源与旅游环境结合起来考虑，二者是彼此共存共生的、处于互相干扰的两种形式。共存共生指的是旅游资源的存在和发展与周边的环境长期处于一种融洽关系，其中特别是在一些生态与环境保持原生状态的地区内，各种自然旅游资源的生成、发育没有受到影响，长期或较长时期处于共存共生状况下；互相干扰指的是旅游资源和赋存环境一方或双方发生变化时，另一方的变化情况。在这一情况下对此类旅游资源及其赋存环境的调查，前者主要对它们的稳定共生结构，后者主要对它们变化的内容、形式、规模、速率等进行探讨。

调查时要关注旅游资源抵御自然侵害的薄弱环节。在自然环境下，旅游资源抵抗外界自然作用的能力不同，加上它们的规模、力度、作用方式也多种多样，因此，对旅游资源的影响和造成的结果也有很大差别。此时，对旅游资源的调查应该着重于它们成因、结构、体量、物质组成等方面。调查的方法必须是多层面的，要考虑旅游资源所在的自然区域，所在区域的具体部位，发生的时间和相持的阶段，这样才能深入了解某一旅游资源实体在受到自然营力作用时会发生怎样的变化，结果是怎样。发现区域内容易受到影响的旅游资源整体或个体。

调查时注意旅游资源的再生能力。旅游资源受到干扰后，能否迅速地恢复，保持或接近初始环境状况，是维护旅游景观和旅游地形象的关键，这就是旅游资源的再生能力。旅游资源的再生能力，受旅游资源的本身性质所制约，与外部环境状况也有一定关系。在旅游资源的本身性质方面，比如旅游资源结构的严密状况、组成物质的坚实程度、群体的组织形式、单体的体量大小等；外部环境包括大的地理环境，中小区域环境，人为因素，其中特别是那些处于活跃的环境影响因素，如气候趋势、水文变化、植物变化、严重的人为污染事件、重大工程等，都应成为调查的重点内容。这样可以确定旅游资源群体和个体在环境恢复中的再生能力。

调查可以促进旅游资源保护法规建设，旅游资源的法规的制定与实施，都离不开对旅游资源的研究和认定。其间，涉及旅游资源的保存现状、保护措施、开发情况，以及依据旅游资源观赏游憩使用价值、历史文化科学艺术价值、珍稀奇特程度、规模与丰度、完整性、环境安全等因素划分的旅游资源等级等。在对旅游资源科学准确认定的基础上，可以制定旅游资源开发、利用、保护的各种法律、法规、规章、条例，其依据是旅游资源的类型、等级，及其与赋存环境的关系。旅游资源法规的主要形式是旅游资源保护法、旅游资源管理条例等。

二、旅游资源调查的基本任务

（一）性质和任务

旅游资源调查不同于任意的旅游资源调查，是属于严格的科学化、数量化的旅游资源调查，是严格程序化的旅游资源调查，具有以下特性：其一，属于规范化运作。此类调查执行标准规定的调查规程，有严格的质量控制，有规范化文件处理等；其二，是区域性研究的一环。此类研究是针对整个调查区域的，它注意旅游资源在区域内的构成、单体与群体之间关系、不同旅游资源类型之间的关系、旅游资源与旅游环境关系等问题；其三，有助于科学创新。此类调查可以发现新的旅游资源类型、旅游资源布局规律，对旅游资源产生新的认识等。

旅游资源调查的中心任务是收集、甄别、定型、积累调查区内旅游资源单体的资料和数据，直接或间接为旅游资源开发服务。其次是归总旅游资源亚类和旅游资源主类的资料和数据。同时调查、积累旅游环境和旅游开发条件的资料和数据。调查所获得的资料和数据将用来建立区域旅游资源数据库。

（二）基本要求

为了开展有序调查，标准规定了以下 4 项基本要求：

其一，要求按照标准规定的内容和方法进行调查。旅游资源调查是在旅游资源分类研究的基础上进行的。这里提到的旅游资源分类指的是标准所规定的旅游资源分类，不是任何其他形式的旅游资源分类。

其二，严格保证成果质量，强调整个运作过程的科学性、客观性、准确性，这就是标准坚持的“科学、客观、准确”三原则。

具体表述是：在调查过程中，全部资料与数据的采集与登录一定是在认真调查基础上得出的科学结论，即在资料的收集与整理、实地调查与测量、实验分析过程中，调查人员要坚持利用最新和最权威的科学概念，认识、解释、记录基本类型单体所涉及的各项内容。同时要寻求资料、数据的准确来源，应达到规定的精度。对于来源不明，已变化了的资料、数据，要坚决摒弃。为达到上述要求，调查人员在资料与数据的采集中，一定要避免主观臆断、不切实际。

与三原则同时要求的，是在调查过程中尽量做到内容简洁和量化。标准将“科学、客观、准确、简洁、量化”又称为旅游资源调查的“十字质量方针”。

其三，充分利用与旅游资源有关的各种资料和研究成果，完成统计、填表和编写调查文件等项工作。调查方式以收集、分析、转化、利用这些资料和研究成果为主，并逐个对旅游资源单体进行现场调查核实，包括访问、实地观察、测试、记录、绘图、摄影，必要时进行采样和室内分析。

这一要求的前提是调查区的前人研究成果比较丰富，其中特别是针对那些已经进行过比较系统、详尽旅游资源调查、研究，并获得了较为丰富、准确的旅游资源基础资料和数据的地区。同时这个地区与旅游资源有关的旅游环境、旅游开发基础设施以及与此相关的历史、文化、社会、经济方面资料和数据，也有相当多的积累。

其四，根据对旅游资源需求的不同，本标准规定调查分为“旅游资源详查”和“旅游资源概查”两个档次，其调查方式和精度要求不同。

旅游资源详查全称“旅游资源详细调查”，它属于对一个地区的旅游资源综合性质的调查；旅游资源概查属于“专门目的旅游资源调查”。这两种模式的调查，其调查方式和精度要求不同（见表 4–1）。

表 4–1　旅游资源详查和旅游资源概查比较

项目	旅游资源详查	旅游资源概查
性质	区域性的	专题性的
目的	为地区旅游开发的综合目的（含以下各种特定目的如旅游规划、项目设置、资源保护、法规建设、市场推销等）服务	为地区旅游开发的一种或少数几种特定目的服务
技术支撑	全国或区域旅游调查规范文件	全国或区域旅游调查规范文件，或自定调查技术规程
适用范围	适用于区域旅游规划、旅游资源研究、旅游资源保护、专项旅游产品开发等各种单项任务	适用于一种或少数几种单项任务
组织形式	专门成立调查组，成员专业组合完备	一般不需要专门成立调查组
工作方式	按照全部调查程序，分准备工作、实地调查、数据采集与成果汇编 3 个阶段，对所有旅游资源进行全面调查，执行调查规定的全部程序	按照调查规定的相关程序运作。按实际需要确定调查对象并实施调查。可以简化工作程序
提交文件	标准要求的全部文件、图件	部分有关文件、图件
成果处理	建立区域旅游资源信息库，直接处理、转化为公众成果，为广大社会提供参考	成果直接为专项任务服务

三、旅游资源调查的技术程序

利用与旅游资源有关的各种资料和研究成果，完成统计、填表和编写调查文件等项工作。调查方式以收集、分析、转化、利用这些资料和研究成果为主，并逐个对旅游资源单体进行现场调查核实，包括访问、实地观察、测试、记录、绘图、摄影，必要时进行采样和室内分析。

这一要求的前提是调查区的前人研究成果比较丰富，其中特别是针对那些已经进行过比较详尽旅游资源调查、研究，并获得了较为丰富、准确的旅游资源基础资料和数据的地区。同时这个地区与旅游资源有关的旅游环境、旅游开发基础设施以及与此相关的历史、文化、社会、经济方面资料和数据，也有相当多的积累。

旅游资源详查一般需要经过三个阶段：准备工作阶段、实地调查阶段、调查成果汇编阶段（图 4–1）。

在图 4–1 的三个工作阶段中，相互关系十分密切，互相补充，依次深入，缺一不可。

其中实地调查阶段更是最重要的阶段，这是因为它起着承上启下的作用：准备工作阶段收集来的资料和数据需要在这个阶段得到全面的验证，通过实际调查去除准备工作阶段填写的“旅游资源单体统计表”中不真实的成分。进一步发现新的资料，补充和完善旅游资源单体系列。随时填写并最后完成“旅游资源单体调查表”。本阶段的工作为调查成果汇编阶段打下了物质基础。

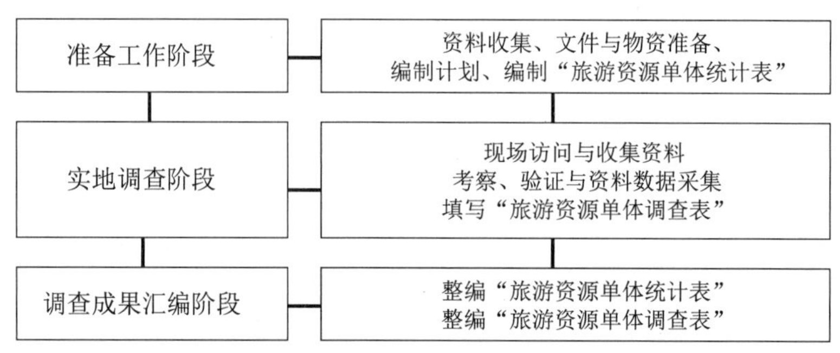

图 4-1　旅游资源调查（详查）程序

每个阶段需要开展的工作，要点如下。

（一）调查准备

1. 文字资料图件的收集与资料转化

旅游资源调查是广泛接触旅游资源的机会，但一般旅游资源的个体数目很多，旅游资源资料和数据只是依赖调查者的创建，几乎是不可能的。而且各种旅游资源本身蕴含着的专业内容，如果只靠调查者的表面观测，也很难对它有准确的理解。所以应该注重调查前的资料收集和资料消化工作。包括文字资料收集和工作底图的收集。

文字资料指的是与旅游资源及其赋存环境有关的各类文字描述和图件资料。重点是记述各种旅游资源的资料。这些资料主要包括以下几种类型：

（1）地方志书和乡土教材。地方志书的种类很多，有主体类型和支流类型两种。其中主体类型主要是按行政区划而定的，如通志（省志）、府志、州志、厅志、县志、旗志、乡土志和里镇志、岛屿志、盐井志、土司志等；支流类型有文物志、风土志、地名志、气候志、山志、水志、湖志、塘志、厂矿志、河闸志、书院志、寺观志、游览志、路桥志等。

地方志是一个区域或一个部门历史地理的全记录，覆盖面广，数据量大，其特点是一部大体量按照地理要素描述区域特征的地域专著，内容涉及该区域的建制、历史沿革、疆域、自然环境、资源、政治、经济等。与旅游资源有关的内容很多，除了最新编辑的地方志常常载有旅游章节可供直接利用外，其余如地质地貌、气候、水文、动植物、物产、津梁、关隘、名胜、文化、教育、聚落、民族、民俗、人物等，都包含着极其丰富的旅游资源内容，可以从中得出许多有用的资料和数据。

一个地方的志书往往有多种版本，还由此派生出许多专题志和各种反映地方特色的乡土教材，这里说的教材是一个宏观的概念，实际上包括了介绍区域各方面情况的文书、宗谱和家谱、事件与乡里人物评介、传说故事、诗词文赋等，都含有伸张文明、光耀故里的意向，这些都可成为旅游资源调查时的重要资料来源。

（2）旅游景区介绍。旅游景区是游客的主要旅游目的地，是旅游者的主要集结地点。近年来，介绍旅游区与旅游点的材料多了起来，其中不乏内容丰富、图件准确、印制精美的文字作品和图书、图册、视听作品，对该旅游区、旅游点的自然、文化内涵进行了传神的描述，从中可以获得许多有价值的旅游资源资料和数据。它们可成为调查者重点收集的资料。

但目前各地也有相当数量的旅游景区的介绍资料，宣传的比重过大，有用的资料和数据量不足。此类介绍材料的受众是普通游客，不能满足专业调查人员的需要，但这些材料可以为调查人员提供线索。

（3）规划与专题报告。规划是指比较全面的长远的发展计划，可以准确反映出一个地区各部门的现状和发展设想，一般材料详尽而具体，是旅游资源调查可靠的资料数据源。规划的种类很多，其中最重要的是已有的旅游规划和与旅游资源关系密切的国土空间规划、城市建设规划、文物保护规划、水利规划、交通规划、环境保护规划、产业（工业、种植业、养殖业、农业、牧业、渔业、地方手工业等）规划、区划等。这些规划中的文字描述、统计数值、专题附图等，都有很好的利用价值。另一类可靠的资料数据源是针对调查区的各类专题报告，包括各类区域专业研究文献，如自然要素与自然条件研究、社会经济文化研究、产业研究等。此外，还有为一些专门目的如申报历史文化名城（镇）、优秀旅游城市、A 级旅游景区、国家公园、风景名胜区、森林公园、自然保护区、地质公园，以及其他各种旅游地与旅游项目建设所开展的专题研究和申请报告。

（4）影像资料的收集。与旅游资源调查区和旅游资源有关的各种图形资料、照片、音像资料等。这些资料将用于旅游资源的传统表示和计算机管理系统中。

2. 工作底图的准备

调查过程中每个阶段都需要使用地图。在准备阶段和实地调查阶段，要求将收集到的和考察确定的旅游资源单体标示在地图上，成为工作进程中的实际资料图；在成果处理阶段，要求与整编的旅游资源单体调查表吻合。

因为大多数旅游资源单体体量较小，所以在一般情况下，要求使用更为精确的地形图表示，以减少误差。目前国内生产的地形图用等高线表示，内容详细、完备，信息量大，彩色表示清晰易读。根据国家规定的规范图示和比例尺系统测制成或编制成的普通地图，具有统一的大地控制基础和投影，我国把 1∶1 万、1∶2.5 万、1∶5 万、1∶10 万、1∶20 万（1∶25 万）、1∶50 万和 1∶100 万等 7 种比例尺的地形图规定为国家基本比例尺地形图，其中 1∶1 万、1∶2.5 万和 1∶5 万等地形图大多直接测绘成图，1∶10 万大部分使用较大比例尺地形图编绘而成。其余更小比例尺地形图则全部利用大比例尺地形图编绘而成。以上这些地形图尽管有很多优点，但大多数地区的地形图因为成图的时间较早，图上的许多要素，其中特别是地物，如聚落、交通、工程项目等发生了很大的变化，使用时要注意修正。

比例尺的选定要视调查区域的大小而定，其中调查区的范围如果较大（如省级调查区），可考虑使用较小比例尺地形图（1∶20~1∶50 万）；调查区的范围如果较小（如县级调查区），可考虑使用较大比例尺地形图（1∶5 万 ~1∶10 万）；如果调查区的范围是一般的景区，则还可考虑使用更大比例尺地形图。

使用计算机实施自动登录旅游资源单体。旅游资源数据库的建立及其管理系统将对采集到的各类旅游资源单体属性数据、空间数据和多媒体数据进行存储和动态管理，完成采集、存储、处理、查询、检索、更新等。旅游资源调查结束后，录入的数据可以自动生成所有的统计数据表格，通过实时更新的数据来生成旅游资源地图。

3. 文件与物资准备

为了旅游资源调查的顺利进行，需要准备一些必须的文件和装备。

文件方面，要事先准备“旅游资源单体调查表”。

装备方面，标准提出准备实地调查所需的设备如定位仪器、简易测量仪器、影像设备等。对于一般的调查，定位仪器经常用的是罗盘，为了快速、准确地记录旅游资源单体的三维空间，有条件的最好配备卫星定位仪（GPS）、激光测距仪；野外调查往往需要采集某些构造现象、地层与沉积物、地形、水体、气象要素、植被、建筑设施等实体资料和数据，需要准备一些简易测量仪器，如量尺（2 米、10 米、50 米）、测高仪、测速仪、温度计、采掘工具、采样设备等，必要时可特别邀请专业人员携带负氧离子测定仪、野外水质分析仪等对一些特定项目和要素进行实测。如果在野外不能完成必要的测试任务时，可采集样品在实验室内完成。影像设备常规的有录相、照像、录音设备。

配备一定数量的手提电脑。调查组在笔记本电脑上安装旅游资源调查评价信息系统后，就可在野外进行数据录入，直接填写旅游资源单体调查表，自动生成调查区旅游资源单体名录，自动进行旅游资源评价，在以后调查资料汇总阶段还可生成按类型、级别、地区的各种旅游资源统计表，填写旅游资源调查区实际资料表。另外，本系统能够将采集的 GPS 数据（经纬度）自动生成电子地图。这样通过本系统就可以实现旅游资源调查和评价的全部信息化，大大提高工作效率和精度。

（二）实地调查

1. 实际调查对象：旅游资源单体

旅游资源调查所依据的是旅游资源分类表上的类型，其中特别是最小的单元“旅游资源基本类型”。但在实际运作中，基本类型仍是一个概念，并没有落到实处，真正可以观察、记录的是“旅游资源基本类型单体”，即简称“旅游资源单体”。

单体是旅游资源调查和评价的基础，要特别注意不要和旅游地和旅游产品混在一起，一般情况下，旅游地和旅游产品是由多种旅游资源单体组成的，旅游景区是具有参观游览、休闲度假、康乐健康等功能，具备相应旅游服务设施，提供旅游服务的独立单位。旅游景区是经过开发、利用旅游资源的结果，是旅游产品形态。旅游资源的调查与评价，应当以旅游资源单体为对象。

2. 资料和数据的验证

旅游资源实地调查是整个调查工作的核心，虽然标准提倡充分利用与旅游资源有关的各种资料和研究成果，调查方式以收集、分析、转化、利用这些资料和研究成果为主，但标准又强调要对由此产生的旅游资源单体“逐个进行现场调查核实”。因为各种资料和研究成果其起因大多不是为了旅游资源本身的需要，所陈述的事实往往不能全部到位，需要从旅游吸引的角度重新对其加工塑造。另外，直接摘录各种资料和研究成果还有一定风险，由于有的资料和成果形成的时间较早，由于环境变化而发生改变的事例很多，其中特别是人文旅游资源，如从地方志、乡土教材上采来的古遗址、古建筑、非物质资源类旅游资源单体可能已经发生很大变化或根本不再存在，即使是某些自然旅游资源，如由河、湖、泉等构成的水域类旅游资源单体，可能会由于水体不继而发生巨大变化或根本消失；由草地、林木、动物聚居等构成的生物类旅游资源单体，可能由于环境改变或受到人类活动影响而面目全非。

从另一面看，社会发展和环境变化也造就了很多新的旅游资源，他们可能是历史资料和研究成果所没有来得及载入的内容，旅游资源实地调查是解决这一问题的有效方法。

3. 调查区域的等级划分

为了实施有序调查和便于此后调查资料和数据的编辑，设计时要将整个调查区域分为若干个调查小区。实施调查时，是按调查小区进行的。

调查小区可以按行政区—景区模式划分，也可按现实或规划中的旅游区域划分。标准建议按行政区—景区划分，这主要是因为这一模式所依据的行政区和景区区域内的资料数据系统、完整，由于行政统一，便于操作。

实际调查时，调查小区分为若干层次，从高到低分为一层区域、二层区域、三层区域、四层区域。层次的认定见表 4–2。

表 4–2　调查区域层次说明表

调查区域（组织调查的范围）	调查小区			
	一层区域	二层区域	三层区域	四层区域
全国	省级行政区	地区级行政区	县级行政区	景区
省级区域	地区级行政区	县级行政区	景区	
地区级区域	县级行政区	景区	—	—
县级区域	景区	—	—	—

说明：
1. 北京市、上海市、天津市、重庆市的各区县为地区级行政区域。其县级行政区以所在的乡镇、居委会代替。
2. 海南省各省直辖直属单位为县级行政区域。地区级行政区空白。

以云台山景区为例，按不同等级区域组织的旅游资源调查的例子：

（1）全国组织的旅游资源调查，如果调查到云台山景区，则调查小区可以达到四层区域，其中：

调查小区的一层区域是河南省。

调查小区的二层区域是焦作市。

调查小区的三层区域是修武县。

调查小区的四层区域是云台山风景区。

（2）河南省组织的旅游资源调查，如果调查到云台山景区，则调查小区可以达到三层区域，其中：

调查小区的一层区域是焦作市。

调查小区的二层区域是修武县。

调查小区的三层区域是云台山风景区。

（3）焦作市组织的旅游资源调查，如果调查到云台山风景区，则调查小区可以达到二层区域，其中：

调查小区的一层区域是修武县。

调查小区的二层区域是云台山风景区。

（4）修武县组织的旅游资源调查，如果调查到云台山风景区，则调查小区可以达到一层区域，其中：

调查小区的一层区域是云台山风景区。

为了更详尽地展示调查区内旅游资源存在情况，也为了统计的需要，调查区域有时候需要扩充到二级景区、三级景区，如云台山风景区（一级景区）以下还有二级景区：温盘峪景区、茱萸峰景区等。

4. 调查线路的确定

调查线路指的是野外调查时走的线路。旅游资源详查要求调查采集整个调查区内的全部旅游资源单体资料和数据，需要到达所有区域。但实际实行起来没有必要，也不可能完全做到。这是因为旅游资源调查和某些自然资源、自然条件调查和社会调查不同，如地质区域调查、人口调查等要求覆盖整个调查区域或调查所有对象，旅游资源受形成条件的制约，使它具有了明显的积聚特点和一定的区域分布规律，决定它在某些区段和某些地点上相对集中，如历史文化遗存丰厚地区、成景岩石（花岗岩、碳酸盐岩、砂页岩等）分布地区、良好生态地区与特异现象多发区、观光产业密集区、少数民族聚居区、特色城乡等区域，可以考虑成为旅游资源调查的重点区域。

因此，在布设调查线路时，一般要求考虑覆盖该调查区内上述重点区域。当然为了符合旅游资源详查的总体要求，调查线路还要贯串全部调查小区。

5. 调查内容的甄别遴选

旅游资源调查面对的对象极其庞大，这就需要一个甄别遴选的过程。为此，有以下两种情况：

（1）确定必须调查的对象。具有旅游开发前景的，有明显经济、社会、文化价值的旅游资源单体。这类单体中，已经得到开发利用的占大多数。这是将所感知的旅游资源的共同本质特点抽象出来，加以概括。表面上看，这虽然是一个比较概念的提法，但它包含着丰富的内容，这是从它的景观特征、文化价值、影响力等多方面考虑的，有专业素质的调查者可以直接或间接地感受到它对游客的吸引力，经过分析，一般可以落实下来。

（2）确定暂时不调查的对象。这样可以限制相当一部分的单体进入调查视野，大大减少工作量。主要是指那些明显资源价值品位很低，比如景观特征很不明显，没有特色，历史文化内涵模糊，体量小、不完整，不具有开发利用价值的单体。此外，以下的一些旅游资源也可暂时不调查：与国家现行法律、法规相违背的，如国家严格保护的自然资源和文化资源；开发后有损于社会形象的或可能造成环境问题的，如违背社会公德、败坏社会风气、破坏生态平衡；影响国计民生的；某些位于特定区域内的旅游资源单体。某些列入暂时不调查的旅游资源，并不是永远不调查和不开发，随着社会环境的变化，今后有可能会改变这一约定。

每一种基本类型都有一定的量值组合。量值组合可以通过对其单个量值进行的赋分运算得出它们的数学值，从而使不同旅游资源单体的数学值有了大小区别，也就是反映出了单体质量的差异。而同一种基本类型的单体，由于其性状的差异，其量值组合数学值也不相同，掌握这些量值，并对其进行必要的数值评价，求得量值组合，无疑对了解旅游资源单体以及旅游资源的整体结构带来方便。

6. 编制“旅游资源单体统计表”

资料收集过程中，编制“旅游资源单体统计表”，一方面是对准备阶段的工作的总结，另一方面也为实地调查阶段的工作做准备。

“旅游资源单体统计表”是按照调查规程收集到的旅游资源单体名录，表列项目如表 4–3 所示。

表 4–3　旅游资源单体统计表（格式）

名称	省级区域	地区级区域	县级区域	一级景区	二级景区	基本类型代号
—	—	—	—	—	—	—

此后，需要填写旅游资源单体调查表，并在调查结束后，要将全部调查获得的旅游资源单体填表存档。如果是在省级范围组织的调查，可按地区级区域进行排列统计（也可按基本类型排列统计）。

四、旅游资源调查结果（调查表填写）

填写“旅游资源调查表”是实地调查阶段最重要的工作步骤，这张表格承载了本标准表现旅游资源最核心的内容，调查者在调查准备阶段中收集到的各类旅游资源资料和数据，本阶段对旅游资源的实地研究和验证，都要在这一表格中体现出来。同时本表也要求填写该旅游资源单体所赋存的环境、是否已经开发和开发的情况、单体保护状况等内容。本表对以后旅游资源评价、旅游资源调查成果的质量，以及依据旅游资源调查成果所进行的旅游资源开发也将起到至关重要的作用（见表 4–4）。

表 4-4　旅游资源单体调查表（压缩内容）

00、[表示单体代号]　　□□□（表示单体名称）

基本类型：

（正面）

代号	；其他代号：[1]　　　；[2]
行政位置	
地理位置	东经　°　′　″，北纬　°　′　″
性质与特征（单体性质、形态、结构、组成成分的外在表现和内在因素，以及单体生成过程、演化历史、人事影响等主要环境因素）	
旅游区域及进出条件（单体所在地区的具体部位、进出交通、与周边旅游集散地和主要旅游区 [点] 之间关系）	
保护与开发现状（单体保存现状、保护措施、开发情况）	

（反面）

共有因子评价问答（你认为本单体属于下列评价项目中的哪个档次，应该得多少分数，在最后的一列内写上分数）			
单体为游客提供的观赏价值，或游憩价值，或使用价值如何？			
单体蕴含的历史价值，或文化价值，或科学价值，或艺术价值如何？			
物种是否珍稀，景观是否奇特，此现象在各地是否常见？			
如果是个体有多大规模？如果是群体，其结构是否丰满？疏密度怎样？各类现象是否经常发生？			
是否受到自然或人为干扰和破坏，保存是否完整？			
在什么范围内有知名度？在什么范围内构成名牌？			
开发旅游后，多少时间可以开发旅游？或可以服务于多少游客？			
本单体是否受到污染，环境是否安全？有没有采取保护措施使环境安全得到保证？			
本单体得分		本单体可能的等级	级

为了科学、准确、客观地展示旅游资源单体的性质和状况，要严格保证对这一表格的填写质量，以下是各栏目的填写内容和填写要求。

（一）“单体名称”项的填写

此栏目在标准附录 B“旅游资源单体调查表”中是这样表示的：

00、[表示单体代号]　　□□□（表示单体名称）

因为这是格式，实际填写时，要求直接填写“单体代号”（不用“00”）和“单体名称”（不用“□□□”）。

单体代号是调查者对所调查的旅游资源单体编的序号，为阿拉伯数字。可以按填写的顺序写成流水号，如“01”“24”“125”。在调查结束后，可以按类型，或按地区重新排序。

单体名称是该旅游资源单体（含复合型旅游资源单体）的实际和习惯中文名称。要求简明、通俗、常用。

如果名称特指性很强，单体具有唯一性质，不会令人产生疑义的，如“天安门城楼”“天坛祈年殿”“灵隐寺大雄宝殿”“珠穆朗玛峰”“亚洲大陆地理中心”“巫峡”“珍宝岛”等，可以直接写出它的实际名称。

但如果单体是非唯一的，或尽管是唯一但不广为人知的，则要加上地区名称，如“武汉长江大桥”“江阴长江大桥”“长白山天池”“新疆天池”“阿尔山天池”“长清灵岩寺大雄宝殿”“北京红螺寺大雄宝殿”“洛阳牡丹节”“菏泽牡丹节”等。

地区名称的层次也要尽量减少，也以不发生疑义为准，如“长清灵岩寺大雄宝殿”，不需要在长清前面再加上“济南市”字样。

（二）“基本类型”项的填写

在表的左上方的“基本类型”后，写上该旅游资源单体所属的基本类型的中文名称，名称前加该名称的汉语拼音代号。如：

“天安门城楼”单体的“基本类型”写上：“FCC 楼阁”；

“武汉长江大桥”单体的“基本类型”写上：“FFA 桥”；

“北京红螺寺大雄宝殿”单体的“基本类型”写上：“FBB 祭拜场馆”；

“洛阳牡丹节”单体的“基本类型”写上：“HAD 旅游节”等。

（三）“代号”项的填写

本项目“代号”是表示旅游资源单体身份的标记。按此代号可以将所有旅游资源单体分开。

代号由“区域汉语拼音字母码”+“基本类型汉语拼音字母码”+“单体序号数字码”构成。

“区域拼音字母码”由行政区汉语拼音字母码和景区汉语拼音字母码构成，全部共有 5 组（如果只采用一级景区，则为 4 组），其中“省级行政区汉语拼音字母码”（2 位）—“地区级行政区汉语拼音字母码”（3 位）—“县级行政区汉语拼音字母码”（3 位）—“景区汉语拼音字母码”（3 位）。全部代码共 11 位。如果旅游资源单体目前不属于任何景区，则在其一级行政区汉语拼音字母码和的位置上用 OOO 代替。

汉语拼音字母码在国家标准《GB/T 2260—1999 中华人民共和国行政区代码》中列出。如可从该标准中查到河南省［HA］行政区域划分及代码（见表 4–5）。

表 4–5　河南省［HA］行政区域划分及代码（示例）

地区级政区［代码］	县级政区［代码］
安阳市［AYS］	安阳文峰区［WFQ］、安阳北关区［BGQ］、安阳铁西区［TXA］、安阳郊区［JQU］、安阳县［AYX］、汤阴县［TYI］、滑县［HUA］、内黄县［NHG］、林州市［LZY］
郑州市［CGO］	郑州中原区［ZYQ］、郑州二七区［EQQ］、郑州管城回族区［GCH］、郑州金水区［JSU］、郑州上街区［SJE］、郑州邙山区［MSQ］、中牟县［ZMO］、巩义市［GYI］、荥阳市［XYK］、新密市［XMI］、新郑市［XZG］、登封市［DEY］
开封市［KFS］	开封龙亭区［LTK］、开封顺河回族区［SHR］、开封鼓楼区［GLK］、开封南关区［NGK］、开封郊区［JQK］、杞县［QIX］、通许县［TXY］、尉氏县［WSI］、开封县［KFX］、兰考县［LKA］

续表

地区级政区［代码］	县级政区［代码］
洛阳市［LYA］	洛阳老城区［LLY］、洛阳西工区［XGL］、洛阳瀍河回族区［CHH］、洛阳涧西区［JXL］、洛阳吉利区［JLL］、洛阳洛龙区［JQL］、孟津县［MGJ］、新安县［XAX］、栾川县［LCK］、嵩县［SON］、汝阳县［RUY］、宜阳县［YYY］、洛宁县［LNI］、伊川县［YCZ］、偃师县［YST］
—	—

景区汉语拼音字母码由调查者自定，如颐和园景区定为“YHY”，少林寺景区定为“SLS”，漠河村景区定为“MHC”等。确定景区汉语拼音字母码时，要查询《中华人民共和国行政区代码》，以免重复。

“基本类型汉语拼音字母码”在标准文本表1“旅游资源分类表”中列出。

“单体序号数字码”为同一区域同一类型的数量顺序号，为阿拉伯数字，2位。由调查者编号。

全部代号共16位，6组。各组之间由短横线“—”分开，举例如下（见表4–6）。

表4–6　旅游资源单体代号举例

单体名称	单体代号	各组字母和符号实际表示对象
云台山瀑布	HA—JZY-XUW—YTS—BCA—01	河南省—焦作市—修武县—云台山景区—瀑布—01号
颐和园十七孔桥	BJ—HDN—XIY—YHY—FFA—02	北京市—海淀区—北苑—颐和园景区—桥—02号
少林寺墓塔林	HA—CGO-DFY—SLS—FEB—01	河南省—郑州市—登封市—少林寺景区—墓（群）—01号
漠河北极光观赏地	HL—DHL—MON—000—DAB—01	黑龙江省—大兴安岭地区—漠河县—北极村景区—光环现象发生地—01号
无锡薛福成故居	JS—WUX—CGA—000—FDD—04 JS—WUX—CGA—000—FDA—04	① 江苏省—无锡市—崇安区—无景区—名人故居与纪念地—04号 ② 江苏省—无锡市—崇安区—无景区—传统与乡土建筑—04号

有时候同一个单体可能同时属于其他基本类型（最多允许列出2个），如上表“无锡薛福成故居”的基本类型同时属于“名人故居与纪念地”和“传统与乡土建筑”。

（四）“行政位置”项

行政区域名称，按省级、地区级、县级、乡镇级、行政村的顺序排列。

如云台山瀑布的位置为“河南省焦作市修武县岸上乡小寨村”。

如果是河南省组织的调查，可以省略“河南省”。

如果是焦作市组织的调查，可以省略“焦作市”。

如果是修武县组织的调查，可以省略“修武县”。

（五）“地理位置”项的填写

填写旅游资源单体主体部分的经度和纬度（精度到秒）。一般是在国家统一出版的 1∶5 万及更大比例尺的航测地形图上查取。如果在实地调查时使用卫星定位仪（GPS），可直接读出数据，标在底图的相应位置上。可利用简易方法测定经、纬度，如利用北极星高度测定纬度，或利用立杆测影测定经、纬度。根据同一瞬间两地的地方时差的关系，通过已知一地的经度和地方时，再测出另一地同一瞬间的地方时，就可算出当地的经度。

由于旅游资源单体在时空分布上具有一定复杂性质，地理位置的定位有以下几种情况：

一般情况下，物质型旅游资源单体将其中心点作为定位点。

非物质旅游资源单体，如某些天象与气候景观类、人文活动类旅游资源单体，应寻求到它们的载体，这些载体通常为与其有密切关系的物质型旅游资源单体（如地方风俗与民间礼仪的发生地、光现象的观景地、特色服饰人群的聚居地、民间艺术作品的原发地等），此类单体的这些点可作为它们的定位点。

（六）“性质与特征”项的填写

本项填写的文字可以表现该旅游资源单体的基本性质和特点，必须要认真填写。

此项要求填写的内容提示有单体性质、形态、结构、组成成分的外在表现和内在因素，以及单体生成过程、演化历史、人事影响等主要环境因素。

各旅游资源基本类型有一些共同特征，可以归为以下几类内容。填写该单体性质与特征项时，可选择这几类中的有关内容和数据。

面对数量如此多的旅游资源内容，浙江省旅游资源调查时，归结出以下三步依次描述：

第一步，填写单体的外部表现和内部结构，包括单体现实状况、形态、特性、特征、组分。

第二步，填写单体形成的原因、形成过程、演化历史与演化方式。

第三步，填写单体的周围环境、与单体有关的人物与事件。

上文归纳的常规调查内容一般是大多数旅游资源基本类型所共有的资料和数据，但实际上每种旅游资源的性质和特点都各不相同，这就是它们的特征值。旅游资源调查的主要任务是对这些特征值的挖掘，并在调查文件中予以反映。掌握这些特征值，将表明该旅游资源发生发展的起始动力，了解形成旅游资源特点的内在机制，这对于理解旅游资源景观特征和资源现象，确定旅游资源价值品位有很大帮助。调查时主要是从科学的角度去认识它们。

以下是需要记述的旅游资源主要特征值项目内容。

1. 旅游资源的成因与演化

成因对于旅游资源是至关重要的，每一类型都有特定的成因，成因又和演化发育过程联系起来，组成旅游资源深层次的判断要素。调查时要注意收集以下资料和数据：表现旅游资源发生、演化过程、演变的时序数值；生成和运行方式，如形成机制、盛衰变化、历史演变、现代运动过程、生长情况、存在方式、展示演示及活动内容等数据和资料。

成因和演化对于地文景观类旅游资源的形成是至关重要的，表现形式多种多样。此类旅游资源的成因是各种营力作用的结果，几乎所有地文景观类旅游资源都是在内外营力作用下，通过长期发育演化而形成的。在这些营力中，内营力主要是区域大地构造和晚近时期的新构造运动起了关键作用，外营力则是由于各种地球水热变化引发的侵蚀，其中主要是流水的侵蚀起到更大的作用。内营力和外营力在不同区域、不同时段，对不同对象的影响力不一样，所以形成的旅游资源类型也千差万别。比如石林与土林的形成动力，就要调查地下水溶蚀、洪水侵蚀、侵蚀崩塌、冻融、浪蚀作用等营力对它们的影响；岩石洞与岩穴的形成动力，可能有溶蚀、侵蚀、火山与熔岩、风蚀、冰蚀、天体撞击等营力作用；降雨、融雪、暴雨和融雪混合、溃决、地震、火山活动等，可以引发泥石流；重力堆积体诱发原因，有断裂活动、侵蚀、重力、地震作用等作用；调查地震遗迹时，要了解地震成因，这除了多数是由地壳运动引起的天然地震外，开山、采矿、爆破、地下核试验等人为活动也可能引起地震。

其他自然类旅游资源也都有不同的成因和演化问题，如对观光游憩湖区调查时，就要分清所在的湖泊是什么原因造成的，这些成因主要有构造运动引起的断陷，火山爆发后在火山口积水形成的火山口湖，熔岩、滑坡、泥石流阻塞河道形成的堰塞湖，水系改变造成的河道湖、牛轭湖、潟湖，以及岩溶地区的溶蚀湖，冰川前端的冰川湖，风蚀洼地中的风蚀湖等；瀑布成因也有多种，断层、山崩、泥石流、熔岩、冰川等都可造成瀑布。

人文旅游资源的成因类型比较明确，基本上都是依据人们的需要创造。这方面的情况很多，在绝大多数的旅游资源类型上都有反映。

2. 旅游资源所属的类型

类型是旅游资源另一个重要特征，它和成因关系密切，此外还和它所处的位置和部位、演化过程、物质组成等有关。旅游资源调查时，判断旅游资源类型是很有必要的，这样可以从一个更加科学，更加宏观的角度认识旅游资源的性质和特征。

自然类旅游资源中，类型可以按照组成它们的要素、景观形态和所处的自然带划分，高山、中山、低山、丘陵等是山丘型旅游地的基本类型；岩溶洞穴类型，有落水洞与竖井、穿洞、天生桥、天坑等；冰川堆积类型分为冰碛堆积、冰水堆积、冰缘堆积；温泉可以分为接触泉、裂隙泉、断层泉、溶洞泉等；冰川包括冰斗冰川、悬冰川、山谷冰川、冰盖、山顶冰川、冰帽等类型；林地所在的森林有热带雨林、季雨林、常绿阔叶林、常绿与落叶阔叶林、针阔叶林、针阔叶混交林、针叶林等类型；草地所在的草原有草甸草原、干旱草原、荒漠草原、高寒草原等类型；湿地有近海及海岸湿地、河流湿地、湖泊湿地、沼泽湿地、库塘等类型；花卉地依据花卉品种有药用花卉、香料花卉、食用花卉等类型；云按温度有冷云、暖云，按物理性质有水成云、冰成云和混合云，按高度有低云、中云和高云等类型；雾有辐射雾、平流雾、蒸汽雾、锋面雾、上坡雾等类型；云雾的衍生物类型有雾凇、雨凇。

建筑与设施类旅游资源依据建筑物的结构、形式、功能划分。宗教建筑旅游资源按照宗教性质分为佛教建筑、道教建筑、基督教建筑、伊斯兰教建筑等类型；园林分为皇家宫苑、私家园林和庭院、寺观园林、邑郊风景区和山林名胜、公共园林；建设工程与生产地按产业体系分为冶金、机械、汽车制造、燃料、采掘、电站、纺织、食品加工、水利、森林工业、文教艺术体育用品、养殖、农业、果木、捕捞等类型；塔形建筑物有墓塔、崇物塔、风水塔、景观塔、文运塔、灯塔、水塔、电视塔、瞭望塔等各种类型；楼阁按使用功能分为宗教楼阁、藏书楼阁、藏经楼阁、军事性楼阁、游赏性楼阁、景观楼阁、居住楼阁、仓储性楼阁等；附属建筑与小品建筑种类有雕塑、牌坊、戏台、台、阙、廊、亭、榭、影壁、经幢、喷泉、假山、祭祀堆石等；传统与乡土建筑按照地区环境和建筑形式分为窑洞、四合院、围屋、土楼、干阑式民居、碉房、蒙古包、自由式住宅等；桥按形式和用途分为铁路桥、公路桥、道路桥、人行桥、管线桥、渡槽等；民间祭祀活动场所有祠庙、墓地、神山、圣湖、圣河、圣泉、神树、敖包等类型。

旅游商品的种类很多，菜品饮食按地区分为菜系，其中著名菜系有鲁菜、川菜、粤菜、闽菜、苏菜、浙菜、湘菜、徽菜、京菜、豫菜等；酒茶按原料和制作工艺划分，酒品分为饮料酒、发酵酒、蒸馏酒等，茶叶有绿茶、黄茶、黑茶、青茶、白茶、红茶等；中草药材及制品按药材的性质分为植物类药材、动物类药材，按采集和流行地区分为民间药、民族药等类型；传统手工产品与工艺品按材料和工艺分为纸艺、串珠、押花、剪纸、刺绣、编织、织锦、陶瓷、彩陶、木工艺、骨雕、石雕、牙雕、年画、印染、瓶画、皮影、玉器、景泰蓝、雕漆、首饰、风筝、面具、玩具、家具等。

人文活动可以按演出和表演形式划分，民间演艺有戏剧、歌舞、杂艺等；民间健身活动与赛事有赛龙舟、摔跤、赛马和马上游戏、射箭、爬杆、斗牛、跳板、角力、赛牦牛、赛骆驼、拔河、赛跑、赛龙船、打陀螺比赛等。

3. 旅游资源的外部形态和景观现象

旅游资源的外部形态和景观现象是旅游资源性质与特征的现实表现，它们给人以直观印象，是旅游资源调查的最主要内容。调查的关键是观察和记述它们的形态状况、外观及其变化，这些特征值是体现它们的典型特征并将它们彼此区分的基本依据。

各种类型的外部形态极其丰富多样，调查时要注意采集以下资料和数据：旅游资源的整体状况、形态和突出（醒目）点、代表形象部分的细节变化、整体色彩和色彩变化、奇异华美现象、装饰艺术特色、构成旅游资源主体部分的构造细节、构景要素等。

旅游资源中，有些体量较大，呈现一种组合形态，如断层景观中有组合形态地垒、地堑、断层谷、断块山、断陷盆地等；褶曲景观中的背斜和向斜、单斜山与猪背岭、背斜山与向斜谷、向斜山和背斜谷、穹隆山与构造盆地等；奇特与象形山石中的大型造型形态岩钟、火山锥、方山等；峡谷形态的V形谷、U形谷、嶂谷、幽谷等；岩溶洞穴大形态（通道、洞室）；重力堆积体形态，倒石堆、滑坡体等。对于这些大型组合形态，石林与土林整体形态（连片柱状、塔状、城垣状的丛林、柱面坡度）；调查时要从整体上考虑，不必拘泥于细节。

中小形态是旅游资源调查的重点，这在各种旅游资源中是经常见到的，如在自然旅游资源中，雅丹中有风蚀土墩、风蚀沟谷、凹地、孤岛平台山丘、城堡等；重力堆积体形态中有滑坡壁、滑坡台阶、滑坡舌、滑坡鼓丘、滑坡裂隙等；地震遗迹中有地震崩塌、陷落地、地裂缝、地震崖壁、地震滑坡、地震泥石流等；火山口中有火山口凹地、破火山口等；熔岩流中有熔岩穹丘、熔岩垄岗、熔岩洞和熔岩隧道等；沙丘地中有沙丘、沙垄、沙堆、沙山等；冰川堆积中有冰碛丘陵、侧碛堤、终碛堤、鼓丘等；冰水堆积形态中有蛇形丘、冰砾阜、锅丘等；冰川侵蚀形态中有冰斗、刃脊、角峰、U形谷、悬谷、羊背石、鼓丘等；现代冰川中有冰裂隙、冰洞、冰漏斗、冰柱、冰桥、冰墙、冰塔、冰蘑菇等。在人文旅游资源中，废城城墙上有城门、瓮城、城楼、箭楼、角楼、马面、敌楼、宇墙、雉堞等；宗教与祭祀活动场所中有各类殿、堂、塔、楼、阁、廊、庑、亭、台等；陵寝陵园中有阙门、神道、石人、石兽、石柱、穹碑、华表等。

旅游资源形态中，经常有一些形态细节和附属物需要在调查时注意，在自然旅游资源中，丹霞、独峰、奇特于象形山石、石林与土林、岩壁与岩缝中的壁面形态上，常见一些沟槽、洞穴、坑穴、岩坎、台阶、窗孔等。岩溶洞穴内和钙华与泉华中的形态细节更是多见，如流痕、窝穴、沟槽、井管、洞壁突出物、泉华台、石钟乳、石瀑布、石梯田、天生桥、天窗等；冰川侵蚀形态中常见到冰川擦痕。在建筑物中，形态细节更是比比皆是，刻画这些细节是调查的主要任务，如很多佛塔都是装饰很精美的建筑物，塔身和建筑构件上多有体裁很丰富的雕刻，造型有动物、植物、佛像等。塔铃悬挂在塔转角处和塔刹的拉链上，形状有多样。塔的内部或外壁有很多用砖砌出的小龛；石窟内的造像和壁画是很好的艺术品，泥塑有圆塑、高浮雕、粘贴塑、壁塑四种。壁画画面绘有石窟中的装饰性绘画也十分光彩耀目，窟顶、龛座、中央龛柱、服饰和壁画边缘等，绘有各种花卉、人物、鸟兽等图案和花纹。牌坊和牌楼也是装饰性很强的建筑物，楼顶采用多种形式，如庑殿顶、歇山顶、硬山顶等。重视细部装饰，彩画集中在屋顶和檐下的梁坊斗拱上，屋脊上有各种饰物。影壁壁顶的体量虽然很小，但也像房屋建筑一样有各种形式，顶端屋脊多有各种装饰。壁身的中心和四个角上，装饰的内容有各种兽纹、植物花卉，写上各种吉祥语。帝王和贵族陵墓墙壁上大都绘有壁画，或者有模印的画像砖、雕刻画像等。

有些旅游资源具有一些特殊的景观现象也要在调查时关注，如观光游憩河段的河床平面形态反映了形态的发育阶段，如平直河床、弯曲河床、分汊河床等。由此产生的深切曲流、嵌入曲流、离堆山、牛轭湖和河曲型河漫滩、汊道型河漫滩、堰堤型河漫滩、平行鬃岗型河漫滩等不同形态类型，以及河流袭夺遗留形态的袭夺河、被袭夺河、断头河、“风口”“袭夺湾”“谷中谷”等现象；地热与温泉涌出状态也要在调查时注意，如长流泉、间歇泉、喷泉、珍珠泉、爆炸泉、喷气孔、热泥泉等；沙丘地移动程度（流动沙丘、固定半固定沙丘）；流动速度（快速、中速、缓速、慢速）反映了此类旅游资源的动态状况，颇有特色；火山活动和地热现象联系在一起，那里可以见到一些涌泉、水汽喷发迹象；日、月、星辰、光环现象、云、雾、海市蜃楼现象以及气温、风、降水等极端与特殊气候的出现频率和观察的最佳时间，是此类旅游资源调查的重点；一年中植物、动物、水文气象的变化规律和程序是物候旅游资源调查的内容；人物中的突出事迹和成就、社会影响，特色服饰中的服饰所用的材料、服饰的款式、服饰的色彩、服饰与配件，以及民间歌舞、民间音乐、民间杂艺、商贸农事的活动规律和活动方式也是调查的主要内容。

4. 旅游资源的布局与物质结构

旅游资源本身，由于发育阶段、组成物质、构成要素的结构、年代、规模、尺度和方式的不同，使旅游资源个体和集合体的内部结构和空间布局、组成单体整体各部分的搭配关系和安排情况、组成成分等方面产生差异，调查时要反映这些差异。

岩石组成对某些旅游资源类型的形成是很关键的因素，某些成景岩石造就了石林与土林、丹霞、雅丹、溶洞、火山地形等多种旅游资源，因此构成这些旅游资源的岩石性质，以及它们的岩石结构与构造在调查时一定不能忽略。这时要对它们的整体造型与结构进行记述，如石林与土林的群体和个体结构，丹霞顶部、崖壁、山麓特征，岩石性质、产状、层厚、盖层的情况，雅丹物质组成和时代，岩石洞与岩穴中的通道、洞室结构等进行详细调查；岸滩的质量决定于它们的物质组成（砂、砾石、黏土等）及其物理性质（粒度、磨圆度、分选度、颜色等）；长城和烽燧中的建筑方式与使用材料有块石垒砌、夯筑、土坯垒砌、块石砌基土坯垒砌、块石或卵石砌建、红柳条加固等；桥按桥身材料类型有木桥、砖石桥、混凝土桥、钢筋混凝土桥、预应力混凝土桥、钢桥等；传统手工产品与工艺品所用的材料有竹材、籐材、木材、石材、陶瓷、玻璃、珠宝、金属、纺织物、皮革等，这些都是调查的对象。

对于旅游资源空间和内部结构，反映出它们的形态特点、资源的稳定性。这表现在它们的平面和立面结构上，如沙丘地有新月形、线状、鱼鳞状、格状、蜂窝状、金字塔状、链状、垄状；火山有锥形、盾形、钟形；地表坑穴平面有圆形、近圆形、椭圆形、月牙形、花瓣形等，立面形状有碗形、锅形、匙形、筒形、天然桥等；岸滩平面形态有弧形、直线形、袋状、三角形等；观光游憩河段河床有平直河床、弯曲河床、分汊河床。

建筑类旅游资源的结构主要反映了人类的意图，深深地打上了文化的烙印。史前聚落遗址中的村落布局常有居住区、器物制作区和生产区、墓地之分，房基结构有地穴式、半地穴式、地面筑造，房屋平面形态有圆形、椭圆形、方形、长方形等，房屋结构有单间、套间、多排间；城垣有纵条状、圆形、椭圆形、不规则型、长方形、正方形等，城垣格局有单层、多重，城垣内外功能区域有宫殿区、宗庙区、作坊区、居民区、王陵区、平民墓地区等的区别；烽燧中的烽燧形状，正方形、八角形、圆锥形、方锥形；塔的结构主要有楼阁式、密檐、亭阁式、覆钵式、金刚宝座式、多宝塔式、无缝式和墓塔式等；塔的形状有方形、八角形、六角形、十二角形、圆形等；塔的结构有地宫、基座、塔身、塔刹等；佛寺有以塔为佛寺中心和以佛殿为中心两种布局，完整的佛寺建筑群中的殿堂建筑一般设山门、天王殿、大雄宝殿，以及钟鼓楼、藏经阁、五百罗汉堂、金刚宝座塔等；藏传佛教寺庙布局自由灵活，主要的佛殿、扎仓位置突出，其他建筑物分散在各处，高低错落，布局灵活；楼阁的平面形态有长方形、正方形、多边形、圆形、十字行、工字形、亚字形、凸字形、凹字形、曲尺形等；石窟窟形有中心塔柱式、覆斗式窟、平顶窟、穹隆式窟、梯形窟、背屏式窟、毗诃罗窟等。园林将单体小品建筑、路、桥等功能建筑和匾额、刻石、楹联等艺术点缀等；疏旷有度，结构精巧；亭子的造型极多。其平面多为几何形式，如亭子的屋顶以攒尖顶最多，也可应用其他屋顶形式及其组合变化，如歇山顶、十字脊顶、双圆相套攒尖顶等。完整的四合院具有稳定的中轴对称的建筑布局；土楼除了圆形的土楼以外，还有方形、四角形、五角形、交椅形、畚箕形等多种形式。

5. 旅游资源的生成与赋存环境

旅游资源生成与赋存环境包括该资源在形成过程中的环境影响，以及它们目前所处的具体位置及外部环境。生成时的环境影响有的还体现在资源类型中，目前的赋存环境更是与旅游资源融合在一起。这些环境包括历史上和目前存在的自然要素和人文要素，如气候、水文、生物、历史文化，以及与旅游资源形成和演化有密切关系的历史人物与事件等。旅游资源调查时要求记录这些环境要素。

对于自然旅游资源来说，资源的性质不同，很多情况下是由于它们在形成时的物理、化学、生物要素参与方式和参与程度不同，如地层中所含有的矿物成分成为地热与温泉水不同的化学成分类型，如碳酸泉、硫黄泉、氯化钠泉、碳酸氢钠泉、碘泉、铁泉、氡泉等；近海海水的区域位置和物理、化学、生物性质使各处观光游憩海域的海水温度、透明度、水色、生物状况、海水结冰等出现差异；长年积雪地上的积雪状况，如降雪起止时间、降雪强度、降雪量、积雪期、积雪形状、积雪厚度、硬度、湿度等，和当地的地形、平均气温和气温变化、风力、日照等有很大关系；草地旅游资源与草地立地条件，如气温、植物生长期、积温、降水量以及地面海拔、坡向、坡度和草地要素，如植被类型及组成、草地优势植物种类、草地覆盖度、草层高度、草地生产与保护有关；动物栖息地旅游资源与动物栖息环境要素，如气候、水、水生植物、食物、安全关系密切。

人文类旅游资源类型，除了有自然环境对它的影响外，更有人类活动对它的影响。后者所起的作用往往更大，如史前人类活动遗址活动场所，选择临河、临湖、靠山地区，主要是受自然环境的影响，而遗址选择山洞和在地面筑屋而成为洞居、地穴、半地穴、灰坑、窟穴、地面房屋等，则完全依据了人的意图；园林、宗教活动场所、生产地等旅游资源类型也都是这种情况。地方旅游商品中的菜品饮食、农林畜产品、水产品、传统手工产品与工艺品，基本上都要依托于地方已有的原料生产，其间，产品工艺、生产过程、产品形态都注入了很多环境内容，如历史事件和传闻故事等。

历史事件与历史人物这一环境要素，对于树立人文类旅游资源的形象和提升旅游资源的档次，是不可或缺的。调查时要努力挖掘这些环境资料，如史前人类活动遗址中的远古人类代表；史前聚落遗址中的旧石器和新石器文化类型；与历史事件发生地、军事遗址与古战场有关的古代和近现代著名历史事件、重大战事活动、军事家；与寺庙、生产地、古城、长城等遗址，以及宗教与祭祀活动场所、园林、石窟、佛塔、楼阁、陵寝陵园、文化活动场所、传统与乡土建筑、特色街巷、特色社区、名人故居与历史纪念建筑、运河等有关的宗教人物、实业家、帝王、政治家、文学家、教育家；教学科研实验场所和重大科研事件；至于人物、文艺团体、文学艺术作品更是由各种文学家、艺术家所支撑；民间礼仪、民间节庆、民间演艺、民间健身活动与赛事、庙会与民间集会、特色饮食风俗、特色服饰则更是人文环境的产物。

6. 旅游资源的个性数值

每种旅游资源都有一些个性化的数据，这些数据是一些计量单位，大部分表明旅游资源的外部特征，少量表现旅游资源的内在特性。数据可以分为以下几类：几何数值、特性数值、率值等。

几何数值有长度、面积、体积和容积等，实际在测量时可以细化，调查和记录旅游资源的长度、宽度、高度、深度、直径、周长、进深、面宽、面积、体积、容积等。

特性数值如经度、纬度、海拔、相对高度（高差）、绝对年龄、相对年龄、产值、日期和时间、生长期、发育阶段、等级等。

率值如矿化度、曲率、坡度、比降、密度、起伏度、郁闭度、覆盖度、矿化度、曲折度、粒度、磨圆度、分选度、色度、进度等。

调查时要经常接触到这些数据，采集的方法是用各种工具直接测量，个别的需要查证资料或通过计算获得。测量和记录各类数值物理量均要求采用中国法定计量单位。

旅游资源的性质和特点不同，需要调查的个性数值也不同。也有一些数值，如各类旅游资源的长度、面积、经度、纬度等，是绝大多数旅游资源都要测量和记录的。年龄和时代分别是自然类旅游资源和人文类旅游资源所常有的。不过这样的数值数量较少，其他多数数值分别为各种旅游资源所拥有，这就更加显示了旅游资源的个性特征。同一旅游资源的数值有时是单一的，有时是组合的，举例如下。

在自然类旅游资源中，谷地型旅游地中谷地发育阶段（幼年期、壮年期、老年期）；奇异自然现象发生时间、延续时间；自然标志地中地理界线交会点经纬度、海拔；垂直自然地带中山地最高海拔、带宽；断层景观中有断层断距；节理中有密度；地层剖面中有地层绝对地质年龄；生物化石点中有化石年龄；峰从中有峰丘密度；岩壁与岩缝中有壁面和缝隙高度、宽度、坡度、长度；峡谷段落中有长度、谷坡坡度、深度；沟壑地中有细沟、浅沟、切沟、冲沟、坳沟的密度；丹霞中有岩石年龄；雅丹区域内有风力等级；沙丘、沙山有相对高度、密度，沙丘移动速度；岸滩有长度、宽度、滩面坡度，砂、砾石、黏土比例，沙与砾石粒度、磨圆度、分选度、色度；地震有等级；火山与熔岩有发生时间、火山高度；冰川堆积和冰川侵蚀遗迹中有冰期；观光游憩河段中有水量、流速；观光游憩湖区有湖水含盐度、湖水温度、岸线曲折度、水下岸坡坡度；地热与温泉有水量、水温、矿化度；观光游憩海域有海水温度、透明度、水色色度；冰川观光地有雪线高度；长年积雪地有降雪起止时间、强度、降雪量、积雪期平均气温和气温变化、风力、日照时间，积雪厚度、硬度、湿度，积雪地起伏度、坡度；林地中有树种数目、树冠投影面积、郁闭度、负氧离子含量；独树有树高、胸径、冠幅、树龄、珍稀程度、保护等级；草地中有草原气温、植物生长期、积温、降水量，草地覆盖度、草层高度；避暑气候地中有温度、湿度、风速；极端与特殊气候显示地中有温度、降水量、湿度、风力；物候景观中有植物芽萌动、展叶、开花、果熟、叶变色、落叶等开始、极盛、结束时间；动物始见、绝见、始鸣、终鸣日期；初霜、终霜、初雪、终雪、结冰、解冻、河流流冰等时间。

在人文旅游资源中，主要是各类建筑物的占地面积、建筑面积、建筑年代；对于古建筑还有始建年代、重建或复建年代；对于单体建筑有高度、开间数、面宽等；对于民俗活动有活动时间等。

（七）“旅游区域及进出条件”项的填写

此项作为旅游资源调查辅助内容，要求填写包括旅游资源单体所在地区的具体部位、进出交通、与周边旅游集散地和主要旅游区（点）之间关系。

这里提到的具体部位，主要是指旅游资源单体所在的自然地理空间位置，对这一位置进行观察和描述。如某眼温泉，出水口位于某山麓断层交接带（对交接带的情况进行陈述）；某独树位于某河谷阶地前沿（对阶地进行陈述）；某佛塔位于某建筑遗址附近的平坦地面上（对建筑遗址和平坦地面进行陈述）等。

进出交通指的是直接连接单体地点的中近距离路面、水面情况。

周边旅游集散地一般指县级及县级以上城市，部分发达地区可将乡镇一级的聚落当作集散地。某些旅游点也视为旅游集散地。

主要旅游景区一般指与单体距离较近，有较密切关联的已被开发的旅游地。

（八）“保护与开发现状”项的填写

此项作为旅游资源调查辅助内容，要求填写旅游资源单体的保存现状、保护措施、开发情况等。

保存现状指的是单体保存的完好程度，分为保存完整、部分保存完整、破坏严重3级。

保护措施指的是单体具体保护方法与保护效果。措施包括行政管理措施和工程保护措施等。

开发情况指的是单体开发程度、基本设施、研究与管理机构、开发方式、现有效益等。其中，开发程度按实际情况分为：已开发、正在开发和待开发；研究与管理机构包括机构建立的时间、级别；开发方式包括接待时间、活动方式等。

（九）“共有因子评价问答”项的填写

本项是根据旅游资源评价共有因子提出以下8个答项。要求调查者在完成本表后试填的项目。一般这里得出的结果将成为最终专家评定的重要参考。

这些答项应随时填写。每一答项设置4个答案作为评价依据，每种答案赋以相应分值区间。经过对该类型单体的分析判断，确定其中一种答案的分值。将8个答案的分值相加，得出该旅游资源单体得分。

填写内容和方式可按本书在旅游资源评价部分的陈述。

（十）“旅游资源单体调查表”填写

“旅游资源单体调查表”填写要把旅游资源单体的性质特征、进出条件、保护与开发现状等信息规范填写到标准表格中。

以商城温泉资源为例，该资源位于河南省信阳市商城县，主类属于“水域风光”，亚类属于“泉”，基本类型属于“地热与温泉”（见表 4–7）。

表 4–7　旅游资源单体填写示范之一：河南商城温泉

项目	原稿
性质与特征	本资源属于地热和温泉类型，温泉形成于 1 亿年前，位于雷山脚下，汤泉池河中。古称“汤坑”，水温 56–58℃，每天出水量约 1000 立方米。泉水清澈透明，微呈嫩绿色，略带硫黄味，清淡微涩，有油腻感。属硫酸盐型大硫酸钠亚类，极软、弱碱，性淡。矿化度 0.168 克 / 升，总硬度 4.1 德度，pH 值 8.48，含铀 2.6 × 10.8 克 / 升，氟 8.5 毫克 / 升，氡浓度 3.1–3.9 爱曼，锶 8.25 毫克 / 升，银 0.25 毫克 / 升，还含有钛、钡、硼、铬、钼、铅等元素。浴后皮肤清爽，心清气舒，对类风湿、肠胃、心血管、神经系统、呼吸器官、妇科、外科等疾病，均有疗效。对皮肤病、风湿病有特效，治愈率高达 80% 以上。健康人常洗浴，能护肤美容，增食催眠，延年益寿 温泉原有 8 个泉眼，即后吊井、洗菜井、女池大井、女池井、洗脸井、老男池、新男池、稻田泉（供饮用）。分布于 60 × 90 米斜方形区内。总涌水量 5 升 / 秒左右，水量稳定，不受季节影响。清乾隆年间（1712~1767）张皓元将温泉修成四池一井，官池居西，盖有四合院，正房为池。行人池（男池）居河沿西南人行道处。女池居西，近雷山，有室遮蔽。洗衣池居女池之侧。温水井居老街北处。并于浴池上建宇修房，后将池宇捐为公用。清光绪十三年（1887 年），地方士绅倡义捐修行人池，女池历时 3 年竣工，于行人池上盖瓦屋 3 间，池壁皆用石条垒砌，男大池内分三小澈。每小池可容五六人浴。池畔设洗脸池。1940 年，国民党八十四军驻县，官兵患疥，拆净梵寺 8 间重修官池，专供军人疗疥。驻军走厨，宫池作男池。1047 年，达权店区出资整修官池，改行人池为洗衣池。次年，达权店公社出资再次重修男女池，将原砖石结构改为水泥结构，并派杨姓老人专司管理。1964 年，县人民委员会出资重修室宇，粉刷墙壁，重修玻璃门窗。20 世纪 70 年代要在灌河鲇鱼山处建大型水库，库区扩灌河干流为湖。为使温泉不被库水淹没，1974 年 12 月县建立“保护温泉工程领导小组”。翌年初，工程动工，于 3 个温泉区之上各建一双层拱封闭聚水池，每池可蓄水 350 立方米，并于 1 号聚水池上建高 16.5 米的提水塔，引水导入浴池。后各方纷纷投资建房，高层建筑拔地而起，现已成为疗养游览胜地 汤泉所在地区属亚热带季风性湿润气候，四季温暖湿润，光热资源丰富，最高气温 35℃，最低气温 –1℃，年平均气温 15.3℃，年降水量 1163 毫米，无霜 223 天。而且，周围集山、水、泉、石于一体，自然风光十分秀美。于鲇鱼山码头溯流而上，舟船畅驶，湖面碧波荡漾，纹波涟涟，夹岸青山相迎，百余座小岛、半岛，耸然其间，水湾曲曲，秀美雅致
旅游区域及进出条件	该温泉位于河南省信阳市的东南边陲——商城县西南 20 公里的雷山脚下，有水陆两条通道，公路向西北方向 20 公里与省道 37 相连，水路可乘游船经近 1 小时直达县城。这里西距红色旅游基地——新县县城 70 公里，西距鸡公山风景区 150 公里，距信阳市区和南湾湖 170 公里，向北距潢川县城约 70 公里。国家级风景名胜区鸡公山、国家级水利风景名胜区南湾湖与在汤泉基础上兴建的汤泉池疗养区一起，是信阳市域开发最早、也最知名和成熟的旅游景区，它们共同奠定了信阳作为全省重要的度假疗养基地的物质基础
保护与开发现状	现有 3 个泉眼出水，日出水量 1000 立方米。目前，已有二十多家省直单位至此投资兴建疗养院所，总投资额一亿二千多万元

【简要评述】

基本符合要求。资料准确细致，量化数据较多。旅游区域定位很明了。

“性质与特征”一栏叙述温泉历史的文字（第二段）过细，有些内容可以删掉，建议改为：“温泉原有 8 个泉眼，即后吊井、洗菜井、女池大井、女池井、洗脸井、老男池、新男池、稻田泉（供饮用）。分布于60×90米斜方形区内。总涌水量5升/秒左右，水量稳定，不受季节影响。自清乾隆年间（1712—1767）就已经开发成浴池，供人洗浴。1964年，商城县重修浴室。1970年代在灌河鲇鱼山建水库，为使温泉不被库水淹没，1974年12月商城县实施温泉保护工程，在3个温泉区内各建一双层拱封闭聚水池，每池可蓄水350立方米，并于1号聚水池上建高16.5米的提水塔，引水导入浴池。”

“性质与特征”一栏第三段文字中的“舟船畅驶，碧波荡漾，纹波涟涟，青山相迎，水湾曲曲，秀美雅致”的描写句子尽量少用。可改为实际状况陈述，如有几条水上游路，交通工具类型和数量等，而且这部分内容应该放到“保护与开发现状”一栏中去。

温泉所在地区自然环境较好，可另外开辟一个单体“山丘型旅游地”。

（十一）旅游资源单体统计

调查过程中，要将全部调查获得的旅游资源单体填表（旅游资源调查登记表）存档。因为内容较少，称为简表（表4–8）。

表4–8 旅游资源单体统计简表（格式）

序号	单体名称	单体代号	建议等级
—	—	—	—

此表只有4项内容：其中“序号”是调查时随时编的流水号，由调查组自定；“建议等级”是调查者在现场根据标准评价指标对单体的认定等级，可为以后最终评价提供参考。

为了分类排序的需要，可根据基本类型代号分解出区域名称（省区名称、地区名称、县区名称、景区名称）和类型名称（主类名称、亚类名称、基本类型名称）（见表4–9）。

表4–9 旅游资源单体统计整表（格式）

序号	单体名称	单体代号	基本类型代号	省区名称	地区名称	县区名称	景区名称	主类名称	亚类名称	基本类型名称	建议等级
—	—	—	—	—	—	—	—	—	—	—	—

如果是省级组织的调查，可以省略“省级名称”。

如果是地区级组织的调查，可以省略“省级名称”和“地区名称”。

如果是县级组织的调查，可以省略“省级名称”“地区名称”和“县区名称”。

举河南省部分单体为例（见表4–10）。

表 4–10　旅游资源单体统计一览表（河南省示例，格式）

序号	单体名称	单体代号	地区名称	县级区域	景区名称	主类名称	亚类名称	基本类型名称	建议等级
AA21	二七纪念塔	HA–CGO–EQQ–OOO–FCB–01	郑州	二七	—	建筑与设施	景观建筑与附属型建筑	塔形建筑物	—
AG102	少林寺墓塔林	HA–CGO–DEY–SLS–FEB–01	郑州	登封	少林寺	建筑与设施	归葬地	墓（群）	—
OE80	商城汤泉	HA–XYG–SCX–000–BDB–01	信阳	商城	—	水域风光	泉	温泉	—
EI36	红旗渠青年洞	HA–AYS–LZY–FGC–OOO–01	安阳	林州	红旗渠	建筑与设施	水工建筑	运河与渠道段落	—
HA213	焦作府城遗址	HA–JZY–ZZQ–OOO–EBF–01	焦作	中站	—	遗址遗迹	社会经济文化遗址遗迹	废城与聚落遗址	—

【说明】本表适用于以省级组织的旅游资源调查的单体统计。

本表是旅游资源调查阶段非常重要的表格，一个原因是为了储存资料和数据的需要，再一个是便于对旅游资源单体在计算机上进行统计排序计算，在此后的旅游资源调查文件汇编和旅游资源开发时使用。

第五章　旅游资源评价

一、旅游资源评价的目的、进展及体系

（一）旅游资源评价的意义与目的

旅游资源是旅游业发展的客观条件，其不仅具有经济层面的使用价值，还具有游憩、观赏和保存等层面的非使用价值。使用价值是指能够提供给人类产品或满足人类服务需要的价值，包括直接使用价值和间接使用价值；非使用价值是环境资源的一种内在属性，是旅游资源本身产生的效益，旅游者不一定目前享用旅游资源，或为后代留下来让其在将来使用的旅游资源的效益，具体包括选择价值、遗产价值和存在价值3种。旅游资源在开发的过程中，过度重视其使用价值产生的经济效益，而忽视了其依托环境而存在的非使用价值，势必导致旅游资源的总体价值被低估，使得旅游生态环境遭到破坏，不利于旅游资源的持续利用与保护。因此，深入研究旅游资源非使用价值，对旅游资源的保护以及提高旅游可持续开发的公共决策具有重要的现实意义。

旅游资源评价是旅游资源有效保护和合理开发的前提。20世纪50年代以来，旅游资源评价一直就是地理、环境、经济、社会等学科领域研究的一个重点问题。我国自20世纪70年代末部分学者开始投身旅游研究，地理学者和林学研究者对旅游资源的评价做出了积极的贡献，在吸收国外相关研究成果的基础上，旅游资源的美学评价、适宜性技术评价等方面的研究获得较大进展。

旅游资源评价的目的是识别资源类型特征，分析资源组织结构，确定资源价值，评估资源影响。

（二）国外旅游资源评价研究进展

长期以来，不同学科领域的专家从不同角度进行了旅游资源评价研究。目前，国外关于旅游资源评价的理论，主要可分为基于自然景观的美感质量评价、基于人文景观的文化遗产价值评价、旅游资源货币价值评价三大类。

美感质量评价作为一种专业性和规范性的旅游资源美学价值评估模型，是在游客和专家开展体验性评价的基础上进行的深入探讨。康德的美学“四个契机”构建了现代旅游资源视觉质量评价的理论基础，他强调评价过程中人的主观性，认为景观的主观体验是视觉质量评价的主要内容，可以通过被测试者对各类组景要素的替代物所表示的偏好来获得。Calvin 等人采用语义差异量表，研究大学生对自然景观照片的主观

评价结果，并据此来探索景观评价的方式。Myklestad 和 Wagar 通过计算机辅助技术生成透视图，用于开展森林景观的可视化管理和视觉质量评价。美感质量评价法在国外已经较为成熟，形成了专家学派、认知学派、心理物理学派等诸多流派。以林顿（R. B. H. Litton）为代表的专家学派，他们认为符合形式美原则是具有较高风景质量的前提，强调多样性、奇特性、协调统一性等原则在景观质量评价中的作用，该方法也是目前自然风景评价的主要方法。以卡普兰（S. Kaplan）、吉布利特（Gimblett）为代表的认知学派提出了人在风景观光过程中，除了关注那些易于辨认和理解的特性之外，还对隐藏在风景中的神秘信息感兴趣。若能同时拥有两种特性的就属于高质量的风景。

随着社会地理学的发展，旅游资源特别是人类遗产方面的文化价值研究开始兴起。社会学、文化学、人类学、现代地理学等学科纷纷展开对旅游资源的多维度分析。Cosgrove 指出现代地理学主要是通过对媒体、艺术、历史记录等其他对旅游景观能产生特别联想的文字和符号的研究，来揭示旅游资源是如何获得社会、文化以及美学的价值，这些获得性的价值又是怎样随时间而发生变化的。Harrison 等认为，文化遗产价值研究有助于探寻人与文化在旅游资源价值构成和景观欣赏过程中具有的重要作用，而且对区域社会文化认同感的形成也具有特殊意义。T. C. Chang 等以加拿大蒙特利尔和新加坡为案例，得出遗产旅游是推动城市经济发展和市政空间重建的重要途径。随着经济全球化的发展，Arjo Klamer 基于文化遗产的价值构成，提出了社会和文化价值的资本核算方法。

旅游资源货币价值评价理论和方法主要来源于环境学、经济学、社会学、心理学、行为学等学科。20 世纪 70 年代后，随着福利经济学、环境经济学的发展，消费者剩余理论的不断完善，旅游资源的货币价值评价理论逐渐形成。80 年代以来，美国国家公园游憩服务的收费问题引起了学术界的争论，如何准确地对旅游资源进行价值评估，证明资源的货币价值并制定合理的定价政策成为当时的研究热点。当前，国外旅游资源货币价值评价的方法主要有两类，即显示性偏好法和陈述性偏好法。显示性偏好法根据人们的真实行为来推测，主要适合无市场交换但有市场价格部分的评价；陈述性偏好法则依靠假想市场的构建，它以支付意愿来表达旅游资源的货币价值。旅行费用法（travel costmethod，TCM）和条件价值法（contingent valuation method，CVM）便是上述两类评价法的典型代表。

旅行费用法是目前公认的非市场价值评估最合理的方法，首次引入“消费者剩余”这一重要概念，是公共产品价值评估的一次重大突破。TCM 取得有效的费用估计值有两种可能的途径：要么调整费用核算和分析方法，直到 TCM 产生的结果与其他方法的结果相符；要么使用其他方法的估计结果对 TCM 进行校正。TCM 最基本的模型为区域旅行费用模型（zonal TCM，ZTCM）和个人旅行费用模型（individual TCM，ITCM）。在此基础上，又发展出高级个人旅行费用法（advanced TCM，ATCM）、随机效用模型（random utility model，RUM）以及内涵旅行费用模型（hedonic travel cost method，HTCM）等。

80 年代后，享乐定价法（hedonic price method，HPA）被学者应用于旅游资源价值评价当中。条件价值法指在假想市场的情况下，以调查问卷为工具来评价被调查者对缺乏市场物品或服务所赋予的价值方法，它通过询问人们对于环境质量改善的支付意愿（willingness to pay，WTP）或忍受环境损失的受偿意愿（willingness to accept，WTA）来推导出环境物品的价值。CVM 可用于评估环境物品的使用价值和非使用价值，并一度被认为是可用于环境物品和服务的非使用价值评估的唯一方法。20 世纪 60 年代，人们对环境资源非使用价值，特别是关于选择价值和存在价值是环境资源经济价值重要组成部分的认识逐步深入，而传统的方法如 TCM 无法估算非使用价值，作为当时唯一能够评估非使用价值的方法，CVM 迅速获得广泛应用。环境资源非使用价值评估的可行性、评估对政府决策的帮助以及游客的支付意愿成为国外学者的关注点。国外学者将焦点放在资源环境保护游客的意愿与评估方法的探讨上。20 世纪 70 年代以来，CVM 逐渐地被用于评估自然资源的游憩、娱乐、狩猎和美学效益的经济价值。

21 世纪以来，环境资源价值评估的理论和方法得到了充分的发展和应用，其中，自然旅游资源仍是热点内容之一，人文旅游资源，特别是文化遗产类旅游资源的经济价值评估案例显著增多。现有研究内容主要集中在运用条件和有效范围等方面。近年来，受时间成本限制，旅游资源价值转换方法（Benefit transfer method，BTM）亦逐渐兴起。此外，随着可持续发展理念和生态旅游概念的提出，一些学者开始关注旅游资源非使用价值中的娱乐价值。由此为景区管理者提高景区环境质量决策提供了帮助，从而为旅游资源的可持续发展提供指导。

随着旅游资源供给和需求的全球化进程加速，旅游资源保护和恢复意识的增强，旅游研究者和旅游决策管理者对旅游资源的评价不断提出新的课题，在视觉质量评价研究不断深入的同时，旅游资源的人类文化遗产价值和货币价值评价方面的研究明显增多。在研究技术和方法上，3S 技术、因特网技术、虚拟现实等技术已广泛应用于评价研究中。同时，经济学、社会学、行为学等学科的最新研究成果也不断被吸收。多学科融合研究已成为国外旅游资源评价理论和方法创新的主要动力。然而，从总体上看，目前的研究仍处于“前范式”向“范式”过渡阶段，在关于视觉质量构成要素和采样原则、人类文化遗产内涵界定与表达等一些主要概念和方法的理解上分歧较大，往往导致研究成果自相矛盾。同时，在评价理论和方法上，除视觉质量评价的理论和技术方法相对较成熟外，人类文化遗产价值评价仍缺乏理论体系。研究对象以自然旅游资源为主，大多依托某一旅游景区开展自然类旅游资源非使用价值研究，地域特征明显。

（三）国内旅游资源评价研究进展

就国内研究而言，旅游资源评价方法也不断涌现，主要可分为定性和定量两种。

1. 定性评价方法

定性评价方法有一般体验评价法、“三三六”评价法和资源与环境综合评价法。

“三三六”评价法由北京师范大学的卢云亭提出，即三大价值、三大效益、六大条件。该方法从旅游资源本身各大属性出发，包含了历史文化价值、艺术观赏价值、科学考察价值、经济效益、社会效益、环境效益、旅游资源所在地的地理位置和交通条件、景象地域组合条件、旅游环境容量、旅游客源市场、投资能力、施工难易程度等各方面的评价指标，具备一定的完整性。

资源与环境综合评价法又称“六字七标准”评价法，由上海市社会科学研究院的黄辉实提出，主要从旅游资源自身和旅游资源环境两个方面进行评价，具体指标包括美、古、名、特、奇、用，标准包括季节性、环境污染状况、与其他旅游资源之间的联系性、可进入性、基础结构、社会经济环境、客源市场等。

由于缺乏定量分析的支撑以及实际操作的检验，上述定性评价方法目前的使用者较少，但仍具有一定的参考价值。

2. 定量评价方法

定量评价使用更为广泛，主要有楚义芳的综合评分法、保继刚的层次分析法（AHP）、杨汉奎的模糊数学评价法、张凌云的市场评价法、汪侠等人的多层次灰色评价法，以及国标打分评价法等，部分学者借鉴了国外的旅行费用法。相较于定性评价，定量评价的结果多为具体的指标数值，便于开展不同地区的横向比较，因而越来越受到国内学者的欢迎。不同的学者采用上述各种方法都进行过实例研究，所借助的数学方法或模型原理基本相同，但是归纳起来大都偏重于景观的视觉分类与评价。模糊数学法与层次分析法均属于专家打分评价体系，模糊数学法主要指标有珍稀度、古悠度、规模度、奇特度、保存度、审美度、组合度、知名度等；层次分析法是由美国著名运筹学家 T.L.Satty 提出的一种定量分析与定性分析相结合的决策分析方法。层次分析法不仅适用于旅游资源单体的评价，也可用于不同空间尺度的旅游区的评价，因而在我国应用广泛。指标权重的定量分析也使得该方法具有一定的严谨性，但该指标体系确定的个人主观性较强，评价结果的权威性有待考证。国标评价法突出了普适性和实用性，在充分考虑了前期研究成果和广泛实践的基础上，制定了旅游资源类型体系以及旅游资源调查方法参考标准，试图建立全国或者区域可以比较的五级旅游资源分级体系，采用专家打分因子量化。国标评价法设立了资源要素价值、资源影响力、附加值三大评价项目，作为国内最权威的旅游资源评价方法，已经在我国实行了十多年，其技术规范、便于操作。然而国标评价法同样存在对旅游资源的分类过细，无法应用于综合性旅游资源的评价、评价过程流于主观、对复合型资源评价缺乏整体性等缺陷。与此同时，资源组合情况、旅游开发潜力以及难以量化的居民参与度、历史文化氛围等可能影响旅游资源价值的重要因素，也是目前国标评价体系所忽视的。

目前，国内旅游资源评价研究的范围已经从原先的景点景区扩大至目的地全域。此外，乡村旅游资源、生态旅游资源、文化遗产旅游资源、公共开放空间类旅游资源，乃至旅游可持续发展等成为当下评价研究的热点。但对非使用价值的研究整体偏向于自然旅游资源，人文旅游资源研究成果相对较少。在评价指标体系构建方面，资源地域组合、生态环境质量、从业人员素质等旅游软环境指标越来越受到国内学者们的重视。但目前应用研究相对不足，研究成果往往只停留在学术探索和交流上，并未真正应用到旅游资源的开发、利用和管理中去，在解决旅游资源管理中的实际问题时缺乏指导和参考。

整体而言，我国旅游资源评价的研究分外活跃。但是，国内旅游资源评价理论、技术方法和研究领域与国外相比，还存在一定的差距。随着我国旅游产业的快速发展，评价体系不断完善，实践案例层出不穷，但理论创新依然较少，基本上处于市场带领学科发展的模式。在技术方法层面，主要以引进国外为主，专家学派占据主流，公众对旅游资源评价的参与度和贡献度较低。在研究领域方面，对旅游资源的文化遗产价值和货币价值缺乏系统性的研究，和行为学、社会学、心理学、美学、艺术学等相关学科的合作不足。并注重于对旅游资源单体自身的评价，降低了旅游资源的整体性价值，忽略了旅游资源与周边环境、旅游资源与地区文化底蕴之间的关系。并且在学术界和资源开发部门实施的旅游资源评价中，存在将旅游资源评价和旅游资源开发评价这两个评价体系的概念、内容、方法、结果混淆的问题，而且大多数作者是以后者代替了前者，这种理论上的后进对旅游资源的开发应用产生了阻碍。

（四）尹泽生先生“二类、三种”评价体系

为了提高旅游资源研究的理论水平并使其开发利用进入有序状态，尹泽生先生提出旅游资源研究中二类（旅游资源单体评价、旅游资源开发评价）三种（旅游资源评价、旅游资源开发评价、旅游地综合评价）评价体系的基本内容和基本方法，这一评价体系科学含义见表 5–1。

表 5–1　旅游资源特征值评价体系

类别	种类	内涵
旅游资源实体评价	旅游资源评价	专指对旅游资源基本类型的评价。包括:（1）评价基本类型本身（个体）的性质、状况、形态、组成、成因与演化、年龄、价值、影响程度、保存情况等，即资源类型品质评价;（2）评价基本类型个体间的相互关系（结构），它们的类型数量、集合方式、空间序列、功能分布、级别构成等情况，即旅游资源系统评价
旅游资源开发评价	旅游资源开发评价	指对旅游资源基本类型利用前景的评价。属旅游资源开发评价范畴。包括对其品质、赋存环境、开发条件等的评价
	旅游地综合评价	指对由若干旅游资源基本类型组成的旅游地（旅游区或旅游点）开发前景的评价。属旅游资源开发评价范畴。包括对其旅游资源系统、旅游设施、旅游服务、旅游管理、市场效益等的评价

二、旅游资源特征值评价

旅游资源特征值实指反映旅游资源基本类型性状和结构特征值的量值，这些量值是经过详细调查之后获得的。评价时，事先要对 68 种旅游资源基本类型的特征值逐一进行分析，并以此选择确定该类型的评价因子。从中选择的评价因子，数据可靠，专指性强，具有很好的应用前景。以此构筑旅游资源基本类型实体评价模型，选择评价因子，建立指标体系。

评价时，由普查人员、专家和游客共同对所调查的基本类型实体的评价因子，根据其特征值数据和其品质表现，确定出它在标准列表中的等级，将等级分值乘以该因子的权重系数，得出该类型因子的评价小分，对各因子小分求和，得出该类型实体的评价总分。

具体方法和步骤是：每一基本类型评价因子选择时应全面考虑所有因子对反映该类型质量的重要性，不要出现遗漏。因子的数量不定，一般 4–6 个。设某一类型的评价因子有 n 个，$F=(F_1, F_2, \cdots, F_N)$，找出其中最不重要的因子，比如是 F_i，赋值为 $F_i=1$，然后把其他因子对资源质量的贡献大小与这个因子一一比较，并按如下规则赋值：

1—与 F_i 同等重要；

3—比 F_i 稍微重要；

5—比 F_i 较为重要；

7—比 F_i 重要得多；

9—比 F_i 极度重要。

这样，每个因子就得到一个属于（1，3，5，7，9）这五个奇数集合中的数值，分别代表各因子相对于最次要因子 Fi 的相对重要性，记为 $V=(V_1, V_2, \cdots V_N)$。

判断矩阵 $R_{n\times n}$ 是一个 n 阶对称矩阵。矩阵中的元素 R_{ij} 的意义是第 i 个因子相对于第 j 个的相对重要性，其值域范是（1/9，1/7，1/5，1/3，1，3，5，7，9）。与传统的层次分析法和地理环境辨识模型不同，这里的判断矩阵不是由人工构造，而是由第二步所得到的因子相对重要值 V 来计算。这种方法计算判断矩阵避免了人工构造可能带来的错误，具有完全一致性的特点，无须调整判断矩阵即可一次性通过一致性检验。其计算公式如下：

$$R_{ij}=\begin{cases} V_i-V_j+1 & (V_i>V_j) \\ 1 & (V_i=V_j) \\ 1/(V_j-V_j+1) & (V_i<V_j) \end{cases}$$

举个例子，假若某基本类型有 5 个评价因子，通过第二步的相对重要性评估得到的结果是：$V=(3, 1, 5, 7, 3)$，那么判断矩阵将是：

$$R=\begin{cases} 1 & 3 & 1/3 & 1/5 & 1 \\ 1/3 & 1 & 1/5 & 1/7 & 1/3 \\ 3 & 5 & 1 & 1/3 & 3 \\ 5 & 7 & 3 & 1 & 5 \\ 1 & 3 & 1/3 & 1/5 & 1 \end{cases}$$

根据判断矩阵，采用方根法计算权重系数。

$$W_i=\frac{M_i}{M_1+M_2+M_3+\cdots+M_n}$$

其中 $M_i=(R_{i1}\cdot R_{i2}\cdots R_{in})^{1/n}$

根据上述方法，得到各主要基本类型的评价因子和权重系数。

评价因子及其权重系统数确定之后，还不能立即进入多互式评价阶段。根据专家经验，建立各因子的评价标准，同样是旅游资源评价过程中至关重要的一步。各因子的评价标准规定列为五个等级。每级从高（一级）到低（五级）权重分别为 5、4、3、2、1。立足于本区域，并参考国内其他地方的资源情况，制定出各评价因子的评分标准。

通过上表旅游资源辨识模型建立评价指标体系后就进入交互式评价过程。对每一资源实体按各因子评出小分 S_i，各小分乘上对应的因子权重系数然后求和就得到该资源实体的总分 S，即：

$$S=\sum_{i=1}^{n}(S_i\times W_i)$$

三、旅游资源共有因子评价

（一）采用共有因子评价的理由

旅游资源共有因子综合评价是依照旅游资源基本类型所共同拥有的因子对旅游资源单体的价值和程度进行的认识和评定。

此类评价是相对“旅游资源特征值评价”而言的。旅游资源特征值指反映旅游资源基本类型性状和结构特征的量值，各种基本类型的特征值有不少相同的地方，如历史价值、文化价值、长度、高度、年龄等，是很多旅游资源基本类型所共有的因子，但对于各个基本类型来说，彼此的因子组合却是很不相同的。如独树的特征值因子组合包括树种、高度、胸径、冠幅、树龄、珍稀度、保护等级等；观光游憩河段的特征值因子组合包括长度、宽度、河谷形态、水深、河床纵比降、河流弯曲度、流速、水质、河床物质、两岸环境特征、物候变化等；商贸农事节的特征值因子组合包括节日类型、性质、时间、规模、形成时间、社会影响等。用各种旅游资源基本类型特征值组合因子去评价该类型单体，可以较为准确地得出被评价单体的质量。此类评价方法数据可靠，专指性强，具有很好的应用前景。

旅游资源特征值评价目前在经过旅游资源详查并获得了大量准确可靠的旅游资源特征值因子数值的地区施行，取得了成效。但这只是属于试验阶段。由于对旅游资源基本类型特征值的研究也还处于起步阶段，因子选择很不成熟，评价体系没有建立。另外，特征值数据的采集工作量大，在目前还不能完全实现程序化调查之前，使用者会觉得复杂，不便掌握。推广特征值评价模式的时机还不成熟。

在这样情况下，共有因子评价方法有现实意义。

这一评价不以 155 种旅游资源基本类型的个性因子作为依据，而是找出它们的共有因子。这些因子必须反映旅游资源自身的特性，即资源价值评价因子。

资源价值是多方面的，如观赏价值、游憩价值、使用价值、历史价值、科学价值、文化价值、艺术价值等。此外，价值还表现在资源类型的珍稀与奇特程度、规模、丰度、概率、完整性上。这些价值都可以转化为评价因子，它们是描述旅游资源价值的不能忽略的因素。这些价值因子很多，但单独看来，大部分也还不能成为共有评价因子。即使是最具广泛意义的观赏价值，虽然对大多数有形的基本类型评价可以使用，但也有某些非物质旅游资源如人物、事件，应用此价值评价就有些勉强。至于其他类型的价值，则更是有不同程度的局限性。

为了发挥这些因子的作用，又符合共有因子评价的规则，可将它们之中的一些类别近似的因子适当合并，成为一个价值评价的组合因子，基本上就可以解决以上的难题，如将观赏价值、游憩价值、使用价值组合成为"观赏游憩使用价值"，将历史价值、科学价值、文化价值、艺术价值组合成为"历史文化科学艺术价值"，规模、丰度、概率也可以组合在一起。这样价值组合可以称为"价值组合因子"。

除了资源价值外，还有另外一些要素，即外界对旅游资源的认知程度和社会影响，如知名度、影响力、适游期、使用范围等，也是描述旅游资源价值的内容。它们也可以成为旅游资源的评价因子。这里要特别提醒的是，此类因子从本质上看，仍然是从旅游资源本身属性上派生出来的，不是环境、市场、开发条件转化的因子。

通过这些共有因子可以施行对全部 155 种基本类型品质的评价。

（二）共有因子评价体系

遵循以上规定，构建了标准的旅游资源共有因子评价体系。在表中还将"环境保护与环境安全"作为评价因子列入该表，因为它不是严格意义上的共有因子，所以当作"附加值"考虑（表 5–2）。

表 5–2　旅游资源共有因子综合评价赋分说明

评价项目	评价因子	评价及赋分方法
资源要素价值（85 分）	观赏游憩使用价值（30 分）	全部或其中一项具有的观赏价值、游憩价值、使用价值。分为 4 个档次，从高到低分别赋予一定区间的分值。可首先从宏观上确定评价单体属于哪个档次，在根据其实际情况，赋予此档次内的某一分值。如果具有的价值项目多，在赋分时优惠考虑
	历史文化科学艺术价值（25 分）	同时或其中一项具有的历史价值、文化价值、科学价值、艺术价值。分为 4 个档次，从高到低分别赋予一定区间的分值。可首先从宏观上确定评价单体属于哪个档次，再根据其实际情况，赋予此档次内的某一分值。如果具有的价值项目多，在赋分时优惠考虑
	珍稀奇特程度（15 分）	物种的珍稀程度和景观的奇特程度。分为 4 个档次，从高到低分别赋予一定区间的分值。可首先从宏观上确定评价单体属于哪个档次，再根据其实际情况，赋予此档次内的某一分值
	规模、丰度与概率（10 分）	如果单体是独立型的，要依据其规模；如果是集合型的，要依据其结构和疏密；如果是有活动周期的，要依据其发生频率。分为 4 个档次，从高到低分别赋予一定区间的分值。可首先从宏观上确定评价单体属于哪个档次，再根据其实际情况，赋予此档次内的某一分值
	完整性（5 分）	形态与结构的完整性。分为 4 个档次，从高到低分别赋予一定区间的分值。可首先从宏观上确定评价单体属于哪个档次，再根据其实际情况，赋予此档次内的某一分值

续表

评价项目	评价因子	评价及赋分方法
资源影响力（15分）	知名度和影响力（10分）	单体在哪个范围内有知名度。分为4个档次，从高到低分别赋予一定区间的分值。可首先从宏观上确定评价单体属于哪个档次，再根据其实际情况，赋予此档次内的某一分值
	适游期或使用范围（5分）	单体如果开发后，适宜游览的日期长短。分为4个档次，从高到低分别赋予一定区间的分值。可首先从宏观上确定评价单体属于哪个档次，再根据其实际情况，赋予此档次内的某一分值
附加值	环境保护与环境安全	已受到严重污染，或存在严重安全隐患。分为4个档次，从高到低分别赋予一定区间的分值。可首先从宏观上确定评价单体属于哪个档次，再根据其实际情况，赋予此档次内的某一分值

1. 结构

分为四列："评价项目""评价因子""评价依据""赋值"。

第一列，评价项目有3项：2项共有因子项目，"资源要素价值""资源影响力"，1项"附加值"。评价项目不承担具体评价任务。

第二列，评价项目各有若干评价因子，它们是：资源要素价值有"观赏游憩使用价值""历史文化科学使用价值""珍稀奇特程度""规模、丰度与概率""完整性"5项。资源影响力有"知名度和影响力""适游期或使用范围"等2项。附加值有"环境保护与环境安全"1项。评价因子也不承担具体评价任务。

第三列，依评价因子含义不同分别开列4组说明，其内容一致，每组根据其性质、程度差别依次下降为4个档次。分别从高品位到低品位，列出各自评价依据。此列内容是实际评价判断的基础。

第四列，与评价依据对应的评价得分区间值，是实际评价的分项体现。

2. 评价因子解释

观赏价值：提供给游客观看、欣赏，令人感官得到的印象。

游憩价值：供游客游览、休息场所的状况。

使用价值：主要指为某种目的服务的物品状况。

历史价值：人类活动进程中发生的事件。

文化价值：人类创造的物质财富和精神财富。

科学价值：公认的普遍真理或普遍定理的知识。

珍稀程度：物种珍贵稀少状况。

奇特程度：景观不寻常程度。

规模：景观、事物所包含的范围。

丰度：景观、事物的种类和数量大小。

概率：事物发生的可能性大小量值（0与1之间）。

完整性：残缺或损坏程度。

知名度和影响力：景观、事物声名被知晓的范围。

适游期：一年中可以开展旅游活动的时间。

使用范围：物品被使用的区域大小和时间的长短。

环境保护与环境安全：受到外界环境威胁，可能发生危险、危害、损失的情况。

3. 赋分

根据评价的量化原则，评价项目、评价因子及其 4 组评价依据均需赋以一定分值。分值数值是根据其重要性和在多次实际评价试点的基础上确定的。

总分定为 100，按 3 项评价项目和 8 项评价因子的重要性对 100 进行分配。4 组评价依据各自对相应的评价因子分值再分配，是实际的赋值。

这个赋值是一个值域区间，以体现同一档次内的单体价值的较小差别。

（三）评价总体要求

本旅游资源共有因子综合评价是专门为执行标准所规定的，是整个旅游资源调查、评价工作的一部分，所以要求调查者遵照标准的全部技术规定对旅游资源单体进行评价。

标准采用打分评价方法，提倡旅游资源单体的量值评价方向。

调查组实施旅游资源调查时，调查人员要根据此赋分标准对所调查的单体进行预评价，并将预评价结果填写到“旅游资源单体调查表”上。预评价结果将对此后的专家评定起到重要的参考作用。

评价分阶段和分层次进行：由调查组开始，到国家旅游局认定结束，不同等级单体经过一定程序最后确定。

（四）评价步骤和评价方法

1. 判断

面对一个具体旅游资源单体，要依次根据评价因子的实际要求和评价依据的提示，从整体上判断该单体属于每项评价因子的哪一个档次。判断时要站在宏观立场上，考虑该单体在全国同类型的地位。如某一单体的观赏游憩使用价值属于第三档次（全部或其中一项具有较高的观赏价值、游憩价值、使用价值），完整性属于第一档次（形态与结构保持完整）等。

判断时还要掌握这样一个原则：在某单体遇到“价值组合因子”时，可以符合全部评价内容，也可以只符合其中一项或两项评价内容（如“观赏游憩使用价值”中的观赏价值、游憩价值、使用价值），都可以得分。

实施判断过程中，遇到问题一时难以决断时，应多与专业人员商议。

2. 计分

判断决定单体属于某一档次，对该单体在此档次内的价值大小，在赋值区间范围内进行微调，并确定一个因子评价赋值分数。在某单体遇到“价值组合因子”时，符合全部评价内容（如“观赏游憩使用价值”中的观赏价值、游憩价值、使用价值）的，可以将得分提高，只符合其中一项或两项评价内容，得分可以相对低一些。

依此办法，得出该单体其他全部因子评价赋值分数。

3. 旅游资源评价等级的确定

依据旅游资源单体得分，将其分为以下五级，从高到低为：

得分≥ 90，定为五级旅游资源。

得分 75~89，定为四级旅游资源。

得分 60~74，定为三级旅游资源。

得分 45~59，定为二级旅游资源。

得分 30~44，定为一级旅游资源。

其中：

为了陈述方便和今后开发的需要，标准把五级旅游资源、四级旅游资源、三级旅游资源统称为“优良级旅游资源”。其中五级旅游资源被称为“特品级旅游资源”，将二级旅游资源、一级旅游资源统称为“普通级旅游资源”。

另外：得分≤ 29，为“未获等级旅游资源”。

4. 旅游资源等级国家认定

根据国家旅游局“关于贯彻实施《旅游资源分类、调查与评价》国家标准的通知”（旅计财发（2003）号）中提出，国家旅游局建立中国优秀旅游资源库，编制《中国优秀旅游资源名录》，适时公布各地推荐的优良及其以上级别的旅游资源。国家旅游局组织专家，对各地推荐的优良级的旅游资源进行认定。

（五）“旅游资源单体一览表”的编制

旅游资源评价完成后，应及时编制旅游资源单体统计一览表。本表是旅游资源调查阶段非常重要的表格，一是为了储存资料和数据的需要，二是便于对旅游资源单体在计算机上进行统计排序计算，在此后的旅游资源调查文件汇编和旅游资源开发时使用。

四、旅游资源模糊评价探索研究

（一）旅游资源模糊评价的理论基础

模糊数学由美国控制论专家扎德（L. A. Zadeh）于 1965 年创立，它是一门运用数学方法研究和处理具有“模糊性”现象的数学。模糊数学的创立与发展为解决带有众多模糊性质的社会问题提供了强有力的手段。模糊综合评判是模糊数学方法体系的重要内容，从其创造以来，广泛应用于土地资源评价、企业管理和社会调查等领域。同样，它也能够适用于旅游资源的分析与评价。

旅游资源指“自然界和人类社会凡能对旅游者产生吸引力，可以为旅游业所开发利用，并可产生经济效益、社会效益和环境效益的各种事物和因素”。旅游资源的本质属性是对旅游者群体具有吸引性，旅游资源价值是指旅游资源的开发与应用价值，即对其开发利用后能够产生经济效益为主导的综合效益。

然而，旅游资源具有明显的社会性，无论是其个体品质高低、资源间组织状况优劣，还是开发利用条件的好坏几乎都无法进行严格确立，而带有显著的不确定性或模糊性。例如，评价人文古迹价值的历史标准可以包含资源的历史久远性，资源所反映的人物、事件，社会背景的历史文化地位与影响以及资源的保存状况等具体指标。按照上述标准对某一特定文化古迹进行评价时，就很难给予严格的确立，纯粹的定量是不可能的。而对这种带有模糊性现象的认识与评价仅使用传统的定性描述方法又存在较大的局限性。运用模糊数学原理，对旅游资源进行模糊综合评价能够较好地解决上述矛盾。

（二）旅游资源模糊评价的过程

旅游资源的模糊评价是一种定性与定量相结合的分析过程。它从定性研究入手，经定量加工处理，得出定性的评价结论。具体过程中大体分为以下三个步骤：

1. 专家分析阶段

组织由各方面专家构成的专家系统，这些专家涉及经济学家（特别是市场分析专家）、建筑师与园林学家、地理学家与环境专家和社会学家（历史、文化、社会心理、法律学家）等。根据资源本身特点，各方面专家比例要适当。专家人数不应特多，以10人左右为宜。专家系统组成后，首先要对所要研究（评价）的旅游资源作全面考察，并作出初步定性分析。在此基础上，确立评价指标体系与各指标权值，同时对各项指标的具体含义作出必要的解释。根据实际需要可以选取不同等级指标，即一级指标下设二级指标，二级指标下设三级指标等。指标权值的确立除要考虑资源本身特点外，还要对资源的市场需求与开发目的等因素给予充分重视。

2. 定量评价阶段

组织由各方面人士参加的“评价团体”（通常不少于50人），按照专家小组的指标体系要求，自下而上，对指标集 X 中的各项指标分别作出对评价集 Y 中各级评价的单因素评判，进而得出一个实际上表明 X 与 Y 之间模糊关系的模糊矩阵 R。

设指标集 $X=\{X_1、X_2、X_3\ldots\ldots\}$，评价集 $Y=\begin{Bmatrix}\text{很高} & \text{较高} & \text{一般} & \text{较差} & \text{极差}\\ Y_1 & Y_2 & Y_3 & Y_4 & Y_5\end{Bmatrix}$。根据评价团体全部成员运用上述指标与评语对该项旅游资源的评价结果，以百分率作为隶属函数值，得出指标集X与评语集Y之间模糊关系矩阵尺。

$$R=\begin{Bmatrix}X_1Y_1 & X_1Y_2 & X_1Y_3 & X_1Y_4 & X_1Y_5\\ X_2Y_1 & X_2Y_2 & X_2Y_3 & X_2Y_4 & X_2Y_5\\ X_3Y_1 & X_3Y_2 & X_3Y_3 & X_3Y_4 & X_3Y_5\end{Bmatrix}$$

其中，X_iY_j（i=1，2，……m，为指标数目，j=1，2，3，4，5为评语数目）代表全部评价人员中认为该项旅游资源在第i项指标下应该获得第 j 级评语的人员比率。

根据专家确立的指标集权值，作模糊变换。设指标权值为 A，$A=\{a_1，a_2，a_3\cdots\cdots a_m\}$（$m$ 为指标数，$a_1+a_2+a_3+\cdots\cdots+a_m=1$）

则：$B=A\cdot R$

B 正好表示评价对象在评语集 Y 上的综合评价结果。

式中 A、R 两个模糊矩阵相乘，其乘法规则与普通矩阵乘法规则一致。

为了使上述综合评价结果更加直观、明确，可以运用“加权求和法”对上述结果进行调整和处理。方法是对评语集打分，如上述五级评语可依次打分为（5，4，3，2，1），然后，将评价结果（$B=b_1$，b_2，b_3，b_4，b_5）与评语集打分联合，确定各项资源评价的平均分。这种计算结果，除直观明确外，还利于比较和储存、加工处理。

3. 定性结论阶段

旅游资源的评价是为开发利用服务的。定量评价阶段的评价结果多为一大堆数据的堆砌，也是对初期专家定性分析结果的验证。它需要有关专家根据指标的设置情况及其权值分布，并结合模糊综合评判方法的自身特点客观地对定量评价结果给予定性描述，并对不同类、不同等级的旅游资源进行科学划分。

旅游资源模糊评价是种定性与定量相结合的分析方法，是种“定性－定量－定性”的评价过程，其最大优点就在于将模糊因素量化，克服了人为情感所带来的不确定性，从而使旅游资源评价更具有科学性和客观性。但模糊法的应用也有它的局限性及不确定性，如评价因子的选取、评价因素权重的确定等。即评价结果仍然有较大的主观随意性，包括指标的选取和权值的设立主观性都较强。解决这些问题的途径应该设法找到关于指标选取和权值确立的科学方法。既要有诸位专家的定性分析与描述，又要有适宜的、客观的统计归纳方法。包括层次分析法（AHP 法）在内的一些统计分析方法为解况上述问题提供了可能。

从目前我国旅游资源评价工作来看，模糊评价法为较先进的方法，特别是应用于旅游资源的评价，使评价结论更符合旅游地的客观实际，从而使旅游资源的评价更加规范、更加科学。

五、区域旅游资源评价

旅游资源是发展旅游业的物质基础。旅游资源吸引功能的强弱是确定旅游资源开发序位的依据。区域旅游资源禀赋（硬资源）和资源区位条件（软资源）是旅游资源吸引力的核心，旅游者对旅游资源所表现出的空间偏好程度和心理感应程度，是旅游资源吸引力的反映，离开对旅游资源（旅游客体）和旅游者（旅游主体）的全面评价，就无法正确认识区域旅游资源的吸引力。

对旅游资源吸引力的评价，是区域旅游资源规划和区域旅游产品开发的前提。根据旅游资源的特性，从旅游客体方面评价资源“物理特性”的显性吸引力和从旅游主体方面评价资源“行动特性”和“心理特性”的隐性吸引力，可以较好地反映区域旅游客体价值与旅游主体感应的综合性，体现旅游资源供求双方的关系，全面反映区域旅游资源的吸引功能。深刻理解自然旅游资源（地文景观、水文景观、气候生物景观和其他自然景观）和人文旅游资源（历史古迹景观、现代建筑景观、制象人文景观和其他人评论景观）的内涵（物质形态方面的客观物质性因素和超物质形态方面的主观感应性因素）与外延（基本因素和推进因素），客观评价旅游资源的容量、密度、丰度、知名度、魅力度、观赏时量度和交通畅达度，对于明晰区域旅游资源开发意识和规范区域旅游开发者的行为，都具有深远的意义。

旅游资源是现实条件下，能够刺激人们的旅游动机以进行旅游活动，并能为旅游业所利用而产生良好效益的各种客体和因素的总和。它是旅游业产生和发展的物质基础。一个地区的旅游业是否兴旺发达，在很大程度上取决于资源的丰富程度和开发价值的大小。因此，对旅游资源进行科学评价是区域旅游开发的首要问题。

（一）区域旅游资源评价的目的和内容

区域旅游资源评价是从发展旅游业的角度出发为达到旅游资源的合理开发、利用和保护取得最大的社会、经济效益对某一地域内旅游资源的开发利用及其价值进行比较和评判的过程。其目的在于：

（1）确定旅游资源的质量，评估现有旅游资源在旅游地开发建设中所处的地位；

（2）明确旅游地的性质，拟定旅游资源的结构（主次关系）和规划设计；

（3）通过对旅游资源开发条件的评价，确定不同旅游地建设顺序。

总之，对旅游资源的评价应该着眼于其现有开发程度、吸引能力和开发潜力上，为进一步开发旅游资源提供依据和可行性论证。

国内学者对旅游资源评价内容和范围研究较广，在总结其他学者观点的基础上，笔者认为对旅游资源的评价应从两个方面考虑：一是旅游资源本身（个体），它的性质、状况、形态、组成、年代、历史价值、科学考察及保存情况等，即考虑资源类型的品质。品质是吸引游客的关键性因素，也是旅游开发的生命线和产生效应的内力，是旅游资源开发的可行性、超前性的重要条件之一；二是旅游资源间的相互关系、景点的地域组合、环境容量及旅游条件的配置情况，即旅游资源系列条件。旅游资源的特质、价值和功能高者并不一定能形成规模，只有在一定地域上集中（即具有一定的丰度和密度），又具多类型资源协调布局和组合，才能形成一定的开发规模。环境容量是在一定时间内旅游接待区的自然环境所能承受的最大旅游活动量，一旦被突破，旅游生态环境会被破坏，因此在评价旅游资源时，旅游环境容量也是不容忽视的因素之一。在评价过程中，品质的评价是基本的，而条件的评价则是从属的。

（二）区域旅游资源综合评价的基本方法

旅游资源评价关系到旅游资源开发程序、规模和方向，是进行旅游区划和规划的前提。国外旅游资源评价工作始于 1970 年后，以定量评价为主；国内评价工作是在 20 世纪 80 年代后期应旅游资源开发的要求而迅速发展起来的，最初以定性描述为主。近年来，旅游地学界开始探索更科学的旅游资源评价方法，由定性描述逐渐转向定性与定量相结合评价（李江，段杰，2000）。

以文字描述和影象感示的记述法树立旅游资源的形象，是大多数研究者常用的评价方法。即使是应用其他方法评价旅游资源，记述法也不可或缺，至少也是辅助的方法。印象比较法是研究者根据先已掌握的对同类旅游资源的感知印象与所评价的资源类型进行主观比较而定优劣，与研究者的经历、素质有关，是一种常用的方法。打分法是研究者运用简单数学加权对选择好的各级评价要素进行打分、加总，按总分高低确定资源的级别，属于专家系统常用的方法，近年来在旅游资源评价上被广泛采用。

还有一种模糊数学方法，利用模糊方程表达式，进行矩阵运算，得到旅游资源各质等级的隶属度和总评分值，对旅游资源进行分级划分。这一方法目前也在一些研究中使用。

本书赞同采用打分法评价旅游资源，主要基于两点：一是前面所主张的类型特征值的采集给这一评价方法打下良好的基础。如果分类体系一旦确立，就可规定出每一类型的特征值内容，通过资源调查完成数据采集。这是一个相对规范准确和较为简捷有效的方法；二是目前有了处理大量数据的技术条件。借助计算机进行旅游资源评价有利于方便灵活地充分利用已有信息，更快地得出科学的结论。

旅游资源评价系统需要进行各类软件开发，首要目的是确定资源类型的品位。主要程序方法如下：

（1）在有较好的计算机软、硬件开发环境和权威的专家系统支持下，根据每种类型的特征值定评价因子。选项随各类型不同，一般 5–7 项，最多不超过 9 项。

（2）每项评价因子分级评价指标按一、二、三或更多的级别设置，是评价的实际内容。按其优劣程度赋值。数值由评价者确定，比如可定为 10、5、2。各级内容都从属于各自的评价因子，表现形式尽量是具体的数据。不能以数值表示的可以用定性指标。

（3）权重每类型为 1.0，按评价因子的重要性予以分解。以此对各资源类型进行赋值计算，具体步骤和方法是：首先研究和确定各旅游资源基本类型实体的每一评价因子的级别，再按所属级别的赋值乘以该因子的权重，得出这一因子下的分数。各因子下的分数都计算出以后，最后相加得出的分，即该类型的评价分数值。基本公式为：

$$V=\sum_{\mathrm{i}=1}^{N} V_{\mathrm{i}}\cdot P_{\mathrm{i}}$$

式中：V—资源实体的总分，值域 0—10（百分制中采用 0–100，后面的 V_i 同）；V_i—该实体第 i 个因子的得分，值域 0–10；P_i– 第 i 个因子权重，值域 0–1（采用小数或百分数表示）；N—因子个数。

4. 每个类型的得分空间如按 10、5、2 赋值，则为 2–10。一般是将其分为大致间隔相等的 3 段并分别定为一、二、三级质量级，即 7 分或 7 分以上为一级；4 分或 4 分以上、7 分以下为二级；少于 4 分为三级。

以上是对旅游资源本身（个体）的评价。除此之外，还需要对旅游资源间的关系（结构）进行评价。这就要求在评价开始数据录入时加进区域（小区）信息，再和等级评定后的数据一起，进行空间规律分析，最后完成区域旅游资源综合评价。

按此程序完成的评价系统，通常可以解决如下问题：①对各资源类型综合评分并分级；②统计不同资源类型的地区分布；③统计评价区域各资源类型的分配情况；④统计各分区域（小区）资源类型的质量及数量分配；⑤区域旅游资源综合评价。

（三）区域旅游资源的表达

旅游资源被认为是旅游业发展的基础，在区域旅游开发中受到重视。

20 世纪 90 年代初期，国家旅游局和中国科学院地理研究所共同推出了“旅游资源”的定义，认定为：“自然界和人类社会凡能对旅游者产生吸引力，可以为旅游业开发利用，并可产生经济效益、社会效益和环境效益的各种事物和因素，都可视为旅游资源”。

这一认定明确地将旅游资源放在了一个极其广泛的范围内考虑，实际上已把现今地理圈中一切有形实体和相关环境囊括在内。因此可以认为，旅游业的开发，应考虑旅游资源在区域内的分配和构成情况。

本节讨论的区域旅游资源表达方法，是在普查区（再细分为普查小区）开展过旅游资源普查后拥有较多旅游资源基本类型实体的前提下进行的。旅游资源基本类型的分类体系见表5-3。

表5-3　中国旅游资源普查分类表

大类	基本类型
地文景观类	101典型地质构造、102标准地层剖面、103生物化石点、104自然灾变遗迹、105凸峰与名山、106火山熔岩景观、107蚀余景观、108奇特与象形山石、109沙（砾石）地风景、110海滨沙（砾石）滩、111小型岛礁、112洞穴
水域风光类	201风景河段、202漂流河段、203湖泊与沼泽、204瀑布、205泉、206现代冰川
生物景观类	301树林、302古树名木、303奇花异草、304草原、305野生动物栖息地
古迹与建筑类	401古人类文化遗址遗存、402社会经济文化遗址、403军事设防构筑物及军事遗址、404古城和古城遗址、405长城、406宫迁建筑群、407宗教建筑与礼制建筑群、408殿（厅）堂、409楼阁、410塔、411牌坊（楼）、412碑碣、413石质古建小品、414造型园林、415园林景观建筑、416桥、417雕塑、418陵墓和陵园、419墓地、420石窟、421摩崖字画、422水工建筑、423厂矿、424农林渔牧场、425特色城镇与村落、426港口、427广场乡土建筑、428庭院与民居、429纪念地与纪念性建筑、430观景地
消闲求知健身类	501公共科学教育文化场所、502休疗养和社会福利设施、503动物园、504植物园、505普通公园、506运动场馆、507游乐场所、508节日庆典活动、509文艺团体
购物类	601市场与购物中心、602庙会及宗教活动、603著名店铺、604地方产品
共6大类	共68种基本类型

资料来源：国家旅游局、中国科学院地理研究所，《中国旅游资源普查规范（试行稿）》，中国旅游出版社，1992。

旅游资源特征值评价的数据在普查区内的反映，是评价的主要目的，这是研究者深入认识普查区域旅游资源价值的根本途径。将旅游地旅游资源评价结果在区域内表达出来，可为旅游资源开发提供实际资料。

此类区域表达的内容包括旅游资源的量值、品质、组合关系三个方面。

1. 量值的表达

（1）旅游资源大类所属基本类型数量及其基本类型实体数量。统计普查区各大类旅游资源中基本类型的数量及其基本类型实体数量占该基本类型的比例和全部基本类型实体数量的比例，以此表明旅游资源的基本性质与构成。表列格式如表5-4所示。

表 5-4　某普查区旅游资源类型实体构成表（格式）

类别名称	基本类型		基本类型实体	
	数量	占全国基本类型百分数	数量	占普查区基本类型实体百分数
地文景观类	—	—	—	—
水域风光类	—	—	—	—
生物景观类	—	—	—	—
古迹与建筑类	—	—	—	—
消闲求知健身类	—	—	—	—
购物类	—	—	—	—
总计	—		—	100.00

基本类型的总体数量占 68 种的比例，表明旅游资源的丰富程度。

（2）各大类旅游资源基本类型实体数目。在六大类旅游资源中，每一种旅游资源基本类型的实体数目也不完全一致。各大类旅游资源基本类型数量占该大类所属基本类型的比例，表明旅游资源的聚集状况。也可用表格反映出来（见表 5-5）。

表 5-5　某普查区基本类型与实体数目统计表（格式）

实体数量	基本类型名称与代码	基本类型数量
—	—	—
—	—	—
从少到多列出旅游资源基本类型实体的数量	列出此表列旅游资源基本类型数目的基本类型名称及其代码	属于此表列旅游资源基本类型数目的基本类型数量

（3）各大类旅游资源基本类型数量和结构分析。普查区内各旅游资源大类所拥有的基本类型数量，其占全国该基本类型数量的比例（百分数），该大类所拥有的实体数量，均可列表表示出来。这些数量还可按普查区内部的次一级区域（对于以省级普查区而言，次一级区域可以是地区级；对于以地区级普查区而言，次一级区域可以是县级；对于以县级普查区而言，次一级区域可以是乡镇级）标出并排序。此类分析可以表明普查区各旅游资源基本类型在不同地区内的分布状况及其前后地位。

（4）旅游资源基本类型数量总汇。普查区域内旅游资源基本类型是从旅游资源详细普查资料中直接获得的，其数量多少是体现该区旅游资源的宏观结构的主要标志。旅游资源数值评价，即将所获取的基本类型实体总数与全国 68 种旅游资源基本类型的百分比，按省级、地区级、县级普查区，确定为丰富级、中等级和贫乏级三级地区（见表 5-6）。

表 5–6　不同尺度区域内旅游资源的丰富程度标准

数量级别	省级范围	地区级范围	县级范围
丰富级	大于 80	大于 70	大于 60
中等级	70~80	60~70	50~60
贫乏级	小于 70	小于 60	小于 50

另外，还可以按普查区单位面积（如 100 平方公里）内基本类型实体数，直接计算出基本类型实体密度指标，以表示该区旅游资源的丰富程度。

依据基本类型数量、基本类型实体数量及各自占总数的百分比和密度计算出的小区得分，来衡量各个普查小区的分布情况，据此可以得出基本类型实体数量排序和小区得分排序（表 5–7）。

表 5–7　基本类型及实体密度和百分比及小区得分表（格式）

名称	面积（km^2）	基本类型			基本类型实体				排序
		数量（种）	百分比（%）	密度（种 /100km^2）	数量（处）	百分比（%）	密度（种 /100km^2）	RA	
合计			100			100			

按表 5–7 综合得分和实体数量可把普查区确定为不同级别的级区（表 5–8）。

有时由于普查区面积较大，相应的单个基本类型实体面积也较大，如树林、草原、沼泽、沙地等面积一般很大，实体数量较少，类型密度和实体密度值均偏小，小区综合得分相应的偏小。在分级区时要综合考虑这些因素，综合得分或实体数量只要有一个满足即可。

表 5–8　旅游资源实体数量区域分级表（格式）

级别	实体数量	普查小区名称
丰富级	≥ 100	—、—、—、—、—、—、—
一般丰富级	75—99	—、—、—、—、—
中等级	50—74	—、—、—、
一般级	＜ 50	—、—、—、—、—、—、—、

（5）人文旅游资源和自然旅游资源数量结构。一般认为，普查区自然旅游资源基本类型数量和人文旅游资源基本类型数量所占的比例，如果达到 1∶2 时，即可认为该地区自然旅游资源和人文旅游资源并重。大于 1∶2 时，即可认为该地区以自然旅游资源为主，小于 1∶2 时，可认为该地区以人文旅游资源为主。表 5–9 是普查区人文旅游资源和自然旅游资源的构成情况。

表 5-9 人文旅游资源和自然旅游资源结构表（格式）

名称	基本类型数量与百分比				类型实体数量与百分比			
	自然旅游资源		人文旅游资源		自然旅游资源		人文旅游资源	
	数量	百分比	数量	百分比	数量	百分比	数量	百分比
—	—	—	—	—	—	—	—	—
—	—	—	—	—	—	—	—	—
全区	—	—	—	—	—	—	—	—

2. 品质的表达

（1）基本类型实体质量分级构成。一般在旅游资源各基本类型实体之间，质量差异较大。可将各类型从一级到五级的实体数量列出，然后分别计算其占该类型的百分数，还可表示出普查区各质量等级的实体数量及其所占的比例，以此表达旅游资源基本类型的优劣程度（表 5-10）。

表 5-10 旅游资源基本类型分级构成（格式）

基本类型代号	总数	一级		二级		三级		四级		五级	
	（处）	（处）	（%）	（处）	（%）	（处）	（%）	（处）	（%）	（处）	（%）
103	—	—	—	—	—	—	—	—	—	—	—
104	—	—	—	—	—	—	—	—	—	—	—
105	—	—	—	—	—	—	—	—	—	—	—
总数	—	—	—	—	—	—	—	—	—	—	—

（2）自然旅游资源和人文旅游资源的分级质量等级构成。各级旅游资源基本类型实体中，属于自然旅游资源和人文旅游资源的实体数量，及其占总数的比例，都可以用表格表示出来（见表 5-11），这些数据反映了普查区两大类型旅游资源中，人文旅游资源与自然旅游资源的数量和品质。

表 5-11 自然旅游资源与人文旅游资源分级构成（格式）

类别	总数（处）	各级数量（处）					各级比例（%）				
		一级	二级	三级	四级	五级	一级	二级	三级	四级	五级
自然旅游资源	—	—	—	—	—	—	—	—	—	—	—
人文旅游资源	—	—	—	—	—	—	—	—	—	—	—

还可以将各级旅游资源基本类型按其数量反映在曲线图上，以此可以看出自然旅游资源和人文旅游资源从一级向五级的上升或下降趋势，从而推测出普查区今后旅游资源开发中的侧重点。

在各类旅游资源中，其分级构成依据各级数量乘以 10（一级）、7（二级）、5（三级）、3（四级）、1（五级）将其总和（$\Sigma n_i m_i$）除以各级总数（N 总）确定为每一类型的分级品质总分（M）则：

$$M=\sum n_i m_i / n$$

其结果见表 5–12。

表 5–12　各类旅游资源基本类型分级构成（格式）

性质	大类	基本类型代码	总数	一级	二级	三级	四级	五级	$\Sigma n_i m_i$	M
自然旅游资源	地文景观	101	—	—	—	—	—	—	—	—
		102	—	—	—	—	—	—	—	—
	水域风光	201	—	—	—	—	—	—	—	—
		202	—	—	—	—	—	—	—	—
	生物景观	301	—	—	—	—	—	—	—	—
		302	—	—	—	—	—	—	—	—
人文旅游资源	古迹与建筑	401	—	—	—	—	—	—	—	—
		402	—	—	—	—	—	—	—	—
	消闲求知健身	501	—	—	—	—	—	—	—	—
		502	—	—	—	—	—	—	—	—
	购物	601	—	—	—	—	—	—	—	—
		602	—	—	—	—	—	—	—	—

从表中可以分析出，自然旅游资源和人文旅游资源的丰富程度，门类齐全程度。每一基本类型资源中各质量等级的实体数量及其所占比例。

（3）旅游资源基本类型等级分级结构。普查区内各质量等级旅游资源基本类型实体的数量。

从各质量等级旅游资源基本类型实体的数量，可以看出普查区各级旅游资源基本类型品质差异、结构变化特点、资源品种齐全程度、搭配方式状况等（表 5–13）。

表 5–13　一级（举例）旅游资源基本类型分级结构（格式）

类型代码	总数（N_i）	一级数量（N_{1i}）	$N_{1i}/N_i \times 100$	$N_{1i}/\Sigma N_{1i} \times 100$
103	—	—	—	—
106	—	—	—	—
111	—	—	—	—
203	—	—	—	—
301	—	—	—	—
	—	—	—	100.0

说明：其中 N_i 为各类型实体总数；N_{1i} 为一级类型数量。

根据上表看出普查区各级旅游资源基本类型品质差异、结构变化特点、资源品种齐全程度、搭配方式状况等。

（4）普查区资源质量等级构成。普查区内部各小区旅游资源分级构成情况可见表5–14。

表 5–14　各小区旅游资源分级构成（格式）

普查区名称	总数（处）	一级		二级		三级		四级		五级	
		处	%	处	%	处	%	处	%	处	%
—	—	—	—	—	—	—	—	—	—	—	—
—	—	—	—	—	—	—	—	—	—	—	—
—	—	—	—	—	—	—	—	—	—	—	—
—	—	—	—	—	—	—	—	—	—	—	—
合计	—	—	—	—	—	—	—	—	—	—	—

若对各普查小区一级、二级、三级、四级、五级分别按 10、7、5、3、1 赋值，可概略反映普查区的区域综合评判总分，其公式如下：

$$R=\sum(10N_{1i}+7N_{2i}+5N_{3i}+3N_{4i}+N_{5i})/5$$

式中 R 为各普查区各级综合得分，N_{1i}、N_{2i}、N_{3i}、N_{4i} 和 N_{5i} 分别为一、二、三、四、五级旅游资源基本类型实体总数。以此可以对全部普查小区的整体旅游资源的质量等级进行排序并按 R 值的大小划分各小区的质量级别（表 5–14）。

把综合得分（R）≥ 90 为Ⅰ级（丰富级），90~40 间为Ⅱ级（中等级），40~20 为Ⅱ级（一般丰富级），＜ 20 为Ⅳ级（一般级）。

表 5–15　各普查小区分级分区综合排序（格式）

普查小区名称	—	—	—	—	—	—	—	—	—	—	—	—	—
综合得分 R	—	—	—	—	—	—	—	—	—	—	—	—	—
排序	—	—	—	—	—	—	—	—	—	—	—	—	—
分级	—	—	—	—	—	—	—	—	—	—	—	—	—

（5）资源等级区域分析。各普查小区的旅游资源质量等级分析，包括所属基本类型的数量、基本类型实体的数量，以及它们所拥有的一级到五级的基本类型和基本类型实体的数量；还包括其中各普查小区旅游资源基本类型的数量，以及它们所拥有的一级到五级的基本类型和基本类型实体的数量和占本类型的比例。

表 5–16　普查区旅游资源基本类型品质与结构（格式）

普查区	总数（处）	一级		二级		三级		四级		五级	
		处	%	处	%	处	%	处	%	处	%
—	—	—	—	—	—	—	—	—	—	—	—
—	—	—	—	—	—	—	—	—	—	—	—
—	—	—	—	—	—	—	—	—	—	—	—
总计	—	—	—	—	—	—	—	—	—	—	—

表 5–17　普查小区旅游资源基本类型分级分区构成

普查小区	总数（处）	一级		二级		三级		四级		五级	
		处	%	处	%	处	%	处	%	处	%
—	—	—	—	—	—	—	—	—	—	—	—
—	—	—	—	—	—	—	—	—	—	—	—
—	—	—	—	—	—	—	—	—	—	—	—
总计	—	—	—	—	—	—	—	—	—	—	—

在表 5–16 和表 5–17 中可以分析出该普查区各级旅游资源基本类型所占的比重和各普查小区各级旅游资源基本类型所占的比重。

3. 组合关系的表达

（1）旅游资源基本类型—实体组合。旅游资源基本类型的数量和基本类型实体的数量及其质量等级是它所在区域的旅游资源组合关系的主要标志，依此原理，以下是某普查区域判定其旅游资源组合状况的经验公式：

$$S = J \times 14.70 \times 0.2 + \Sigma a_i \times (10 + \Sigma b_i \times 5 + \Sigma c_i \times 3 + \Sigma d_i \times 1) \times 2.63 \times 0.8$$

其中：

S—— 旅游资源组合状况得分

J—— 该区域旅游资源基本类型数量

14.70（1000/68）是按总分 1000 时本旅游资源基本类型得分系数

0.2 是旅游资源基本类型所占分数的权重

a_i—— 该区域一级旅游资源基本类型实体

b_i—— 该区域二级旅游资源基本类型实体

c_i—— 该区域三级旅游资源基本类型实体

d_i—— 该区域四级旅游资源基本类型实体

2.63（3538/1223）是该区对全部等级旅游资源实体（1223 处）所获分数（3538 分）的系数，0.8 是旅游资源基本类型实体所占分数的权重。根据本公式求出各普查区域表示组合关系状况的基础数值，按数值大小排列它们组合关系的优劣。

（2）集合区的表达。在区域旅游资源组合关系表达中，还可使用“集合区”（“旅游资源基本类型实体集合区”的简称）的概念。集合区可用“不规则边界法”和“圆周法”中的任何一种确定，这样把所有调查的类型实体标注在平面地图上，用不规则图形圈闭实体密集区，区内的旅游资源质量等级所属的各级的旅游资源基本类型实体，按旅游资源大类进行统计，列出表格（见表 5-18）。

表 5-18　集合区优良级旅游资源基本类型实体分类分级统计（格式）

大类	旅游资源基本类型实体名录			
	一级	二级	三级	四级
地文景观类	—、—、—、—、—、—	—、—、—、—、	—、—、—	—、—、—
水域风光类	—、—、—	—、—、—、—	—、—、—	—、—、—、—、—、—
生物景观类	—、—、—、—、—	—、—	—、—、—、—	—、—、—、—
古迹与建筑类	—、—	—、—、—、—、	—、—、—	—、—、—
消闲求知健身类	—、—、—、—、—、—	—、—、—	—、—、—、—、—	—、—、—、—、—、—
购物类	—、—、—	—、—、—、—、	—、—、—、—	—、—、—、—
数量	—	—	—	—

集合区质量等级划分，是将区内的不同等级的单个实体，分别乘以权重值（一级到四级分别为 10、5、3、1），得出该类型实体得分，然后各实体得分相加得出该集合区内资源质量总分。在区域性封闭式评价时，各级的值域不同，根据集合区总分最高值和最低值的值域区间，加以简单的数学归纳后分 4 个质量等级（达不到最低分数的为等外）。执行的标准如下（见表 5-19）。

表 5-19　旅游资源基本类型集合区质量评价指标系列

质量等级	Ⅰ级（最优）	Ⅱ级（优）	Ⅲ级（良）	Ⅳ级（中）	等外
得分值域	≥ 40	≥ 30—39	≥ 20—29	≥ 10—19	< 10

（3）组合线路的表达。根据对组合线路带内的旅游资源基本类型实体的数量进行的统计，按照赋分标准求得其得分值，确定其质量等级。

（4）组合区的表达。根据普查区内旅游资源集合区的质量等级，将其合并成若干旅游资源开发带。

六、旅游环境评价

（一）旅游环境概念界定

大多数研究者所指的旅游环境，包含自然环境与社会环境两种。根据系统分类方式和切入点不同，另有部分人员提出应包括人工环境等（表 5-20）。

自然环境一般指那些天然形成的物质元素构成的环境，不是所有自然环境都具有开拓旅游活动的价值，只有小部分具有特色且人们已经发现挖掘的自然资源才能够形成旅游景观，所以又可将自然环境分为生态与景观两部分。

社会环境则是包括文化、法制、经济、科技在内的系统，跟着旅游兴起的步伐，充满地域特色及传统文化的人文景观越来越受到关注以及旅客的欢迎，人文景观环境重要性不断扩大。

表 5–20　旅游环境概念对比

作者	年份	旅游环境概念
刘振礼	1989	旅游环境，就范围而言包括旅游目的地和旅游依托地，更重要的是旅游目的地；就内容而言包括与旅游活动相关的自然与社会两方面因素，更重要的是旅游资源状况
孙根年	1992	旅游环境，狭义的理解就是旅游区的环境。即旅游区内一切影响游客游览行为和身心健康的外界条件和因素
徐军	1998	旅游环境概括为自然环境（包括自然景观、大气质量、土壤和动植物等）、社会环境（包括人文景观、文化习俗、经济状况、服务和治安等）、人工环境（主要指交通、通信和食宿等基础设施）三个方面
崔凤军	1998	依据旅游科学的系统分类和任务，以旅游者为中心，将旅游环境系统分为自然环境、人工环境和社会经济环境，后者是狭义的文化环境
王湘	2001	旅游环境系统是指以旅游开发经营和旅游活动为中心，影响其产生与发展变化的各种自然因素和社会因素的综合总体
应月芳	2005	将旅游环境定义为对旅游者的旅游质量有直接影响的客观存在，包括游览环境、生活环境、社会环境和生态环境四个方面
邵秀英等	2007	狭义的旅游环境是由与旅游活动相关的旅游吸引物及其赋存背景（自然和社会文化因子）相互作用而构成的综合系统。它是一个旅游地区别于其他旅游地的个性的突现，是旅游地得以生存发展的基础

旅游环境评价主要指对旅游环境质量进行分析与评价，即以旅游开发经营和旅游活动为主体，以其发展需求为标准，对于旅游环境系统各构成要素的质量内涵及其优劣程度的分析与评价，确定分析与评价的对象内容、评价标准及方法。

旅游环境质量评价是人们的一个认识过程。在此过程中，作为环境质量评价的主体——人类社会不仅认识到自己的旅游需求和环境质量现状对这些需求的满足程度，同时还对满足自己旅游需求（或未来的旅游需求）的理想的环境质量形成某种概念。在旅游环境质量评价的过程中，我们不仅要确知客观存在的旅游环境质量，而且要判断这种环境质量对旅游需求来说存在什么问题。旅游地的旅游环境质量评价是旅游地开发建设的前提，它会对旅游地的主题、开发利用方向、规模及布局产生影响同时也是旅游经营管理的重要基础。旅游环境质量有价值，其价值的大小完全取决于旅游环境质量对人们旅游发展需要的满足程度。因此，旅游环境质量评价是一个相对比较复杂的问题。这首先是因为评价的主体，即人们的旅游发展需要，在内容上是多元的，在地域空间上是多变的，在时间上是不断发展的；其次，环境状态在特定时段内或者相对稳定，或者在不断变化，且在空间上具有明显的地域特征。因此，把相对稳定的或变化着的、具有不同地域特征的环境状态，同多元、多变而又不断发展着的旅游发展需要联系起来加以判断，其评定过程与结果显然都是比较复杂的。

（二）旅游环境质量评价的对象与内容

从环境科学和旅游科学的形成及发展的角度看，旅游环境质量评价的对象应该是环境质量与人们旅游发展需要之间的关系，或是说环境质量对人们旅游活动及发展需要的满足程度，即环境质量的价值而不是环境质量本身。旅游环境质量评价在空间上可以是一个旅游点、旅游区、风景区、旅游城市等；在时间上可以分为回顾性评价、现状评价或影响评价；在被评价要素的组成上可分为单要素评价、多要素联合评价及综合评价。根据需要，两种评价类型可作不同的交叉组合，进行评价。目前多数旅游地的评价为旅游环境质量现状的综合评价。旅游环境质量现状评价的基本内容可以归纳为四个方面：

（1）自然生态环境质量评价：以旅游发展需要及保护生态平衡合理开发和利用自然资源为目的的自然环境质量。

（2）社会经济环境质量评价：旅游者所接触的社会状况如旅游地政府的旅游政策、物资供应、社会治安、当地居民对游客的态度等的环境质量。

（3）工程环境质量评价：适应旅游活动的旅游专业设施和基础设施的质量。

（4）美感质量评价：适应旅游审美活动需要的环境美化的质量。

（三）旅游环境质量评价标准

旅游环境质量评价应以环境质量的价值为依据。但制定环境质量评价标准时，因环境质量价值的确定涉及面较广、不确定性因素较多、操作较复杂及缺乏实证研究等原因，目前尚未形成一套完整而又实用的旅游环境质量的评价标准（即指标体系）。因此，目前只能暂时根据环境质量标准来代替环境质量评价标准进行环境质量评价，如大气环境质量标准、水环境质量标准、环境噪声标准等。

旅游环境质量标准是根据旅游活动的特征及其发展对环境质量的需要参考一般的环境质量标准而制定的。在有国家正式环境质量标准的情况下，可确定采用国家标准中的哪一级作为评价标准做参考。在没有正式国家质量标准的情况下，可借鉴其他相似地区或国外的有关标准进行评价。

（四）旅游环境质量评价方法

进行旅游环境质量评价，无论是用定性评价还是定量评价的方法，首先均要确定选取环境要素。对于环境要素的范畴，在《中华人民共和国环境保护法》中指出："本法所称环境是指：大气、水、土地、矿藏、森林、草原、野生动物、野生植物、名胜古迹、风景游览区、温泉、疗养区、自然保护区、生活居住区等。"但若从旅游环境质量评价的角度来考虑，除上述环境要素外，还应将与旅游开发经营及旅游活动关系密切的社会环境（如政府的旅游政策、经济发展程度、社会治安、居民对外来游客的态度等）诸要素列为待选要素。对于不同主题或开发方向的旅游地，因旅游开发经营和旅游活动对环境质量的要求不同，故在进行评价时对于旅游环境要素的选取也不相同。例如对登山旅游地和海滨旅游地以及对森林公园和对文物古迹的环境质量评价时所选取的环境要素显然都是有很大差别且其主导环境要素肯定是不相同的。

其次，对旅游环境质量进行识别。即通过所选取的旅游环境要素进行调查、监测及对所获得资料进行系统整理分析，以确定现实的环境质量。必要时可根据已取得的数据绘制分析图，从而根据图表分析得出结论。旅游环境质量评价的全过程都应有可靠的事实为依据，以达到评价的科学性，这是旅游环境质量评价的前提和基础。

目前，国内外使用的环境质量评价方法较多，对旅游环境质量评价可根据评价对象的特点和评价要求，借鉴环境质量评价中的定性评价或定量评价方法。定性评价或称体验性评价，属初级形式的评价，是根据旅游者和有关专家对旅游地环境质量的观察体验而得出的评价结果。这类评价项目及步骤简单，往往因评价人员的文化、科学和审美素质以及旅游偏好等的不同，而带有一定程度的随意性和随机性，评价结果不十分精确。例如全国优秀旅游城市评选和全国文明景区评选等均属此类。对旅游环境质量的综合评价，即旅游环境的整体价值评价，通用的评价方法是专家评价法。旅游管理部门将专家们作为索取信息的对象，邀请专家运用专业方面的经验和理论，以其主观判断为基础，对旅游地的旅游环境结构及环境质量进行深入的定性分析，排除诸环境因子间的层次关系，根据各环境要素在环境整体中的重要程度排序给出基层评价因子的权重，并在此基础上建立评价模型。

评价过程既可以在单个要素评价的基础上进行归纳综合，从而得出环境质量的综合评价结果；也可以直接选取与环境质量有密切关系的评价因子，直接求出环境质量综合评价值。其评价的结果多具有可比性的定性尺度或数量值，比定性评价要科学、严谨和规范（如图 5–1 所示）。

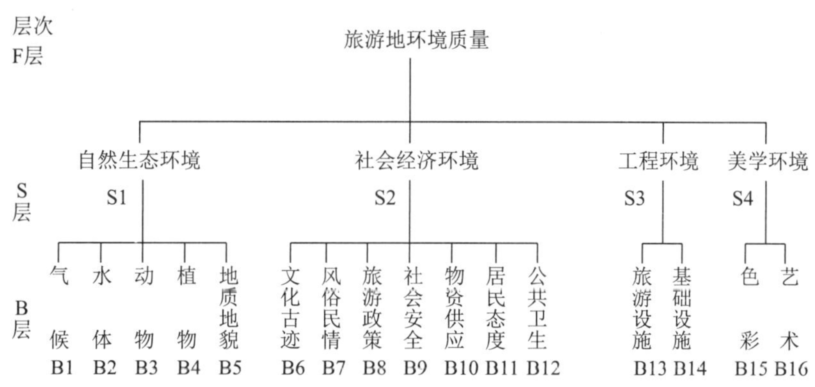

图 5–1　旅游地环境质量评价模型（王湘，2001）

巢奎鹏等（2007）根据《旅游景区质量等级的划分与评定 GB/T 17775—2003》中的评价标准建立评价指标体系（如图 5–2），将属性测度模型应用于旅游环境质量的测评，对承德地区的旅游环境质量做出评价。

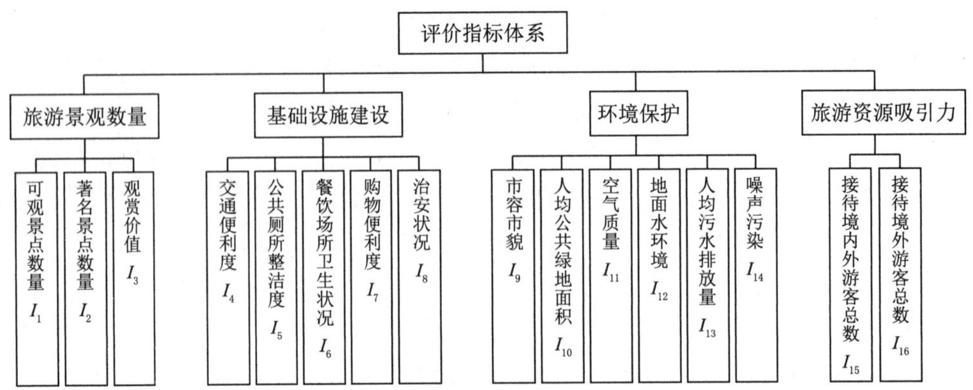

图 5-2　旅游环境质量评价指标体系（巢奎鹏等，2007）

第六章　专项旅游资源调查与评价

一、地文旅游资源及其分类

（一）地文环境的切入点

1. 地域尺度

地文环境具有整体性和相应的地域分异规律。地文环境各组成要素沿地表按确定方向有规律地发生分化并引起差异。地文环境区域内部从海滨到陆地，从低海拔到高海拔，甚至从局部地段的不同部位，都存在着不同属性环境的规律性变化。依据这些变化，可以区分出不同规模等级的地文环境区域（见表 6–1、图 6–1）。

表 6–1　不同规模地文区环境特征

规模尺度	参考范围	形成机制	影响地域范围	变化状态
极大规模地文区	全国性，数百万平方公里	全球大地构造与大气环流、水分循环	地壳表层	稳定
大规模地文区	省区性，数万平方公里	区域大地构造与地质构造，大区域大气环流，大流域物质迁移	表层沉积层	稳定
中规模地文区	跨区域，数十平方公里	表层地质构造、区域气候变化	林冠层与风化层	缓慢
小规模地文区	区域内，数平方公里	局部地质构造、局地气候变化	林冠层与土壤层	较快

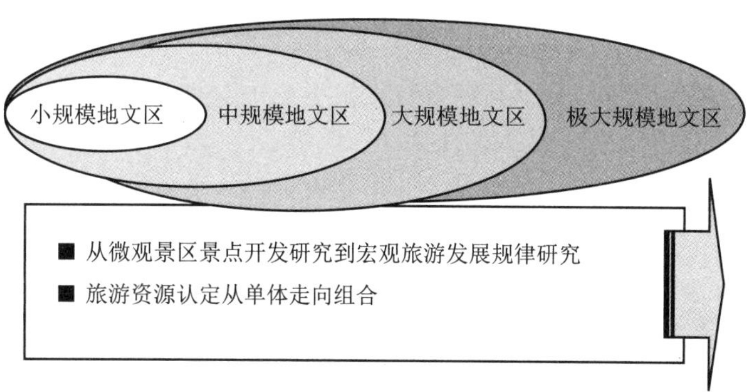

图 6–1　地文区规模的旅游意向

同理，作为以地域为背景的旅游研究与旅游开发更是脱离不开这一成果。随着地文区的规模不同，景观面貌和旅游需求也随之发生变化。

2. 性质与结构

地文环境的主体是一种自然环境，副体是某些人文环境。其中自然环境中的地貌、地质、气候、水文、土壤、植被、动物构成地文环境的基本要素，而对于一个具体的地文区域而言，这些要素的质量、数量、规模、变化，便成为该区域地文环境的性质，如以反映地表形态为主的地文区域（丘陵、河谷、海滨、劣地、沙地等）；以反映地质构造为主的地文区域（火山群、断裂带、地震活动遗迹区等）；以反映水文状况为主的地文区域（出露泉群、河段、湖区、现代冰川等）；以反映植被群落为主的地文区域（热带雨林、红松林、荒漠草原等）。

具体到某个单一的地文环境区域，各要素或环境综合体之间在空间、数量、时间等方面存在着一定的结合形式，这就是地文环境的结构。其中作为主体的空间结构又分为内结构和外结构，它们分别代表地文环境综合体内部各要素之间的结合形式和环境综合体之间的结合形式。这些结构形式由于不断与外界进行物质和能量交换，从而一直处于发展过程中，逐渐趋于稳定有序。各组成要素之间相互联系的形式及过程不同，造成地文环境结构也不同，主要反映在以下几个方面。

（1）地文环境的多层性。地文环境主要由各种自然要素组成，这些要素中的岩石、大气、水体、植被各自集中形成具有相对独立性的基本圈层，即岩石土壤圈、对流层、水圈、生物圈。在基本圈层之下，还有更小的次级层次，如生物圈中的植被层可细分为乔木层、灌木层、草本层和苔藓层等；岩石土壤圈中的土壤层可细分为枯枝落叶层、有机质层、淋溶层、淀积层和母质层等。

（2）地文环境的交织性。上述地文环境的四个基本圈层并不是孤立存在的，它们在空间上一直处于彼此重叠、相互渗透的状态中。几乎每一个圈层内的组成成分都能以各种方式融入到其他组成成分中去。如大气圈中的空气渗入水体、土体和生物体中；水圈的水渗入到大气、土壤、岩石和生物体中；岩石土壤圈的成分也渗入到大气、各种水体和生物体中；生物体更是与所有三个无机圈层完全交织在一起。

（3）地文环境的差异性。地文环境是一个完整的自然综合体，这决定了它们在地域上符合自然地域分异规律。其形成受到主导因素和次要因素、地带性因素和非地带性因素、外生因素和内生因素、现代因素和历史因素的制约。其中一个因素的变化，将引起地域中的其他因素，乃至其综合特点发生变化。此类复杂的变化，将使地文环境的区域差异愈加显著。

地文环境的性质与结构是旅游关注的重要内容，从中可以使人更加全面、更加深刻认识旅游开发区域的基本性质和基本特点，从而决定旅游开发的方向、重点和顺序。

3. 过渡带

旅游活动对景观的要求很直接，醒目而有特色的景观自然便成为地文旅游开发的对象。这些旅游开发实体所在的区域位置，往往成为景观表现的亮点。

中国地域广阔，几乎拥有地球上所有自然地带。不同自然地带是地文环境的不同空间表现，在这些自然地带上，各种地带性因素（气候、土壤、生物）和非地带性因素（地质与地貌条件）、外生因素和内生因素、现代因素和历史因素交叉在一起，形成千变万化的环境现象，旅游以这一环境为活动平台，势必符合这些环境现象的存在和发展规律。

自然地带的性质、特点和规模反映出了自然规律的本质，而景观现象是这一本质的外在表现，二者的关联现象在各个环境区域内都很容易见到，这在地形上表现得最清晰，如在各级地势面相交接的过渡带上，地文景观有最典型的最生动的显示，也很自然地成为旅游开发的关注点。这几条过渡带，处于中国大地构造的活跃区域，第一级地势面的高位隆起，第二级地势面的中位隆起形成了醒目的构造山地带。这一点在单之蔷先生的《中国的美景分布》一文（中国国家地理，2005 年第 10 期）中，有更加具体的陈述。他将中国的这几个过渡带称为“楞线”，楞线上无论断裂沉陷成谷成壁，或挤压抬升成山成岭，都形成了“大起大落”的特征。过渡带上的极高山、高山和中山山地，挺立起了一些险峻的山峰，周围发育了大规模现代冰川。由于山地水分条件较好，森林、草地也发育起来了，山地中下部的流水侵蚀，重力作用也变得强烈，整体阶梯状地势使地表水流顺地势东去南下，东去的长江、黄河，南下的澜沧江、雅鲁藏布江成为形势壮伟的大江大河，造成了各种奇特的水域景观，如风景河段、峡谷、急流瀑布等大量个性地文景观，这些都为特色的景区景点的建立创造了条件。其中第一级地势面前缘过渡带的突出山地景观如南迦巴瓦峰、贡嘎山、珠穆朗玛峰、乔戈里峰、祁连山等；第二级地势面前缘过渡带的突出山地景观如大兴安岭、太行山、华山、武当山、神农架、张家界等，都已经成为著名旅游景区。

除了这些宏观自然过渡带显示出地文区域的很多景观亮点外，局部区域内中小尺度的自然界线也值得关注，如线状结构的断层、河谷、山脊、山麓、海岸、湖岸、雪线、植物群落的界线等，它们不但本身可能构成一道景观，还成为环境区域的天然界线，界线两侧的环境和景观面貌显示的差别，为追求新奇的旅游开发者和旅游者所青睐。

4. 小型景观遗存

地文环境所提供的旅游活动，特别是科技含量高的深层次旅游活动，需要对该地文环境的形成和演化过程有一定了解。这一过程经历了漫长的时间，造成了很多景观实体，其中很多实体是晚近历史时期造成的，被当成是环境变化状的最新景观遗存，它们被记录在地文环境中，比很多远古时期造成的景观实体，更加完好、更加清晰、更加生动。它们的生成过程为人们所熟悉，并以其有特点的外形和相应的科学内涵对人们产生吸引力。

生成这些实体所依靠的主要动力是地貌作用、地质作用、气候作用、生物作用和人为作用。在这些动力作用下形成的景观遗存的规模有各种尺度；它们划分为区域规模的、个体规模的两类级别。它们的应用范围各有侧重。

呈巨型、大型，甚至某些中型区域规模的景观遗存都与内营力中的大地构造有关。大地构造所造成的陆地表面的巨大山脉、高原、盆地、平原、广漠较多地记载了诸如区域地壳活动、宏观气候控制下外营力作用下的地文景观，可以使人们认识区域环境的整体性质和发育规律，这对区域旅游研究和区域战略规划提供了有用资料。但这些景观遗存虽然可以给人一个宏观的印象，但对于旅游开发的实际价值不是很大。

而体量较小的个体规模的景观遗存更多的是展现地貌、地质、水体、生物群落的单独个体，对具体的景区景点开发更有帮助（见表 6–2）。

表 6–2　地文环境景观遗存类型要例

动力	环境变化趋势	典型个体（举例）
干燥化遗迹	沙漠扩展、戈壁增长、旱化	风蚀残丘、雅丹、风蚀壁龛、风棱石戈壁、岩漠、盐丘、岩沼、流动沙丘
沟谷景观	流水侵蚀、河流堆积	冲沟、隘谷、嶂谷、峡谷、河曲、壶穴、天然堤、河漫滩、袭夺河、古河道
湖泊遗迹	湖泊退缩、海平面变化	湖（海）蚀崖（柱、平台、洞穴）、贝壳堤、连岛沙洲、沙坝、堰塞湖、干湖
冰川前沿遗迹	冰川退缩	冰川擦痕、冰川谷、冰臼、羊背石、冰碛堤、冰蚀丘陵、冰川漂砾、冰蘑菇、冰桌、冰砾阜、鼓丘、冰水扇
冰缘遗迹	冻融作用	雪蚀洼地、多边形土、石海、石河、石冰川、热融丘
地质灾害遗迹	地震、重力发生	崩山体、滑坡、倒石堆、泥石流体、土滑、醉林、岩屑坡、岩屑锥、地裂缝
植被景观	群落变化	红树林、生物礁、沼泽湿地
人为景观	人为作用	绿洲、坎儿井、堤坝、农田

之所以更关心这些较小规模的个体景观遗存，主要是它们具有如下特点：其一，它们除了突发性的自然变动与地质灾害，如地震、火山等以外，绝大部分是气候作用的外营力所造成的。所以小型景观的主营力，是外营力不是内营力。其二，由内营力所形成的构造形态，完全保持原生状态的已经很少，几乎所有现存形态都是经过外营力的长期影响，它们可以造成丰富多彩的地文景观。其三，小型景观的区域差异很大，干旱地区与湿润地区，热带地区与寒带地区，山地地区与平原地区，高山地区与低山地区等，形态的演变有很明显不同。

（二）地文旅游资源原理

上文通过对地文的概念、地文的学科性质、地文环境的阐述，清楚地表明了地文和旅游之间存在着必然的联系。作者研究这一联系，最初是从对旅游资源的研究开始的，这成为论述地文与旅游关系的核心内容。

1. 概念和特性

地文构成旅游的重要载体，首先地文要素提供了直接的供给源，即地文旅游资源。地文旅游资源遵循普通旅游资源的本质属性的规定，也具有自身的个性特点，是长期地质作用和地理过程形成并在地表面或浅地表存留下来的各种现象和实体景观。

对于地文旅游资源的这一概念，有以下一些附加说明。

（1）地文旅游资源存在于地表面和浅地表，实际上是强调了地文主体要素的地表形态的作用。这意味着地表形态可以成为一个支撑其他各类自然要素和人文要素的某些部分存在和活动的平台（也有部分要素与地表形态一起组成地文旅游资源），如对于旅游资源体系中的水域旅游资源而言，作为地表形态的河谷是河流的通道，洼地是湖泊的归所，高山是冰川侵蚀和堆积的场地；对于生物旅游资源而言，山地、平原、荒漠影响植被群落和野生动物栖息地的存在；对于气候旅游资源而言，山地的海拔、坡向决定了小气候的性质和状态等；对于各类人文旅游资源而言，地表的下垫面性质影响各种建筑物的类型、结构和规模、人文活动的方式等。

（2）几乎全部地文旅游资源都是可见、可感、可知的物质实体。其各种景观形态类型可以被直接观察、接触、陈述、记录、复述。景观的内涵可以被研究、探索、揭示，从而由表及里地深化地文与旅游的关系。

（3）它们是处于不断变动中的资源类型，当地文环境发生变化时，其他大部分自然旅游景观也将随之发生变化，如曲流截弯取直改变了水体景观，新生湿地形成了野生动物栖息地，火山、地震、地块运动破坏了原有生态，如改变了河流流向，生成了湖泊，影响了气候等。但从整体情况看来，这种变动需要很长时间，在人生经历中的表现是不清晰的，如果和其他一些类型的旅游资源如人文旅游资源比较起来，地文旅游资源的形态较稳固。

（4）地文旅游资源的开发领域广阔。是广泛旅游产品的实体支撑，如观光游览旅游产品、科学与生态旅游产品、休闲度假旅游产品、康体娱乐旅游产品等，都可以寻求到相应的地文旅游资源的支撑。

2. 成因机制

强调景观的视觉景象，主要是地貌过程构成的地文景观，其次是发生和存在于地表面或浅地表的地质与构造、气候、水文、生物等自然要素和部分人文要素所形成的吸引物。

欲深入了解地貌过程形成的地表形态，要追索其形成原因。地貌成因与发育理论方面，传统理论是由戴维斯和瓦·彭克的学说创立的。戴维斯将“构造、营力、时间”解释为地貌成因的三要素，并创立侵蚀循环学说（地理轮回说）演绎地貌发育。戴维斯提出地壳抬升后，受到流水侵蚀，逐渐被夷平，最后演化为准平原。根据每一阶段的地貌形态，将这一过程分为早期、壮年期和老年期。随后地壳再上升进入又一个轮回，以此往复不断；彭克通过地貌分析提出的地貌演化学说，认为地貌是由内力和外力共同作用的结果。这些概念化、模式化的学说尽管不完全符合各地地貌发育的实际情况，但他们提出的基本观点，如地貌与侵蚀程度的关系，动力作用等，以及对地质构造、岩石、营力、时间的分析，仍然成为现代地貌形态成因发育的理论基础。其中特别是营力被认为是地貌形态形成的最重要条件。

营力是支配地表形态形成中的各种基本过程的能量，来源于地球内部产生的热能、化学能、重力能、地球自转能的内能和地球外部太阳辐射能、重力能、日月引力能的外能。这两大类能源给地表各要素的相互作用、相互制约和相互渗透提供了动力基础，推动着地表形态的发展方向和演化的强度。这就是常说的内营力作用和外营力作用。

内营力作用和外营力作用的具体内容如下（表 6–3）。

表 6–3 营力作用分类

性质	类型	性质与特点
内营力作用	地壳运动	使地壳结构改变、地壳内部物质变位的作用
	褶皱作用	使岩层发生弯曲的作用
	断裂作用	使岩层发生破裂或折断的作用
	岩浆活动	地球内部物质侵入岩层或溢出地表的作用
外营力作用	风化作用	矿物、岩石受物理、化学、生物的作用
	流水作用	水流对地表的削高补低的作用
	喀斯特作用	水对以碳酸盐岩类岩石的侵蚀、堆积作用
	冰川作用	冰川和冰水对地表的侵蚀、搬运、堆积作用
	冰缘作用	使寒冷地区发生冻结、融化的作用
	风成作用	风沙流对地表物质进行的侵蚀、搬运和堆积的作用
	重力作用	重力使岩体或土体发生位移的作用
	生物作用	植物、微生物、动物对地表产生影响的作用
	人为作用	人类活动对地表产生影响的作用

表中内营力是指地球内部放射能等引起的作用力。表现形式是地壳的水平运动和垂直运动，这些运动改变着地壳的构造，同时为地貌的形成打下基础。地球上的巨型大型地貌，大洋中的巨大海盆等构成的陆海形态分野；局部区域的中小型的形态板块，都是由不同强度、不同形式、不同规模的内力作用所造成的。外营力属于地球以外的能，指地球表面在太阳能和重力驱动下，通过空气、水、生物等活动所起的作用。它包括岩石的风化作用，块体运动，流水、冰川、风力、海洋的波浪、潮汐等的侵蚀、搬运和堆积作用，以及生物的作用等。在地貌的形成发展过程中，人类活动也已成为一种重要的地貌营力，能产生许多新的人为地貌。

营力是地文旅游资源形成和发育的基础动力源泉，它们在地域空间上的分布、表现强度、营力性质的组合和营力的变化趋势十分复杂。因此，对于营力，特别是要关注那些主要营力，这是深入认识地文环境和地文旅游资源的入门步骤，这在旅游资源认定、旅游资源评价、旅游环境保护方面都是必须的。考虑到一般不同的地表形态是由不同的营力作用造成的，而相同的地表形态可能也是由不同的营力造成的时候，准确掌握各种营力的类型、性质和特点就变得十分重要。

不同性质和不同尺度的营力作用，形成不同规模和不同类型的地表基本形态，如陆地上的大高原、大盆地、大平原构成的巨型地表形态，可以使人感受地球上大地构造的作用对地文景观形成的作用；山脉和区域范围的高原、盆地、平原等构成的大中型地文景观，可以使人们了解和掌握区域内营力和外营力的交互作用；至于像一些分散的小型个体形态，则可以使人分辨出内营力或外营力的具体作用，这对于认识地文景观的性质和特点更有帮助。

3. 类型划分

目前学术界多按基本成因、属性、功能、利用方式、效果，也还有根据所处环境、旅游市场、开发条件等原则，对旅游资源进行多级划分，形成很多方案。这些分类方案从不同角度认识旅游资源，都有可理解的一面。

不过，考虑到旅游资源的基本性质，地文旅游资源的划分遵循“成因形态”原则。

这一原则被称为“属性与状态分类原则”。这一原则主要参照了地貌分类中的“成因形态”原则。如果和地貌分类相比，“属性”指旅游资源类型的特性、特征，相当于地貌分类中的“成因”；“状态”指旅游资源类型的现存状况与形态，相当于地貌分类中的“形态”。按照这一原则，可将全部旅游资源划分为内部性质和外在表现完全不同的类型。属性不同和状态差异都可以使各种旅游资源类型相互分开。

地文旅游资源分布面积大，所属类型种类很多。考虑到实际操作的需要，旅游资源的类型数量要有一个人为限定，于是提出了“旅游资源基本类型”作为调查对象的科学概念。这一概念也受到了地貌分类的启发。开始进行旅游资源分类时，虽然排列出了几百种旅游资源类型，但因为面对着的是一个庞大的旅游资源客体，仍然不能覆盖它们的全部。在这种情况下，作者采用地貌分类时只是研究了“山地、丘陵、台地、平地”等地貌类型的特征值而最后确定为 4 种“地貌基本类型”便覆盖了全部地貌类型的成功经验，研究寻求旅游资源分类的最佳途径，以此在对大量旅游资源类型进行的特征值研究中产生了“旅游资源基本类型”的概念。这一概念又可以应用到地文旅游资源的划分上。地文旅游资源基本类型和地貌基本类型是地貌的最小单元一样，是地文旅游资源中的最小单元。

地文旅游资源类型很多，分类的标准也很多，单单从地貌形态的角度考虑，就可产生很多划分方案，如根据宏观地域形态可将地文旅游资源划分为山地、丘陵、高原、盆地、台地、平原等；根据景观形成的原因可以将其分为原生构造的、新生构造的、风化作用的、河流作用的、风成作用的、溶蚀作用的、海洋作用的、重力作用的、生物作用的、人为作用的等；根据局地形态可以将其划分为地质构造形态、沟谷形态、喀斯特形态、冰川形态、冰缘形态、荒漠形态、海岸和海底形态等；根据景观形态规模，可以将其划分为巨型的、大型的、中型的、小型的、微型的等；根据景观发育阶段，可以将其划分为早期的、中年期的、老年期的、衰亡期的等。

为了划分清晰，参考地貌学的形态成因观点的归纳方法，地文旅游资源中的基本类型可归为以下几组：

第一组：岩石与构造地貌形态类地文旅游资源。

构成此类旅游资源骨架的，是记录地壳发展过程的各种岩石地层及地质构造。地球上千姿百态的自然景观都是岩石在长期的地质历史中不断变化、雕琢形成的。不同成因的岩石类型都有各自结构和构造特征，它们在自然界中形成的形态也有很大差异。构造是地壳形成以来地球内部运动的记录，构造形态在山地岩石出露区域随处可见，景观现象突出。岩层与构造类旅游资源包括断层景观、褶曲景观、节理景观、地层剖面、钙华与泉华、矿点矿脉与矿石积聚地、生物化石点等基本类型。

第二组：历史地貌过程形迹类地文旅游资源。

地球生成演化历史中产生的地壳结构和地球表面的各种形态，形成了千变万化的自然景观，由于地质构造、新构造运动与火山、地震等地球内营力作用和风化剥蚀、流水、湖沼、海洋、风沙、重力、喀斯特、人力等外营力作用，造成了很多地貌景观，其中凸峰、独峰、峰丛、石林、土林、奇特与象形山石、岩壁与岩缝、峡谷段落、沟壑地、丹霞、雅丹、堆石洞、岩石洞与岩穴、沙丘地、岸滩等，构成一些个性鲜明的旅游资源基本类型。

第三组：自然变动遗迹类地文旅游资源。

这一部分被归为自然变动遗迹，主要是强调在地文景观类型的形成和演化中，曾经有过比较剧烈的过程，有些是突发性的灾害事件，有些是反映自然环境的变迁。它们作为旅游资源类型，不在于它们的景观优美吸引人，主要是通过它们揭示自然历史进程中发生的主要自然事件，这为开展科学旅游和环境保护教育提供了宝贵的资料和数据。这组类型有泥石流堆积、地震遗迹、陷落地、火山、熔岩、冰川堆积、冰川侵蚀遗迹等基本类型。

除了上述按地貌形态划分地文旅游资源外，其他由气候要素和人文要素作用下的形态也形成地文旅游资源类型，如风化作用形态、水文作用类型、生物作用类型、人类活动作用类型等。这些地文资源类型都是在各自要素的运行规律下成立的，但它们所形成的地文景观在空间上与地貌形态类型密不可分：它们或者叠置在地貌形态之上，如位于山地、谷地、坡地、平原地形之上的林地、草地等地文旅游资源类型；或者与其融为一体而成为地貌形态的组成部分，如河水与河谷构成河流，湖水与湖盆构成湖泊，冰川冰与冰川谷地构成山谷冰川，野生动物活动与生存地域构成野生动物栖息地，坡地种植开垦变成的梯田等地文旅游资源类型。

面对分布面积大，所属类型种类很多的地文旅游资源，为使其资源类型的主次分明，结构清晰，易于了解和实际操作，将其分为“主体类型”和“副体类型”两个级别，然后再分别按“主类”“亚类”和“基本类型”等三个层次划分（表 6–4）。

表 6–4　地文旅游资源分类

级别	主类	亚类	基本类型
主体类型	地貌过程类地文旅游资源	风化形态	风化壳、风化沟穴、崩解体、沙漠漆
		侵蚀形态	峡谷段落、沟壑地、冰川侵蚀遗迹
		堆积形态	沙丘地、岸滩、冰川观光地、积雪地
		岩石形态	凸峰、独峰、峰丛、石（土）林、奇特与象形山石、岩壁与岩缝、丹霞、雅丹、岩石洞与岩穴、堆石洞、岩礁
		自然变动遗迹	重力遗迹、泥石流遗迹、地震遗迹、火山与熔岩

续表

级别	主类	亚类	基本类型
副体类型	地质构造类地文旅游资源	构造形迹	断层景观、褶曲景观、节理景观
		沉积与地层	地层剖面、钙华与泉华、矿点矿脉与矿石积聚地、生物化石点
	水文作用类地文旅游资源	水域形态	观光游憩河段、观光游憩湖区、沼泽与湿地、潭池、瀑布、泉、击浪现象、冰雪地
	生物作用类地文旅游资源	生物形态	林地、草地、花卉地、野生动物栖息地、植被垂直自然带谱
	人为作用类地文旅游资源	历史遗迹	古遗址、军事遗址
		建设工程	陷落地、建筑体、水利工程、交通设施、农田、矿场

对上表作如下说明：

第一，主体类型和副体类型两组地文旅游资源，是按照它们在地表面和浅地表的分布范围、出现频率、常态规模和在旅游景观形成中的作用划分的。

第二，主类的划分依据是地文旅游资源的成因，主要是内外力作用形成的地貌过程类地文旅游资源，其次是由反映内力作用的地质构造类地文旅游资源和反映外力作用的水文、生物、人为活动所形成的气候类地文旅游资源。亚类的划分依据是地文旅游资源的形态。基本类型体现出来的是比较完整的地文旅游资源的成因类型。

第三，地文旅游资源是涉及几乎所有自然要素和部分人文要素的复杂资源系统，划分出的基本类型实际上都不是单一成因的产物，认识它们也要从多个角度考虑。

以山丘型旅游地为例，山地和丘陵是常见的自然地域，其中山地是由许多山岭、山谷连绵交错组合而成的地区；丘陵是指地势起伏不平的大片小山。在这些地域内形成的景观类型多种多样，吸引游客的亮点很多。它们以其外形景观可以成为观光游览的对象，以其组成结构可以成为开展科学研究和环境教育的载体。这样构成的旅游资源被称为“山丘型旅游地”，其整体区域或个别区段都有可能被确定为这一基本类型的单体。

在山地和丘陵区域进行调查，首先要了解它们的归属范围：山地和丘陵是怎样划分的，它们所依据的海拔高程的指标是什么？为此引用《中国百万分之一地貌图制图规范》的定义，规定海拔大于200米的是山地，其中还可以再分为低山、中山、高山和极高山：低山海拔为200~1000米，中山海拔为1000~3500米，高山海拔为3500~5000米，极高山海拔大于5000米。丘陵不按海拔划分，它是按相对高度划分的，不管是在不到200米的低海拔地区，还是在海拔很高的地区，只要相对高度不超过200米的地域，都可算作丘陵。丘陵还可以按相对高度再分，其中小于100米的为低丘陵，100~200米的为高丘陵。

决定山地的形态不只是海拔在起作用，地势起伏对于山地地形特征和景观变化来说就更重要，调查时要注意起伏度的指标。起伏度指的是该山地山脊或山顶与其顺坡向到最近的大河，或到最近的平原或台地的交接点的高差。起伏度小于 500 米的为小起伏山地，500~1000 米的为中起伏山地，1000~2000 米的为大起伏山地，大于 2500 米的为最大起伏山地。

山地和丘陵地形是怎样形成的，形成的原因是什么？这对于从更深层次地了解山丘型旅游地的性质和特点是很重要的。

这要谈到地球的内力和外力作用对它们的影响。内力指的是地质构造，它对山地和丘陵的形成起到了至关重要的作用。区域性大地构造决定了山丘的结构和整体布局，地质历史上不断发生的新构造运动，改变了地表的结构和布局，地壳垂直方向运动又使地形产生高低变化，间歇性上升运动可能形成阶梯状的地貌。运动中伴生的地壳褶皱作用、断裂活动、火山爆发也都能对地形产生明显的影响。

这一运动也影响到山丘区域水系的排列形式，当地面大面积倾斜上升运动时便形成平行状水系，而局部的隆起和凹陷依次形成放射状水系和向心状水系，沿穹状隆起的边缘则形成环状水系。

此外，对于山丘的局部地形而言，静态构造地貌，即地质时期形成的地质构造，如由古老构造形成的背斜山、向斜盆地、断层陡崖等都会对山丘景观产生影响。

山丘景观也不是纯内力作用的产物，它同时还受到各种外力侵蚀的作用。作用于山丘旅游地的外力作用有很多类型，常见的有风化、重力、流水、溶蚀、风力等。

岩石的物理和化学性质对山丘形态的形成和演化也起了明显的作用，如易流动的基性熔岩黏性小，常常铺展成为大片的熔岩台丘地，坚硬的砂岩常构成突出的山地，软弱的页岩则构成浅缓的山丘。石灰岩易于溶解，发育成岩溶地貌。溶解度低的白云岩发育岩溶地貌的规模较小。

岩石结构对岩石抗侵蚀能力有一定影响。如石英岩质地致密，孔隙度小，抗风化能力较砂岩要强；岩石中的节理控制山丘地面沟谷的延伸方向。在厚层砂岩和块状岩浆岩地区，孔隙和裂隙的存在使外力作用对岩石的破坏不仅在表面进行，而且深入到岩体内部。在可溶性岩石地区岩石的孔隙和裂隙是岩溶作用强烈进行的地方，发育了各种岩溶地貌形态。花岗岩体因垂直节理非常发育，往往形成奇峰林立、陡峻高耸的山地。大面积基性熔岩流常构成阶梯状的熔岩台地；中生代红色岩层比较容易遭受侵蚀，多呈波状起伏的丘陵；而古老的结晶岩大多为高峻的山地。

原生地质构造和物质组成成分是造成山地丘陵形态差异的最关键要素，所有固化了的岩石因其构造形式、物质成分、结构等因素直接影响到景观的外部形态。岩浆岩、沉积岩、变质岩等不同类别的岩石往往形成各自代表性的形态，其中花岗岩类岩石、玄武岩、碳酸盐类岩石、砂岩类岩石等一些分布面积广泛的岩石体，因为其造成景观的概率很高，可以称其为主要“成景岩石”。花岗岩是一种深成酸性火成岩，主要由石英、长石和少量黑云母等暗色矿物组成。按所含矿物种类可分为黑云母花岗岩、白云母花岗岩、角闪花岗岩、二云母花岗岩等。按结构构造可分为细粒花岗岩、中粒花岗岩、粗粒花岗岩、斑状花岗岩、似斑状花岗岩、晶洞花岗岩等。花岗岩结构均匀，质地坚硬，垂直节理发育受流水、风力和重力作用常常发生风化和崩塌，形成峭壁和球形风化面，容易成为各种象形石。玄武岩是基性岩浆喷发所成的熔岩流凝固而成的火成岩。玄武岩喷出后形成的火山锥、熔岩流属于瞩目景观。玄武岩本身六角柱状节理形成的景观也十分壮观。碳酸盐岩是由方解石、白云石等碳酸盐矿物组成的沉积岩，其中以方解石为主的石灰岩分布广泛，其所形成的岩溶地形成为旅游开发的重点对象。砂岩也是一种沉积岩，它由碳酸钙和氧化铁等各种黏结剂将各种砂和砾石黏结在一起，岩石坚硬，受到侵蚀后常常形成各种突出景观，如峰林、丹霞等地形。

山丘型旅游地是开展多种旅游活动的良好场所，如果开展以下类型的旅游活动，其调查的内容提示如表 6–5 所示。

表 6–5　山丘型旅游地开展活动时需要调查的内容要点

项目	方式	调查内容
滑翔	练习飞行、越野翱翔	起飞与降落地形、上升风、热气团、锋面、活动时间
野餐	家庭型、中途型、团体型	野餐地类型（草地、林地、园林、山野）即面积、地形平坦程度、隐蔽性、亲水性
露营	团体型、家庭型、原野式	位置、营地面积、地形平坦程度、地面土壤情况、地表植被状况、地表水与地下水状况、气候状况（风向、风速、气温）
登山健行	短程、中程、长程	路程自然环境（气象、地形、地质、水文、植物、动物）、人文环境（土地类型、道路）
攀岩	自由攀登、人工攀登	岩块种类、岩块形状（岩夹石、岩塔、烟囱岩、岩脊、岩棚、悬岩等）、岩沟、岩阶

二、农业旅游资源调查与评价

农业旅游是涉及农业领域的观光、游憩、体验等旅游活动，目前是旅游行业的主要类型之一，具有很好的开发前景。

涉农旅游资源是农业旅游框架的重要支柱，对涉农旅游资源的研究，目前还处于初始阶段。但我国是个农业历史悠久，农业环境多元，农业类型丰富，农业景观多样的农业大国，涉农旅游资源无疑是旅游业的富源，在农业旅游开发中具有重要地位。

涉农旅游资源是包括以农业旅游资源为主，以某些非农类普通旅游资源为辅的组合型资源类型，其范围涉及自然、人文、社会等多个领域，是一个多元结构，应用面广泛，可以产生良好效益的旅游资源体系。其定义为：“与农业生产、农业活动、农业产品，以及在所有对其支撑的自然界和人类社会的相关外部环境中，凡能对旅游者产生吸引力，可以为旅游业开发利用，并可产生经济效益、社会效益、环境与生态效益的各种事物和因素，均为涉农旅游资源。”

（一）涉农旅游资源调查

涉农旅游资源调查是按照一定程序对资源进行研判和记录的过程。它是在涉农旅游资源分类的基础上进行的。

一般区域（全国性的、地区性的）性质的调查，需要事先制定规范化技术文件，如“涉农旅游资源调查规程”，以便协调资源调查的方式方法、调查内容、成果处理等。

1. 总则

（1）调查的目的。查明可以被旅游利用的农业生产环境和人类生存空间的资源实体，包括类型、分布、现实状况等，直接为农业旅游服务。可将调查所获得的资料和数据用于建设涉农旅游资源信息开发管理数据库，为区域经济开发和社会事业服务。

（2）调查的性质。①属于区域性的调查。调查是针对整个农业区域的，涉及面较广泛，包括涉农旅游资源在区域内的构成、单体与群体之间的关系、不同类型之间的关系、资源与环境的关系。②属于程序化的调查。全部过程按照既定的分类系统认定和记录涉农旅游资源类型，按照调查规程次第开展，完成规范化成果文件编辑和处理。③属于科学性质的调查。所执行的调查文件均按照自然界、社会和思维发展规律的知识体系制定，调查中要切实执行并根据实际情况予以发挥使其深化。④属于严守质量的调查。有严格的质量控制规定，要求在执行调查程序、成果处理过程中遵循科学、客观、准确的基本质量原则。

（3）调查模式。涉农旅游资源调查分为“涉农旅游资源详查”和“涉农旅游资源概查”两种方式，其调查内容、程式和精度要求不同（见表 6–6）。

表 6–6　涉农旅游资源详查和概查比较

项目	涉农旅游资源详查	涉农旅游资源概查
性质	区域性的	专题性的
目的	为地区农业旅游开发的综合目的服务	为地区农业旅游开发的一种或少数几种特定目的服务
技术支撑	全国或区域涉农旅游调查规范化技术文件	全国或区域涉农旅游调查规范文件，或自定调查技术规程
适用范围	适用于区域农业旅游规划、涉农旅游资源研究、涉农旅游资源保护、专项农业旅游产品开发等各种单项任务	适用于一种或少数几种单项任务
组织形式	专门成立调查组，成员专业组合完备	一般不需要专门成立调查组
工作方式	按照规范化技术文件全部调查程序，分准备工作、实地调查、数据采集与成果汇编等 3 个阶段，对所有涉农旅游资源进行全面调查，执行调查规定的全部程序	按照调查规定的相关程序运作。按实际需要确定调查对象并实施调查。可以简化工作程序
提交文件	规范化技术文件要求的全部文件、图件	部分有关文件、图件
成果处理	建立区域涉农旅游资源信息库，直接处理、转化为公众成果，为社会提供	成果直接为专项任务服务

（4）调查程序。按涉农旅游资源详查的规定进行，一般需要经过三个阶段，每个阶段及其所需要完成的工作项目如下：

第一，准备工作阶段。成立调查组。资料收集、文件与物资准备、编制计划、编制“涉农旅游资源单体统计表”。

第二，实地调查阶段。现场访问与收集资料，考察、验证与资料数据采集，填写“涉农旅游资源单体调查表”。

第三，数据采集与成果汇编阶段，包括：①整编“涉农旅游资源单体统计表”和“涉农旅游资源单体调查表”；②对涉农旅游资源单体进行质量评价，编制“涉农旅游资源质量等级表”；③编写“涉农旅游资源调查报告”；④编绘“涉农旅游资源地图”。

（5）调查组。调查队伍的专业化是保证调查质量的基础。要求调查组成员应具备与该调查区农业旅游环境与旅游资源、农业旅游开发有关的专业知识，一般应以农学专业人员为主，包括旅游、环境保护、地学、生物学、历史文化等方面的专业人员参加。其中对调查队伍中的农学专业人员的具体要求如下：

其一，具有农业专业背景的研究技术人员和管理人员，应占调查组成员总人数的半数以上。具有旅游开发经历的综合性农学专业人员担任调查组负责人。

其二，要求有与调查区域农业性质有直接关系的专业人员参与。

在正式调查前，调查组需要制订调查工作计划，做好各种准备；在实地调查中需要完成全部调查程序中规定的收集资料和数据任务；后期要进行涉农旅游资源评价等各项成果处理工作。

2. 涉农旅游资源调查实现

（1）网络系统建立。为指导规范化的旅游资源调查，在网络信息技术全面支持下，建立以采集方法与填报内容为主的涉农旅游资源网络系统。

此系统在涉农旅游资源调查规程中使用，主要用于“涉农旅游资源单体调查表”填写。此系统可实现网络环境下涉农旅游资源基本数据及辅助资料（影像、地图）采集与录入，空间位置标定与网络地图标绘，调查数据数字化，数据审核、改正与核销。

（2）填写“涉农旅游资源单体调查表”。本表是涉农旅游资源调查中的基础文件，按照列入“涉农旅游资源单体调查表”中的每一单体均需填写此表。单体是“可作为独立观赏或利用的涉农旅游资源基本类型的单独个体”。这些单体虽然都属于同一的基本类型，但由于它们的外在和内在性质的差别而相互分开，所以单体的数量，每个单体自身性质和特点，单体的品质，便成为调查和评价关注的对象。

单体调查包括以下各项内容（见表 6–7）。

表 6–7　“涉农旅游资源单体调查表”填写项目内容

层次	项目	内容
定位	单体区位	名称、代号、所属基本类型、所处地理位置、纬度、经度
核心	单体性质与特征	单体性质、形态、结构、组成成分的外在表现和内在因素，以及单体生成过程、演化历史、人事影响等主要环境因素

续表

层次	项目	内容
辅助	农业旅游区域开发利用条件	单体所在地理位置、进入条件、与周边旅游集散地和主要利用区域之间的关系
	单体保护与开发状况	单体所在的环境状况，以及单体保存现状、保护措施与保护效果、开发利用情况
备用	单体预评价	单体共有因子评价赋分

表 6–7 需要填写的内容，实际上是要求填写人员捕捉单体的各个特征值，并将其登记在单体调查表中。表中最需要反映的是单体的“性质与特征”一栏。

涉农旅游资源特征值是指反映涉农旅游资源基本类型性状和结构特征的资料和数值，特征值可以用量值表示。有些特征值可以直接提供量值，有的是根据对单体性质比较后转化而来的。

每一种基本类型都有一定的量值组合。量值组合可以通过对其单个量值进行的赋分运算得出它们的数学值，从而使不同涉农旅游资源单体的数学值有了大小区别，也就是反映出了单体质量的差异。而同一种基本类型的单体，由于其性状的差异，其量值组合数学值也不相同，掌握这些量值，并对其进行必要的数值评价，求得量值组合，无疑对了解旅游资源单体以及涉农旅游资源的整体结构带来方便。

旅游资源特征值只有通过规范化的资源调查才容易获得。归总起来，涉农旅游资源特征值主要包括以下内容（见表 6–8）。

表 6–8　涉农旅游资源特征值类别及主要内容

项目	内容
成因机制与演化过程类	表现单体发生、演化过程、演变的时序数值；生成和运行方式，如形成机制、形成年龄和初建时代、废弃时代、发现或制造时间、盛衰变化、历史演变、现代运动过程、生长情况、存在方式、展示演示及活动内容、开放时间等
外观形态与结构类	单体的整体状况、形态和突出（醒目）点；代表形象部分的细节变化；整体色彩和色彩变化、奇异华美现象、装饰艺术特色等；组成单体整体各部分的搭配关系和安排情况，构成单体主体部分的构造细节、构景要素等
内在性质类	单体的特质，如功能特性、历史文化内涵与格调、科学价值、艺术价值、经济背景、实际用途等
组成成分类	构成单体的组成物质、建筑材料、原料等
规模与体量类	表现单体的空间数值如占地面积、建筑面积、体积、容积等；个性数值如长度、宽度、高度、深度、直径、周长、进深、面宽、海拔、高差、产值、数量、生长期等；比率关系数值如矿化度、曲度、比降、覆盖度、圆度等
环境背景类	单体周围的境况，包括所处具体位置及外部环境如目前与其共存并成为单体不可分离的自然要素和人文要素，如气候、水文、生物、文物、民族等；影响单体存在与发展的外在条件，如特殊功能、主要矿物质等；单体的农业旅游价值和社会地位、级别、知名度等

续表

项目	内容
关联事物类	与单体形成、演化、存在有密切关系的典型的历史人物与事件等

根据表 6–8 提示，在 17 种涉农旅游资源亚类中，各选出 1 种基本类型，列出它们的旅游资源特征值，作为填写“涉农旅游资源单体调查表”基本类型特征值项目的代表与参考（见表 6–9）。

表 6–9　涉农旅游资源基本类型特征值（选列）

项目	内容
丘陵	■ 构造（如原生地质构造、火山活动、地热活动等）形成的还是外营力侵蚀（如流水侵蚀、溶蚀、湖蚀、海蚀、风蚀、冰蚀等）形成的，还是堆积（如流水堆积、风积、溶积、冰碛、重力、人工等）形成的； ■ 物质组成成分是岩石（主体岩石类型、构造与结构、物理性质等），还是沉积物（岩屑、砂砾等）； ■ 土壤（土类、厚度等）； ■ 丘陵数据（海拔、相对高度、坡位、坡向、坡长、坡形、坡度）
物候现象	■ 植物（芽萌动期、展叶期、开花期、果熟期、叶变色期、落叶期）； ■ 动物（候鸟来去、某些动物冬眠时间；昆虫）； ■ 水文气象变化（初霜、终霜、初雪、终雪；水面结冰、解冻；河流流冰）； ■ 农业生产（作物开花、结实、成熟等）
湖泊	■ 湖泊性质与补给条件（外流湖、内流湖；有源湖、无源湖；超大型、大型、中型、小型；暖湖、温湖、冷湖；淡水湖、咸水湖、盐湖；富营养型湖、中营养型湖、贫营养型湖）； ■ 湖塘成因（断陷湖、堰塞湖、溶蚀湖、冰川湖、风蚀湖、河道湖、牛轭湖、潟湖、人工湖等）； ■ 湖水物理性质（水色、嗅觉、漂浮物、透明度、水温、含沙量等）； ■ 湖水化学性质（pH 值、主要矿物成分）； ■ 水生动物（鸟类、两栖类、鱼类品种及数量）； ■ 水生植物（挺水植物、浮叶植物、沉水植物、漂浮植物）
林地	■ 森林类型（雨林、季雨林、常绿阔叶林、常绿与落叶阔叶林、针叶阔叶混交林、森林草原）； ■ 植物类型（乔木、灌木、攀缘植物、草被植物）； ■ 负氧离子浓度档次（每立方厘米 1000~1500 个、1500~1 万个、1 万 ~10 万个、大于 10 万个）； ■ 覆盖度（树冠覆盖面积占总面积的比率：0.1—0.3 为疏林地，大于 0.3 为林地）； ■ 植被垂直带谱； ■ 典型乔木均值（树种、树龄、树高、胸围。冠幅、生长势、树型等）
牧场	■ 草地类型（草原、稀树草原、草甸、草本沼泽、灌草丛、荒漠；高草草原、低草草原；山地草原、平原草原等）； ■ 利用方式（牧场、割草场、放牧—割草兼用场）； ■ 草地优势植物种类； ■ 草地形成地貌部位及地形状况（山地、丘陵、台地、平地；海拔、坡向、坡度等）； ■ 水热与土壤条件（气温、积温、降水量、基质质地和土壤成分）
农产品加工地	■ 加工地位置（城市、乡镇、村庄、特定区）； ■ 加工产品类型（粮食、经济作物、林产品、水产品、畜牧产品、养殖产品、手工艺品、日用品）； ■ 建筑与设施（厂房、场地、生产线、主要设备设施）； ■ 农业旅游设施（观光项目、科学技术普及项目、农业购品）

续表

项目	内容
梯田	■ 梯田类型（台阶式梯田、坡式梯田；水平梯田、隔坡梯田、坡式梯田、反坡梯田等）； ■ 所在部位及坡面形态（山地、丘陵；海拔及相对高度；坡面坡位、坡向、坡长、坡形、坡度）； ■ 梯田构筑要素（田面宽度、地块长度、弯曲形状、埂坎坡度宽度与高度）
灌区	■ 灌区地理资讯（位置、四至界线、面积、地形类型）； ■ 灌区成因类型（山前绿洲、人工引流灌区）； ■ 灌区规模（大于 30 万亩的大型灌区、1 万 ~30 万亩的中型灌区、小于 1 万亩的小型灌区）； ■ 灌区设施（水利枢纽、水库、渠道）； ■ 灌区环境治理（次生盐渍化、沙漠化）； ■ 灌区主要农业产品
新农村	■ 村落整体状况（面积、空间结构、土地与能源节约关系、居住与管理服务功能完备程度、环境保护与环境治理、规章法规健全程度、景观愉悦度、旅游开发空间等）； ■ 单体住宅状况（面积、布局、建筑风格、建筑材料、景观特色、能源使用与生态化程度）； ■ 精神文明建设状况（文化场所的设置与使用效果、民主管理制度建立和履行情况、农村旅游知名度与美誉度）
农业遗址	■ 遗址所处位置（临水、林区、山麓带、洞穴）； ■ 遗址类型（建筑类）； ■ 遗址文化层时代（文化层类型、成分、结构、时代段落、实测年龄）； ■ 遗址规模； ■ 遗址出土器物（工具类型与数量、伴生动植物品种与数量）； ■ 旅游设施与旅游产品
农事节庆	■ 节庆起因与活动历史（沿革、历史事件与相关人物、传说故事）； ■活动区域规模； ■ 活动程式（礼节、仪式、禁忌等）； ■ 节庆时间与主要活动内容（演艺、体育竞技、娱乐、餐饮、购物）； ■ 节庆知名度和影响力
荒漠化土地	■ 荒漠化土地成因（干旱、风蚀、植被破坏、流水侵蚀、土壤盐渍化）； ■ 荒漠化类型（热带荒漠、温带荒漠、干旱区荒漠、寒区荒漠）； ■ 发展阶段（发生阶段、发展阶段、形成阶段）； ■ 荒漠化景观（地形面貌、土壤状态、植被类型与覆盖度、地表水状况）；荒漠化土地治理措施（工程措施、生物措施、农林措施）； ■ 生态农业旅游项目
陷落地	■ 陷落地成因（地震塌陷、水蚀掏挖、溶蚀陷落、采矿塌陷、工程塌陷等）； ■ 陷落地的位置与规模； ■ 陷落地地质结构（地层状况、构造现象）； ■ 陷落地地文（平面形状、陷落深度、集水状况、植被状况等）； ■ 破坏程度（对地面水系和地下水的影响、对公共和民用建筑及设施的破坏、对农田和农业设施的破坏）； ■ 陷落地的治理与利用（农业利用、景观开发、科学普及）
农业保护区	■ 保护区地理资讯（位置、四至界线、面积、地形类型）； ■ 农地用途（种植蔬菜、水果、水产、家禽饲养、农业科研等）； ■ 农业土地利用类型（水田、旱地；耕地、林地、草地；灌溉农地、绿洲农地等）； ■ 旅游项目（观光、农事活动、采摘、农业科普等）

续表

项目	内容
饮品	■ 饮品种类（碳酸类、果蔬汁、茶类、乳类、咖啡、酒类等）； ■ 饮品品质（营养成分、质量等级、安全性）； ■ 产地景观与农业旅游产品（原料产地、加工产地的农业景观、建筑与设施、生产线、可参与性旅游活动）
编织	■ 品类（竹编、藤编、草编、棕编、柳编、麻编）； ■ 品种（日用品、欣赏品、家具、玩具、鞋帽等）； ■ 编织技法（编织、包缠、钉串、盘结）； ■ 农业旅游产品（编织加工地观光、参与制作、购品）
农品专辟销售场所	■ 销售场所类型（展销厅、农品专销商店、农品生产地、农品专售街道、农贸市场）； ■ 销售场所环境（位置、规模、建筑与设施、环境状况）； ■ 农品种类（农产品、畜产品、竹木产品、水产品、手工艺品）； ■ 生产管理（农品质量、卫生、安全）

（二）涉农旅游资源评价

涉农旅游资源单体调查完成并获得各种特征值后，可据此开展涉农旅游资源评价。这一评价系统与一般常见的学术性理论探讨不同，它们是在详细调查所获得的资源单体及其所在农业旅游地环境的基础上进行的，因此可以形成严谨的评价，并能促进有效的开发。

1. 评价规则

评价有两个层次：一是涉农旅游资源单体特征值评价；二是涉农旅游资源开发评价。对其每个单体进行质量评价，每个层次的评价要求和评价内容有明显差别（表6–10）。

表 6–10　涉农旅游资源评价体系

体系	涉农旅游资源特征值评价	涉农旅游资源开发评价
评价对象	涉农旅游资源单体	农业旅游地
评价内容	要素价值（观赏、游憩、使用、历史、文化、科学、艺术、珍稀、奇特、规模、丰度、完整性等）、资源影响力	涉农旅游资源评价内容，及其旅游设施、旅游服务、旅游管理、市场效益
用处	建立涉农旅游资源信息库	农业旅游规划、农业旅游开发

对上表，有以下二点需要强调说明：

第一，所列出的涉农旅游资源单体特征值评价只是对单体自身价值的评价，此评价不考虑旅游地的环境及开发条件。

第二，涉农旅游资源开发评价采取与涉农旅游资源单体特征值评价同样的运行方式，此评价既考虑涉农旅游资源本身，又考虑该资源所在农业旅游地的环境及开发条件。

另外，如果调查的区域面积较小，或者只是要求对专项涉农旅游资源进行的概查，在不要求掌握全部涉农旅游资源单体的情况下，可以只对调查区内价值最高的涉农旅游资源单体进行评价，以此代表该单体所属的涉农旅游资源基本类型，这就是“涉农旅游资源概念评价”，也属于本标准评价的范围。

2. 评价指标

此项评价采用涉农旅游资源的共有因子进行综合评价。“共有因子”是依照涉农旅游资源基本类型所共同拥有的因子对所有资源单体的价值和程度进行的认识和评定。

这一评价不是将 113 种涉农旅游资源基本类型的个性因子作为依据，而是找出它们的共有因子。这些因子必须反映所有涉农旅游资源自身的特性，即资源价值评价因子。

涉农旅游资源的价值是多方面的，如观赏价值、游憩价值、使用价值、历史价值、科学价值、文化价值、艺术价值等。此外，价值还表现在资源类型的珍稀与奇特程度、规模、丰度、概率、完整性上。这些价值都可以转化为评价因子，它们是描述涉农旅游资源价值的不能忽略的因素。这些价值因子很多，但单独看来，大部分也还不能成为共有评价因子。即使是最具广泛意义的观赏价值，虽然对大多数有形的基本类型评价来说可以使用，但也有某些非物质旅游资源如人物、事件，应用此价值评价就有些勉强。至于其他类型的价值，则更是有不同程度的局限性。

为了发挥这些因子的作用，又符合共有因子评价的规则，可将它们之中的一些类别近似的因子适当合并，成为一个价值评价的组合因子，基本上就可以解决以上的难题，如将观赏价值、游憩价值、使用价值组合成为“观赏游憩使用价值”，将历史价值、科学价值、文化价值、艺术价值组合成为“历史文化科学艺术价值”，规模、丰度、概率也可以组合在一起。这样价值组合可以称为“价值组合因子”。

在依据这些组合因子对涉农旅游资源进行评价时，可以依据全部因子或其中的一二项因子对其进行评判，如“观赏游憩使用价值”组合评价因子中，遇到有形的涉农旅游资源，可以按其观赏价值判定；遇到可参与的游憩旅游资源时，可以按其游憩价值判定；遇到农业购品类旅游资源时，可以按其使用价值判定。

除了资源价值外，还有另外一些要素，即外界对旅游资源的认知程度和社会影响，如知名度、影响力、适游期、使用范围等，也是描述涉农旅游资源价值的内容。它们也可以成为旅游资源的评价因子。这里要特别提醒的是，此类因子从本质上看，仍然是从涉农旅游资源本身属性上派生出来的，不是环境、市场、开发条件转化的因子。

通过这些共有因子可以施行对全部 113 种涉农旅游资源基本类型品质的评价。

3. 共有因子评价体系

遵循以上规定，构建了本标准的旅游资源共有因子评价体系。在本标准的表 6-11“旅游资源评价赋分标准”中体现了出来。此外，在表中还将“环境保护与环境安全”作为评价因子列入该表，因为它不是严格意义上的共有因子，所以当作“附加值”考虑。

表 6–11　涉农旅游资源共有因子综合评价赋分说明

评价项目	评价因子	内涵
资源要素价值	观赏游憩使用价值	观赏价值（提供给游客观看、欣赏，令人感官得到的农业和与农业有关事物的印象）；游憩价值（供游客游览、休息场所的状况）；使用价值（农业购品状况）
	历史文化科学艺术价值	农业历史价值（历史上农业活动进程中发生的事件）；文化价值（人类创造的农业物质财富和精神财富）；科学价值（公认的普遍真理或普遍定理的知识）
	珍稀奇特程度	珍稀程度（农业物种珍贵稀少状况）；奇特程度（农业景观不寻常程度）
	规模、丰度、概率	规模（农业景观、事物所包含的范围）；丰度（农业景观、事物的种类和数量大小）；概率（事物发生的可能性大小量值）
	完整性	完整性（残缺或损坏程度）
资源影响力	知名度和影响力	知名度和影响力（景观、事物声名被知晓的范围）
	适游期或使用范围	适游期（一年中可以开展农业旅游活动的时间）；使用范围（物品被使用的区域大小和时间的长短）
附加值	环境保护与环境安全	农业环境保护与环境安全（受到外界环境威胁，可能发生危险、危害、损失的情况）

4. 赋分

根据评价的量化原则，评价项目、评价因子及其 4 组评价依据均需赋以一定分值。分值数值是根据其重要性和在多次实际评价试点的基础上确定的。

总分定为 100，按 3 项评价项目和 8 项评价因子的重要性对 100 进行分配。4 组评价依据各自对相应的评价因子分值再分配，是实际的赋值。

这个赋值是一个值域区间，以体现同一档次内的单体价值的较小差别。

面对一个具体涉农旅游资源单体，要依次根据评价因子的实际要求和评价依据的提示，从整体上判断该单体属于每项评价因子的哪一个档次。判断时要站在宏观立场上，考虑该单体在全国同类型的地位。如某一单体的观赏游憩使用价值属于第三档次（全部或其中一项具有较高的观赏价值、游憩价值、使用价值），完整性属于第一档次（形态与结构保持完整）等。

判断时还要掌握这样一个原则：在某单体遇到“价值组合因子”时，可以符合全部评价内容，也可以只符合其中一项或两项评价内容（如“观赏游憩使用价值”中的观赏价值、游憩价值、使用价值），都可以得分。

5. 计分及定级

判断决定单体属于某一档次，对该单体在此档次内的价值大小，在赋值区间范围内进行微调，并确定一个因子评价赋值分数。在某单体遇到“价值组合因子”时，符合全部评价内容（如“观赏游憩使用价值”中的观赏价值、游憩价值、使用价值）的，可以将得分提高，只符合其中一项或两项评价内容，得分可以相对低一些。

另设附加项目 2 款，显示资源安全状况。

依此办法，得出该单体3项9款全部因子评价赋值分数（表6-12）。

表6-12 涉农旅游资源单体赋分

评价项目	评价因子	评价依据
资源要素价值（85分）	观赏游憩使用价值（≤30分）	全部或其中一项具有极高的观赏价值、游憩价值、使用价值
	历史文化科学艺术价值（≤25分）	全部或其中一项具有世界意义的历史价值、文化价值、科学价值、艺术价值
	珍稀奇特程度（≤15分）	有较多珍稀特种，或景观奇特，或此类现象在其他地区很少见
	规模、丰度与概率（≤10分）	独立型单体规模、体量较大；组合型旅游资源单体结构很和谐、疏密度良好；自然景象和人文活动周期性发生或频率很高
	完整性（≤5分）	保持原来形态与结构
资源影响力（15分）	知名度和影响力（≤10分）	在世界范围内知名，或构成世界承认的名牌
	适游期或使用范围（≤5分）	适宜游览的日期每年超过300天，或适宜于所有游客使用和参与
附加值	资源良好（1—5分）	已有保护措施，环境安全得到保证
	资源破坏（负分1—10）	未加保护措施，环境恶化

单体按各评价因子评价得出实际得分后，相加得出涉农旅游资源单体总分（3项10款实际得分之和）。依此定为以下四个档次："优"（100~75分）、"良"（74~50分）、"中"（49~25分）、"差"（24~0分）。

依据旅游资源单体得分，将其分为以下五级，从高到低为：

得分≥90，定为五级涉农旅游资源。

得分75~89，定为四级涉农旅游资源。

得分60~74，定为三级涉农旅游资源。

得分45~59，定为二级涉农旅游资源。

得分30~44，定为一级涉农旅游资源。

其中：

为了陈述方便和今后开发的需要，标准把五级、四级、三级称为"优良级涉农旅游资源"。其中五级又单独被称为"特品级涉农旅游资源"；

将二级、一级统称为"普通级涉农旅游资源"。

另外，得分≤29，为"未获等级涉农旅游资源"。

第七章　旅游资源开发利用

一、旅游资源开发与包装的理解

（一）旅游资源开发

旅游资源开发是以发展旅游业为主要目的，以市场需求为导向，通过改善和提高旅游资源对旅游者的吸引力，有组织、有计划地对旅游资源加以利用的经济技术系统工程。这一概念可以从以下三个方面来理解：

1. 旅游资源开发的主要目的是发展旅游业

旅游业的发展不仅能够赚取外汇、回收资金、扩大就业，调整产业结构，带动相关部门和行业的发展，有力地促进区域经济协调发展；而且可以促进国际间、地区间和民族间的经济技术合作和文化交流，如科学合理地开发利用旅游资源，还可使自然资源和生态环境得到有效的保护。开发旅游资源，使潜在的旅游资源转变为旅游产品，满足旅游者日益增长的旅游需求，其主要目的就是要为旅游业服务。

2. 旅游资源开发的实质是以市场需求为导向，通过改善和提高旅游资源对游客的吸引力，使其变为旅游吸引物

开发旅游资源就是要发挥资源的优势，增强对游客的吸引力。同时，旅游资源开发也是一种经济行为，在市场经济制度下，旅游资源的开发必须以市场为导向，开发利用那些市场需求大、能够畅销的旅游产品，处理好市场与资源的关系。

3. 旅游资源开发是一项有组织、有计划的经济技术系统工程

在开发内容方面，不仅要考虑旅游资源自身要素，而且还要对旅游设施、旅游服务、旅游环境、旅游客源市场等方面进行系统协调，使旅游资源开发与旅游活动相关方面相互适应。在开发效益方面，不能只考虑旅游经济效益的大小，而应同时分析论证开发所带来的社会效益和生态效益。只有获得良好的社会、经济、生态三方面的综合效益，才能真正实现旅游资源的可持续利用。

（二）旅游资源包装

旅游资源包装（Tourism Resource Package），是指在旅游资源的开发利用过程中，对旅游资源进行科学的组合，从而达到充分发挥旅游资源价值与旅游业可持续发展的有机协调。从资源可持续开发的要求来看，景区景点的发展除了对旅游资源进行合理的开发利用，还应当对那些暂时没有条件或者没有能力进行开发利用的旅游资源进行

适度的包装。从实践角度来看，旅游资源的包装，一是要对旅游资源进行保护，二是对旅游资源进行包装促销，三是对旅游资源进行创新。

运用旅游资源包装概念，首先要在景区景点的规划期对旅游资源进行普查，并根据实际开发条件，按照重要程度把各个阶段的旅游资源分成优势资源、待开发资源和潜在资源。景区景点开始建设后，在不同阶段对不同类型的旅游资源进行不同的包装。在景区景点的生成期，旅游资源开发集中于那些条件成熟的优势资源，使景区景点的主要功能开始发挥作用，同时对暂时不具备开发条件的待开发资源和潜在资源进行保护；在景区景点的发展期，旅游资源开发主要集中于生成期保护起来的那些资源，对景区景点的优势资源进行深层次开发，使生成期开始的主要功能继续发挥作用，对那些开发条件不具备的资源继续保护，同时开始对资源继续创新，发掘新的潜在资源；到成熟期，以发展期的资源创新为基础，对发展期发掘和创新的资源进行开发，使第二种次要功能开始发挥作用，同时开始景区景点第二轮的规划发展。旅游资源的包装是以旅游资源的可持续开发为出发点，对旅游资源开发利用的各个阶段和各个环节进行全过程的、系统的管理，从而促进旅游业的可持续发展。因此，通过旅游资源的包装可以使旅游资源得以持续地开发利用，使景区景点能够发掘新的功能，从而使景区景点的总体功能不断优化和旅游者人数持续上升。这样，景区景点的发展就可以建立在长期而扎实的基础上，最终实现景区景点的可持续发展。

二、旅游资源与旅游规划

（一）旅游资源与旅游规划的关系

虽然市场经济体制下旅游资源开发遵循“以资源为基础、以市场为导向”的战略早已提出，但迟迟落实不到旅游资源的分类评价上。旅游区的规划与开发如何适应市场经济需要，关键在于对市场经济体制下旅游区的形成机制及发展目标具有全面、深刻的认识，而基础是旅游资源。

旅游规划是旅游开发的一个组成部分，是在旅游资源调查和评价的基础上，本着旅游资源开发的原则和已做出的定位策略，确定旅游开发的规模和开发内容，拟定旅游区的空间布局、功能分区和总体发展安排等。正确认识旅游资源，是能否编制好规划的前提。

旅游资源的认识和评价问题是旅游规划研究的基础性课题，它决定了区域旅游开发的方向和重点。《旅游资源分类、调查与评价》（简称《国标》）作为国家标准颁布以来，在旅游规划界得到了广泛的应用。《旅游规划通则》中明确规定旅游资源评价应参照《国标》执行，目前旅游规划中的旅游资源评价基本按照这个标准执行，但在执行的过程当中出现了争论，国标并不能完全指导其评价，出现了一些偏差。有学者提出，旅游资源评价与旅游资源开发评价不能画等号。随着产品的升级换代，旅游需求的深度发展，以旅游规划为导向的旅游资源评价，仅仅按照《国标》的内容进行，已经远远不够。

（二）旅游资源的规划

根据对规划含义的理解及各地、各类型旅游资源开发区的实践和研究，可以将旅游资源规划定义为：在旅游资源调查评价的基础上，针对旅游资源的属性、特色和旅游地的发展规律，根据社会、经济和文化发展趋势，对旅游资源进行开发的总体布局、项目技术方案和具体实施。

对于不同的旅游开发规划来说，它们可以有许多不同的内容和要求，就是说它们可以有许多不同的侧重面，但是，它们又有许多共同的方面，需要涉及许多共同的问题。对旅游资源及其他有关条件进行详细调查或者普查，这是旅游开发规划必不可少的前期工作，对正确编制旅游开发规划、形成旅游开发战略设想和基本指导思想具有重大的意义。要想编制出一个切实可行的旅游开发建设蓝图，使旅游事业发展具有可靠的基础，必须把旅游资源的详细调查或者普查放在优先的位置上，给予高度的重视。详细调查或者普查旅游资源，用通俗一点的话来讲，就是摸清家底。

目前，如何全面和正确地评价旅游资源，尚没有成熟的经验，应当通过具体实践进行摸索和探讨。这里仅提出几个值得注意的问题：①对旅游资源进行评价，必须是在对旅游资源进行详细调查或者普查的基础上进行，没有这个比较可靠的基础，评价工作是做不好的；②对旅游资源进行评价，需要运用区域开发的观点进行综合的分析，注意宏观与微观的结合，考虑各种横向的联系；③对旅游资源进行评价，要注意通过对资源结构和空间分布的分析，找出重点，抓准主体，明确基本特色所在；④对旅游资源进行评价，要注意分析其基本的辐射范围和吸引性；⑤对旅游资源进行评价，要注意点、线、面的结合与其他有关条件的相互配合问题。

传统的旅游资源规划，较多的是定性的分析过程，即往往依靠个人经验和专业知识进行判断和分析，较少应用现代信息技术进行定量、半定量分析；规划成果精度也有所欠缺，输出的成果图件比例尺较小，注重图件的效果美观而轻精度。然而，在大多数公园、景区等规划中，对于公园、园区、功能区以及保护区的界线需要十分明确，边界重要拐点坐标必须标注到图上，而传统旅游规划通常无法满足要求；更重要的是，旅游资源规划过程，是涉及地质、地貌、气象、人文、人类活动和工程建筑等诸多领域的一个庞大而复杂的多元信息综合分析过程，涉及大量的空间数据和属性数据，空间数据的结构和类型复杂，其数据存储形式和管理方式已经远远不能满足需要，往往无法从如此大量的数据中汲取有效信息，使得有效利用数据变成了旅游资源规划中的瓶颈问题。因此，如何有效地管理和利用这些复杂数据，对空间数据进行多层次的分析，提高规划的精度，减少人为干预，使旅游资源的规划更加合理是目前急需解决的问题。

近年来，GIS 技术在旅游规划和管理领域的应用逐渐增多，主要表现为应用现有的 GIS 平台（如 ArcGIS、MapInfo 等），进行旅游资源、旅游区、公园、景区、森林公园等的评价、分析与规划；将 GIS 和数据库技术相结合，特别是基于 WebGIS 技术，开发旅游资源管理信息系统，进行旅游资源的管理、可视化分析决策和旅游服务信息的发布等，取得了良好的社会和经济效益。如蒋勇军等（2004）采用层次分析法在对重庆市旅游资源的视觉质量定量评价基础上，借助GIS技术对旅游资源结构和空间分布格局进行较为详尽、全面的分析，并借鉴城市规划中的概念规划方法和形式，运用GIS空间分析方法，对市域旅游资源进行概念规划。

GIS在资源开发与规划中的应用与传统旅游开发相比，有它自身的优势与良好的切入，并在应用中很好地发挥出自己处理数据的特点，为有效分析旅游资源制造良好的理论支撑，具体优势包括：①资源数据调查更准确、更方便；②资源数据存储更广阔、更有效；③资源开发评价更客观、更准确；④规划编制更科学、更美观。

三、旅游资源开发利用建议

目前我国对旅游资源的利用虽然已经取得了很大的进展，但认识上尚处于较低层次。长期以来，我国旅游事业的管理者、开发者、研究者、旅游者中，有相当多的人只是看到了我国旅游资源的表面优势，对旅游资源的劣势及某些旅游资源赋存环境的忧患，诸如高品位旅游资源的不合理结构、人均旅游资源相对短缺、旅游生态环境的日益恶化、旅游资源开发的不平衡性（区域开发的不平衡、开发项目的不平衡、开发层次的不平衡）、旅游资源开发过程的短视行为、旅游资源开发中缺少完善的立法和管理体制等认识不足，这些问题还没有引起足够的重视。

上述种种，是当前我国旅游资源开发利用的现实与旅游业可持续发展的要求不相适应的主要表现。造成这一现象的原因有多方面，其中应该引起特别注意的，是全社会对旅游资源的相对漠视。即使是旅游界本身，至今对旅游资源的家底，也还没有清晰的认知。

（一）加强旅游资源整体规划

马慧琴等（2002）对我国旅游资源开发利用的对策和建议如下：

1. 整体规划，实现旅游资源的优化组合

即由政府主导制定整体规划和发展战略，充分对现有资源进行优化组合，形成系统的最佳结构，实现社会、经济、环境效益三者的统一，谋求可持续性发展。在统一规划的前提下，依据地区资源特色，实现区域内的资源整合，加快旅游业发展。

2. 多方筹措资金，科学合理地对现有的旅游资源递进开发，对潜在旅游资源创意开发

首先，利用现代化资本融资市场，多渠道、多方式筹集资金，投入旅游资源开发过程中，加快基础设施和相关配套设施的建设，由相关产业带动旅游业，以旅游业促进相关产业发展。其次，完善法律法规，加强对现有和潜在旅游资源的保护，以开发促进保护，以保护获得可持续发展。在开发项目中增设具有提高人们保护意识的项目，加强环境监管。最后，挖掘现有的和潜在的旅游资源潜力，扩大其吸引力、影响力。加快旅游产品创新和更新换代步伐，满足旅游者的个性化、感性化消费需求。

3. 树立我国旅游业良好的国际形象，加强对旅游资源的宣传促销活动

利用现代公关活动和方式，开拓国内外旅游市场，提高我国旅游业的声誉，特别

是加强对我国旅游资源的民族文化特色宣传，打造国际知名品牌，提高国际竞争力。利用信息导向功能，对国内旅游者进行科学的引导，协调各旅游区的关系，减轻由于部分旅游地超容量接待而带来的负面影响，进而在不丧失客源的情况下，增加那些具有一定吸引力而鲜为人知的旅游区的经济收益，实现各旅游经济区的协调发展。

4. 充分利用现代营销手段，加强市场营销工作，抓住市场机遇，以旅游促进经济发展

为此，可利用网络时代的资源优势，由国家有关部门或行业协会组织开发多功能性的旅游预订系统，建设专门的旅游网站，拓宽信息宣传面，以丰富多样的信息为旅游者的旅游决策提供信息参考。同时以旅游经济的强大驱动力，促进经济社会的全面发展，从而达到对旅游资源利用效益的最大化。

5. 加快旅游资源开发方面的人才培养

建立完善的人才培养机制，特别是加强对旅游资源开发、规划方面高素质、高层次人才的综合培养，为我国旅游业的可持续发展奠定坚实的基础。

（二）强化旅游资源创新利用

面对新时代旅游发展变化，部分学者提出旅游资源开发利用应革新认识、变革逻辑和创新模式。

1. 旅游资源开发利用应游客需求是新时代旅游资源认识和评价的基本立足点

当今旅游资源的内涵和外延在不断拓展，对旅游资源的认识和评价急需创新。摆脱聚焦吸引力、关注资源单体、重在资源客观属性的传统认识框架，立足于游客需求来认识和评价旅游资源。首先，旅游资源的价值体现在基于游客需求而非单纯基于资源属性。因此，若缺乏有效的市场需求，旅游资源的稀缺性再强，其价值也很低。其次，新时代游客需求呈现体验化的趋势，旅游资源的价值不仅仅体现在“吸引性”层面，还体现在“体验性”层面，因而一切能够为游客创造旅游体验的载体，都可视为当下的旅游资源。再次，旅游资源的评价，要从资源单体转向综合地块，从客观属性转向体验创造，从资源吸引力转向综合价值的视角来审视。

2. 市场逻辑是新时代旅游资源开发应遵循的基本准则

长期以来，我国旅游开发大多遵循的是资源逻辑，即“旅游资源调查评价—确定优先开发旅游资源—配套基本旅游设施—开展旅游市场推广”。对于高等级旅游资源而言，这种开发模式很有效。然而，随着旅游业的发展，待开发资源多为一般性旅游资源，必须从资源逻辑转向市场逻辑，把市场需求作为旅游资源开发的逻辑起点和主线，沿着“旅游市场需求调查和研判—确定拟满足的主导需求—选择匹配的旅游资源—确定旅游产品开发方式—开展旅游品牌营销”的路径实施开发。这就需要树立强烈的市场观念，研究市场的变化规律和变化趋势，依照旅游市场需求的偏好来谋划旅游资源开发。

3. 创新创意是新时代旅游资源利用的关键手段

旅游的本质是寻求“差异化”的体验，特色是旅游产品的竞争力和生命力所在。然而，并非所有的旅游资源都具备“差异化”卖点，尤其是在具备可开发条件和差异

化优势的资源越来越少的情况下，创新创意应该成为旅游资源利用的关键手段。特别是，在地域文化资源基础上进行创造性策划，打造具有震撼性的核心吸引物。同时，注重应用新科技，推动“旅游＋科技＋文化”的融合发展，实现用文化来统领旅游产品开发，用科技来创造新奇的差异化体验，创新旅游产品业态，以满足游客的互动性、体验性、参与性等新兴旅游需求。

（三）升级旅游资源研究与开发

中国旅游业健康稳步的发展需要旅游资源研究、旅游资源开发利用研究和旅游资源赋存环境优化研究上升到一个较高的层次，为此，尹泽生先生建议在如下两个方面加大工作力度。

1. 进行重点旅游资源科学普查

在全国范围内，按统一标准、统一方法逐步查清普查区域旅游资源及赋存环境的基本情况，所提取的科学资料和数据可服务于建立全国性或地方性的旅游资源信息系统，及时输入计算机存储、管理、分析及处理、检索和交换，以准确、快捷的方式提供给各方面的研究者和使用者。

目前有三件事可做：①健全旅游资源法规，主要工作内容是完善更有操作性的旅游资源基本类型系统，遴选并最终确定基本类型的特征值因子，进一步健全简洁实用的旅游资源普查运作程序。②强化旅游资源普查管理体制，统一部署普查方式和普查进程，统一处理普查成果。发挥中央和地方、旅游部门和相关部门、学术机构和产业部门等各方面的优势，共同参与。③建立和完善旅游资源数据库。

2. 探讨应用的旅游资源评价系统

旅游资源评价是旅游资源研究中的重要环节，与旅游业开发的关系至为密切。不过目前在评价方面研究力度远远不够，主要表现在：虽然旅游资源被认作旅游业发展的核心和基础，但大多数使用者，特别是决策层由于不能真正了解旅游资源的科学价值，而导致开发过程中的不同程度的随意性和盲目性，造成开发决策的失误，使旅游业在低水平上运作。同时，随着旅游业的迅速发展，人们对旅游资源资料、数据的需求量正在迅速扩大，如何对这些资料和数据进行评估、排序、储存和运用，是当前十分迫切的任务，其中，尽快建立旅游资源评价系统，又是完成这一任务的关键。否则，资料和数据越多，地区之间、部门之间越难以对比应用，越容易发生混乱，其结果势必对旅游业产生负面影响。《国标》执行以来，统一的数据量日益扩大，此系统根据旅游资源基本类型性状和结构特征的量值，包括基本类型内部（实体）的性状，如性质、状况、形态、成分、成因与演化、年龄、价值、影响程度、保存情况，以及基本类型之间的相互关系（结构），如类型集合、空间序列、功能互补、级别配置等完成的评价系统，将展示旅游资源量值（基本类型实体数量总汇、实体类别数量及其率值、类型区域数量配置等）、旅游资源品质评价（实体分类质量级配、实体分区质量级配）、旅游资源结构（类型实体集合、类型实体组合、区域类型实体配置、区域类型实体分级配置等）的基本内容。

四、旅游资源合理开发与可持续利用

旅游资源是旅游业生存之根本，是进行旅游开发活动的基础条件之一，也是构成旅游资源产品的重要组成部分。没有旅游资源，就没有旅游业的生存和发展。然而，旅游资源在经过开发成为旅游产品后，会受到不同程度的影响和破坏，从而降低或失去自然旅游资源的美学特征及观赏价值，或使人文旅游资源丧失历史文物价值与文化内涵，并最终减弱旅游资源对客源市场的吸引力，严重者甚至会对当地的生态环境及文化造成无法弥补的损失和破坏，阻碍旅游业的健康发展。因此，从一定程度上讲，保护旅游资源就是保护旅游业本身，旅游资源的保护是有着十分重要的意义和作用的。

（一）旅游资源开发与保护的关系

旅游资源是旅游产业的物质基础，它的科学概念是：自然界和人类社会中凡能对旅游者产生吸引力，可以为旅游业开发利用，并可产生经济效益、社会效益和环境效益的各种事物和因素。从旅游业可持续发展的角度考虑，这一概念引申出以下几个含义：

（1）旅游资源的范围十分广泛，自然营力所形成的与人类活动所遗存的旅游吸引物，均属此列。因此，旅游资源的数量是巨大的，为旅游业持续不断地发展提供了极其丰富的物源；

（2）旅游资源必须经过劳动加工，才能成为具有使用价值的旅游吸引物，从而完成从“原材料”到“成品”的转变，建成为旅游产品。为使这一产品长久稳固地占有市场，从而提出了对旅游资源深层次研究的问题；

（3）旅游资源开发，必须同时考虑它所产生的经济、社会、环境效益，因而应该是有计划性的保护性开发，应使全部旅游资源不断更新并永续利用。

从某种程度上来说旅游资源开发是对旅游资源的破坏，因为旅游资源开发让旅游资源发生了变化，而对旅游资源的保护也限制了开发的范围和程度。但我们需辩证地看待旅游资源开发与保护之间的关系：旅游资源的开发和保护互为因果，相互依赖。保护是旅游资源开发的前提，合理地开发利用是实现旅游资源保护的手段。旅游资源是旅游者进行旅游活动的基础和前提条件，一旦破坏殆尽，旅游业将失去依存的条件，也就无开发可言。因此，保护是开发的前提。对旅游资源的开发为保护旅游资源提供了资金保证和动力，通过挖掘旅游资源的深层次文化内涵和资源价值，延续旅游资源的生命力，而旅游者在享受开发的旅游资源中获得身心愉悦的同时，其良好的旅游行为也在客观上起到了保护旅游资源的作用。但从目前中国旅游业的现状来看，由于旅游资源的过度开发，旅游资源破坏的现象较为严重。

（二）坚持旅游资源保护性开发原则

科学合理地开发与利用旅游资源并加强保护，直接关系到旅游业发展的兴衰成败。旅游资源，尤其是风景资源和人文古迹，是一种不可再生的自然和文化资源，一旦遭受破坏就很难恢复。旅游资源保护，是旅游业可持续发展的重要保证，必须始终予以全方位的高度重视。为此，在开发中必须坚持保护性开发原则。坚持这一原则应做到如下几点：

1. 树立长远观念，坚持开发和保护并重的理念

旅游资源的开发，应树立长远观念，在旅游规划、开发、管理过程中始终坚持可持续发展原则。规划论证中，充分考虑资源和环境开发的承受力和旅游活动的承载力，统筹考虑开发地人口、社会、经济、环境的资源状况。实施和管理过程中，要摒弃任何急功近利的思想，坚持不搞“毕其功于一役”“涸泽而渔”，努力争取做到两者的相互促进与良性循环。对少数生态环境非常脆弱、敏感的地区实行封闭式的保护管理，对多数旅游资源富集且具备发展条件的地区，应通过积极发展旅游来促进资源的保护。旅游开发与保护同步并重，加强旅游资源的保护工作，确保旅游业的持续增长。有时甚至要做到效益让位于保护，尤其对于那些稀缺的、不可再生的旅游资源，应以保护为主，在不破坏资源的前提下，有限度地、科学地开发利用。绝不能图一时之利，以牺牲环境资源为代价去赚取眼前的利润。

2. 坚决杜绝建设性破坏

建设性破坏是对旅游生态环境质量威胁最大的问题。在以往的建设中，由于认识、体制和经验问题，出现了因建设而带来的对资源的破坏。一些建设工程直接损害污染空气、水体和环境，有的干扰游览活动或危及游人安全。时至今日，这种现象还屡有发生。“不分地区、不分性质”“不加管理、不顾影响”“不管容量、不论方式”地开发，一些景区盲目、过多地兴建各种旅游服务设施，导致景区严重地城市化，造成景观破坏。如很多地区为建设现代化旅游城市而进行的大规模的旧城改造，洋建筑取代古典建筑，不但破坏了原有景观而且陷入了不中不洋、不今不古的境地，资源的大力开发却终致旅游者稀少，旅游业暗淡。我国文物保护界认为，中国改革开放以来以建设的名义对旧城的破坏超过了以往 100 年。与此同时，建设性破坏还浪费了大量的社会资源。坚持保护性开发原则，就要坚决杜绝建设性破坏现象的发生，开发旅游资源，进行旅游设施的建设，要避免破坏自然景观与历史文物古迹，要避免低水平重复建设。这一问题必须引起高度重视，应采取有效措施，有效减少乃至杜绝建设性破坏。

3. 兼顾经济效益、环境效益和社会效益

开发旅游资源要以尽量小的投资开发更多的项目，令其更有吸引力，以收到更大的经济效益。但一定要防止只顾经济效益而滥加开发，以致破坏自然环境的错误做法。旅游业是一个集多功能于一体的综合性产业，除经济功能外，还有比较广泛的社会功能、环境功能和文化功能。在旅游业未来的发展中，一方面要继续强化其经济功能，另一方面要注意发挥其社会功能、环境功能和文化功能。

随着旅游业的快速发展，游客不断增多，游客的需求也逐渐多样化、个性化，在对旅游资源进行开发时，应当考虑这些新的形势和变化，对已被开发利用的旅游资源进行深层次的开发，或开发未被利用的新的旅游资源，才能不断地满足旅游者的需求，使旅游资源能够可持续利用，从而确保旅游业的可持续发展。

（三）保护前提下旅游资源开发的对策

张颖（2004）就如何在保护资源和环境的前提下进行旅游资源开发列出下列具体

措施：

1. 适度开发自然和文化资源，充分开发经济、文化一体社会旅游资源

对不可再生的珍稀自然和历史文化资源，务必在“抢救第一”和“保护第一”的前提下，适度开发成旅游产品，要严格保护其周边的生态环境和文化环境，控制其开发规模和方式。对已开发的自然和历史文化资源，要进行深度开发和集约经营，不宜无限地扩展其规模和面积。要逐步把开发自然和历史文化资源的重点转向尚未开发的处女地区，实现全国旅游经济的相对平衡发展。

2. 提高旅游的科技文化含量

实行旅游资源开发和保护中的“科技兴旅”战略，包括实施科技手段，变盲目掠夺式的粗放型开发为集约化开发，最大限度地减少开发过程中对资源和环境造成的破坏。

保持并增加旅游资源的文化内涵。文化是旅游的灵魂。一般来说，旅游资源和环境都凝结着人类劳动和智慧的结晶，是人类历史文化的集中体现。保持并尽可能地增加资源的文化含量也将成为资源开发和保护新的价值取向，是旅游资源和环境可持续利用的重要方面。

培养熟悉旅游资源开发和保护的高素质旅游专门人才。培养旅游从业人员在开发和保护措施中应该放在首要位置，高素质的旅游专门人才是正确处理开发与保护矛盾关系的人才基础。

3. 统一规划，科学开发

旅游资源开发规划的制定是旅游开发研究的中心环节。现在，尽管多数规划均有资源和保护规划的章节和内容，但在具体开发中却往往难以得到真正地贯彻和实施，导致许多景点由于规划不当而造成破坏。欲使旅游开发与保护规划落到实处，就必须在确定发展规划目标时，使旅游地的经济效益、社会效益和环境效益相互协调统一，这样才不致在实施过程中出现以牺牲环境、社会效益来发展经济的现象。做好旅游资源开发规划和资源与环境的保护，这不仅仅是使开发取得成功的保障，也是预防资源和环境遭到破坏的重要措施。

4. 加强立法，严格执法

有关旅游资源和旅游环境保护方面的立法，就是给旅游者、旅游经营者和旅游管理者制定行为规范。世界上不少国家一直非常重视旅游资源和环境的保护工作，有保护旅游风景环境为目的的政策法规。早在 1872 年，美国就立法保护其第一座国家公园——黄石公园；日本也在 1963 年颁布了《旅游基本法》。我国自 20 世纪 50 年代初开始，也先后制定了多种旅游法律法规，保护旅游资源和环境。但实际保护工作仍不尽如人意，应加强立法，并严格执法，以加强旅游资源的保护。

第八章　旅游资源研究趋势与展望

长期以来，旅游资源一直作为旅游业的客体而被研究和开发利用，其价值内涵和研究方法均随着时代的发展而呈现出不同的时代特征和认知水平。在新时代，特别是系列国家战略的实施，旅游资源科学面临新环境和新任务，并在服务国家战略与旅游需求中得到了新的提升和发展，呈现新的科学内涵和时代特征。

一、旅游资源的外延将逐渐扩大

随着时代发展，旅游资源分类和调查评估技术逐渐发生变化，旅游资源的外延逐渐扩大。2017 年，由国家旅游局牵头，由中国科学院地理科学与资源研究所主要负责对标准进行了修编，该标准虽然对旅游资源进行了明确定义和分类，并提出了具有操作性的评价方法，但在现实发展中仍然具有一定的局限性。新时代，旅游业不断升级转型，旅游构成要素的资源属性不断泛化。当下，在“旅游 +”和“+ 旅游”的背景下，一些非标准资源也有了旅游价值，体育、科技、影视、信息等产业与旅游的融合带来了大量的创新性旅游产品，旅游新业态的产生带动了旅游新资源的出现。此外，社交媒介渠道的爆发式发展又加速了新型旅游资源的市场传播速度和广度，使原本旅游服务价值不高的要素，例如车站、废弃工厂甚至邮筒、电话亭等都变成了“网红打卡地”，旅游资源的社会性价值凸显。

二、旅游资源的组合价值更加突出

文旅融合、全域旅游背景下，旅游方式的变化也推动了旅游资源价值的变革。全域旅游和休闲的方式促使旅游资源单体价值向资源组合价值转变，更加强调资源的整体效果、组合效果，而不仅是单体价值。旅游的意义不仅是赏景，更是放松、交流、结交新朋友、感受不同的生活状态。生态、设施、服务、地方文化等都是旅游链上的重要环节，是构成目的地整体价值的重要资源，并深刻地影响着游客选择。因此，旅游资源仍是旅游发展的重点。新时代要求旅游的新价值需要通过新模式来体现，在传统资源的基础上，完善基础设施，提升软性环境，注入时代特征，推动各类资源的转型和融合是旅游业发展的重要路径和使命。

三、旅游资源创新开发需求更加紧迫

目前，我国已经成为世界第三大入境旅游接待国，丰富的自然和人文旅游资源为我国旅游业带来丰厚回报的同时，也不得不看到在旅游业的创新发展上仍然驱动不足。长期粗放式发展的模式导致了旅游地出现供需错配等结构性问题，中低端产品供给过剩、高端产品供给不足，规模效率较低，产业结构需要优化。资源的垄断性决定市场的覆盖性，旅游场景具有一定周期性，虽然对于垄断性资源，不存在周期性的问题，但就大部分资源而言，合理开发、满足市场需求是其价值体现的关键。

就旅游者需求而言，受旅游观念变革的影响，旅游者的需求内容及层次越来越丰富，休闲、度假、体验类的旅游需求表现日益突出，既有的旅游资源已经不足以满足个性化旅游者的定制类需求。因此，在旅游需求倒逼旅游供给的市场消费作用之下，旅游资源和产品的种类日益多样化，内涵更加多元化，外延不断扩展和延伸，促进了旅游产业的融合创新，并且催生了众多的旅游新业态。那么，在新时代旅游业快速发展的浪潮中，如何正确认识旅游资源的基本属性与特点，对其进行合理、准确的分类及评价，实现旅游业供给侧结构改革，促进旅游业的高质量发展，引发了旅游资源需求与开发研究的新变化。

四、资源利用向综合目的地建设和融合协同转型

大众旅游市场的升级倒逼传统旅游业转型改革，旅游发展模式也在不断创新。“全域旅游”的提出改变了传统旅游业的发展路径，从产业基础到产品供给不断深化产业革命，推动传统旅游发展从资源依托向目的地综合建设转型，从政府主导向全民参与转化，从“小景点”向“大景区”迈进。在一些非传统资源富集区，旅游产业迎来了爆发式发展，主题公园、营地、乡村休闲等多种新业态的产生为旅游产业带来了更多可能。旅游业的资源依附属性被不断削弱，特色化的发展道路也给资源稀缺性地区的旅游发展带来了新的路径。文化保护传承、文化强国建设和科技创新发展，催生了文化、科技和信息旅游资源研究新领域，文旅融合互动进一步推动资源文化价值具象化，文化内涵的深入挖掘和体验方式增强转而成为旅游发展的重点，并对旅游品质和产品形式提出了新的要求。国家机构改革的深化及自然资源部、文化和旅游部的建立，提出了旅游资源融合发展新命题，需要创新和重构旅游资源理论体系与应用领域。然而，在休闲度假时代，依然可以发现，传统资源型（自然资源和历史文化资源为主）的旅游景区依然是游客到访的主要目的地，高品质的资源观赏与体验依然是旅游产品的发展重点。其中，在代表我国旅游顶级的国家5A级景区中，传统资源依托型景区占比就达93%。作为市场驱动型产业，以人为本是旅游业从高速发展到高质量提档升级的根本，旅游资源应该更好地为游客服务。资本、创新、科技和合作将成为新时代旅游资源开发的有效抓手，建立合理的协同发展体系，推动资源、产品、市场形成良性互动与转化，是产业现代化的必由之路。

五、人文旅游资源开发的弹性加大

相对于自然旅游资源而言，人文旅游资源的开发空间与拓展范围显得弹性相对较大。党的十九大报告强调，新时代我国社会主要矛盾已经转化为人民日益增长的美好生活需要和不平衡不充分的发展之间的矛盾。旅游产业的发展恰恰是人民美好生活需要实现的重要途径，但对于旅游产业而言，旅游者未来追求的不单单是观光与休闲，而是一种深层次的文化体验与精神追求，我国的人文旅游资源集结了中国博大精深的五千年文化精髓，这些人文旅游资源不仅吸引着寻求民族记忆和身份认同的国内游客，也吸引着对东方文明感兴趣的国外游客，未来中国将进入以人文旅游资源为核心的文化旅游发展重要时代。

中国人文旅游资源类型丰富，分布范围广泛，但由于社会经济与城镇化的快速发展，现代性对传统文化的保护与传承形成了巨大冲击，以人文旅游资源为基础的文化商品化现象愈演愈烈，一些旅游开发者对于人文旅游资源的历史文化特征与地域文化特色了解不够，缺乏文化挖掘意识，在开发过程中，对本土文化不合适宜地删减与修饰来迎合市场需求，使人文旅游资源的文化"失真"，即资源的本真性在遗失。全域型旅游目的地的建设，进一步将旅游资源的生态价值（核心部分）与产业价值（形式部分）相结合并推进至共享价值层面（延伸部分），从而形成"生态—经济—社会"相互协调耦合的基本运行系统。

六、更加重视区域旅游资源整合

区域旅游资源整合是指旅游资源的管理者和经营者根据区域旅游发展的总体目标和旅游市场供求情况，借助法律、行政、经济和技术等手段，把各种相关资源要素组合成为具有统一功能的整体，实现整个区域旅游业的优势互补，从而实现区域旅游资源市场价值最大化和综合效益最大化的过程。

区域范围内不同地区之间如何达成有效的旅游合作，实现旅游资源整合，一直是我国区域旅游业发展中所面对的一项难题。区域旅游资源整合是旅游业发展到一定阶段的需要。现代旅游业，尤其是在我国，是一种新兴产业。改革开放以来，我国旅游业从非经济产业到被确定为国民经济新的增长点，从各地分散、独立发展到不同层次的地域协作、联合发展。目前，我国区域旅游正向资源整合共享和市场互动的合作化发展道路迈进。

区域旅游资源整合机制包含 2 个方面的内容：一是指整合主体（旅游区域，尤指行政区域）之间开展资源整合所存在的内在动力、相互作用的规律及其空间表现；二是指整合运作（协调、控制、管理）的原理和方式，是达成的协议，制定的目标、制度、规则、措施等的综合体现。然而，对于整合机制的研究比较零散，尚未形成完整的理论体系。

学术界在旅游资源整合的类型和方法研究方面也有不少建树。杨培玉（2004）根据城市旅游资源空间整合的方式不同，提出了3种整合类型：功能导向型、目标导向型和空间导向型；王欣、吴殿廷等（2005）从空间层次、共生、主题、线路、产品等9个方面总结了区域旅游资源整合的依据和方法。其余的还有以整合程度、整合范围、整合时间等作为旅游资源整合分类的依据。

不同区域的旅游资源均有不同的特色，整合时应具体问题具体分析。但无论以什么为重点，提升核心竞争力的目标是不变的。资源整合的类型与方法层出不穷，选择的时候应因地制宜，这样才能发挥资源整合的作用。

七、旅游资源保护与开发面临新的形势与挑战

目前，我国旅游业已从传统的观光主导向多样化、个性化、品质化需求的新时代迈进，已经进入了从高速旅游增长阶段转向优质旅游发展阶段的关键时期，旅游业发展模式如何由资源粗放开发转向集约利用，成为其向优质旅游发展阶段迈进的关键之举，对旅游资源的依存性、利用方式等发生了很大的变化。生态文明建设对于旅游资源开发提出了新的要求，其中资源保护是重中之重。自然保护地体系的确立将众多资源品级很好、具有很强稀缺性的旅游资源画进了“红线”范围内，而自然保护区管理条例则将旅游开发仅仅限制在缓冲区内组织的少量科普、生态型活动上，这极大地限制了旅游资源的开发，同时也抑制了地方旅游发展的热情。在国家公园试点体系下，虽然将游憩上升为国家公园的重要功能，并给予传统自然保护地以转型和规范发展的路径，但仍然缺乏市场实践，对于产业发展的影响尚不明显。

在新时代国土空间治理框架下，旅游资源的保护与开发面临着全新的形势与挑战。新一轮国土空间规划体系将加速旅游业转型升级，执行“严边界、大资源、全域化”，即在“三区三线”管控边界范围内，严格执行符合可持续性要求的开发强度、承载标准和流量预警，同时强化旅游开发的生态补偿与恢复。这对于我国自然资源的保护提供了有力保障，为自然旅游资源的开发提供了严格的指导体系。伴随着生态空间的科学勘界，尽管一定程度上限制了旅游业的开发范围，但对旅游资源或生态要素的衍生开发及柔性利用也可拓展旅游业的辐射空间。“三区三线”严控在明确了旅游产业属性的同时也在空间上框定了旅游发展的界限。国土空间规划的“双评价”体系则在旅游资源的保护空间、旅游环境容量和开发强度上进行了严格的评估和限定。如何更好发挥旅游资源在促进产业发展中的基础性作用，需要革新认识、变革逻辑和创新。未来，供给侧改革和提升仍是产业升级重要方向，旅游业对资源的依赖不会变。稀缺资源的重点保护和限制性开发还将持续。尤其在国土空间规划的“一张图”要求下，在稀缺资源的外围空间上进行提升和改造，推动产业精细化、集约化和高质量发展，将是地方旅游发展的重要空间。

八、新技术带来了新思路、新方法

新技术的发展为旅游资源科学带来新思路。一方面，互联网、移动互联网、物联网、5G、大数据、深度学习、量子计算、人工智能和区块链等新技术，将在很大程度上改变科学研究的思维观念，在旅游资源的认知能力、时空格局、演化机制、数据资源和系统综合等方面形成新的理论视角和研究思路，并在流动性思维下的旅游资源空间重构、互联网思维下的旅游资源要素重组、大数据思维下的旅游资源研究范式创新、综合性思维下的旅游资源系统建构等方面形成新突破。另一方面，新技术带来旅游资源研究内容和研究方法的新变化，可有效改进旅游资源观测、调查与评价技术，提升旅游调查评价的系统性与精准性，并为旅游资源的数字化保护、传承、恢复与重构，数字化监测与管理提供技术支撑。综合运用AR、VR、MR、5G和大数据等技术，可丰富旅游资源利用形式和旅游体验，提升旅游资源开发精准度和市场营销效果。利用新技术可更加系统性和综合性地开展旅游资源及相关研究，提升描述旅游资源及其时空特征的能力和精度。

目前，旅游资源领域逐步加强了对新技术的应用，其中，以GIS理论与空间方法为代表。主要研究内容涉及旅游资源空间认知与标准化、旅游资源分析与评价、旅游空间布局与旅游规划、旅游资源信息图谱、旅游资源可视化分析等方面，GIS空间方法体系，特别是定量研究和基于知识的空间语义规则的模型构建，将会较大地提高旅游研究的智能化应用水平和效益；GIS具备快速的处理数据能力和科学的逻辑分析能力，可对旅游资源进行科学的评价、开发利用及规划，为区域旅游经济发展提供科学支撑。此外，基于GIS技术发展的新理论推动了旅游资源实践理念的进步，如陈述彭先生提出的地理格网化理论，有学者已应用到旅游资源评价中。

未来，新方法将继续不断涌现。传统的旅游资源研究以调查、记录、统计、评价和制图等研究方法为主，随着“3S”技术、数理统计与建模、情景模拟与决策系统、大数据与人工智能等分析方法的应用和发展，旅游资源研究方法产生了新变革。现代技术方法为深入开展旅游资源系统研究，精细刻画旅游资源的时空特征、价值效应、变化过程与形成机制，有效解决旅游资源和旅游发展面临的复杂问题，提供了丰富的数据基础和重要的方法工具，使得旅游资源研究从以定性分析为主走向定量表达，从资源评价走向科学决策，从现象描述走向机理解析，从单一性研究走向综合性研究，从而有效推动旅游资源科学的创新与发展。

第九章　东部地区实践案例

一、珠海市旅游资源环境调查与评价（完成于 2013 年）

（一）旅游环境梳理

1. 旅游区位

毗邻港、澳等国际旅游目的地，辐射带动作用明显；处于珠三角经济发达地区，客源充足；一区一桥促发区域旅游地位重构。港珠澳大桥的兴建，使珠海成为唯一与港澳路桥相连的内地城市，港澳游旅游线路将会得到重构；广珠城际轨道的通车，加速了珠三角“1 小时经济圈”集结。

2. 政策环境

国务院《珠江三角洲地区改革发展规划纲要（2008—2020）》，要求珠海加快建设国际商务休闲旅游度假区，从国家层面明确了珠海旅游产业发展的目标和方向；横琴新区开发上升为国家战略，获得了国家诸多优惠政策支持，包括旅游方面的政策。

3. 自然本底

滨海，亚热带季风气候；处于珠江河口，港汊交错；地势平缓，以平原和丘陵为主；陆地占 20%，海域占 80%；海岛众多；岸滩以淤泥质海滩为主；有 8 个风景区、6 个森林公园、5 个湿地公园、5 个郊野公园、37 处城市公园和多处海岸公园。

4. 文化底蕴

岭南文化重镇。四五千年前的新石器时代，海洋文明开始发展；汉唐时期，曾是海上丝绸之路的重要通道；宋代以后，受香山文化影响深远；近代以来，中西交融；改革开放四十多年来，积累沉淀了大量现代城市文化。

香山文化在中国发展史上，尤其是近现代发展史上有着不可替代的重要意义，孕育了中国诸多“第一”。香山文化是基于贸易的文化类型，形成于古代兴盛的盐业贸易，成熟于近现代的海洋贸易。香山文化实质上是海洋文化与移民文化的结合，具有显著的创新性、包容性和文化性。

5. 城市建设

（1）空间形态演变。由单中心聚集向集聚和扩散并存、内涵提高与外延拓展并重转变；建立由“主城区—次中心城—外围新城—中心镇”构成的多层次、组团型的城市空间体系。

（2）设立经济功能区。包括高新技术产业开发区、珠海保税区、珠澳跨境工业区、珠海高栏港经济区、横琴经济开发区、万山海洋开发试验区、富山工业园、珠海航空产业园八大经济功能区。

（3）特区扩容。1980 年 8 月 26 日批准创办经济特区时，面积为 6.81 平方公里；1983 年 6 月，特区面积扩大为 15.16 平方公里；1988 年 4 月，特区面积再次调整到 121 平方公里；2009 年，横琴纳入经济特区范围，珠海经济特区扩大到 227.46 平方公里；2010 年 10 月 1 日起，珠海经济特区正式扩大到珠海全市。

（4）产业发展脉络。20 世纪 80 年代中期，致力于发展旅游业；90 年代初期，提出了大港口带动大工业的发展思路，并启动了金湾区开发和高栏港建设；90 年代中期，启动了高新技术产业发展战略；2003 年以后，提出了"工业西进、城市系拓"的发展战略以及重点发展重化工业的发展思路。

（5）产业空间结构。由最初产业空间与城市空间相互联系，共同发展的格局，到现阶段产业空间与城市空间逐渐发生了分离，产业空间与城市空间的互动作用减弱。

形成了东、中、西三大产业带。东部区域的产业空间呈现出"北科南商"的特点。西部产业空间布局呈现"北农南工"的特点。海岛地区的产业空间围绕几个大的岛屿分布。

6. 旅游基础

初步形成了以滨海城市风光、生态自然景观为特色，以休闲度假、商务旅游、温泉、海岛、高尔夫为品牌的产业格局。旅游业已经成为珠海市现代服务业的支柱产业。

7. 行为趋势

来珠游客旅游行为趋势：旅游人数会更多，日程更短，旅游者的文化程度更高，用电脑做决策的程度越来越高，注重人口低密度，注重独特体验。

8. 市场格局

（1）同城化。珠海和澳门间的日常往来。

（2）近城化。珠海和广州、香港间的周末游。

（3）远城化。珠海和北、上、广等特大城市的差异游；珠海和北方城市的季差游；珠海和世界各地到香港和澳门的外国游客的随机游。

（二）旅游环境特征总结

1. 区域竞合程度高

珠三角各城市间交通便利，游客可流动性强，旅游态势变化迅速，区域竞合关系复杂。

2. 自身城市环境好

珠海面海倚山临江，山海相拥，陆岛相望，海在城中，城在海上，亚热带气候，低人口密度。

3. 本土文化基质优

珠海的香山文化实质上是海洋文化与移民文化的结合，具有显著的创新性、包容性和文化性。这样一种文化基质，在目前全球化的发展趋势下，对珠海的旅游发展是有利的。

4. 周边地缘优势广

与珠三角、港澳、东南亚联系紧密；未来可能是粤港澳国际都市圈一员。

5. 旅游发展基础实

旅游发展起步早；"休闲高地、生活高地"的形象深入人心。

（三）旅游资源基本类型

概查发现：旅游资源单体共计 212 项，涉及 8 个主类、20 个亚类和 43 个基本类型，其中人文类资源 178 项，占 85%，自然类资源 34 项，占 15%。

旅游资源主要集中在"康体游乐休闲度假地""园林游憩区域""文化活动场所""特色社区""名人故居与历史纪念建筑"和"岛区"六大基本类型上，占资源总量的 30%。

表 9-1　珠海市旅游资源概查分类表

主类	亚类	基本类型	资源单体	数量
A 地文景观	AA 综合自然旅游地	AAA 山丘型旅游地	黄杨山森林公园、黄杨山公园、尖峰山公园、板樟山森林公园、将军山森林公园、景山公园、观音山景区	7
		AAD 滩地型旅游地	海滨浴场、金海滩旅游景区、飞沙滩国际度假城、银沙滩生态园、大浪湾浴场	5
	AE 岛礁	AEA 岛区	横琴岛、九州岛、淇澳岛、桂山岛、万山岛、东澳岛、外伶仃岛、担杆岛、荷包岛、白沥岛	10
B 水域风光	BA 河段	BAA 观光游憩河段	黄杨河	1
	BD 泉	BDA 冷泉	三叠泉	1
		BDB 地热与温泉	海洋温泉、小汤镇温泉	2
	BE 河口与海面	BEA 观光游憩海域	环澳门海域、万山群岛海域	2
C 生物景观	CA 树木	CAA 林地	水松林保护区、荔枝林、樱花园、淇澳岛红树林	4
	CD 野生动物栖息地	CDA 水生动物栖息地	中华白海豚保护基地	1
D 天象与气候景观	DB 天气与气候现象	DBC 避寒气候地	珠海全境	1
E 遗址遗迹	EA 史前人类活动场所	EAA 人类活动遗址	宝镜湾遗址、草堂湾沙丘古遗址、东澳湾遗址、后沙湾遗址、赤沙湾遗址	5
	EB 社会经济文化活动遗址遗迹	EBA 历史事件发生地	金台寺旧址、中共南门乡党支部旧址、广英祥商号旧址、美华章商号旧址	4
		EBB 军事遗址与古战场	万人坟、桥顶山和横栏山侵华日军碉堡、侵华日军慰安所遗址、黄杨山战斗遗址	4

续表

主类	亚类	基本类型	资源单体	数量
F 建筑与设施	FA 综合人文旅游地	FAA 教学科研实验场所	中山大学珠海校区、澳门大学	2
		FAB 康体游乐休闲度假地	海泉湾度假区、金湾高尔夫俱乐部、武林源、平沙世外桃源度假农场、粤香园酱料工业旅游区、南国游艇俱乐部、台湾农民创业园、安和香薰园、翠竹园度假村、无公害蔬菜种植基地、鹤州万顷荷田、神秘岛主题乐园、御温泉、万盛乡村俱乐部、白藤湖旅游度假区、恒丰娱乐城、青岛啤酒梦工厂、灯笼沙水乡、十里莲江、南旺生态园、一棵树休闲庄园、野趣园、农游世界、石溪亦兰亭旅游区、北山会馆、梅西牌坊、农科奇观、圆明新园、梦幻水城、中药谷、珠海国际高尔夫俱乐部、翠湖高尔夫球会、珍珠乐园、金果达荔枝园、东方高尔夫俱乐部、石博园、横琴蚝生态庄园、横琴蚝自然生态园、长隆国际海洋度假区、南方影视文化产业基地	40
		FAC 宗教与祭祀活动场所	金台寺、普陀寺	2
		FAD 园林游憩区域	龙山湖公园、黄杨河生态湿地公园、西湖风景区、霞山公园、西堤公园、竹仙洞公园、白莲洞公园、海滨公园、野狸岛公园、凤凰山森林公园、中山公园、和平公园、天湖自然风景区、海洋乐园	14
		FAE 文化活动场所	斗门酒吧街、湾仔海鲜街、华发酒吧街、水湾酒吧街、南屏海鲜街、石花东饮食文化街、碧涛路食街、五洲花城食街、拱北商业区、凤凰路商业区、吉大景山路商业区、新香洲商业区、莲花路步行街、湾仔澳门街（海味干货市场）	14
		FAF 建设工程与生产地	游艇工业区、万山渔场	2
		FAJ 边境口岸	拱北口岸	1
	FB 单体活动场馆	FBC 展示演示场馆	珠海市博物馆、横琴规划展览馆、十字门展览馆、宝典园博物馆	4
		FBD 体育健身馆场	珠海国际赛车场、新世纪海滨会体育馆	2
		FBE 歌舞游乐场馆	珠海歌剧院、聚龙歌舞剧院	2
	FC 景观建筑与附属型建筑	FCC 楼阁	镇边楼、安莪更楼、南北岗楼、财星阁、康王庙	5
		FCG 摩崖字画	灵岩洞摩崖石刻、连湾山摩崖石刻、三灶日本文字摩崖、“大王宫工丈”摩崖石刻、乌岩山摩崖石刻	5
		FCK 建筑小品	珠海渔女雕像、中山亭、石咀石狮	3

续表

主类	亚类	基本类型	资源单体	数量
F 建筑与设施	FD 居住地与社区	FDA 传统与乡土建筑	箓猗堂、黄氏大宗祠、梁氏宗祠、杨氏大宗祠、保遐杨公祠、沥溪简式宗祠	6
		FDB 特色街巷	斗门古街	1
		FDC 特色社区	排山村、网山村、东湾村、南门村、安亲村、八甲村、基塘水乡、西湾村、石门村、王保村、深潭村、斗门村、新沙村、大沙田水乡、凤凰山文化村、唐家古镇、淇澳村、会同古村、接霞庄	19
		FDD 名人故居与历史纪念建筑	苏曼殊故居、甄贤社学旧址（容闳纪念馆）、杨匏安陈列馆、唐绍仪故居、苏兆征故居、唐国安故居、唐国安纪念馆、卢慕贞故居、古元故居、莱昌故居	10
		FDE 书院	和风书院	1
	FE 归葬地	FEA 陵区陵园	珠海烈士陵园	1
		FEB 墓（群）	马南宝古墓、张世杰墓、黄鑰墓	3
	FF 交通建筑	FFA 桥	港珠澳大桥	1
		FFC 港口渡口与码头	湾仔旅游码头、九州港、香洲港	3
		FFE 栈道	珠海绿道、情侣路	2
	FG 水工建筑	FGF 提水设施	西安大泵站	1
G 旅游商品	GA 地方旅游商品	GAC 水产品与制品	横琴蚝、重壳蟹、白蕉海鲈鱼、白藤莲藕、万山对虾	5
H 人文活动	HC 民间习俗	HCA 地方风俗与民间礼仪	水上婚嫁、装泥鱼、三灶鹤舞、乾务飘色、皇族祭礼、斗门锣鼓柜、莲洲地色	7
	HD 现代节庆	HAD 旅游节	斗门美食文化旅游节	1
		HDB 文化节	斗门民间艺术大巡游、北山国际爵士音乐节、珠海沙滩音乐派对、北山世界音乐节	4
		HDC 商贸农事节	中国国际航空航天博览会	1
		HDD 体育节	珠海市国际龙舟赛、珠海国际半程马拉松赛、珠海（万山）国际海钓大赛	3

（四）旅游资源评价

评价发现：五级旅游资源 8 项，占 4%；四级旅游资源 22 项，占 10%；三级旅游资源 58 项，占 27%。

珠海旅游资源等级结构为：4% 为特品级旅游资源；41% 为优良级旅游资源：59% 为普通级旅游资源。

横琴岛、万山群岛、长隆国际海洋度假区和中国国际航空航天博览会为特品级旅游资源；优良级旅游资源集中在近岸景观、康体游乐、历史建筑方面；普通级旅游资源集中在城市公园、遗址遗迹、文化场所等方面。

表 9-2　珠海市旅游资源等级分类表

资源级别	资源单体	数量统计
五级	横琴岛、桂山岛、万山岛、东澳岛、外伶仃岛、担杆岛、白沥岛、长隆国际海洋度假区、中国国际航空航天博览会	9
四级	海滨浴场、金海滩旅游景区、飞沙滩国际度假城、大浪湾浴场、九州岛、淇澳岛红树林、中华白海豚保护基地、澳门大学、海泉湾度假区、御温泉、北山会馆、南方影视文化产业基地、游艇工业区、拱北口岸、珠海国际赛车场、珠海歌剧院、珠海渔女雕像、情侣路、横琴蚝、淇澳岛、荷包岛、环澳门海域、港珠澳大桥	23
三级	景山公园、黄杨河、水松林保护区、金湾高尔夫俱乐部、南国游艇俱乐部、神秘岛主题乐园、万盛乡村俱乐部、白藤湖旅游度假区、恒丰娱乐城、灯笼沙水乡、十里莲江、梅西牌坊、农科奇观、圆明新园、梦幻水城、珠海国际高尔夫俱乐部、翠湖高尔夫球会、珍珠乐园、东方高尔夫俱乐部、石博园、横琴蚝生态庄园、横琴蚝自然生态园、珠海市博物馆、箓猗堂、黄氏大宗祠、梁氏宗祠、杨氏大宗祠、斗门古街、排山村、网山村、唐家古镇、淇澳村、会同古村、接霞庄、苏曼殊故居、甄贤社学旧址（容闳纪念馆）、杨匏安陈列馆、唐绍仪故居、苏兆征故居、唐国安故居、唐国安纪念馆、卢慕贞故居、古元故居、莱昌故居、湾仔旅游码头、九州港、香洲港、珠海绿道、水上婚嫁、装泥鱼、三灶鹤舞、北山国际爵士音乐节、珠海沙滩音乐派对、北山世界音乐节、珠海（万山）国际海钓大赛、万山群岛海域、银沙滩生态园、宝镜湾遗址	58
普通级	黄杨山森林公园、黄杨山公园、尖峰山公园、板樟山森林公园、将军山森林公园、观音山景区、三叠泉、荔枝林、樱花园、草堂湾沙丘古遗址、东澳湾遗址、后沙湾遗址、赤沙湾遗址、金台寺旧址、中共南门乡党支部旧址、广英祥商号旧址、美华章商号旧址、万人坟、桥顶山和横栏山侵华日军碉堡、侵华日军慰安所遗址、黄杨山战斗遗址、中山大学珠海校区、金台寺、普陀寺、龙山湖公园、黄杨河生态湿地公园、西湖风景区、霞山公园、西堤公园、竹仙洞公园、白莲洞公园、海滨公园、野狸岛公园、凤凰山森林公园、中山公园、和平公园、天湖自然风景区、海洋乐园、斗门酒吧街、湾仔海鲜街、华发酒吧街、水湾酒吧街、南屏海鲜街、石花东饮食文化街、碧涛路食街、五洲花城食街、凤凰路商业区、吉大景山路商业区、新香洲商业区、莲花路步行街、湾仔澳门街（海味干货市场）、万山渔场、拱北商业区、横琴规划展览馆、十字门展览馆、宝典园博物馆、新世纪海滨会体育馆、聚龙歌舞剧院、镇边楼、安莪更楼、南北岗楼、财星阁、康王庙、灵岩洞摩崖石刻、连湾山摩崖石刻、三灶日本文字摩崖、“大王宫工丈”摩崖石刻、乌岩山摩崖石刻、中山亭、石咀石狮、和风书院、珠海烈士陵园、马南宝古墓、张世杰墓、黄鍮墓、西安大泵站、重壳蟹、白蕉海鲈鱼、白藤莲藕、万山对虾、乾务飘色、皇族祭礼、斗门锣鼓柜、莲洲地色、斗门美食文化旅游节、斗门民间艺术大巡游、珠海市国际龙舟赛、珠海国际半程马拉松赛、小汤镇温泉、海洋温泉、武林源、平沙世外桃源度假农场、粤香园酱料工业旅游区、安和香薰园、翠竹园度假村、无公害蔬菜种植基地、鹤州万顷荷田、台湾农民创业园、青岛啤酒梦工厂、南旺生态园、一棵树休闲庄园、野趣园、农游世界、石溪亦兰亭旅游区、中药谷、金果达荔枝园、保暹杨公祠、沥溪简式宗祠、东湾村、南门村、安莪村、八甲村、基塘水乡、西湾村、石门村、王保村、深潭村、斗门村、新沙村、大沙田水乡、凤凰山文化村	122

（五）旅游资源空间分布

1. 行政空间

46% 的旅游资源分布在香洲区，35% 的资源分布在斗门区，14% 的资源分布在金湾区，5% 的资源分布在万山区（见表 9-3）。

表 9–3　珠海市各行政区旅游资源统计

行政或功能区	旅游资源数量统计（处）	占比（%）
香洲区	97	46
金湾区	29	14
斗门区	77	35
万山区	9	5

2. 资源集聚区

从旅游资源（其中很大一部分是已有旅游景点）空间分布的情况来看，可以大致划分为 9 个片区：淇澳岛、香洲中部、横琴岛、三灶岛、围垦区、斗门北、斗门中、高栏港、万山群岛等片区，见图 9–1。

其中，资源点分布比较集中的区域有两片：①香洲区中部。北至唐家湾，南至拱北口岸，都是资源或景点比较密集的地区；②斗门区中部。黄杨山一带，近东西走向密集分布，见图 9–1。

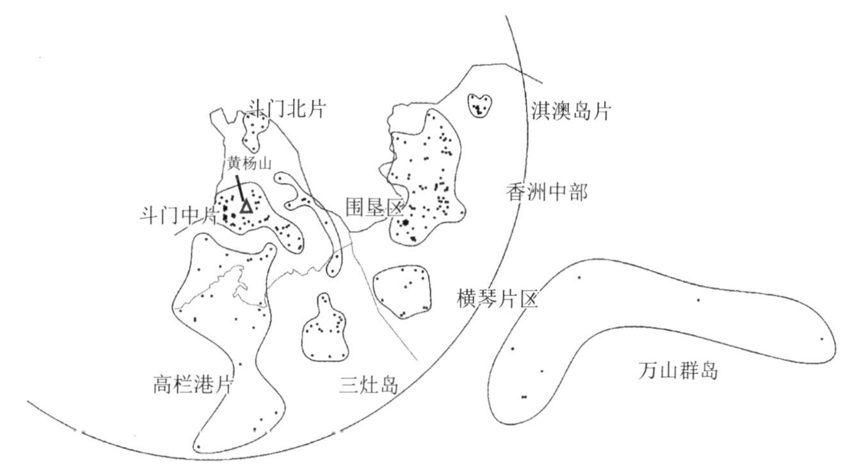

图 9–1　珠海市旅游资源空间分布图

3. 象限结构区

第一象限内为珠海主城区，人口密集，商业发达，设施完备，旅游资源点集中在沿海一带；第二象限内为城市次中心，农业发达，生态良好，旅游资源点具有“环黄杨山分布”的特点；第三象限内为横琴岛和万山群岛，是珠海核心资源的分布区，虽然目前已有景点数量不多，但资源本身具有极高的级别和开发潜力；第四象限内有珠海的双港（航空港和高栏港），是主要的工业区，旅游资源点数量少，且分布分散（图 9–2）。

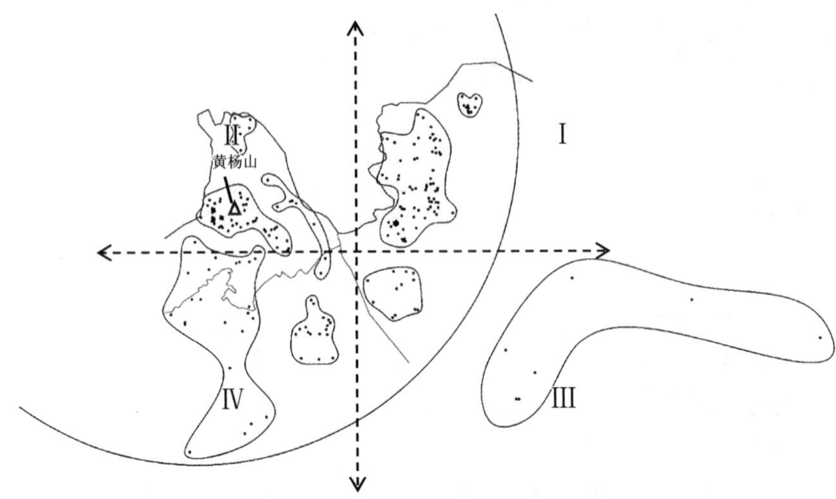

图 9-2　珠海市旅游资源空间格局分析

4. 滨海区

旅游资源（包括已建成的景点）具有滨海区域多，远海内陆少的总体空间分布特征。离岸岛屿、近岸岛链、通海港汊等滨海区域周边是旅游资源富集的区域（图 9-3）。

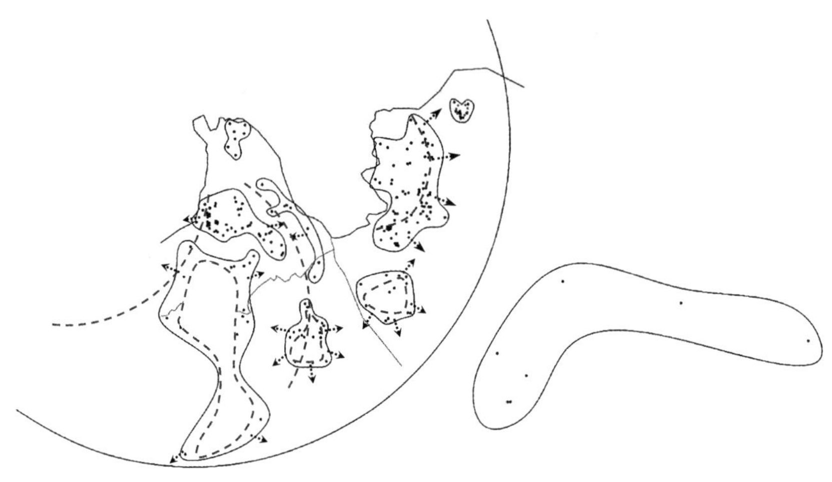

图 9-3　珠海市旅游资源空间布局分析

5. 综合资源分区

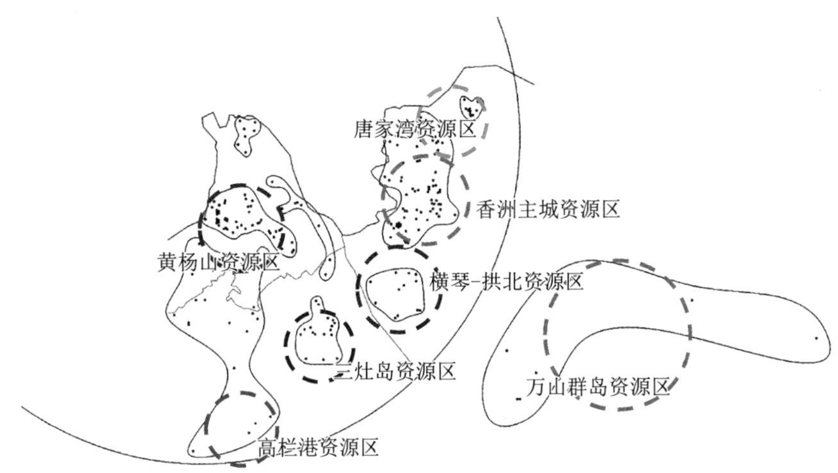

图 9-4　珠海市旅游资源区划分

综合考虑城市结构、海陆关系、资源内在联系等方面因素，将旅游资源在空间上划分为七大资源区：横琴－拱北资源区、万山群岛资源区、三灶岛资源区、黄杨山资源区、高栏港资源区、唐家湾资源区、香洲主城资源区。

（六）旅游资源特征总结

1. 量多亮少

珠海旅游资源总体数量多，类型丰富，自然与人文并存，但优良级旅游资源所占比重少；“康体游乐休闲度假地”类型的旅游资源最多，但有特色的景点少。

2. 核心在岛

岛屿资源是珠海的核心旅游资源。一个是横琴岛，是未来对接港澳的关键；另一个是万山群岛，度假条件极佳，肩负着打造珠海核心旅游产品的重任。

3. 双城集聚

旅游资源（包括已建成的景点）在香洲区（东城）中部和斗门区（西城）环黄杨山一带具有比较明显的空间集聚特征。

4. 滨海密集

旅游资源（包括已建成的景点）具有靠海区域多，远海内陆少的空间分布特征。离岸岛屿、近岸岛链、通海港汊等滨海区域周边是旅游资源富集的区域。

（七）旅游资源开发建议

1. 横琴－拱北资源区

这一区域无论从区位条件还是资源等级上来看，都是核心中的核心，战略中的重点。建议以港澳为目标客源市场；旅游产品的开发上考虑与港澳需求对接；整体上体现的是一种城市文化风貌，可以考虑文化创意类的旅游产品；特别需要保护好横琴岛上的旅游资源，不要让其消失在城市发展的过程中。

2. 万山群岛资源区

整体上坚持“以保护为主的高端特色开发”。其中，东部担杆列岛以港澳游客乃至国际游客为目标市场，开发低空飞行、海上运动等高端旅游产品；南部万山列岛以国内游客为目标市场，可以考虑高端理疗、疗养产品，在线路上可以考虑同横琴的长隆项目连接。

3. 三灶岛资源区

处于区域几何中心，到东边和西边都很方便，又有空港，很适合配套住宿餐饮等设施，未来发展为旅游服务基地。当旅游服务功能初具规模，具有一定的客流基础时，可以考虑依托航展的品牌优势开发高科技航空主题公园；应将目标客源市场锁定为距离较远的乘坐飞机来访的国内旅游者；短期内难以成为一个相对独立的旅游区，但出于战略考虑，应将该区域内的旅游资源先保护下来。

4. 黄杨山资源区

位于斗门区中部，环黄杨山一带。农业本底；旅游资源类型多样，是一个相对独立的旅游区；与中山、江门等珠三角西岸城市交通联系便利，短途游憩频繁；需要重新评估斗门旅游资源的潜力，建议朝综合性方向发展。

5. 高栏港资源区

重化工业和现代制造业为主的区域，一些旅游资源不得不被舍弃。可以借鉴新加坡在处理工业和旅游业空间布局上的经验，探索尝试工业和旅游业共生发展之道；可以考虑工业旅游。

6. 唐家湾资源区

中山市的发源地，珠海历史文化的高地，拥有淇澳岛和唐家湾故居群；资源点分布具有“大集聚，小分散”的特点，需要产品整合；此外，该区域的旅游气氛比较沉闷，建议强化商业要素的配套和集聚；细节方面建议增加旅游解说的方式，除了通过静态解说（解说牌）、动态解说（讲解员）之外，可以通过体验解说（在古建筑里吃、住、生活）展现历史内涵。

7. 香洲主城资源区

应作为综合的文化旅游发展区域。目前需要做的是：①产品更新、转型。由单纯观光转为休闲度假综合。②做足“海”的文章。首要任务是滨海游憩空间的改造。③以历史建筑、街区、特色演艺为切入点，培育一批历史文化景点和现代文化景点。④以高端的技术发展智慧旅游，推动城市旅游发展。⑤保护好旅游资源，不要让其消失在城市发展的过程中。

二、黑龙江黑河市旅游资源调查与评价案例（完成于2001年）

（一）主要环境要素分析

1. 地理位置

黑河市位于全省的北部，地处北纬47°4′~51°03′，东经124°45′~128°18′，全市南北长 379.2 公里，东西宽 349.4 公里，总面积 68285 平方公里，占黑龙江省总面积的 15.1%，人口 167 万。目前辖 1 区 2 市 3 县，即爱辉区、北安市、五大连池市、孙吴县、逊克县、嫩江县。

黑河市北隔黑龙江与俄罗斯相望，其中爱辉区、逊克县、孙吴县与俄罗斯阿穆尔州的边境线全长 358 公里。黑河市区与阿州首府布拉戈维申斯克（海兰泡），是中俄边境线上唯一一对级别最高、规模最大、功能最全、距离最近，人口最多的口岸对应城市，是全国四个沿边开放城市之一。

黑河市的这一地理位置为旅游开发提供了特殊条件。

2. 地势特征

黑河市全境地貌可分为：北部低山丘陵区、岭西南起伏平原区、岭西河谷漫岗区、岭东丘陵低山区、东北沿江平原区。

小兴安岭斜贯黑龙江省中北部，黑河市境内的小兴安岭是整个山地的西段，主要表现为丘陵台地地形，海拔高度 300~600 米，相对高度仅 40~100 米。侵蚀剥蚀丘陵山势起伏和缓，山体一般由花岗岩组成，台面上偶有中生代火山岩和沉积岩构成的残丘矗立，相对高度 50~100 米，顶部浑圆，坡度 10°~15°。主要由变质岩和中酸性火山岩及第三纪砂、砾岩组成，呈波状起伏。

位于小兴安岭西麓的五大连池熔岩台地，以火山地貌最为突出，台地上分布着 14 座火山锥，并以火山锥为中心向外逐渐过渡为盾形台地，再向外则为波状熔岩台地，其中的老黑山最高。由于老黑山与火烧山曾于 1719~1721 年两度喷发，形成了南北约 18 公里的熔岩流，由火山熔岩流堵塞河流而形成的绮丽的五大连池，成为了独特的旅游资源。

3. 气候与水文

（1）气候。黑河全境位于中高纬度，地处东亚季风气候区，属典型的中温带北端、寒温带南的大陆性气候。其主要特征为：冬长夏短，低温冷湿，无霜期短，光照充足，年平均气温 –2℃ ~–1℃，极端最低气温零下 48℃。土壤融冻反复明显，季节冻层分布广泛。受小兴安岭纵贯的影响，具有明显的地域差异，局部小气候变化明显。

黑河市属于寒温带，冬季因为来自北极的冷空气进入本区后，爆发形成寒冷强劲的冬季风，使这里冬季严寒而漫长，0℃以下的寒冷期可以持续半年以上。其中 1 月份的平均气温常常低于零下 30℃。

潮湿的东南季风带来了较为丰沛的降水，全年大约 500 毫米。是全国降雪日数最多，积雪最厚的地区之一。

（2）降水。降水的地区分布差异较大。在乌裕尔河、讷谟尔河、沾河及库尔滨诸河上游，是降水的高值区，年降水量为 575~625 毫米；在嫩江县的平原区，降水量小，为降水的低值区，年降水量为 450~475 毫米；大部分地区降水适中，年降水量为 500~550 毫米。降水的年际变化较大。最大与最小年降水量之比在 1.6~4.1，一般为 2~3 倍。降水主要集中在夏季（6~9 月）降水量占年降水量的 70%~80%，冬季降水量仅占年降水量的 3%~7%。

境内径流由于受降水、蒸发、植被等影响，地区分布不均，相差悬殊。其分布趋势与降水分布相一致，高值区为200~250毫米，低值区径流深为50~100毫米。

（3）地下水。地下水年内季节变化明显，在人类活动影响的情况下，年内变化受气温、降水、蒸发和冻土影响，季节性极为明显。4~9月为地下水补给期，水位为上涨趋势，10月~次年3月为地下水排泄期，水位呈下降趋势。

（4）地表水。本区地表水较丰富，分为黑龙江和嫩江两大水系，两大水系的主要支流分别呈“平行状”分布，其细小的支流网布全区。初步统计共有大小河流631条。

小兴安岭山地是这两大水系的分水岭，西北部注入黑龙江干流的河流都比较短小湍急，具有较宽的冲积平原。东南部流入松花江水系的河流除汤旺河上游有一些较宽的谷地外，由于山势高峻，河流侵蚀强烈，有多处发育为“V”形峡谷峭壁，水流湍急。

黑龙江是中国和俄罗斯之间的一条重要国际界河，干流全长2821公里，在黑龙江省境内流长约1850公里。黑河市境内的黑龙江中游段为平原、山区过渡性江道，长399公里，江岸除逊克县有花岗岩及花岗杂岩外，其余为第四纪阶地。沿岸有冲积平原，左岸为面积广大的低地。江面宽阔，河谷宽度变化在2~8公里，江宽变化在600~800米之间，河谷中有两级河漫滩，岸上滩地平坦。干流南岸有来自小兴安岭的一些支流，河道多弯曲，江中岛和汇汊较多，河床上洲滩罗列，尤其是逊克县最多。

黑龙江结冰期较长，达半年之久，是我国结冰期最长的一条河流，一般在11月中旬封冻，翌年4月下旬河冰才解体。

嫩江源于大兴安岭南麓，本区在嫩江县以上的上游段，河道多局部弯曲，河谷狭窄，坡度大，水流急。水面自上而下逐渐变宽，一般水面宽100~200米，最窄处仅10~15米，支流短小，具有山溪性河流特征。其左侧支流源出小兴安岭山地，多为平原型河流。嫩江左侧有宽广完整的三级堆积阶地，河漫滩也很发育；阶地保存也不完整，河床组成物质多为细砂、卵石及碎石。

4. 自然资源

黑河市土地、草原、森林、水利、矿产和野生动物等资源丰富。

（1）土地资源。黑河市土质肥沃，日照较长，降水适宜，适于小麦、大豆等多种农作物生长，是国家重要的商品粮基地。此外，黑河境内有很多荒地，分布较广，是著名的“北大荒”的一部分。按照荒原所处的地形特点，一般低山岳陵地多位于北部的嫩江、逊克县；岳陵漫岗地多位于西部，跨嫩江、五大连池、北安三县（市）；宽谷平岗地多位于西南部松嫩平原的过渡带，包括嫩江、北安、五大连池三县（市）的南部；沿江平原地为黑龙江的冲积平原，跨黑河市、孙吴县、逊克县。

（2）林草与野生动植物资源。本区地处温带针阔叶混交林区，属于长白植物区北部，隶属大兴安岭与小兴安岭植物区系的过渡区域。黑河－嫩江公路以南的地带植被为红松、云杉、冷杉针阔叶混交林，沾河、南北河等林区有大片红松林、针阔叶混交林；在库尔堂皇河、乌底河两岸的玄武岩台地和沼泽化较重的河谷支流流域，红松被大面积落叶松代替，伴生有少数白桦、云杉、冷杉。黑河－嫩江公路以北的低山丘陵区，地带性植被为寒温带落叶针叶阔叶林，以兴安落叶松、蒙古柞占优势，其次为白桦和黑桦。嫩江、五大连池市南部和北安市一带，大部分植被是山前森林向松嫩草甸草原过渡的森林草甸草原类型，残存的木本植物是小兴安岭延伸品种。该区是重要的农业地带。

黑河市是黑龙江省三大林区之一。本区属于东北东部山地针阔混交林区小兴安岭亚区，植被以森林为主，树种繁多，主要类型有针叶林、针阔混交林、阔叶林。树的种类有 100 多种，其中材质优良、经济价值较高的如红松、落叶松、樟子松、水曲柳、黄菠萝、胡桃楸等共 50 多种。有野生维管植物 1400 余种，占全省植物物种的 3/5 以上。

林地中野生动物种类多，其中哺乳动物主要有驼鹿、麝、柴貂、猞猁、赤狐、野猪、水獭、獾、狍、青羊、梅花鹿、东北虎、黑熊、狼、狐等。

黑河市草质优良，发展畜牧业的潜力很大。植物种类达 1500 多种，仅药用植物就有 147 科 231 属 366 种；动物中仅兽类就有 5 目 14 科 32 种，鸟类 20 目 31 科 110 种，鱼类 15 科 64 种。这些动植物中有不少还是名贵珍稀种类，如黄芪、贝母、刺五加等药材，越橘、榛子、草莓等林木果实；木耳、猴头蘑、蕨菜等特产；狐狸、熊、犴、野猪、飞龙、野鸡等兽禽；特别是黑龙江中的大马哈鱼、鲟鱼、鳇鱼、哲罗鱼、细鳞鱼尤为珍贵。

（3）水资源。全市有 10 公里以上的河流 271 条，地面总产水量 105.94 亿立方米，已建成水电站 9 座，总装机容量达 13.6 万千瓦。兴建水库 40 座，总库容 10 亿立方米。地下水量为 30 亿立方米，可开发利用 7 亿立方米。

本区有很多泉水，最珍贵的医疗矿水（碳酸水、硫化氢水、放射性水），构成很好的矿水资源。五大连池矿泉是“世界三大冷泉”之一，有良好的医疗保健作用。五大连池矿水中还有含射气氡（小于 266.5 埃曼 / 升）的矿水田。氡的存在是和地下放射性元素有成因联系的。这里矿泉地的地貌位置处于山区和平原的转折处，但地质构造属于北北东向的松辽深断裂与东西向的纳漠尔河大断裂的反接复合地段。此地段由于各种应力作用的集中和强化，断裂构造相当发育，从而构成了矿水循环的机制。五大连池的矿水田由北而南组成四个矿水带，大致呈近东西向展布。

爱辉区卧牛泡也有硫化氢矿泉，由于泉水涌自火山口，具有与近期火山活动有成因联系的标志，而其他矿泉地都与花岗岩和围岩接触带有成生联系，显示出矿水中的 CO_2 是变质起源的。

5. 社会经济状况

（1）人口与民族。黑河市是我国北方多民族集聚区，主要有达斡尔族、鄂伦春族和朝鲜族，达斡尔族和鄂伦春族原来都是游猎民族，现在均已定居，成立了许多少数民族自治乡，目前有坤河达斡尔族满族乡（黑河市）、新兴鄂伦春族乡（逊克县）、沿江满族达斡尔族乡、新生鄂伦春族乡（黑河市）、新兴鄂伦春族乡（逊克县）、新鄂鄂伦春族乡（逊克县）等。此外，还有北安市的主星朝鲜族乡（北安市）。

（2）交通。黑河交通便利，民航、铁路、公路、水路皆备，形成了立体交通网络。

民航开辟有哈尔滨－黑河－俄布市的航线，黑河国际机场扩建工程完成后可起降大型客机，将开通黑河—北京等。铁路有黑河－哈尔滨、黑河－齐齐哈尔直达快车和旅游列车，还有黑河至龙镇的地方铁路与国铁连接，已实现国、地铁联运；“九五”期间，黑河地铁扩能改造换轨项目已完成。另外，嫩江县嫩江站是“齐嫩铁路”和“嫩林铁路”的枢纽。黑河境内公路里程达 4091.3 公里，拥有 202 和 111 两条国道，8 条省道，17 条县级公路。每百平方公里公路密度达到 5.86 公里。水路有黑龙江、嫩江两条河道，黑河码头有游艇、客货轮，乘船上游可至呼玛、漠河，下游可至逊克、嘉荫、同江，并经松花江到佳木斯、哈尔滨。黑河航道上开通有黑河至俄罗斯的中俄国际航线和海关，黑河市与布市之间、逊克与波亚尔科沃之间明水期有客、货轮往返，冬季开通冰上客货汽车运输。黑河与布市之间开江和封江期还开通汽垫船运输。中俄黑龙江铁路、公路大桥正在积极筹划中。

（3）产业。黑河市工业基础薄弱，近年来，采矿、水电工业得到发展，经贸和旅游成为本市经济支柱之一。

目前经济主要以农业为主。并加强了生态农业示范区试点建设，北安被列为首批省级生态示范区试点。先后在主星乡、城郊乡进行了绿色食品生产基地试点，生产出“清水源”牌大米和苦瓜、樱桃、西兰花等特色蔬菜。建成绿色蔬菜生产大棚，每年经黑河口岸出口俄罗斯。有些绿色食品基地可以作为生态产业旅游基地，提供游人参观、采摘和购物。

全市结合种植业结构调整，大力发展绿色食品和特色食品、特色养殖，综合开发，山、水、林、田、路全面建设，以实现生态经济效益最优化、最大化。目前已建立起了嫩江县长福乡优质麦基地，爱辉区北药开发种植基地，孙吴优质亚麻基地和俄罗斯大果沙棘种植基地，五大连池优质矿泉稻基地，逊克县安伟小粒豆基地六大生产基地，依托口岸优势，在爱辉区和逊克县建成两个蔬菜出口基地。

“绿色食品”“有机食品”从无到有，绿色食品基地面积不断扩大，目前全市绿色食品基地面积已增加到 32 万亩，培育出了“二站牌”木耳块、“健龙牌”矿泉水、“五大连池牌”矿泉水、“瑷绿牌”蔬菜、“双河牌”极小粒豆等五个获得“绿色食品”证书的名牌产品，由黑河宝森企业集团生产的“龙奇”有机大豆和北安粮油公司生产的速冻土豆也被欧盟组织认证为“有机食品”。由逊克生产的极小粒豆等农产品已打入日本市场，蕨菜、黑木耳、黄花菜、灵芝等绿色山产品批量销往东南亚。

（4）对外贸易。黑河、逊克、孙吴是允许外轮出入境的水运口岸。这些口岸均与俄罗斯接壤，近年来对俄罗斯的贸易迅速增长，同时还通过各开放地区和开放口岸，积极推进了与东欧、东北亚的经济贸易关系。

6. 环境质量与环境保护

本区目前的环境状况发展不平衡，部分地区存在着比较严重的环境污染。

（1）大气环境。从大气污染综合指数来看：五年中嫩江县污染程度最重，其次是爱辉区，再次为孙吴县。全市工业和生活的主要燃料是地产褐煤，其含硫量高（2%~2.5%）、灰分大（38%）。燃烧中产生大量二氧化硫和烟尘，本市大部分企业锅炉陈旧、热效率低、能耗高、烟囱低。由于本区地处高纬度地区，气候寒冷，采暖期长，集中供热率低，饭店、烧烤店，加上平房居民区和小区取暖锅炉废气低空排放，造成本市冬季大气环境局部污染十分严重。生活废气对大气的污染相对于工业污染来说要轻一些，生活煤炭消耗量占总量的比重在40%以下，但生活二氧化硫和烟尘的排放量占总量的比重却在逐年递增，因此对生活污染源的控制应当是黑河市今后环境保护工作的重点。

（2）水环境。在水质环境方面情况较好，黑龙江可作为直接饮用水源，是珍稀鱼类大马哈鱼的主要产卵地，省级自然保护区。其他河流均作为饮用水的补给水源。

五大连池、药泉湖是本市的2个湖泊，五大连池是火山喷出的岩浆堵塞讷谟尔支流白河而形成的5个堰塞湖，其中以三池面积最大。湖水每年10月末结冰，翌年5月解冻，冻层厚1.7米。

根据《黑龙江省地面水环境质量功能划分和水环境质量补充标准》（DB23/485-1998），本省大部分河流水库的水质为Ⅲ类，只有先锋水库为Ⅴ类，因其在北安市境内，目前主要起纳污功能，已成为城市工业、生活污水处理的氧化塘了。

“九五”期间本省主要地面水流域水环境质量总体状况较好，但个别污染指标超标严重，主要污染指标是高锰酸盐指数（CODMn）。其中黑龙江干流黑河市逊克县江段有机污染较明显，高锰酸盐指数超标率为63%，BOD_5为11.5%，挥发酚为11.2%，Cr为13.2%，嫩江干流嫩江镇段高锰酸盐指数超标率为65.9%，氨氮为45.2%。BOD_5为24.4%，亚硝酸盐氮为9.1%，孙毕拉河孙吴段高锰酸盐指数和氨氮超标率均为16.2%，挥发酚为10.7%，乌裕尔河北安段高锰酸盐指数超标率为53.8%，BOD_5为23.1%，挥发酚为18.2%，亚硝酸盐氮为13.6%。药泉湖（五大连池）较严重污染高锰酸盐指数超标高达94.1%，总磷82.4%，氨氮62.5%；先锋水库挥发酚超标率达100%，BOD_5为100%，高锰酸盐指数85.7%，亚硝酸盐氮为21.4%；西沟水库高锰酸盐指数和PH超标率均高达100%，其他项目不超标。

在城镇区，生活污水排放量和生活污水中COD的排放量均远高于工业废水所占比重，生活污水是市区地面水有机污染的主要因素，须从源头加以控制，必须建污水处理厂才能真正改善城市河流水量，营造良好的旅游环境。

（3）环境保护。近年来，黑河市加强了生态环境与生态建设。

全市已建成包括地质遗迹、野生动（植）物森林、草原、温地和水域生态系统在内的三个类别六种类型的自然保护区。初步形成了类型较齐全、布局较合理、面积较适宜、管理趋完善的自然保护区网络。

根据自然保护区的主要保护对象，全市自然保护区可分为六种类型。

第一种是地质遗迹类型有3个保护区，即五大连池国家级自然保护区，逊克宝山玛瑙石县级自然保护区和卧牛湖县级自然保护区。五大连池国家级自然保护区是目前我国唯一的以火山自然环境及生态系统为保护对象的自然保护区，该地有因火山喷发而形成的14座拔地而起的火山锥本和80平方公里的熔岩台地，保存于我国最典型最完整和分布最集中的近代火山喷发遗迹，被誉为“天然火山博物馆”。五个火山堰塞湖和多种类型优质矿泉水中外驰名，是集科研、旅游、医疗于一体的胜地。

逊克宝山玛瑙石县级自然保护区位于逊克县宝山乡境内，该地玛瑙石矿藏丰富，质地优良，全国闻名。卧牛湖县级自然保护区位于瑷珲区卧牛湖水库，在湖西南有 7 处矿泉被称为“北斗七泉”，为优质冷碳矿泉，为保护矿泉水和高纬寒地风景于 1995 年 2 月由爱辉区政府批准建立。目前是省级风景名胜区。

第二种是野生动物类型，有 1 个保护区，即女雅通岛市级自然保护区。主要保护对象为雁、鹭、鸭等候鸟。

第三种是野生植物类型，有 7 个保护区，除逊克车陆湾子市级自然保护区外，其余均为县级（科洛、沿江、逊别拉河、麦海、白云、朝阳），主要保护对象是北五味子、越橘、蕨菜等重要药用植物和经济植物及其自然生境。

第四种是森林生态系统类型，有 5 个保护区，是以保护红松、樟子松、兴安落叶等珍贵树种及其生境所形成的自然生态系统为主要保护对象的自然保护区，卡伦山县级自然保护区、胜山县级自然保护区、通北原始森林县级自然保护区、中央站县级自然保护区和红皮营子县级自然保护区。

第五种是草原与草甸生态系统类型，有 2 个保护区，即库尔滨县级自然保护区和新民山县级自然保护区。主要保护草甸生态系统及生存于其中的动植物物种。

第六种是湿地和水域生态系统类型，有 2 个保护区，即逊别拉河省级自然保护区和库尔滨河县级自然保护区，主要保护水生生物及其生境。主要保护对象是大马哈鱼、哲罗鱼、细鳞鱼等名贵鱼种，是我省建立较早的保护区之一。

（二）旅游资源简介

1. 旅游资源基本类型概述

此次旅游资源普查，黑河市共获得了 111 处旅游资源基本类型实体（表 9–4）。

表 9–4　黑河市旅游资源基本类型实体统计表

大类名称	基本类型代号	基本类型名称	类型实体数量（处）
地文景观类	103	生物化石点	1
	106	火山熔岩景观	15
	111	小型岛屿	2
	112	洞穴	3
水域风光类	201	风景河段	1
	202	漂流河段	2
	203	湖泊	6
	205	泉	7

续表

大类名称	基本类型代号	基本类型名称	类型实体数量（处）
生物景观类	301	树林	1
	302	古树名木	1
	305	野生动物栖息地	2
遗址与建筑类	402	社会经济文化遗址	5
	403	军事遗址	5
	404	古城与古城遗址	2
	407	宗教建筑与礼制建筑群	6
	408	殿堂	1
	409	楼阁	1
	412	碑碣	2
	416	桥	2
	418	陵寝陵园	2
	422	水工建筑	10
	423	厂矿	9
	424	农林渔牧场	1
	425	特色城镇与村落	5
	426	港口	1
	430	纪念地与标志物	1
消闲求知健身类	501	科学教育文化设施	4
	502	休疗养与社会福利设施	4
	505	公园	6
	507	运动场馆	1
	508	游乐场所	1
	509	节日庆典活动	1
旅游资源基本类型实体总数			111

表 9–4 显示：

（1）共调查了 5 大类共 32 种基本类型，占全国基本类型总数（68 种）的 47.05%，属于较丰富地区。

（2）调查的 5 大类旅游资源中，地文景观类 4 种，水域风光类 4 种，生物景观类 3 种，遗址与建筑类 15 种，消闲求知健身类 6 种。

（3）在自然旅游资源和人文旅游资源的数量比例上，从全省角度来看，黑河与伊春、大兴安岭等地市自然旅游资源略大于人文旅游资源。牡丹江、七台河基本持平。其余大部分地区人文旅游资源略大于自然旅游资源。

2. 旅游资源基本类型实体分述

（1）生物化石点。本类型调查了 1 处实体，逊克东山恐龙化石点。

本化石点位于奇克镇东南方向 3.5 公里处，逊嘉公路北侧的东山采砂场中。主要为鸭嘴恐龙股骨化石，共计 22 块，表面粗糙，有细密蜂窝孔。有几块尚可拼成一段恐龙股骨。在含恐龙化石层上还发现硅化木，总面积 1000 平方米，化石存在于第三纪的地层中。

（2）火山熔岩景观。本类型共调查了 15 处实体。它们是位于五大连池的老黑山、火烧山、西焦得布山、东焦得布山、影背山、南格拉球山、北格拉球山、药泉山、卧虎山、笔架山、莫拉布山、尾山、五龙门山、东龙门山，位于逊克宝山玄武岩台地。

五大连池的这些火山位于黑龙江省北部地区，地处中高纬度，东临小兴安岭，西濒松嫩平原，坐落在讷莫尔河畔。其中 12 座形成于几万至几十万年前，其中 6 座两两相连，《黑龙江外记》记载清康熙八年（1669 年）火山喷发，《宁古塔记略》记载康熙九年（1670 年）火山喷发，形成老黑山、火烧山。14 座火山沿北东方向呈东西两组有规则地排列，每组 7 座火山锥。东组有：莫拉布山、东焦得布山、西焦得布山、东龙门山、西龙门山、尾山、影背山；西组有：南格拉球山、北格拉球山、卧虎山、笔架山、老黑山、火烧山、药泉山。每座火山锥均坐落在北西方向和北东方向线段的交叉点上，两组不同方向的连线构成几个“井”字。其中：东组的东焦得布山和西焦得布山、东龙门山和西龙门山成对排列，体量、形态、高低均十分相似；而西组的南格拉球山和北格拉球山，前者十分高大，列 14 座火山锥之首，后者非常矮小。火山口虽均已风化，但仍保持原始形态，多数呈椭圆形，直径在 230~250 米。南格拉球山火山口最大，直径达 500 余米。火山口深度不同，老黑山最深，达 136 米，卧虎山最浅，仅 10 米。壮观的熔岩台地及其上面的象形石、喷气锥、喷气碟均为国内外罕见。

（3）小型岛屿。本类型共调查了 2 处实体。它们是黑河大黑河岛和逊克大套子岛。

选一项予以表述示例：大黑河岛位于黑河市区东侧黑龙江江心中国岸一侧的船形岛屿。面积 0.87 平方公里，岸线长度 6200 米，最高点海拔 132 米，距岸最近距离 70 米。此岛由土石层构成。岛上建有黑河客运口岸、民贸市场、批发市场、洽谈中心和一些娱乐场所。

（4）洞穴。本类型共调查了 3 处实体，老黑山仙女宫、东焦得布山白龙洞和水晶宫。它们都在五大连池熔岩台地上，均为火山熔岩洞。

选一项予以表述示例：白龙洞洞内有主洞和支洞。其中主洞长 365 米，最宽处 20 米，最高处 5 米，最大厅面积 240 平方米。洞内有一圆形大厅，中央有两根数人才能合抱的石柱。在大厅的一侧还有一个高出冰面 1 米的半圆形平台。洞顶岩石摇摇欲坠，洞壁挂满了冰花，洞底是平整的冰面。洞内四季恒温，在零下 12℃左右。

（5）风景河段。本类型调查了 1 处实体，黑龙江黑河市河段。此河段为中俄两国的界江，355 公里，具有明显山区性河流特征。江面宽 900~1300 米，水深 34.5 米，水面比降 0.13~0.17‰，流速每秒 1.6~1.8 米。河床由砂砾石组成，江道内岛汊较多，江岸滩地平坦，且多为第四系阶地或洪积砂砾，个别江段有花岗岩或花岗杂岩裸露。河床呈 V 形，谷底平坦，河道微呈 S 形。此河段平均封江日期 11 月 15 日，开江日期 4 月 28 日，封冻天数 165 天。春季流冰期间，受地形、气温等因素影响，易形成冰塞或冰坝。年径流量达 1068 亿立方米，年平均流量 3420 立方米 / 秒。中岸有卧牛河风景区，黑河口岸、五道豁洛岛影视基地，瑷珲古城，孙吴口岸、逊克口岸等景观，俄岸有相对应的布拉戈维申斯克、康斯坦丁诺夫卡、波亚尔科沃三个口岸。

（6）漂流河段。本类型共调查了 2 处实体。它们是刺尔滨河漂流河段、沾河漂流河段。

选一项予以表述示例：刺尔滨河漂流河段位于瑷珲区新生鄂伦春民族乡所在地 2 公里处，为一“U”形弯流，全长 20 公里，宽度 20~50 米，最大比降 1‰，最大流速 3 米 / 秒，平均流量 870 立方米 / 秒，年最大流量 1500 立方米 / 秒，险滩数目 10 个，一般情况下水深 0.5~2 米。雨季水深 10 米。河床由花岗岩石及河流石组成，河底为沙石，水质清澈透明。漂流的最佳季节为 6~9 月，每次漂流时间为 5~6 小时。

（7）湖泊。本类型共调查了 6 处实体。它们是五大连池、五大连池药泉湖、五大连池温泊、嫩江黑鱼泡、逊克莲花池、逊克东山湖。

选一项予以表述示例：五大连池位于五大连池农场东侧。是 1719~1721 年老黑山和火烧山喷发的玄武岩熔岩流阻塞讷谟尔河支流白河而形成，五个池子形成时间不同，老黑山首次喷发形成头池、二池，再次喷发形成三池，之后火烧山喷发形成四池、五池。它们环绕在老黑山、火烧山的东北方向，由五个相连的火山堰塞湖组成。纵长 20 余公里，容水 1.7 亿立方米，总水面面积 40 多平方公里，平均水深 3.18 米，最大水深 10 米，湖水透明度 0.5 米。其中头池最小，水面面积 0.11 平方公里，三池最大，水面面积 8.8 平方公里。平面形状大致形同月牙形。池水由暗河从五池一直通到头池，再经过石龙河汇入讷谟尔河中。岸滩为草地、玄武岩及沼泽地。池底为砂子、砾石和淤泥。五个池子大小不一，形态各异，池岸曲线变化复杂。池水物理、化学性质良好，水质偏碱性,pH 值在 7~9 之间。冬季池面结冰。水中含有多种矿物质，使池水呈现黄、橙、绿、蓝各色，各池池水颜色不一。

（8）泉。本类型共调查了 7 处实体。1 处是爱辉的七泉，其他 6 处都在五大连池，分别是桦林“沸泉”、南饮泉、北饮泉、南洗泉、翻花泉、二龙眼泉。

选一项予以表述示例：七泉位于爱辉区上马厂乡三间房村与新曙光村间的一无名山脚下，临卧牛湖风景区。有七个泉眼从东向西呈直线分布，总长度 1850 米，各泉相隔 200~400 米不等。泉水所含主要矿物质有钙、镁、铁、锰、铜等，微量元素有锌、铬、镍等，放射性元素铁质偏硅酸低温矿泉，无色透明。自涌而出，无喷涌高度，有珍珠状气泡自泉底溢出。日涌水量 500 立方米（5.79 升 / 秒）。

（9）树林。本类型调查了 1 处实体，爱辉古树林。位于爱辉镇西南方向，已有 300 多年。面积 4 万平方米，郁闭度 85%，总株数 21300 株，林冠平均高度 15 米，最大树木高度 30 米，树干平均直径 0.45 米，最大树干直径 1.62 米。树林全部由松树构成，有原始生成和人工植种，林内的百年古松形态各异。林中主要栖居动物有松鼠、野兔、狐狸和鸟类等。

（10）古树名木。本类型调查了 1 处实体，爱辉见证树。位于爱辉镇瑷珲历史陈列馆院内。樟子松树，树高 17 米，胸径 0.8 米，树龄 150 年，树冠面积 75 平方米。树干挺直，树冠呈伞状。

（11）野生动物栖息地。本类型共调查了 2 处实体，爱辉女雅通岛野生白鹭栖息地、嫩江丹顶鹤栖息地。

选一项予以表述示例：嫩江丹顶鹤栖息地位于小兴安岭山脉西南麓边缘向松嫩平原过渡地带，在嫩江农场、山河农场、七星泡农场三场交界处，距嫩江农场 18 队 1.2 公里，嫩江县东南 45 公里处，总面积 80 平方公里。为内陆湿地和水域生态系统类型，有沼泽、草甸低平地和森林岗地，科洛河贯穿此栖息地。在河、泡、沼泽里生存有大量的鱼类，适宜鹤类在此逗留。一些迁徙鸟在此路过并繁衍后代，留鸟在此筑巢、觅食、常年留住。有动物 120 种，动物只数超过 1800 只。主要动物种类有国家一级保护动物丹顶鹤，国家二级保护动物白枕鹤、灰鹤及山斑鸠、大嘴鸦、松鸡、山兔、狍子、麝鼠、野猪、赤狐等。

（12）社会经济文化遗址。本类型共调查了 5 处实体。它们是：瑷珲黑龙江将军府遗址——《瑷珲条约》签字处、瑷珲清朝海关遗址、瑷珲清朝电报局遗址、北安市黑龙江省政府遗址、北安中共黑龙江省委旧址。

选一项予以表述示例：瑷珲黑龙江将军府遗址——《瑷珲条约》签字处位于瑷珲镇原中学校园处，与瑷珲历史陈列馆相邻。1858 年 5 月 28 日沙俄政府以武力逼迫清朝政府在这里签订中俄两国第一个不平等条约——《瑷珲条约》。

（13）军事遗址。本类型共调查了 5 处实体。都在孙吴县境内，它们是胜山日军要塞遗址、日军“特仓”阵地遗址、侵华日军 731 细菌部队 673 支队遗址、日军“军人会馆”遗址、日军发电厂遗址。

选一项予以表述示例：胜山要塞遗址位于孙吴县沿江满达乡境内，在两山对峙的山口处有一石室，经过几个坑道，进入主体山洞，内有走廊、厅室，拱顶四壁镶有木条，可居住百人。周围有阵地，中心是“亚雷高地”，分布着 4 个炮台遗址，还有防坦克沟、散兵壕、机枪掩体、地下发电厂、医院等设施。要塞是日本关东军于 1933 年强迫 3000 多名中国劳工用 8 年时间修筑而成。1945 年 8 月 11 日，苏联红军对此阵地发动进攻，在近一周的时间内，此阵地即被攻破，阵地变为废墟。

（14）古城与古城遗址。本类型共调查了 2 处实体，瑷珲古城遗址、逊克河西古城遗址。

选一项予以表述示例：瑷珲古城遗址位于爱辉镇，目前只保留部分土城墙。古城建成于1685年，原有内城和外城，内城近似方形，周长为3465米，总面积10万平方米。城墙以两排松木竖立中间填土筑成，高6米，宽6米，城门四个，每个城门上都建有城楼。城内建有衙门公署、城隍庙、文庙、大人府、万寿宫等，为官员驻地及居民住宅。外城有南大营、北大营、校兵场等。瑷珲城为清代黑龙江流域的经济、政治、军事、文化中心，也称黑龙江城，1858年《瑷珲条约》签订于此地，1900年7月3日沙俄军队向瑷珲城发起进攻，纵火焚城，使古城化为灰烬，只侥存一座魁星阁。1907年难民重返家园，以土筑墙，高2米，在东、南、西、北各建城门一个，取名南门为延厘门，北门为拱辰门，西门为迎恩门，东门为青阳门。

（15）宗教建筑与礼制建筑群。本类型共调查了6处实体。它们是黑河清真寺、北安德源寺、北安海星天主教堂、北安法华寺、五大连池钟灵寺、嫩江清真寺。

选一项予以表述示例：黑河清真寺位于黑河镇中央街，占地面积9300平方米，殿堂2个，建筑面积465平方米。主要建筑物有：中俄合璧式木克楞结构大殿，建筑面积190平方米；三层六角形木结构望月楼，高13.65米。该寺于1908年，由当地回族群众集资兴建。

（16）殿堂。本类型共调查了1处实体，嫩江基督教堂。嫩江基督教堂位于县城新华街，是一座基督教寺院的主体建筑。建筑面积300平方米的民房式建筑，教堂内正中前方为牧师传经讲台，两侧墙上悬挂耶酥画像，台下是信徒座席。

（17）楼阁。本类型调查了1处实体，瑷珲魁星阁。魁星阁位于瑷珲历史陈列馆院内，是一座供奉魁星、祈望吉祥的砖木结构阁楼，分为两层，底层青砖彻成，顶层为木材建造。平面为正方形，高为16米。阁内均涂彩色油画和泥塑魁星像。始建于1892年，1900年沙俄入侵瑷珲将古城焚毁，新中国成立后拆毁，1981年在原址复建。

（18）碑碣。本类型共调查了2处实体，瑷珲见证碑、嫩江傲将军碑。

选一项予以表述示例：瑷珲条约纪念碑位于瑷珲历史陈列馆院内，是一通残碑，仅有碑头。原碑由当时瑷珲县县长立于伪满康德六年（1939年）八月四日，高6米，正面四周雕刻花纹，中间刻有汉文和满文的“瑷珲条约纪念碑”字样。1945年8月10日，苏联红军解放黑河时将其炸毁。

（19）桥。本类型共调查了2处实体，嫩江立交桥、孙吴大桥。

嫩江立交桥位于嫩江县东侧黑嫩公路与齐嫩铁路交会处，一座横跨铁路的公路大桥，全长844米，高15米。

孙吴大桥位于孙吴县城北部，公路桥梁。桥长162.4米，桥宽8.8米，跨径23米。

（20）陵寝陵园。本类型共调查了3处实体，即瑷珲九大将军墓、北安烈士陵园、嫩江崔家坟。

选一项予以表述示例：瑷珲九大将军墓位于爱辉镇西南方向松树林最南端。清王朝派驻瑷珲城牺牲的镇边将军先后安葬于此，其中包括瑷珲出生的9位将军，他们分别是布尔沙、德英阿、富明阿、善庆、绰哈布、克蒙额、德兴阿、托克湍、寿山。墓葬多为低丘土冢，排列顺序参差不齐，墓葬前面有祭祀建筑与石碑、石柱。

（21）水工建筑。本类型共调查了 10 处实体，它们是爱辉西沟水电站、爱辉卧牛河水库、爱辉宋集屯水库、爱辉象山水电站、北安先锋水库、嫩江东风水库、嫩江民兵水库、嫩江大西江水库、逊克库尔滨水电站、逊克白石水电站。

选一项予以表述示例：黑河西沟水电站位于爱辉区西岗子镇西沟村西南侧，在公别拉河上，以发电为主，兼有蓄水、养鱼、旅游等多种功能的引水式电站。沥青渣油砖心墙堆石坝，坝长 638 米，坝宽 5 米，坝高 35.4 米。水库面积 17.8 平方公里，库容 14700 万立方米。

（22）工厂。本类型共调查了 9 处实体。它们是黑河双兴木制品有限公司、北安冰凌啤酒有限公司、五大连池五环矿泉水有限公司、嫩江多宝山铜矿、嫩江九三油脂厂、嫩江双山糖厂、嫩江春酒厂、嫩江县糖厂、嫩江鹤王集团。

黑河双兴木制品有限公司以生产三层复合型木质油漆地板为主。北安冰凌啤酒有限公司生产、销售啤酒和饮料。五大连池五环矿泉水有限公司生产和销售五大连池矿泉水。嫩江多宝山铜矿以开采、浸出铜金属为主的矿山。嫩江九三油脂厂以种植大豆、生产和销售豆油、豆粕为主的大型联合企业。嫩江双山糖厂以生产食用糖为主，颗粒粕、酒精为辅的综合性糖厂。嫩江春酒厂以生产清香型白酒、果酒的酒类生产企业。嫩江县糖厂生产食用糖、酒精、颗粒粕的中型糖厂。嫩江鹤王集团年产 6000 吨奶粉的乳品联合企业。

（23）农林渔牧场。调查了 1 处实体，爱辉锦河农场。农场位于黑河市南 13 公里处，一个以农林种植为主，农副产品加工、畜牧养殖、乳品加工、机械加工、建材生产、商业贸易、旅游并存的综合性农场。占地面积 1573 平方公里，其中耕地 21 万亩，林地 131 万亩。22 个农牧生产队及农场场部分布在东西 58 公里，南北 44 公里的区域内。场部北部是旅游区。农场是 1959 年由黑河行署建设的实验农牧场，是黑龙江垦区最北部的一个农场。

（24）特色城镇与村落。调查了 5 处实体，爱辉区新生鄂伦春民旅乡、瑷珲镇、黑河镇、逊克新鄂民族乡、逊克边疆乡俄罗斯民族村。

选一项予以表述示例：爱辉区新生鄂伦春民族村位于小兴安岭北坡的刺尔滨河畔，距黑河市区 90 公里。有 185 位名人在此定居。一条东西方向的大路将村子分成两部分，主要建筑均建在大路的两侧，保留了部分“木格楞”房屋。有一座鄂伦春民俗展览馆。本村是 1953 年 1 月为鄂伦春民族改变游猎生活、实行定居而建立的。村里除鄂伦春族外，还有达斡尔、蒙古、满、汉等民族。定居后政府从各地招聘了具有耕作和饲养等能力的人员到此开发，但依然保留了鄂伦春族风俗。

（25）港口。本类型调查了 1 处实体，黑河港。黑河港位于黑河城区黑龙江南岸沿江一线，港口中心位于黑河城区西部，是一处集客运、货运、装卸、仓储等综合功能的港口。占地 40 万平方米，建筑面积 4 万平方米，有 6 个千吨级泊位的混凝土立壁式码头，石油码头、粮食专用码头、国际客运专用码头、滚装作业码头、民贸码头、冰上汽车运输孔道各一个。日装卸能力 3000 吨，有大型装卸设备 26 台，可昼夜作业。

港口建筑均为现代式建筑，始建于1908年。

（26）纪念地与标志物。本类型调查了1处实体，北安赵光烈士牺牲纪念地。纪念地位于赵光镇赵光车站出站口的北侧，铁路站台的东侧，赵光烈士牺牲处。纪念地南北长20米，东西宽7.5米，占地面积150平方米。南碑北墓。赵光烈士出生于1922年，1937年参加革命，1945年来到东北，任通北县政务秘书，12月19日准备乘火车赴北安向省委汇报工作时，在通北车站前被叛徒杀害。此纪念地建于1946年。

（27）科学教育文化设施。本类型共调查了4处实体。它们是瑷珲历史陈列馆、黑河博物馆、孙吴县日军侵华罪证陈列馆、逊克鄂伦春民族博物馆。

选一项予以表述示例：瑷珲历史陈列馆位于爱辉镇东南角，建筑面积170平方米，陈列室原为砖瓦结构，1996年改建成木柱支撑挑檐的仿古风格。展厅分四个部分，分别是“黑龙江流域自古以来就是中国的领土”“祖国边疆历史名城瑷珲”“各族人民对爱辉的开发史”“瑷珲人民抗击沙俄侵略的斗争史”。展出258类500件文物，图表、照片118幅，展厅中心布置瑷珲古城沙盘。

（28）休疗养与社会福利设施。本类型共调查了4处实体。它们是黑河福利院、五大连池交通疗养院、五大连池工人疗养院、五大连池鹤岗矿务局疗养院。

选一项予以表述示例：黑河福利院位于黑河镇，占地面积3.3万平方米，建筑面积3900平方米，有150张床位，两处休养区，一处医疗区。院内设有游艺室、健身房、医疗室。能对收养的智残人员进行语言和智能训练。每年收养社会救济性质休养员7000多人，自费养员2000多人，先后收养了3万多人。

（29）游乐场所。本类型调查了1处实体，五道豁洛影视基地。黑河五道豁洛影视基地位于黑河市区西北侧4公里处黑龙江中的五道豁洛岛上，为一处影视基地，总面积0.12平方公里。建筑面积3200平方米，分9家景区，建有永久、半永久和临时建筑物50余个。主要景点有牌楼、瑷珲海关码头、俄罗斯一条街、教堂、达尼亚家、俄警察局、监狱、俄罗斯木屋、男友家、洋公寓、瑷珲衙门（内有大堂、魁星阁）、满族屯（主要由关嫂、村长、朱妹三家组成）、瑷珲城墙、土公寓、护矿队和矿工住地、炼金厂、祠堂（内有贞节牌坊）、山里红家、墓地等。整个建筑是仿清代和俄式风格。

（30）公园。本类型共调查了5处实体。它们是：黑河王肃公园、北安市人民公园、嫩江鹤山公园、嫩江跃进农场高峰公园、嫩江高峰森林公园。

选一项予以表述示例：黑河王肃公园位于黑河镇王肃街。占地面积5.2万平方米，建筑面积370平方米。园内有烈士纪念塔和王肃烈士墓；设老年活动区、动物区、儿童游乐场；有苏联红军烈士塔。此园是为了纪念1946年6月12日牺牲的中共黑河中心县工委书记、黑河军分区司令员兼政委王肃烈士而建立的。

（31）运动场馆。本类型调查了1处实体，黑河体育馆。黑河体育馆位于黑河镇，建筑面积4300平方米，一楼设有篮球场，四周设有主席台和1000座席的观众看台。二楼设有会议室、游艺室和棋类室。三楼设有中型会议室和能容纳4张球台的乒乓球室。

（32）游乐场所。本类型调查了 1 处实体，黑河胜山游猎繁育场。黑河胜山游猎繁育场位于胜山林场内，总面积 160 平方公里，共分四个区：管理区、游猎区、动物繁育区、狩猎区。

（33）节日庆典活动。本类型共调查了 1 个项目，五大连池饮水节。节日活动时间安排在每年农历五月初四、初五、初六三天内。初四的活动包括接待外宾、召开庆祝大会、放映露天电影、举办篝火晚会、燃放烟花爆竹等，初五零时开始争饮零点水、踏青、游钟灵寺、药泉山等，初六为洽谈业务活动日。

（三）旅游资源评价

1. 资源密度

如果根据基本类型及实体数量和区域面积计算其密度，可得出如下结果（见表 9–5）。

表 9–5　黑河市基本类型及实体数量和密度得分表

名称	面积（km^2）	基本类型			基本类型实体				排序
		数量（种）	百分比（%）	密度（种 /100km^2）	数量（处）	百分比（%）	密度（种 /100km^2）	RA	
黑河市	66938.0	32	53.33	0.048	111	8.16	0.166	46.22	4
黑龙江省合计	475912.2	60			1361	99.99			

说明：

1. 表中各面积资料来源于哈尔滨地图出版社 1998 年 5 月第二版的《黑龙江省地图册》中各县市面积之和，包含地域上属内蒙古自治区，归黑龙江省领导的加格达奇和松岭区的 17399 平方公里。

2. RA 为旅游资源密度指标，见《黑龙江省旅游资源》（上册），中国旅游出版社，1999 年。

表 9–5 显示：

黑河市旅游资源基本类型密度为 0.048 处 / 百平方公里，实体密度 0.166 处 / 百平方公里。低于哈尔滨、大庆、牡丹江，居第 4 位。

2. 资源性质

按规定，当某一地区自然旅游资源与人文旅游资源基本类型数或基本类型实体数基本上为 1∶2 时，即可认为该地区自然旅游资源和人文旅游资源并重。表 9–6 是黑河市人文旅游资源和自然旅游资源的构成情况。全市共有 33 种基本类型，其中自然旅游资源基本类型 11 种，占 34.38%；人文旅游资源基本类型 21 种，占 65.62%。类型实体数量分配上来看，前者 41 处，占 36.94%；后者共 70 处，占 63.06%。

表 9-6　黑河市人文旅游资源和自然旅游资源结构表

名称	基本类型数量与百分比				类型实体数量与百分比			
	自然旅游资源		人文旅游资源		自然旅游资源		人文旅游资源	
	数量（处）	百分比（%）	数量（处）	百分比（%）	数量（处）	百分比（%）	数量（处）	百分比（%）
黑河	11	34.38	21	65.62	41	36.94	70	63.06
全省	20	33.33	40	66.67	397	29.17	964	70.83

上表显示，黑河市基本类型及其实体中自然旅游资源和人文旅游资源数量的比值均小于1∶2，基本上属于自然旅游资源占优势的地区。

3. 旅游资源质量等级

此次普查共获取了31种基本类型共111处资源实体，并对其中30类97处进行了评价。从评价结果来看，一级3处（占3.1%），二级10处（10.3%），三级32处（占33.0%），四级44处（45.4%），五级8处（8.2%），反映了该区旅游资源品位较高（高于全省平均百分比），以三、四级为主（表9-7）。

表 9-7　黑河市旅游资源基本类型实体质量等级表

级别	实体名称	数量
一级	五大连池火山景观、五大连池老黑山、五大连池火烧山	3
二级	五大连池东焦得布山白龙洞、五大连池水晶宫、五大连池南饮泉、五大连池北饮泉、五大连池南洗泉、五大连池翻花泉、孙吴侵华日军731细菌部队673支队遗址、黑河福利院、五大连池交通疗养院、五大连池工人疗养院、五大连池饮水节	10
三级	五大连池西焦得布山、五大连池东焦得布山、五大连池影背山、五大连池南格拉球山、五大连池药泉山、五大连池卧虎山、五大连池莫拉布山、五大连池西龙门山、大黑河岛、五大连池水晶宫、五大连池、五大连池温泊、五大连池桦林“沸泉”、五大连池二龙眼泉、瑷珲古树林、瑷珲见证树、嫩江丹顶鹤栖息地、瑷珲清朝海关遗址、北安中共黑龙江省委旧址、孙吴胜山日军要塞遗址、孙吴日军“特仓”阵地遗址、孙吴侵华日军731细孙吴日军“军人地馆”遗址、瑷珲古城、瑷珲魁星阁、瑷珲条约纪念碑、锦河农场、黑河港口、瑷珲历史陈列馆、五大连池矿务局疗养院、五道豁洛影视基地、嫩江高峰森林公园、黑河体育馆、五大连池饮水节	32
四级	略	44
五级	略	8

4. 不同性质基本类型质量等级构成

黑河市参与评价的97处资源实体中，自然旅游资源11类41处，其中一级3处，二级6处，三级16处，四级16处；人文旅游资源19类56处，其中一级无，二级4处，三级16处，四级28处，充分说明了该区自然资源品位高于人文旅游资源。自然资源中，以火山熔岩地貌（106）、泉（205）、湖泊（203）、野生动物栖息地（305）为主，尤其该区以五大连池为主形成火山景观是黑龙江省旅游资源开发的拳头产品。人文资源中以军事遗址（403）、休疗养和社会福利设施（502）等为主，以《瑷珲条约》签署地为内容而构成旅游资源是本区今后重要的开发方向（见表9-8）。

表 9-8　黑河市各旅游资源基本类型分级构成

基本类型名称	总数（处）	一级（处）	二级（处）	三级（处）	四级（处）	五级（处）
生物化石点	1	0	0	0	1	0
火山熔岩景观	15	3	0	8	4	0
小型岛屿	2	0	0	1	1	0
洞穴	3	0	2	0	1	0
风景河段	1	0	0	0	1	0
漂流河段	2	0	0	0	2	0
湖泊	6	0	0	2	4	0
泉	7	0	4	2	1	0
树林	1	0	0	1	0	0
古树名木	1	0	0	1	0	0
野生动物栖息地	2	0	0	1	1	0
社会经济文化遗址	5	0	0	2	3	0
军事遗址	5	0	1	3	1	0
古城与古城遗址	2	0	0	1	1	0
宗教建筑与礼制建筑群	6	0	0	0	3	3
殿堂	1	0	0	0	0	1
楼阁	1	0	0	1	0	0
碑碣	2	0	0	1	1	0
桥	2	0	0	0	2	0
陵寝陵园	2	0	0	0	1	1
水工建筑	10	0	0	0	7	3
农林渔牧场	1	0	0	1	0	0
港口	1	0	0	1	0	0
纪念地与标志物	1	0	0	0	1	0
科学教育文化设施	4	0	0	1	3	0
休疗养与社会福利设施	4	0	3	1	0	0
公园	6	0	0	2	4	0
运动场馆	1	0	0	1	0	0
游乐场所	1	0	0	0	1	0
节日庆典活动	1	0	0	1	0	0
统计	97	3	10	32	44	8

5. 旅游资源区域配置

黑河市各县市区旅游资源存在着明显的质量差别，其中五大连池市不但数量多，而且质量高，黑河市 3 处一级旅游资源实体和 8 处二级旅游资源实体都在这里。其次是爱辉区和孙吴县（见表 9–9）。

表 9–9　黑河普查区资源品质分级分区结构

普查小区	总数（处）	一级		二级		三级		四级		五级	
		处	%	处	%	处	%	处	%	处	%
爱辉区	27	0	0.0	1	10.0	12	37.5	14	31.8	0	0.0
北安市	9	0	0.0	0	0.0	1	3.1	6	13.6	2	25.0
五大连池市	32	3	100.0	8	80.0	14	43.8	7	15.9	0	0.0
嫩江县	13	0	0.0	0	0.0	2	6.3	6	13.6	5	62.5
孙吴县	7	0	0.0	1	10.0	3	9.4	3	6.8	0	0.0
逊克县	9	0	0.0	0	0.0	0	0.0	8	18.2	1	12.5
合计	97	3	3.1	10	10.3	32	33.0	44	45.4	8	8.2

6. 黑河市在全省中的地位

黑龙江省 13 个地市中，资源质量差异较大，一、二级资源数量最多的地市中，黑河市居第五位，次于哈尔滨市、伊春市、大庆市、牡丹江市。

全省 18 处旅游资源较为密集的集合区中，黑河市有 2 个，其中五大连池居全省的第二位，爱辉区居第 17 位。表明黑河市旅游资源开发有一定潜力。

表 9–10　黑龙江省优势旅游资源集合区评价赋分等级表

集合区名称	旅游资源交通条件				开发环境与开发条件									得分	评级	排序
					已有基础			计划潜力								
	优	良	中	平	优	良	中	优	良	中	优	良	中			
哈尔滨	15				3			3			3			24	1	1
阿城	15					2			2				1	20	1	5
亚布力		12				2			2				1	17	2	8
佳木斯			9			2				1			1	13	3	11

续表

集合区名称	旅游资源交通条件				开发环境与开发条件									得分	评级	排序
					已有基础			计划潜力								
	优	良	中	平	优	良	中	优	良	中	优	良	中			
依兰				6						1			1	8	4	18
牡丹江			9		3			3			3			18	2	7
海林			9				1		2				1	13	3	11
东宁			9				1			1		2		13	3	11
宁安		12					1		2			2		17	2	8
鸡西				6		2				1			1	10	3	16
虎头			9				1			1		2		13	3	11
伊春	15					2			2			2		21	1	4
同江			9				1			1			1	12	3	15
大庆	15				3				2			2		22	1	2
杜尔伯特			9			2			2			2		15	2	10
齐齐哈尔		12			3				2			2		19	2	6
五大连池	15					2		3				2		22	1	2
爱辉区				6			1			1			1	9	4	17

三、福建省平潭滨海与海岛旅游资源调查与评价案例（完成于 2010 年）

从滨海环境和滨海资源的数值分析角度，讨论平潭旅游的前景和潜力，其中涉及三个问题：对获得认同的海滩资源的再分析；对开发滨海旅游深层调查研究的建议；对滨海环境和资源保护及旅游开发的讨论。

考虑到平潭旅游顾及的面很广，这里主要讨论其滨海区域自然层面的状况与问题。至于其他（如历史、文化、社会等）层面的问题本节基本上未涉及。

（一）滨海的主体

作为海岛，平潭滨海区域在环境要素中占有重要位置。这一区域与临近陆地相比，降雨量小，湿度相对较小，日照丰富，气温夏凉冬暖，罕见霜雪。全岛植被茂密。具有适于开展休闲游憩度假活动的综合条件（表 9–11）。

表 9–11　海坛滨海休憩环境

项目	内容
海岸	■海岸线总长 408.73 公里，其中基岩海岸 300 公里，有港澳 215 处，主要岬角 10 处。基岩多为花岗岩，受北东—北北东和北西—北北西两组断裂控制，节理发育，风化强烈，形成众多奇特与象形山石。海蚀地形以海蚀柱、海蚀洞穴、海蚀平台居多 ■沙岸总长 70 公里，其中 2.5 公里以上的大型沙滩 8 处，沙质成分主要是石英（90% 以上）。潮间带数百到数千米。高潮线以上沙滩沙层深度 2~23 米
海水	■表层水温年均 19.8℃，盐度年均 31.56‰，海水透明度秋季 1~1.5 米，冬季 0.7~1 米 ■冬季多风（6 级以上），易成波浪。多年平均波高 1.3 米，最大 11 米 ■潮差大，西南海岸平均潮差 4.5 米，东海岸 4.24 米
天气	■海洋性季风气候，年均降雨量 1180 毫米。年均气温 19~19.6℃。风速大，风向稳定，平均风速 13.9 米 / 秒 ■ 5~6 月为梅雨季，降水量占 36%。7~9 月降雨量占 27%，平均 27~28 ℃（比临近内陆低 3~4℃）。冬季温和，平均气温 19 ℃（比福州高近 10℃）
海滨防护林	■林地面积 15 万亩，形成林网。山丘坡地多黑松、相思混林，海岸平原多木麻黄 ■林间有南亚热带植物、瓜果
灾害与污染	■ 7~9 月有台风 ■工业污染不严重

为了开展休闲度假旅游，从生理气候角度，平潭滨海区域可以提供下列指标（表 9–12）。

表 9–12　平潭生理气候评价指标

月份	1	2	3	4	5	6	7	8	9	10	11	12
气温（℃）	11.6	10.7	12.7	16.7	21.1	25.4	28.0	27.7	25.8	22.0	18.3	19.6
日照时数（小时）	3.6	3.6	3.6	4.3	4.0	5.4	9.2	8.0	6.8	5.2	3.8	5.1

续表

月份	1	2	3	4	5	6	7	8	9	10	11	12
相对湿度（%）	81	83	81	84	88	87	84	85	84	75	76	84
风速（m/s）	5.8	5.3	5.1	3.9	4.4	4.9	5.1	4.7	5.4	6.5	6.1	5.2
温湿指数（THI）	11.9	11.1	12.9	16.5	20.7	24.6	26.8	26.6	24.8	21.0	17.8	19.8
风效指数（K）	−285	−598	−537	−393	−288	−165	−63	−78	−147	−281	−395	−286

以上数据说明：①根据温湿指数，每年从4月开始感到舒适，长达8个月；②风效指数表明，全年盛行凉风、舒适风或暖风，其中半年以上盛行舒适风或暖风，冬季只是凉爽，无寒冷感；③根据温湿指数和风效指数组合，每年3~12月为户外活动最佳时间，4月下旬~11月上旬为最佳疗养季节。

以上分析，可以得出如下结论：从总体上看，海坛岛是一处质地优良的综合休闲度假地。

在这样的整体环境下，沙滩作为滨海区域的一种实体资源，在休闲度假活动中更能发挥核心作用。海坛岛海岸线400多公里，海坛湾、坛南湾、敖东、长江澳等地海岸线有几十处沙滩，总长度约70公里，其中岸线长度在2500米以上，宽度100米以上的优质沙滩达8个，主要分布在东部的海坛湾和南部的坛南湾。对这两个海湾沙滩的测试成为评定普通沙滩质量的重点内容。为了合理策划它们的开发利用方向，对这两个区域的十多处沙滩开展了详细的数值分析测试。

海坛湾龙王头沙滩靠近平潭县县城，对它的3个区段的沙滩进行的定量分析，获得了如下数据（表9–13）。

表9–13　海坛湾龙王头沙滩3个区段主要特征值

沙滩区段名称	面积（万平方米）	长度（米）	宽度（米）	坡度（°）	砂粒组成（%）			SiO_2（%）	泥等杂质（%）	Cl−（%）
					45~80目	80~100目	＜100目			
牛鼻山~青屿	216	2700	850	0.9	11	66.5	18.6	87.75	1.92	0.346
青屿~麒麟山	102	1700	700	1.5	21	53.0	18.5	94.56	0.84	.0235
麒麟山~蚵头山	45	1100	460	6.5	41	50.0	2.5	91.93	0.65	0.262
平均	121	1833	703	2.2	20	60.6	15.3	91.00	1.29	0.287

坛南湾位于海潭岛的南端，对它的12个区段的沙滩进行定量分析，获得了如表

9–14 所示的数据。

表 9–14　坛南湾沙滩 12 个区段主要特征值

沙滩区段名称	面积（万平方米）	长度（米）	宽度（米）	坡度（°）	砂粒组成（%）			SiO_2（%）	泥等杂质（%）	Cl–（%）
					45~80 目	80~100 目	＜100 目			
下玉井澳	2.34	1300	180	3	59	13.5	0.5	89.60	2.21	0.14
小澳仔里	1.62	170	160	6	56	21	0.5	91.75	1.66	0.15
澳仔里澳	3.48	260	250	6	47	13	1	93.18	1.46	0.07
奇箕澳	6	320	200	2	51	45	3	90.54	1.25	0.27
斗垣头澳	2.67	1090	150	3	20	55	14.5	85.22	1.74	0.28
乌坛下澳	0.9	260	50	1	57.5	31.5	4.5	93.92	0.98	0.19
潭角底澳	58.2	1790	350	2	51	38	1	94.42	0.59	9.12
小北澳	1.7	245	60	4	51	39	2	92.91	1.03	0.40
大北澳	7.6	475	130	3	55	36	1	95.34	0.90	0.30
金澳	0.4	120	50	5	59	26	1	96.55	0.31	0.03
田美澳	18.0	820	230	8.5	64	9	0.5	96.55	0.41	0.11
洋中澳	58.9	1920	560	1	52	31.5	1	94.42	0.87	0.26
平均	13.48	725	197.5	3.71	51.88	29.9	2.54	92.87	1.12	1.2

将海坛湾沙滩和坛南湾沙滩特征值做综合比较，得出初步结论如下（表 9–15）：

表 9–15　海坛湾、坛南湾沙滩基础数据比较

项目	海坛湾	坛南湾
岸线情况	平直，共 3 个连接在一起的沙滩，总长度 5.5 公里，平均每个沙滩长 1833 米	曲折，其间由岩石组成的岬角将其分为 12 个弯月形独立沙滩。总长 8.7 公里，平均每个沙滩长 725 米
滩面情况	总面积 363 万平方米，平均每个沙滩面积 121 万平方米；平均坡度 2.2 度，宽约 500 米。杂质很少（1.29%）	总面积 161.8 万平方米，平均每个沙滩面积 13.48 万平方米；平均坡度 4.1 度，宽约 200 米，杂质很少（1.12%）
沙质成分	属粉细沙（45~80 目占 20%，80~100 目占 60.6%，100 目以上占 15.3%）。SiO_2 占 91%	属细沙（45~80 目占 52%，80~100 目占 30%，100 目以上占 2%）。SiO_2 占 93.2%
海水状况	受到轻微人为污染，海水水质中等	滩外水深 16 米
周边环境	位于平潭县城关以东 1.5 公里处。腹地为滨海平原，有宽 1000 米速生林带（木麻黄、台湾相思），无明水河流汇入。交通便捷。已开发龙王头沙滩	距平潭县城关 10 公里。腹地为低缓丘陵，有宽 1000~2000 米速生林带（木麻黄、台湾相思、黑松），有乡间公路。临近淡水湖“十六脚湖”，供水条件优越。尚未开发

上述资料展示的海坛湾、坛南湾，平潭滨海这两处大型沙滩群落都适合休闲旅游活动，其中海坛湾朝向东，岸线较平直，底部和朝南一侧绵延 10 公里，潮间带宽阔无遮无挡，浅水地带开阔安全，具有大众化特质，更适合建设天然浴场，开展沙滩和水上体育、游乐活动；坛南湾呈 U 形的 13 座沙滩相互间均由海蚀岬角隔断，使得每座沙滩呈相对独立、封闭型状态，背风向南，总长 13 公里，更适合建设中等规模休闲度假地，同时开发水上运动项目。

（二）滨海资源与环境尺度

我们平常所称的滨海资源和滨海环境，是说分布在海岛海陆交界区域滩地区域上的，可以被人类利用的天然物质、能量和空间。此类资源和环境主要包括滨海上的土地、气候、水、生物等自然生成的物质与能量，它是开发海岛旅游的资源和环境要素。当前和未来平潭滨海区域开展的观光、娱乐、度假、体育运动和科学考察等休闲旅游活动，更是要提倡对这些自然要素做持续深入的研究。

这些自然资源和自然要素种类很多，具体分解为以下类型（表 9–16）：

表 9–16　与平潭滨海休闲旅游有关的自然资源与自然环境要素

类	亚类	基本类型
地文类	地形区域	山丘、台地、河口三角洲、海湾
	构造形态	断层、褶曲、节理、地层剖面、钙华与泉华、矿点矿脉与矿石积聚地
	侵蚀形态	凸峰、独峰、峰丛、石（土）林、奇特与象形山石、岩壁与岩缝、峡谷段落、沟壑地、堆石洞、岩石洞与岩穴
	堆积形态	沙滩、砾石滩、沙丘地
	岛礁	岛区、岩礁
	自然变动遗迹	重力堆积体、火山与熔岩
水文类	湖沼	观光游憩湖区、沼泽与湿地、潭池
	瀑布	跌水
	泉	冷泉
	海域	观光游憩海域、涌潮现象、击浪现象
生物类	树木	林地、丛树、独树
	草原与草地	草地、疏林草地
	花卉地	草场花卉地
	野生动物栖息地	水生动物栖息地、鸟类栖息地
气候类	天气与气候	休闲气候、物候景观

平潭滨海旅游如果做得深透，对于上表内开列的自然资源与环境要素，一定要进行全方位、大尺度的调查研究。考虑到这些要素类型种类很多，从休闲旅游开发的角度考虑，可以提出它们的一些共同项，这是调查研究采集工作的重点。

表 9-17 平潭滨海自然资源与自然环境调查采集内容共同项

类别	共同项内容
形态与结构	资源和环境要素的形状、神态、式样、配合关系
性质与内涵	资源和环境类型的特质
组成成分	构成资源类型的特质成分、材料
类型要素与相关事物	构成资源类型的个体成分和资源类型共存，并成为资源类型不可分离的物体或现象
过程与活动方式	资源与环境要素的生成与发展顺序、演化形式
特殊景象	构成资源类型中的奇异华美现象
影响类型的特定因素	资源和环境类型存在与发展的条件
社会影响	资源与环境类型的旅游价值和社会地位、级别、知名度等
保护与开发现状	资源和环境保存现状、保护措施、开发利用情况

根据平潭滨海自然资源和自然环境的实际情况，有一些类型对海岛休闲旅游的作用较大，其中属于地文类资源的有山地与丘陵、奇特与象形山石、沙滩、岩石洞穴与岩穴、岛区等类型；属于水体类的有观光游憩海域、击浪现象；属于植被类资源的有林地；属于气候类资源的有休闲气候、物候现象等。对于这些类型，我们建议进行下述较深层次的调查研究，以便为平潭滨海休闲旅游创造条件。

1. 山丘类型

平潭海滨没有真正意义上的山地，位于东北海岸名为“君山”的是海坛岛上最高的山地，但海拔也只有 435 米，处于低山和高丘陵之间的地域。其他如王爷山、苏沃山、龙头山更是如此。但即使如此，这些相对突起的地形，除了具有可供观赏的丰富地景外，还有很多实用功能，调查时要关注它们的形态类型（丘陵、中低山）、局部地形及其坡度与起伏变化、内外力作用成因等。此外，为利用此处山丘开展多种休闲活动，调查的内容还要细化。

表 9-18 滨海山丘地开展活动时需要调查的内容

项目	方式	调查内容
滑翔	练习飞行、越野翱翔	起飞与降落地形、上升风、热气团、锋面、活动时间
野餐	家庭型、中途型、团体型	野餐地类型（草地、林地、园林、山野）即面积、地形平坦程度、隐蔽性、亲水性
露营	团体型、家庭型、原野式	位置、营地面积、地形平坦程度、地面土壤情况、地表植被状况、地表水与地下水状况、气候状况（风向、风速、气温）
山地健行	短程、中程、长程	路程自然环境（气象、地形、地质、水文、动植物）、人文环境（土地类型、道路）
攀岩	自由攀登、人工攀登	岩块种类、岩块形状（岩夹石、岩塔、烟囱岩、岩脊、岩棚、悬岩等）、岩沟、岩阶

2. 岩石构造与岩石景观

平潭滨海由岩石构成的景观主要有断层与节理、奇特与象形山石、洞穴与岩穴等类型。

调查岩石断层与节理时要注意它们成因类型、构成方式、景观类型等，如君山就是由多条平行高角度断层切割所形成的地垒构造；王爷山、龙头山和牛头山东侧有断层通过，形成陡崖；看澳石蛋是由花岗岩岩体的菱格状节理分割而成；牛山岛东南坡形成长 55 米、深 20 米的大节理缝；塘屿岛上的“海坛天神”则是受到了南北向和东西向两组交叉垂直节理和近水平的弧形节理的控制。

奇特与象形山石在平潭各岛非常普遍，成为平潭优势旅游资源类型。在滨海区域也多见到，如苏澳的“伴洋石帆”双石、塘屿岛上的“海坛天神”人形巨石，已经成为平潭岛的标志性景观。要研究组成这些景观的形态变化，以及组成它们的花岗岩石成分、岩石结构和他们受到的侵蚀类型、风化过程和风化程度。

地面洞穴是很常见的一种形态，平潭岛的洞穴包括海蚀洞穴、壶穴、风化壁龛、地表坑穴、堆石洞等。其中海蚀洞穴如东海岸流水乡王爷山山麓的“仙人谷”“仙人井”“仙人洞”“神兵谷”等海沟；南部南海乡草屿岛的上下坪海蚀沟；敖东乡钱便澳的“蝙蝠洞”等；典型堆石洞在王爷山处见到，主要是由崩塌后的花岗岩岩体堆积而成。此外还有在澳东的“九龙洞”和“一片瓦”等。要研究形成这些形态类型的洞穴岩层与构造形式、营力（水、风等）性质和强度、洞穴的大形态类型，如通道结构（通道式、厅堂式、竖井式）、横断面形态（简单式、组合式）、洞穴环境状况（如水文、风、气温、生物现象等）。同时还要关注各种洞穴小形态，如各种流痕、窝穴、沟槽、井管类形态和洞壁突出物等。

3. 海滩

海滩是被岩石、沙、砾石、泥、生物遗骸覆盖的海洋沿岸地面。海滩在海岛上最常见到，构成开展休闲活动的主要载体。海滩由于构成物质和遭受营力的不同，构成了沙质海滩、岩石海滩和生物海滩 3 大类型。

沙质海滩分布地区广泛，物质来源充足，形成和发育主要受海浪调控。其分布有如上述，它们构成最重要的游憩海岸。完美的游憩海滩有如下三个条件：第一，海滩平面呈弯月形、半月形的弧形，有滩肩、滩角、滩槽等次级地形。坛南湾的 12 处沙滩基本上都属于此类沙滩，具有较强的封闭性和独立性，其宽度数十米到数百米，坡度 3~7°，海滩朝向南；第二，滩面物质为均匀中砂和细砂，磨圆度 3~4 级，分选好，白色或浅色；第三，海流流速小于 0.4 米 / 秒，波浪高度小于 0.5 米，海水表层温度为 23~27℃。除了沙质海滩外，平潭滨海还有少数砾石质海滩，如南部草屿的垆里澳砾石滩和里澳砾石滩。

岩石海滩在海坛岛也经常见到，主要分布在由火山岩和花岗岩构成的海岸带。主要营力是海蚀作用。由于这些岩石的性质和构造不同，它们构成的海岸形态有很大差别，通常的形态是海蚀平台或浪蚀台地、海蚀崖，其上通常发育有海蚀柱、海蚀巷道、海蚀蘑菇、海蚀拱桥、海蚀洞穴、海蚀壁龛等次级形态。在平潭岛西北部看澳村和西部奇峰村的海蚀拱桥；北部白青乡的青峰海蚀沟；坛南湾海岸带六级海蚀阶地等，都是平潭岛岩石海滩个性海蚀形态的代表。

生物海滩在一些外围小岛零星见到。

对海滩的调查是休闲活动的重要环节，不同类型海滩调查的内容如下（见表9-19）。

表 9-19　不同类型海滩主要调查内容

类型	内容
沙质海滩	① 海滩面积、平面形态（弯月形、直线形、带状、三角形、不规则形等）；② 滩面宽度、坡度；③ 与动力（波浪）的关系、潮汐状况；④滩面物质（成分、粒度、圆度、分选度、颜色）；⑤ 海水环境（潮汐、海流；水色、透明度、水质）
岩石海滩	① 物质（火山岩、花岗岩）；② 岩石构造；③ 岸滩形态（海蚀平台或浪蚀台地及其上的海蚀崖、海蚀柱、海蚀巷道、海蚀洞穴、海蚀壁龛等次级形态）
生物海滩	① 范围和规模；② 生物体性质和特点；③ 形态（堤状、礁石）；④ 海水状况（潮水变化、水深、水温、盐度、透明度、污染情况）；⑤ 形成年龄

这里还有一点需要注意：对于在平潭岛开展休闲旅游而言，海滩砂的调查和测定是最重要的，通过以下内容的调查测试，可以确定砂的不同质量（见表 9-20）。

表 9-20　海滩砂调查内容

项目	调查测试方法	分级	优良范围
成分	矿物鉴定	石英、云母、海绿石、绿帘石、孔雀石、碧石、角闪石、辉石、玄武岩、凝灰岩等	石英占 80% 以上
粒度	尺量法、筛分法、粒径计法、吸管法、消光法、离心沉降法等	粗砂（直径 0.5~1 毫米）、中砂（直径 0.25~0.5 毫米）、细砂（直径 0.1~0.25 毫米）、粗粉砂（直径 0.05~0.1 毫米）、细粉砂（直径 0.01~0.05 毫米）	均匀中砂、细砂
磨圆度	圆度标准图量测	①棱角状（0 级）；②次棱角状（1 级）；③次圆状（2 级）；④圆状（3 级）；⑤极圆状（4 级）	3~4 级
分选度	分选图量测	①分选极好；②分选好；③分选中等；④分选差；⑤分选极差	分选极好或分选好
颜色	颜色鉴定	白、灰白、绿色斑点、红、玫瑰、深灰、黑等色	白色或均匀浅色

4. 滨海水域

平潭滨海水域包括近海海面和滨岸涌潮击浪带。

近海海面可供观赏和开展海上体育健身活动，对其调查主要着眼于海域的气候环境、海底地形和组成物质、海水的物理化学生物性质、海水动力条件等；滨岸涌潮击浪带除了这些海水水文性质和动力条件外，还要关注滨岸水下和沿岸地形。其中海水的物理化学生物性质，包括海水温度、透明度、水色、生物状况、海水结冰等；滨岸水下和沿岸地形包括近海水深在 15 米以内的浅海水下坡度、滩涂坡度和宽度，要注意局部坡度变化，有无岩礁，底质成分。

平潭滨海海滩及滨海水域的海水物理化学生物性质对于海域观光、潜水活动十分重要，调查时要予以重视，主要有以下项目：①沙滩坡度一般在 0º02′ 以下，组成物质较细，多为沙质；②年平均值盐度 31.56%；③海水透明度秋季 1~1.5 米，冬季 0.7~1 米；海水透明度与水色关系密切，水色高，透明度大；水色低，透明度小；④海水表层水温年平均 19.8℃，由近岸向外海逐渐递增，夏季表层水温较高，冬季水温较低，由于受到许多暖流影响，对海域表层水温的年变化产生影响。

表 9–21 平潭所属的东海海面季节海水温度（℃）

月份	深度（米）	海水温度（℃）
冬季（2 月）	0	5~23
	25	9~23
	50	11~23
	100	14~21
	200	17~20
夏季（8 月）	0	26~29
	25	20~28
	50	15~27
	100	14~26
	200	14~21

资料来源：中国自然资源手册，736 页。

海水动力条件是指海水涨、落潮、海流运动和海水交换现象。以此引起的浪潮和海水大潮时潮水涌进景象，由此引发了可供观赏的涌潮与击浪现象，此类景观如牛山岛大节理缝处形成的浪击现象。

据东澳海洋站点实测资料统计，平潭海域秋冬季节多偏西北向风，风力多在 6 级左右，海域多年平均波高 1.3 米，平均周期为 5 秒，平均波长为 41.61 米，最大波高 11 米，最大周期 9.3 秒。这些都是引发平潭滨海涌潮与击浪现象的条件。在海坛岛最北端的青峰，以及西南部的娘宫港、竹屿港等处的平均潮差很大，达到了 4.5 米以上，都是很好的观潮观浪点。

海面的波浪对开展某些海上运动如滑水、冲浪等很有帮助，因此需要对其进行观察测定（刘南威主编 . 自然地理学 . 科学出版社，2000）（表 9–22）。

表 9-22　波浪分类调查

依据	名称	特点
成因	风浪	风力直接作用下形成。属于强制波，波速较慢，最大 40~50 公里 / 时
	涌浪	风停止时或波浪离开风区时的波浪。属于自由波，波高较小，波长较长，波速较快（超过 100 公里 / 时）
	内波	海水内部由两种密度不同的海水作相对运动引起的波动
	潮波	海水在引潮力作用下产生的波浪
	海啸	有火山、地震或风暴引起的巨浪
水深	深水波	集中在海面以下一个较薄的水层内，又称表面波或短波
	浅水波	水深相对波长很小的波，又称长波
波形传播性质	前进波	波形不断向前传播的波浪
	驻波	波形向前传播的波浪。只是波峰和波谷在固定点不断地升降交替着的波浪

（三）滨海旅游保护与开发事项

平潭旅游资源研究成果的推出，使得一度贫困的平潭岛出现了发展旅游业的新机遇。平潭县委、县政府和广大群众从 20 世纪 90 年代初到现在，一直在不懈地探索海岛旅游资源的保护和开发。在国家和省、市相关部门的指导支持下，1994 年经国务院批准，平潭海坛风景名胜区被列入国家级重点风景名胜区；1999 年列入我国申报世界遗产预备名单；2006 年列入首批国家自然遗产名录。二十多年来，平潭的旅游资源保护和开发探索，有成绩也有曲折。公众最关心的是平潭最广泛最重要的滨海旅游资源，尤其是沙滩资源如何有效保护和永续利用。目前，在旅游规划和旅游开发中对于以下三个方面的问题，我们认为是亟须关注的。

1. 滨海沙滩与延伸地带（高潮线以上）的天然关联

沙滩高潮线以上的延伸地带，包括沙地、林地、低丘等，是沙滩生态、沙滩环境、沙滩景观的重要依托，也是旅游规划的黄金地段。规划延伸地带，要研究沙滩地表的景观层次和布局构成，也要关注在地表下沙滩与延伸地带的生态关联，保护地下水资源的自然渗透和循环，这对于科学利用开发和保护沙滩资源，具有十分重要的意义。目前在平潭两大沙滩的延伸地带上，海坛湾有防护林、沙地平原和城区；坛南湾有防护林、低矮的海蚀地貌、部分村庄等；这些地表上的立体要素都会得到规划的关注，但对地表下的生态关联因素则往往忽略，这一问题在海坛湾最为突出。

数年前，海坛湾延伸地带上修建了长两公里多、宽百余米的驳岸堤坝，坝体直接建在高潮线上，多数地段还进入潮间带几十米。造成的影响：一是延伸地带与沙滩之间天然的地下循环系统被阻断，积水淤在堤内的防护林地散发腐臭味，沙质的林地变质，低洼的木麻黄林相继坏死，沙滩因缺少地下淡水整体的渗透和不断更新的作用力，原生态环境也在变化；二是海坛湾紧挨平潭城关，城市生活污水渗漏部分，失去从沙地过滤扩散的机制，也积聚在堤内，原本环境优美的防护林林地生态环境恶化，散发腐臭味，一年四季在林地和城关随处闻见；三是堤坝内聚集的污水最终还是“设法”

归海了，严重污染了沙滩和浅海水质，使得这一段沙滩与其他五六公里沙滩的洁白无瑕、天然纯净形成强烈反差。

本书上面列表显示的海坛湾的环境和物质含量指标，在一些地段已不再存在。其中尤其是海坛湾这一段沙滩受到了实质性破坏。在沙滩延伸地带的开发利用上，应把旅游需求与维护沙滩生态系统有机结合起来，把人工建设带给环境的压力，尽可能控制到最小范围，减轻到最小程度。

2. 滨海沙滩发育与开发利用的相互关联

在滨海沙滩上，景观要素包括大海、岛礁、沙滩、林地、渔事活动等，但最直观的还是首推沙滩。保持滨海沙滩的魅力和永续利用，关键是保证沙滩良好的发育状态。

从已经初步开发海坛湾一段沙滩看，这些年来显现出来的问题不少：沙滩上机动车行驶日益增多；沙滩上骑马、驾驶沙滩摩托等沙滩活动毫无节制；各类生活污水直接排放沙滩，工程垃圾、旅游垃圾直接抛弃沙滩等。这一环境带给沙滩的压力，超过了沙滩的自我净化能力，沙滩迅速变质的忧患正在显现。这里可以举出以下事例说明这一表象：发育良好的滨海沙滩的最重要标志，就是沙蟹的繁衍存活情况。潮水退去的时候，潮间带出现无数沙蟹留下的“几何图案”，呈现无数孔径大小能容纳成人两三个手指头的沙蟹洞，以此成为沙滩发育良好的标记。20 世纪 90 年代发育良好时的海坛湾沙滩，就是这种境况。但现在环境的恶化，使得在此段沙滩上的沙蟹生存已很艰难，过去那种游人追逐沙蟹、掏挖沙蟹孔洞的情形，不多见了。

因此，在平潭旅游业即将引来新的发展机遇的时候，保护发育良好的沙滩，就是保证宝贵的沙滩资源永续利用，自然成为一个十分紧迫的课题。外地在保护滨海沙滩资源上，有许多成功的经验和做法值得借鉴。平潭应该高度重视初步开发阶段出现的问题，按照科学发展的要求，用养护的观念管理沙滩，用生态的办法经营沙滩，用人与自然和谐发展的成果恢复沙滩特有的景观价值，从管理体制与机制上研究创新适应当地情况的管理办法，为持续保护平潭难得的滨海沙滩资源，做出实际的贡献。

3. 滨海沙滩与周边开发建设的相互关联

平潭滨海沙滩还面临周边开发建设的环境压力。为协调这种关系，当前最需要关注的有以下四类开发建设。

（1）平行沙滩的环岛路修建。据悉最新规划草案，环岛线路经过两大沙滩。其中，有的路段临近海坛湾潮间带，对滨海水文环境将要带来危害。平潭的地貌，类似倒扣的盘子，地下基本是网格状的花岗岩，为海沙所覆盖。沙地既是防护林地，也是农地。地下水资源在沙地下流动，最终向海岸边渗透，在不少沙滩高潮线都能挖出淡水，因此平潭的群众自古都有在家里田头打井取水的习惯。环岛路的取向平行两大沙滩，海坛湾一些地段环岛路方案靠近沙滩，必然阻断沙滩地下水资源向海岸的自然循环流动和自然净化进程，进而给沙滩沙地里生物多样性和地表植被的繁衍带来消极影响。海坛岛最长约 29 公里、最宽约 19 公里，能够利用的土地资源不宽裕。从充分利用滨海沙滩资源、带动沙滩腹地土地的利用价值出发，需要规划一定的路网布局，但在滨海黄金地段应减少环岛路的占地。环岛与两大沙滩平行的路线最好远离岸线，至少保持

1 公里以上的距离，由此存在的不便，可以通过修建与岸线垂直的路网求得解决。

（2）沙滩周边渔港、避风港等海堤的修建。沙滩周围有村镇、渔事活动，修建渔港、避风港等属正常需求，但两大沙滩成为平潭不可多得的旅游资源，旅游业成为平潭发展的优势和重要战略，周边渔港、避风港的修建，就要权衡利弊。平潭两大沙滩沿岸的海流，每天两涨两落，涨与退的流向相反，通常每小时海流速 2.1~2.3 海里。这些自然现象构成了优质沙滩的必备条件。一旦在附近修建渔港、避风港等设施，必然改变周边海流规律，改变沙滩形成的条件和机制，就可能导致沙滩被破坏和消失。规划和修建此类工程，要慎重选址、控制规模。在没有把握的情况下，宁可不上周边工程，也不要等待资源被破坏了再来面对残局。

（3）沙滩延伸地带的旅游服务设施修建。平潭滨海旅游开发中商业开发的土地，各家尤其关注坛南湾周边十余平方公里的处女地。坛南湾沙滩是平潭作为国家风景名胜区在规划上明文控制的唯一沙滩群落，目前坛南湾沙滩和周边土地仍是作为农林用地，基本上还保持原生状态。如何确保坛南湾的发展具有生态型特质、国际化视野、高标准建设、海岛开发的新标识，对于平潭今后很长时间的开放开发和发展，都具有深远的影响。酒店、宾馆、度假村等设施，应退至 1 公里环岛路以外；这一带的整个规划，必须按照国家级风景名胜区的管理法规要求，履行严格的论证和报批手续，为永续利用资源打好基础。

（4）生产建设与沙滩环境的关系。很多近海水域内水产养殖存在污染，如坛南湾崎沙澳海域、山岐澳至建民沙堤海域，分布着大面积的海带养殖，减缓了海水正常流动，造成海水中的杂质淤积，影响了整个沙滩的质量；滨海区域存在的许多违规建设项目干扰了景区环境。1999 年在山歧澳建设的长泰船厂，总占地约 96 亩，与国家颁布的风景名胜区法律法规以及总体规划不符，它截断了山歧澳景区的海滩，污染了海水，破坏了山体。

保护与开发并举，避免破坏性的建设和建设性的破坏，是旅游区管理、发展的永恒主题。平潭岛滨海环境和旅游开发问题，早已引起国家和福建省、福州市、平潭县等各级部门和领导的密切关注，20 世纪 90 年代，时任福建省委、福州市委领导的习近平同志，每到平潭检查工作，都特别强调保护好平潭岛旅游资源，甚至强调说，如果我们这一代人没有能力开发起来，就要做好资源保护工作，留给子孙后代来规划和更好地发展。

第十章　中部地区实践案例

一、河南省开封市旅游资源调查与评价案例（完成于2004年）

（一）旅游资源研究

1. 旅游资源研究过程

（1）区域划分。旅游资源区域表达中的“区域”划分，可依据《标准》中对调查小区划分的规定：“调查小区一般按行政区划分。如地区一级的调查区，可将县级一级的行政区划分为调查小区”。按此规定，开封市的旅游资源区域是按5个市区、5个县的行政区域划分，据国家标准《中华人民共和国行政区代码》规定，开封市的行政区域划分见表10-1。

表10-1　开封市旅游资源表达中的区域划分

名称	面积（平方公里）	字母码	名称	面积（平方公里）	字母码
龙亭区	14	LTK	杞县	1258	QIX
顺河回族区	28	SHR	通许县	767	TXY
鼓楼区	8	GLK	尉氏县	1257	WSI
南关区	10	NGK	开封县	1449	KFX
郊区	336	JQK	兰考县	1116	LKA

说明：1. 面积摘自中华人民共和国2002年行政区划简册；
2. 字母码摘自GB/T 2260—1999《中华人民共和国行政区代码》）。

（2）调查过程。为此，在实地调查前，规划组为完成总体规划提出的旅游资源分类与评估的任务，调查组选择和确定了整个区域的调查线路、重点调查对象，从2003年8月17日到8月29日，2004年3月27日至4月7日，又作了补充调查。在调查期间，还与有关部门进行多次座谈。

经过调查，得出旅游资源的基本类型及其旅游资源主类、旅游资源亚类、旅游资源单体数量。

2. 旅游资源的开发现状

开封作为我国七朝古都和有着近3000年悠久历史的文化名城，具有“文化遗存丰厚、城市格局悠久、古城风貌浓郁、北方水城独特”等鲜明特点，有着丰富多彩的旅游资源，为旅游业发展提供了得天独厚的有利条件。全市风景名胜、文物古迹遍布，尤其是“古（都）、人（名人）、文（宋文化）、水（黄河、湖）、食（传统美食）、花（菊）”等独特的旅游资源优势吸引着中外游客。

早在20世纪80年代，开封市就确定了发展旅游业的指导思想，先后开发重建了包公祠、宋都御街、矾楼与仿古建筑群大相国寺。90年代又开发新建了清明上河园、翰园碑林、天波杨府、大梁门和朱雀园、金明广场等。现今市区已经基本形成了以龙亭湖景区为主的北部景区（包括龙亭、清明上河园、天波杨府、翰园碑林及潘杨湖、杨家西湖等），以包公祠、开封府、延庆观及包公湖等组成的中部景区，以禹王台与繁塔为主的南部景区以及黄河游览区等四大旅游景区。初步形成了“景在城中，城在景中，河湖相连，北方水城”的旅游大格局。开封市已经成为河南省沿黄“三点一线”的重要旅游城市。

旅游资源丰富而颇有特色的开封市，从20世纪末以来，旅游业发展很有起色，特别是近年来围绕着“宋都文化”这张品牌，发挥其地理上的“水城”优势，在整合旅游资源及规划开发与建设上取得了明显的成绩，不仅经济效益显著，城镇建设与旅游环境也都有很大改善，目前正在旅游景区的精品化、特色化、“宋文化”的挖掘整理与优化以及开拓中原、黄河等旅游新线路等方面进行科学规划和有序开发，以推动开封市与所辖各县城旅游经济的稳步增长与发展。

（二）开封市旅游资源类型及主要基本类型内容表述

1. 地文景观类

地文景观指长期地质地理作用过程在地表或浅层地下形成的各种自然资源类型。

岸滩类：调查了1处旅游资源基本类型单体，即东坝头黄河滩地。其位于兰考县北部东坝头黄河段的北岸，是由于黄河迂曲流所形成的河漫滩地，全由沙质河流冲积物和淤积物组成。高出河面2~3米。面积约10000余亩，其地势坦荡，现大多已为农地，附近低湿地上有白鹭等水禽出没。

2. 水域风光类

指水体及水体所依存的特定地文环境下构成的自然资源类型。

（1）观光游憩河段。指可供观光游览的河流段落。流经开封市北的黄河，其河床高出市区地面8米左右，乃是著名的“悬河”自然奇观所在。宽阔的河面与其南北两侧伟岸的大堤，组成了黄河开封段特有的壮丽景色，并成为开封市一大旅游资源和主要观光游览景点（区）。开封境内此种基本类型现有4个单体：前3个是位于开封市郊区的柳园口、黑岗口河段和位于兰考县境内的东坝头河段，以及汴河的河流段落。这3处河段是黄河悬河的著名险工地段，历史上黄河曾经多次在这里决口，有许多治河工程遗迹，如柳园口就是黄河下游“三口”之一，1842年清末林则徐在此指挥堵口抢险，修筑了“林公堤”。1952年毛泽东也曾到此察看“悬河”。这些河段的黄河紧邻黄河大堤，另一侧则为广阔的黄河滩地，普遍发育了河滩湿地，成为鸟类的良好栖息地。目前在这里开辟了旅游区。第4个河段是位于清明上河园内人工改造形成的

“汴河”河段。

（2）观光游憩湖区。该基本类型是开封这个“北方水域”的重要组成部分，调查了4个单体：包公湖、龙亭湖、铁塔湖、阳光湖。

这4个湖区均位于开封市区内，总面积近1平方公里，其中包公湖、龙亭湖的面积最大，分别为0.4平方公里和0.38平方公里，铁塔湖、阳光湖的面积较小，分别为0.07平方公里和0.09平方公里。湖泊的水深都不深，一般为1~2米。龙亭湖呈腰形，长轴为西北—东南走向。湖域被迎宾路、延庆街这两条近南北走向的道路分割为三段。包公湖是个内陆湖，也是开封城内最大的湖。湖周柳树成荫，湖西有名闻四方的包公祠临湖而筑；湖东北岸有新落成的仿宋建筑开封府，另在湖北岸不远处有道教全真派的祖庭延庆观。城东北的铁塔湖因依傍铁塔而名，这些湖泊不仅湖色秀美，名胜古迹荟萃，是开封市主要的观光游憩湖区之一。

（3）沼泽湿地。指可供观光游览的地表常年潮湿或有浅层积水、生长湿生和沼生植物的地域。开封市地形低洼，除积水的湖泊坑塘外，也形成有较为广泛的沼泽湿地，此次调查了1个基本类型单体，即位于开封市北部黄河南岸的柳园湿地，该湿地面积3.82万公顷，包括了部分黄河河道与沿岸低湿滩涂，洪汛时可大部遭水淹。这里是省市境内重要的候鸟越冬地和停歇地，有鸟类200多种，列入国家重点保护的珍稀鸟类有丹顶鹤、白鹳及雁、鸭、鹭鸶等50余种。1994年获准在此建立柳园口省级湿地自然保护区。

（4）地热温泉。指水温超过当地年平均气温的泉水，开封市该基本类型有1个单体，即雪霁地热泉，它位于开封郊区新宋路北街中段，是一处人工开凿的地热井，深1205米，水温为50℃，出水量为每小时15~22立方米，该井水质含有偏硅酸、重碳酸钠、锂、钡、锶、硒、锌、硼等微量元素。目前有雪霁饮料厂利用它生产矿泉水、饮料等，年产量达1500吨。

3. 生物景观类

指以生物群（个）体构成的旅游资源类型，通常因其拥有诸如物种的珍稀性或奇特美丽的外形而引人注目，或具有科研价值而备受关注。

（1）林地。指由生长在一起的乔木组成的植物群体。开封境内的林地基本类型仅有1个单体，即开封国家森林公园林地。这片林地位于开封东北市郊，面积560公顷。开封地域内植物类型属温带落叶阔叶林带，乔木树种主要有杨树、刺槐、榆树、柳树、苦楝及苹果和梨等，灌木树种主要有紫穗槐；草本植物则有茅草、香附草、狗尾草、蒿类和蒺藜等。林草还间杂以松柏之类常绿针叶树种。1992年在这里建立了森林公园。

（2）独树。指有观赏价值的单株乔木，开封境内独树基本类型单体较多，分布也较分散，且以古树名木居多，仅开封市区内树龄在百年以上的古树就有45株，其中树龄最大的超过1000年。它们多为国槐，少数为侧柏、海棠、皂荚和石榴等树种，但开封市较有旅游观赏价值的独树基本类型单体主要有如下18处24株（见表10-2）。

表 10-2　开封市调查的独树统计表

名称	株数	树龄（年）	高度（米）	胸围（米）	说明
龙亭区无梁庙国槐	1	513	6	2.2	
顺河区北土街区房管所内海棠	1	143	8	1.9	
南关区开封卷烟厂家属院内千年国槐	1	1156	10	3.6	
南关区禹王台园内禹王台侧柏	1	206	17~18	1~1.2	
南关区禹王台园内禹王台凌霄树	2	500	5~6	0.2	
顺和区河南大学内的圆柏	2	70~100	8	0.6~0.8	
鼓楼区相国寺的国槐	1	200	8	1.9	
鼓楼区商业大远东胡同八百龄古槐	1	811	10	3	
尉氏县洧川镇南城门奇柏	1	500	5	0.5	
兰考县城关乡朱庄南焦桐	1	40	20	0.9	
开封县城南朱仙镇的岳飞庙内系马槐（已死，只有树干）	1	800			
开封县朱仙镇的清真寺内相思槐	1	1000			
杞县高阳镇金村狗脊骨树	5	2000			
杞县城关镇浴池门前千年古槐	1	1000			县文物保护单位
杞县官庄乡官庄村古拓桑树	1				县文物保护单位
杞县固乡东杨庄村棠李树	1				县文物保护单位
开封县朱仙镇庙岗学校内庙岗古槐	1				县文物保护单位
开封县土山岗乡土山岗学校内古皂角树	1				县文物保护单位

这些独树主要是槐树，共有 8 处 10 株，其次柏树（侧柏、圆柏）3 处 3 株，海棠、槐树、桑树、李树、皂角树各 1 株；树龄在千年以上的 4 株，500~1000 年的 3 株，100~500 年的 3 株；这些独树有的形态奇异，如位于尉氏县洧川镇南城门的奇柏，就位于城门内侧洞券正中央，上距城门顶 30 厘米、下离门洞沿 40 厘米的墙砖缝中，柏树根扎入砖缝内，树身向外伸展高达5米，树干基部扁宽，粗约0.5米，树龄达500年，为当地一大奇观。禹王台的凌霄树树干弯曲盘绕，颇为奇特引人。还有的与历史名人有关联，如朱仙镇的岳飞庙内的黑槐树，相传岳飞曾在树上拴过战马。兰考县城关乡朱庄南的泡桐树，则为当年兰考县县委书记焦裕禄同志亲手所植，被称为“焦桐”，为当地主要旅游景点。

（3）草场花卉地。指有观赏价值的花卉植物景区。开封市内主要有 1 个单体。即禹王台公园菊花苗圃，它是开封菊花主要培植基地和为一年一度菊花花会提供菊花的主要花卉生产基地。

4. 遗址遗迹类

指已废弃的历史人类活动地域和建筑物，其主体景观基本已消失。

（1）人类活动遗址。指史前人类活动的遗迹遗物的发现发掘地点，包括文化层中各种文物碎片和古人类栖居地点。位于豫东平原的开封市辖区，因历史上多次遭受黄河泛滥淹没，早期文化遗迹留存稀少。目前发掘出土的史前新石器时代的遗址遗物主要有如下7个基本类型单体，它们大多保留在黄河泛滥平原上的一些高低不一的土丘土岗上，遗址附近的村庄多以“岗”命名，有“一溜十八岗”的说法。这些高台岗地大多是古代遗址分布之处。

时代最早的遗址为位于尉氏县洧川镇北一公里的兴隆岗村，属早于仰韶文化的裴李岗文化。出土有石斧、石镰、红陶罐、石磨盘及鹿骨和猪骨等化石，距今已有7000~8000年历史，是开封境内迄今发掘年代最久远的新石器时代早期文化遗址。

仰韶文化、龙山文化和二里头文化遗址都各有多处。如椅圈马仰韶文化遗址，位于尉氏县城西约13公里的大营乡椅圈马村东南，发现一批仰韶文化时期大河村类型的遗迹和遗物，出土有陶器和石斧、石凿和骨针等。这是第一次在豫东地区发现的新石器时代早、中期遗存；竹林仰韶文化遗址，位于杞县城南35公里竹林村北的土岗上，1986年列为河南省重点文物保护单位；位于杞县城南约6公里的高阳乡段岗村北部一漫坡岗地上的段岗遗址，有龙山、二里头和商周各个时期的遗存；位于杞县县城东约14公里的裴村店乡鹿台岗村西部鹿台岗遗址，发现有龙山、先商、岳石、商代及东周等时期的大量遗存，包括陶器、骨器、蚌器、石器以及少量铜器等遗物，其总的文化面貌为属于河南龙山文化的王油坊类型范畴，为省级文物保护单位；位于杞县城东约3公里的朱岗村边、北距惠济河南约1.2公里的朱岗遗址，1989年抢救性清理发掘时，获得一批二里头文化陶器为主的遗物，反映了这里曾是夏族的活动范围；位于杞县东南约10公里的高阳乡牛角岗村北部的牛角岗遗址，文化面貌与朱岗遗址相类似。此外，还有尉氏县境内的靳村仰韶文化遗址、新庄仰韶文化遗址、程庄龙山文化遗址、桐刘龙山文化遗址、豆庄（虎台寺）龙山文化遗址、吴岗商周文化遗址、要庄商周文化遗址、大王货商周文化遗址、杞县境内的冢丘新石器遗址、板木商文化遗址、李岗新石器遗址、白畅岗商文化遗址及开封县境内的罗王虎丘寺夏文化遗址等众多遗址。

（2）历史事件发生地。指历史上发生过重要文化、贸易、政治、教学等事件的场所，开封市内该基本类型有如下9个单体，为不同性质的建筑旧址。其中有民主革命时期和抗日战争时期的革命纪念建筑和革命者办公建筑旧址，有宗教建筑旧址，有学校旧址，有“文化大革命”时期刘少奇受迫害处。这9个单体有：杞县邢口镇邢口村虎邱寺农民革命起义旧址、中共豫陕区委旧址、大同中学旧址、天主教河南总修院旧址、国共“黄河归故”谈判旧址、抗日时期中共河南省委旧址、邮政大楼、李大钊演讲处、刘少奇逝世处等。

选一项予以表述示例：中共豫陕区委旧址，位于开封市西大街路南3号，为1925年至1926年原中国共产党豫陕区委所在地，为一座三楼三底，另加一个跨街上楼的房子。1998年城市改造位置移动并依原样重建。1986年11月12日列为省级文物保护单位。

（3）废弃寺庙。为历史上曾存在过现今已毁或废弃了的宗教建筑遗址、遗迹。该基本类型在开封市有4个单体。包括：一赐乐业教礼教礼拜寺、兴国寺遗址、关帝庙、孟子游梁祠遗迹。

选一项予以表述示例：关帝庙，位于开封县朱仙镇岳飞庙东侧。庙门前尚有一对大石狮和一高 16 米的生铁制作的蟠龙铁旗杆。庙内原有建筑精美的春秋楼，1965 年毁。现存东西厢房、大殿和山门。现为朱仙镇木版年画社活动之所。

（4）交通遗迹。指古时的交通设施，但现已废弃了的遗迹。开封市内此基本类型数量较少，仅有 1 个单体，即古州桥遗址，位于开封市鼓楼区中山路中段及皮革大世界广场前，是北宋时坐落在御街与汴河交汇处的一座著名桥。该桥始建于唐代，名汴州桥。五代时称汴桥，北宋时将它比作天河，改称天汉桥。一般习称“州桥”。《水浒传》中杨志卖刀，怒杀泼皮牛二的故事就发生在这里。宋时州桥附近有夜市，买卖食品至三更，名为州桥夜市。明代对州桥进行修葺。明末崇祯十五年（1642 年），黄河特大洪患时，将桥淤没。1984 年秋，开封考古队探明该州桥桥面距地表 4.3 米深，桥底深均 11 米，为砖石结构的拱形桥。桥南北长 17 米，东西宽 30 米，桥面为青石铺砌。桥上部为明代所造，下部则为宋代桥基。该桥宽达 30 米。如此宽的桥梁，在中国古代桥梁史上尚属罕见。1988 年将古州桥遗址列为市级文物保护单位。

（5）废城遗迹。七朝古都的开封市辖区内，留下许多废城遗迹。其时代，最早为从春秋时期到明代，据不完全资料，开封市境内大大小小废城遗迹多达十余处。该基本类型主要有 5 个单体。包括：启封城遗址、洧川古城、明周王府萧墙遗址、金明池遗址、尉氏县康王城遗址等。

此外，开封市所辖地区内的古城遗址还有尉氏县的小苑陵城遗址（春秋）、程岗古城遗址、杞县雍邱故城（秦）、圉城故址（春秋）、兰考县的兰阳县治遗址（元）、仪封县治遗址（明）、考城县故城（清）、东昏城遗址（汉）、仪封县故城（明）、通许县的西城古建遗址等。

5. 建筑与设施类

指各类建筑物和建筑设施构成的旅游资源。

（1）教学科研实验场所。指开展教学、科学研究的机构和从事工程技术实验场所的观光区域。开封市内，该基本类型有以下 2 个主要单体，即河南大学和开封大学。

（2）康体游乐休闲度假地。该基本类型有一个单体，即位于开封市龙亭区杨家湖西南岸的清明上河园。该园始建于 1992 年，1998 年建成并对外开放。全园占地面积 500 亩，一期工程 350 亩，其中水面 120 亩。该园根据宋代著名画家张择端的传世名作《清明上河图》建造。清明上河园既是融汇文化性、知识性、趣味性、竞技性、观赏性于一体的大型园林游憩区，也是开封市一处集观光、娱乐、度假和休闲等多功能于一体的著名风景名胜区。

（3）宗教与祭祀活动场所。指进行宗教活动场所的观光区域。开封市内，该基本类型主要有以下 5 个单体，有人物祠堂、佛教庙宇、道教寺观、伊斯兰教清真寺和天主教堂等建筑。包括：包公祠、大相国寺、白衣阁、延庆观、岳飞庙、朱仙镇关帝庙、朱仙镇清真寺、善义堂清真寺、开封东大寺、北大寺、宝珠寺、鸿台寺、天主教堂、开宝寺等。

选一项予以表述示例：包公祠，位于开封市鼓楼区包公湖西岸，始建于1984年，1987年建成。该祠为在原包公祠的旧址上重建的仿古建筑。目前是开封主要游览景观之一。包公祠占地面积1公顷多，建筑面积2000多平方米。大门气势宏伟，上书“包公祠”三个金色大字；一对石狮雄踞门口两旁，十分威严。祠内分主展区、园景区、功能服务区三个部分。主展区主要建筑有大门、二门、照壁，东西两碑亭、二殿、东西配殿、大殿等，布局规正、色调淡雅、庄严肃穆、油漆彩绘为宋代风格。

（4）园林游憩区域。指可供游览休憩的园林。开封市内该基本类型有5个主要的单体，包括包公祠园容景区、杨家花园、翰园风景园林区、玉津园公园、铁塔湖园区等。但大多都为仿古建筑群或古建筑群中的附属部分，单独存在的园林较少。

选一项予以表述示例：包公祠园容景区，位于开封包公祠内，濒临包公湖，是包公祠的一部分。其内有假山和奇石构成的石林景观，包括两座假山一条人工河，一组奇石林、精美石雕群及草坪、花园和人工喷泉等。由太湖石构筑成的假山起伏跌宕，瀑布从其主峰飞流而下，山前人工河内有十多组艺术喷泉，河内则有无数锦鲤游戏其间，还有一座汉白玉筑制的雪白晶莹的玉带桥横于河上。假山上还有一座石砌百龙亭。草坪上放置十多块嶙峋奇石和仙鹤、寿星、双鹿、牛等石雕，构成了一幅奇巧玲珑的石景花园。包公祠园容景观区内则集中了较多太湖石，成为该游憩园区一大人造景观特色。

（5）文化活动场所。指各类进行文化活动、展览、科学技术展示的场所。开封境内此种基本类型有2个单体，包括开封府、翰园碑林。

选一项予以表述示例：开封府，位于开封市鼓楼区包公湖北岸，占地68亩多，为新建的仿宋建筑群，依北宋《营造法式》建成，包括位于中轴上的正厅（大堂）、议事厅、梅花堂，以及天庆观、明礼院、潜龙宫、清心楼、牢狱、英武楼、迎宾馆等50余座大小殿堂。建筑面积1.36万平方米。建筑群气势恢宏，巍峨壮观，与包公祠隔湖遥相呼应，形成“东府西祠”共一碧水的壮丽景观。

（6）建筑工程与生产地。指有参观游览价值的各类型经济开发或生产企业单位，包括工厂、农田、牧场、林场、茶园、养殖场、加工企业及各类生产部门或车间，开封市境内此种基本类型主要有2个单体：河南生态环保鱼鸭混养基地和开封汴绣厂。

选一项予以表述示例：开封汴绣厂，位于开封市顺河区汴京路北、汴京公园西邻。刺绣在我国有悠久的历史传统。北宋时期的开封，刺绣得到很大发展，以汴绣而著称。后来虽王朝迭有兴衰，但汴绣工艺在开封得以延续。1954年成立了开封汴绣厂。1959年为新中国成立十周年献礼该厂创作了《清明上河图》宏伟历史画卷，得到国家领导人和专家的高度评价。之后几十年来，开封汴绣厂获得上百种奖励和荣誉，多次荣获国家、省、市及国内外各种奖，是首批命名的“国家定点旅游单位”。

（7）动物与植物展示地。指可供参观游览的饲养动物、培植植物的园区。开封境内此基本类型较多，主要有4个单体，即汴京公园、牡丹园、中日友好樱花园、福胜院盆景园。

选一项予以表述示例：汴京公园，位于开封市顺河区汴京路，是开封市五大公园之一，也是开封市唯一集文化娱乐、花卉植物、动物观赏为一体的综合性文化公园。占地面积 214 亩，建立于 1962 年。现今园内有大型牡丹园、盆景园、月季园，园园相通。公园还是开封市的菊花养植基地之一，共有菊花品种 140 多种，并且在全国、全省、全市的插花、盆景、品种菊等比赛中名列前茅。

（8）聚会接待厅堂。指用于办公、会商和其他公共事务所设的殿堂厅堂。开封市内该基本类型有 5 个单体，各为某建筑群中的主体建筑，包括开封府正厅、龙亭、河南大学大礼堂、祥符县文庙大成殿、山陕甘会馆大殿。

选一项予以表述示例：河南大学大礼堂，建于 1931~1934 年，南北长 51.8 米，东西宽 44.5 米，高 24.4 米，建筑面积达 3959 平方米，分上下两层。观众厅屋顶为中国古典宫殿式大屋顶，厅内设观众座位 2800 个。礼堂正门侧有 8 个柱，将三个大门装饰得巍峨壮观，整个造型庄严秀丽，金碧辉煌，青砖绿瓦，飞檐画栋，为中西建筑艺术风格的结晶，不仅是当时河南省最大的礼堂，在当时全国高等院校中也是具有很高艺术水平的建筑精品。

（9）祭拜场馆。指为宗教活动、祭祀祖先和神灵以及开展多种宗教礼仪活动的公众场所，开封市内本基本类型大致有以下 10 个单体。

选一项予以表述示例：大相国寺大雄宝殿，清顺治十八年（1661 年）和乾隆三十一年（1766 年）两度重修，气势恢宏，彩绘华丽，有“中原第一殿”的称誉。殿前为月台，台基已淤与地平。台周有石望柱 56 根，柱头雕刻有形态各异的小石狮。佛殿内供奉的如来、观音等佛像，为 1994 年重塑。

（10）展示演示场馆。此为各类展出演出活动开辟的馆室或场地。开封市内此基本类型共有 10 个单体，包括博物馆、蜡像馆及各种展馆和广场式样的展示。

选一项予以表述示例：开封博物馆，位于开封市鼓楼区包公西湖南街，为原博物馆于 1961 年迁往省会郑州之后于 1988 年新建展馆。主体楼四层，是一座呈“山”字形的仿古建筑。馆内共有 13 个展厅，南北两侧有石刻碑廊。馆内藏有青铜器、陶瓷器、玉器、碑刻、书画、石刻墓志、竹木牙雕、历代货币及革命历史文物等资料 2.3 万余件，专业图书 3 万余册。几年来先后举办了《宋代文物》《中国历代货币》《开封革命史》等十余次展览，出版了《开封文博》和一些专题著作。馆内珍藏原犹太教堂遗存的三块古碑：明弘治二年（1489 年）的《重建清真寺记》、明正德七年（1512 年）的《尊崇道经寺记》和清康熙十八年（1679 年）的《祠堂述古碑记》，是研究中国犹太人的珍贵历史文物。

（11）体育健身场馆。指为开展体育健身活动的独立馆室或场地，开封市内本基本类型的单体。选一项予以表述示例：开封市体育馆，位于龙亭区龙亭北路北侧，是在原河南省人民体育场（前身乃建于 1932 年的华北体育场）的旧址上建立起来的开封市人民体育场内。市体育场占地 11.95 万平方米，设有体育馆、游泳池、田径场、足球场等。但其主要建筑是体育馆，建于 1985 年。馆内东西两看台设有 3000 个座位；其中心北部场地适合于篮球、排球、乒乓球、羽毛球、体操、武术、摔跤、举重、柔道等多项比赛。馆前空地为 1 万平方米，馆后占地 5400 平方米，是开封市最大的体育活动场所。

（12）佛塔。该基本类型系指佛教徒用石、砖或木等材料建造的高耸直立建筑物。开封市内本基本类型有 4 个单体，即铁塔、繁塔、兴国寺塔和大云寺塔。

选一项予以表述示例：铁塔始建于北宋皇祐元年（1049 年），已有近千年历史。它是铁塔公园内的重要文物，也是主要景点，为 1961 年我国首批公布的国家重点保护文物之一，享有“天下第一塔”的美誉。塔高 55.88 米，八角十三层。因其地曾为开宝寺，又称“开宝寺塔”。塔为实心仿楼阁式。塔外壁镶嵌的花纹琉璃砖，有坐佛、主僧、飞王、降龙、麒麟、狮子、乐伎等 50 余种图案，形象生动。因其通体呈褐色，混似铁铸，从元代起民间就称其为“铁塔”。塔形典雅秀美，雄伟挺拔。该塔结构严紧，坚固异常。自建成 900 多年来，历经战火、水患、地震和风雨等侵袭，仍然巍然屹立。

（13）塔形建筑物。指为纪念、镇物，表明风水和某些实用目的的高耸直立建筑物。开封市内基本类型单体有以下 2 个。

选一项予以表述示例：北伐阵亡将士纪念塔，位于开封市南关区大南门外、火车站北，中山路南段马路中央。塔基为圆形，由三层青石砌成，塔身为六棱圆柱形，通高 23 米。是一座欧式纪念性建筑物，为冯玉祥为纪念国民军历次战役中殉难的将士而立。

（14）楼阁。指用于藏书经、远眺、巡更、饮宴、娱乐、休憩、观景等目的而建的二层或二层以上的建筑。开封市内本基本类型有 13 个单体，它们的功用和体量都相差很悬殊。其中有体量很大的矾楼等楼阁和城门楼等，也有体量较小的牌楼等建筑；有的是单独的大型建筑体，有的是大型建筑群内的一个重要组成部分。

选一项予以表述示例：御书楼，位于开封市南关区禹王台公园古吹台上，面阔三间，进深二间，重檐硬山。楼檐上悬有仿康熙御书“功存河洛”匾［其真迹匾额在登封中岳庙处，乃康熙三十三年（1694 年）为禹王庙亲书］，另还有御书“嵩高峻极”题额。御书楼二层上有康熙、乾隆两帝为主角的塑像组，供游人赏览。另外，一楼壁上嵌存的康有为 1923 年游开封时所作的《游禹王台诗》石刻，表现康有为书法融汇汉魏艺术风格，独具异形。

（15）城（堡）。指古代用于设防的城体或堡垒，开封市内该基本类型的单体有以下 2 个：开封古城墙、洧川南城门。

选一项予以表述示例：现存的开封城墙，是清初在明城废墟上重建新城，道光二十一年（1841 年）又遭黄河水浸蚀。水退后，重新筑城。周长为 14.05 公里。当时仅有 5 座城门。现今 10 个城门口，皆为新中国成立后新辟。从 1998 年开始，市政府组织修葺了西门城楼和西部城墙。城墙保存基本完好，目前是长度仅次于南京城的一座城墙，而完整的程度则超过南京城，被列为全国文物保护单位。

开封古城的城墙现在基本保存完好。现在所保存下来的古城墙，是清代修筑的开封城墙，它是在北宋东京城的城墙位置上，经过多次重修的。北宋东京城共分外城、内城和皇城三重城墙。经实测外城周长约 58 公里。内城是在唐汴州城的基础上修建起来的，位于今开封旧城区。经探测，内城略呈正方形，周长约 22 公里。皇城位于今龙亭公园一带。宋皇城是在唐汴州节度使衙署的基础上扩建而成的。勘探发掘表明，宋皇城周长约 5 公里，被叠压在明周王府紫禁城下面，淤埋于地下 5~8 米深。在宋城考古发掘过程中，还陆续发现了宋代御街、汴河、蔡河等部分遗迹。北宋东京城遗址于1988年被列为国家级文物保护单位。

（16）碑碣（林）。指为纪事颂德而筑的刻石，长方形者称“碑”，上大下小者为碣。开封市内本基本类型数量甚多，尤以古碑和墓碑（志）两者居多，其中重要和较为著名的碑碣，有16个单体。

选一项予以表述示例:《开封府题名记》石刻碑，原碑收藏于开封市博物馆内，但在包公祠与开封府两处都陈设有仿造的同等大小、相同内容的碑刻。碑高214厘米，宽96厘米，厚24厘米，雕琢精致、考究。碑上文字记载着北宋时期从建隆元年（960年）起至崇宁四年（1105年）止的146年内担任过开封知府的人员名单和任职时间，共有183任开封府尹。其中包公是第93任。记载的知名官员还有欧阳修、寇凖、范仲淹、晏殊及蔡京等人。

（17）建筑小品。指主体景观建筑的附属建筑，诸如亭榭廊阙、（人工）舫泉假山及影壁雕塑牌坊等供游人赏览游憩的小型建筑，开封市内此基本类型的单体极多，数不胜数，下面列出22个单体（表10–3）。

表10–3　开封市建筑小品调查单体

建筑小品名称	位置	建筑特点	备注
铁塔湖水榭	铁塔公园东部	铁塔湖西一处临湖建筑小品	铁塔公园内一处休闲游览胜处
西园水榭	天波杨府杨家花园内	临水而筑的水榭	杨家花园一处主要景物
点将台	位于天波杨府演兵场北	前卷棚后重檐歇山顶仿宋建筑	前檐悬挂“点将台”三个金字匾额
天波杨府南门照壁	天波杨府南大门内	壁体由砖石砌成，壁顶为绿玻璃瓦脊檐	壁面有“天波杨府”四个大字
会馆照壁	山陕甘会馆大门前	砖石砌成，高6米，长15米。壁面上有“忠义仁勇”四个大字	有人物、鸟兽、花果、山石等砖雕，为砖雕艺术之精品。壁面正中则有石质方形浮雕二龙戏珠图案
开封府照壁	开封府门前		照壁正面为一身似鹿，头像兽，只有一只角的神兽浮雕像，它能辨善恶忠奸，起警示作用
龙亭朝门照壁	龙亭之下朝门内院中	高7.36米，庑殿顶，黄色琉璃瓦覆盖。有一拱券门	为清代建筑
杨府假山	天波杨府杨家花园南部	由太湖石堆垒成，山上建有一四角亭，山下修有一洞	游人可登山或探洞
仰圣山	位于翰园碑林园林区	为人造山石景观	其侧有一人造飞瀑
环山	翰园碑林园林中	为人造山石景观	山峦起伏，环形相连，其间有窄缝如一线天
文翠山	翰园碑林翰园湖的半岛上	为人工山石景观	临水屹立，显现湖中倒影的山水风光
轩辕黄帝像	位于翰园碑林南大门内	石像高达17米，巍然屹立，高高耸立在石砌基座上	其下两道台阶中间有七条蟠龙浮雕

续表

建筑小品名称	位置	建筑特点	备注
张择端塑像	清明上河园东大门	立像	纪念他所画的《清明上河图》
包公铜像	包公祠大殿中央	坐姿，端坐方背靠椅上	高一丈零六寸，重 2000 公斤
师旷抚琴塑像	禹王台公园古吹台上		
孙中山铜像	禹王台公园内辛亥革命纪念园中	铜像高 1.97 米，站立在 3 米多高的石质基座上	1929 年冯玉祥为悼念孙中山先生而铸。
紫铜钟（楼）	尉氏县政府大门一侧钟楼上	钟楼设在一高 4.8 米，宽 14.66 米的平台上	钟楼建于明万历二十三年（1595 年），铜钟铸于北宋咸平二年（999 年）
开封府文庙棂星门	位于文庙街 27 号	三间三开	棂星门为清代重建文庙仅存建筑
镇河铁犀	位于开封市北郊朱庄铁牛村北	铁犀高 2.04 米，背上铸有阳文“镇河铁犀铭”四言韵语 22 句 88 字	为明正统十一年（1446 年），当时于谦任山西河南巡抚所铸
龙亭石狮	龙亭公园午朝门两侧	高约 3 米，东为雄师，西为雌狮。雄狮脚踏绣球、雌狮脚抚幼崽	石狮为龙亭胜景之一
蔡文姬塑像	杞县圉镇北关望月楼旧址	汉白玉塑像，高 3.8 米，胸围 1.4 米，重 14 吨	
千手千眼观音菩萨像	大相国寺罗汉殿内	整株粗大的银杏树干雕琢而成，高 3 米	四面佛像造型相同，为中州第一尊木雕观世音像

选一项予以表述示例：镇河铁犀位于开封城东北 5 里铁牛村北，铁犀与其所在的庙宇为明正统年间于谦在治理黄河期间，顺应民间习俗，铸了一具铁犀牛放在河堤上，并盖回龙庙，以禳灾祸。铁犀铸于正统十一年（1446 年）。明末河决，庙毁犀沉。清顺治年间掘出，康熙三十年（1691 年），重建庙宇，改名铁犀镇河庙。清末庙毁犀存。铁犀高 2.04 米，坐南面北呈蹲坐姿态。整个造型浑厚，神态逼真，有威武气势。背上铸有于谦所作“镇河铁犀铭”，为四言韵语，22 句 88 字，意即让灵犀牛来镇住水怪，不再发生洪水。1982 年和 1988 年分别建月台和铁犀亭、围墙、大门等，将铁犀加以保护，并形成一处景观。

（18）传统与乡土建筑。指具有反映时代建筑特色的民宅和院落，开封市内本基本类型遗存不多，较为著名的仅有 2 处单体。一为开封市区顺河区刘家胡同 2 号的刘家宅院，为河南辛亥革命女杰刘春霞的宅院。该宅院系清末所建，分东西两宅，都为三进院。前门都各有大门，两院后部为一花园，将两院联在一起。现东宅为幼儿园占用，基本保存完整，2000 年被列为省级文物保护单位；西宅为顺河区房管所占用，大门为民居占用，建筑基本保持原有风貌。另一处为尉氏县城关镇刘家宅院，也为清末建筑，该处建筑群目前多为民居，大致轮廓和结构还基本保持，但显得破旧陈陋。有部分如尉氏宾馆内的二层砖木结构楼房保存较好。

（19）特色街巷。开封市内该基本类型主要有 2 个单体，一为宋都御街，另一处即书店街。

选一项予以表述示例：宋都御街位于开封市龙亭区中山路的北段，直达龙亭公园南大门，于 1985 年动工兴建，1989 年全部竣工。御街全长 400 米，宽 30 米。两侧设 3 米宽的绿化带。街的两端立有雄伟的牌坊，形成过街门楼，上有原国家主席杨尚昆的亲笔题名。沿街两旁，各式仿宋建筑错落有致，店铺林立。牌楼和街道两旁建筑都施彩绘，呈现古朴典雅景观。御街主要建筑有北端的矾楼和南端的角楼（东西各一对，两相对称）。

（20）特色社区。东大寺回民社区，位于开封市顺河区回族小区，面积 300 余亩，回族人口 4000 余人。开封市是多民族聚居的古老城市，回族在开封有着悠久历史，千百年来形成了独特的民族文化和传统的集居区。开封现有回族 7 万余人，顺河回族小区是回族最集中的行政区，尤以东大寺为中心的附近街区最为集中，民族文化气氛浓郁，回族学校、回族医院、清真食品街等都在区内，而且还集中了东大寺、王家胡同清真寺、善义堂、东大寺女学、王家胡同清真女学堂等清真寺。

（21）名人故居与历史纪念建筑。指我国社会历史和经济文化发展进程中为有重大影响的著名人物或事件而保留的住所以及为此建立的纪念性建筑物。开封市内本基本类型单体有 3 个，即刘少奇纪念馆、焦裕禄纪念馆、宋吕蒙正养晦处。

选一项予以表述示例：刘少奇纪念馆，位于开封市鼓楼区北土街路西原开封市人民政府旧址，1969 年 11 月 12 日前国家主席刘少奇含冤逝世在这里，1980 年 2 月 23 日平反后于 1993 年在此建立了纪念馆。馆内建有刘少奇革命事迹陈列室，展出他生前部分用品，纪念馆内院中央立有刘少奇半身铜像，像高 1.02 米，其下红玉石基座高 1.6 米。

（22）特色店铺。指销售某类特色商品的场所，自古名商巨贾会聚的开封，历史上有很多老字号商店留存至今，加上新中国成立后又新增加一些名店，所以，特色店铺比较多，其中较为著名的有以下 12 家（表 10–4）。

表 10–4　开封市特色店铺调查单体

店名	位置	主要商品	备注
开封文物商店	鼓楼区中山路	主营陶瓷铜器、字画碑帖、珐琅漆器、玉器翡翠、珠宝饰品、竹木牙雕、烟壶杂项、古今钱币和纪念币等	中国较早古董商店之一。素以商品齐全，业务精练著称。装修华丽
孔子书画院	龙亭区宋都御街	销售名人字画、文房四宝、装裱材料、旅游纪念品的文化商店	是弘扬儒学传统文化，促进书画艺术创作和交流的文化艺术中心
名绣苑	鼓楼区大纸坊街	主营汴绣兼营苏绣、湘绣、名人刺绣、书画刺绣、名人字画、书画、工艺扇、木石玉雕、装裱、礼品及旅游工艺商品	集生产、销售一条龙服务的商家
第一楼包子馆	鼓楼区寺后街	主营开封著名小吃灌汤小笼包子	创建于民国 15 年（1926 年），以独特风味享誉全国

续表

店名	位置	主要商品	备注
又一新饭庄	鼓楼区鼓楼街	专营正宗豫菜。创建于民国 34 年（1945 年）	烹调技艺之精，菜肴质量之佳，在全省首屈一指
陆稿荐酱肉店	鼓楼区南书店街	主营酱皮肉及汴京火腿、腊肉、酥鱼、酥鸭等	始创于清光绪年间，是开封最早的酱肉店
马豫兴烧鸡店	鼓楼街	传统产品为桶子鸡，其选料考究，制作精细，肥而不腻，醇香脆嫩，誉满中州	创建于光绪十二年（1886）
老宝泰食品商店	位于鼓楼广场南侧	主营绍酒、酱腌、香醋和糕点等	首创于清康熙年间，是开封最古老的食品商店
晋阳豫南货店	位于鼓楼南书店街	主营南北特产、名贵补品、山珍海味、鱼翅燕耳、荤素腌菜、糖钱、蜜饯糕点等，品种繁多	创始于清同治十年（1817 年），是开封最老的南货庄
稻香居	位于龙亭区宋都御街	主营美味小吃锅贴	创始于清光绪八年（1882 年）
五福糕点铺	位于鼓楼街	主营清真糕点	建于民国十五年（1926 年）
中兴楼	位于顺河区汴京路	开封最古老的清真饭庄	创建于民国二十五年（1936 年）

（23）陵区陵园。该基本类型的单体有以下 3 个。其中有一个是立于民国时期，另两个是立于新中国成立后。

选一项予以表述示例：焦裕禄烈士陵园，位于兰考县城关镇北，占地 5 万平方米。园内焦裕禄烈士墓用汉白玉长条石砌成。墓前立有汉白玉石碑，碑上镶嵌烈士瓷像，碑阴记载烈士生平事迹。墓北高 7 米的屏风墙上镶有“为人民而死，虽死犹荣”的金字。2003 年被列为全国重点文物保护单位。陵园内还有焦裕禄事迹陈列馆。

（24）墓（群）。开封境内该基本类型单体很多，较著名的主要有以下 13 个（见表 10–5）。

表 10–5　开封市墓调查单体

墓名	地点	相关内容	备注
仓颉墓（陵）	在开封城东北 9 公里余，黄河大堤外刘庄北侧	仓颉墓最早见于宋代文献记载。明清时期有仓王陵和造字台。现存有墓冢，为一圆形土丘，高约 4 米，占地 30 平方米，土丘周围无树木。在土丘南 300 米有夯筑土台，高 1.5 米，现存约 30 平方米，传即为造字台遗址。大殿早已不存。1985 年东方文源研究学会在墓前树立新碑，题为“文字始祖仓颉之墓”	1992 年列为市级文物保护单位。1995 年在墓前立一新碑，题为“文字始祖仓颉之墓”

续表

墓名	地点	相关内容	备注
子羽墓	通许县城东金元村北约300米	为春秋时期郑国的公孙子羽之墓，墓碑系康熙五十五年（1716年）立。墓为20余米高的土丘，周围柏树森森，保存较好	1982年被列为县级文物保护单位
庞涓墓	通许县城东三里岗西北约500米，离子羽墓不远的田间林丛中	墓南北宽36米，东西长36.8米，高5米。墓冢完好，呈圆丘形	1982年被列为县级文物保护单位
朱亥墓	位于开封县	朱亥为战国魏时开封城的著名义士，协助信陵君夺取兵权救赵	
张良墓	兰考县城西5公里，古称白云山，今为三义寨曹新庄火车站南	墓冢为高大土堆，上有197棵树龄200年以上的柏树。有庙一座	已列为县级文物保护单位
郦食其、郦商墓	杞县城西南高阳村西南100米处	郦食其、郦商兄弟俩为刘邦建立汉朝效力。汉高祖十二年（前195年）与文帝元年（前203年）先后将他俩葬于此，两墓东西并立。乾隆六年（1741年）重修祠堂至今。两墓破坏较甚	是豫东地区有确凿纪年的西汉古墓，也是研究秦汉文化与礼乐制度的宝贵文物。1984年被列为县文物保护单位
汉蔡中郎墓	开封县半坡店乡桃花洞村		
曹植墓	通许县长智乡后七步村	其墓是在山东省东阿县，此处为衣冠冢。墓前有明万历八年（1580年）立《陈思王陵祠记》碑一通。曹植又被称为陈思王	2000年被列为省级文物保护单位
阮籍墓	尉氏县城东南30里的阮庄	墓冢已被黄河淤没。有墓碑一通，上书“魏关内侯散骑常侍祠宗阮君之墓”，落款为“大清嘉庆十二年钦差兵部兼户部侍郎署河南巡礼提督军门实授浙江巡抚古尉氏敬书”	
魏徵墓	尉氏县洧川镇西北三里魏征庙村	墓冢为高10米的土堆。其前古庙，仅存大殿一座，墙裂瓦落，摇摇欲坠。	为县级文物保护单位
蔡文姬墓	位于魏徵墓附近		
吕蒙正墓	尉氏县朱曲乡小寨村	吕蒙正是北宋时期名臣，太宗、真宗时任三任宰相。墓冢高约20米，直径60米，墓周墙高三丈	每逢秋高气爽，乡人谒陵，登高远眺。“吕祠爽秋”为洧州八景之一。1985年被列为县级文物保护单位
欧阳修墓	开封市通许县城东四所楼欧阳岗村内	北宋名臣之一，曾任开封府尹，也是著名文学家、书法家	为县级文物保护单位

续表

墓名	地点	相关内容	备注
寇準墓	通许县南大岗李乡寇準村内	寇準为北宋名臣之一	1997 年被列为县内文物保护单位
李逵墓	尉氏县小陈乡史庄西北	李逵为梁山英雄好汉之一	

（25）桥。该基本类型有 9 个单体，包括公交道路上的桥和园林游览区内的小桥等（表 10–6）。

表 10–6　开封市桥调查单体

桥名	位置	建造年代	描述	备注
黄河公路大桥	开封县北刘店乡租粮寨	1989 年	全长 4475.09 米，桥宽 18.5 米	经此桥向北过黄河为商丘县曹岗险工石坝
五一路立交桥		1980 年	引道 长 420 米，宽 20 米（机动车道宽 9 米，两侧人行道各宽 5.5 米）	
虹桥	清明上河园内		依照《清明上河图》仿造的	清明上河园中主要景点
鸳鸯桥	清明上河园内		造型别致	清明上河园中景点
双亭桥	清明上河园		平桥上建有两个方顶亭子，很有特色	清明上河园中景点
平桥	清明上河园内城门楼东侧			游客可在桥上凭栏观赏河中各色名贵锦鲤
铁塔湖曲桥	铁塔公园的铁塔湖上		为一环形斜面石桥，造型精美	为铁塔湖主要景点
杨府曲桥	天波杨府花园内			为园中天波碧潭景点
玉带桥	翰园啤林南门内		三座三孔汉白玉栏杆石质拱桥并排横卧水面上	

（26）车站。开封市内火车站少、汽车站较多，几乎市辖各县及主要乡镇都有大大小小的汽车站，较大规模正规的车站主要有 3 个（单体）。

选一项予以表述示例：开封市汽车中心站，位于开封市南关区。汽车由此地出发四通八达，可直通郑州和辖内五县以及省内外重要城市。

（27）港口码头。开封市的港口与码头主要集中在市北黄河南岸大堤沿江一带，主要有 3 个单体。

选一项予以表述示例：柳园口渡口，位于开封市区北 9 公里的柳园口，是沟通黄河南北交通的重要渡口。始于明弘治二年（1489 年），至今已有 500 多年历史。1951 年 6 月建立了柳园口管理处。1980 年全部改为轮驳横渡和长航拖带机械化。1989 年开封黄河公路大桥建成通车后，柳园口交通量骤减，只保留了部分轮驳渡船，主要运输少数行人和小量货物。

（28）水井。开封虽为“北方水城”，河渠众多，但目前市内水井却很少，尤其是保存下来的古井更少。根据文献资料，历史上开封的水井相当多，据1935年河南政府统计，开封市有井817眼。如今我们所获悉的水井约有以下7个（包括人工探井），其余大多不详（表10–7）。

表10–7　开封市井调查单体

井名	位置	时代	水文特点	备注
南关老井	南关区老井沿街路南	该井最早见载于光绪十年（1884年）碑刻，“始于康熙元年”	开封地势低洼，井水多苦，唯此井300多年来，泉旺水甜，一直供应远近居民用水。1975年因普遍应用自来水而停用此井，现用水泥件盖住井口，仅留小孔，可见井水	井旁有碑。该井1992年被列为市级文物保护单位
预07井	开封市北郊		井深3006米，专门用于观测地下水动态而专设的人工探井	为地震预报而专设的观测地下水位的人工探井
预11井	兰考堌县阳乡		井深3138米，是目前开封市最深的人工探井	同上
预14井	杞县官庆乡		井深2960米	同上
钉凤东井	开封县陈留镇西关			为县级文物保护单位
钉凤西井	开封县陈留镇西关			为县级文物保护单位
钉凤双井	开封县陈留镇南关食品厂东			为县级文物保护单位

（29）堤坝段落。开封境内堤坝段落主要是指黄河大堤，本基本类型仅有一个单体，即黄河大堤，位于开封市北，黄河南岸。此段大堤东西全长22.77公里，堤面高出开封市地面十余米，顶面宽7~10米。堤上可通行汽车，堤外密植乔灌木，形成绿化林带。个别堤坝段落为园林游憩休闲的好地方。

（30）灌区。此基本类型主要公布在黄河南大堤外，较为集中的引黄灌田灌区主要为以下3个地区（单体）。

选一项予以表述示例：赵口灌区，1989年11月赵口引黄灌区工程第一期扩建工程动工，为开封市新中国成立以来最大的水利工程。全部建后灌溉面积可达224万亩，占全开封市耕地总面积的40%。另外还有放淤改土，引黄补源等综合效益。1990年9月赵口灌区西干渠正式通水，控制灌溉补源面积105万亩（其中开封市101万亩，郑州市4万亩）。

6. 旅游商品类

（1）菜品饮食。该基本类型在开封市有以下18个单体，其中包括开封食品的8个著名品牌（表10–8）。

表 10-8　开封市菜品饮食调查单体

名称	特点	备注
小笼包子		以第一楼的灌汤小笼最有名
桶子鸡		以老字号马豫兴烧鸡店烹制的桶子鸡最为有名，并以“荷花牌”为商标
陆稿荐卤肉		
进士糕与状元饼		沿传数百年
杏仁酥	口味松酥、香甜利口，为开封糕点中很有特色的一种	1985 年被评为省商系统优秀产品
红薯泥	以红薯为原料，成品形似泥状，香甜可口，营养丰富，有“佳肴良药”之美誉	以产于杞县而最著名
假元鱼	用鸡蛋、鹌鹑蛋和海参等做成鳖形的假元鱼，形象逼真，醇厚味美	北宋时期京城很有名的一道菜，是宋代帝王赐宴群臣的下酒菜。又一新饭店重新仿制了这道名菜
三鲜莲花酥	由香蕉、枣泥、山楂糕三种原料做成仿莲花状	
清汤东坡肉	由竹笋和猪肉制成	因苏东坡首创而得名。开封名菜之一
花生糕	以花生为原料制作而成	
长春轩五香兔肉		
鲤鱼焙面	由“糖醋鲤鱼”和“焙面”两道名菜配制而成。“焙面”乃龙须面油炸而成，细如发丝、蓬松酥脆，加在糖醋熘鱼之上	
锅贴	皮薄汁多，味道鲜美	大众小吃。以稻香居饭店最为有名
夹沙黄袍		传说此为纪念赵匡胤陈桥兵变黄袍加身而创作的一种美味糕点
西瓜豆豉	由西瓜、大豆制作而成	民间常食之物
五香大头菜		1933 年曾在上海全国酱菜评比中获第二名。1983 年河南省同类产品评比中获第二名
南彰大刀面	其面条筋长柔软，长达 10 米，有“一根面一碗面”之说。	创始于兰考县南彰乡小宋集杨、齐、孔三姓面馆，至今已有百多年历史，清末传入开封城
百子寿桃（糕点）		相传起源于周王朝。此糕点当为庆祝文王百子、百岁的祝寿之意，传入民间，成为祝寿佳品。因为开封一带有长辈寿诞，儿孙闹桃的风俗

（2）农林畜产品与制品。该基本类型开封市内也有很多著名的单体，约有 13 个单体（表 10-9）。

表 10–9　开封市农林畜产品与制品调查单体

名称	特点	备注
开封西瓜	皮薄多汁，瓤沙籽少，含糖分多	早在宋代就广为种植。黄泛区沙地西瓜品质尤佳
开封花生		种植历史悠久，早在明代就已开始种植。现在是全国八大花生产区之一，花生种植面积最大、商品率最高。是出口创汇的大宗产品之一
开封大米	粒大、光滑、色泽透明、营养丰富	宋代即有种稻记载。在修建了引黄水利工程后，开封地区水稻面积大增，稻米已成为当地经济效益最高的粮食作物
菊花		菊花乃开封市花。菊花除供观赏外，也有药用价值。开封自古就有种菊花习俗，名贵品种繁多
开封奶山羊	有适应性强、耐粗食、生长快、产奶量高、遗传性稳定	全国著名的优良品种
兰考泡桐	其材质轻柔，结构均匀，不翘不裂不变形，耐蚀耐腐耐高温	兰考泡桐大规模起种，始于 20 世纪 60 年代，目前已是兰考县的重要树种。为全国制造古筝、琵琶面板的最好材料和制造家具模型、船舶的上乘材料。黄泛区的兰考有着广阔的质地疏松、透气性能好的沙质土壤，对泡桐生长十分有利
兰考葡萄	其个大皮薄，肉细甜蜜、营养丰富	已有 800 多年种植葡萄的历史。品种多达 22 种
尉氏青豆	豆粒结实，大小匀称，色泽青绿、光润，人称“碧玉翠珠”	又称尉青豆，简称尉青，明嘉靖时就已有大面积栽植
杞县酱红萝卜		始创于清嘉庆二十年（1817 年），由杞县莫姓人创制，沿传六代，盛誉不衰，被称为“杞园酱菜”。1982 年后，杞县酱红萝卜多次被评为优质产品，蜚声中外，远销南亚、日本、美国
杞县大蒜	个大瓣大，洁白美观，肉质细腻，宜于食用	优良大蒜品种，种植已有 1000 多年历史。在国内外市场上享有很高声誉，远销英、美和东南亚。目前杞县已被选定为我国大蒜出口重点县
杞柳	属多年生灌木，适应性强，耐旱耐涝，耐贫脊，是防风固沙，保持水土的理想树种	杞县以盛产杞柳而得名，还可编织篮、筐、安全帽等工艺品
陈留豆腐棍		以开封优质大豆和精炼花生油为原料制成。因始产于陈留古镇而名之
朱仙镇豆腐干		又名五香茶干，自唐代传入朱仙镇，为历史悠久的土特产产品，也为历代宫廷御宴佳品。慈禧赐名“远香斋”

（3）水产品与制品。开封市水域面积广阔，水产品较丰富，著名的有黄河鲤鱼。因其口鳍鲜红、两侧金黄、肉味纯正、肥嫩鲜美而成为一大特产。黄河鲤鱼位居我国众多鲤鱼品种之首，最适宜烹作“醋熘黄河鲤鱼”“鲤鱼焙面”等名菜。

（4）传统手工产品与工艺品。开封市内此基本类型单体也较多，著名的有以下 5 个品类（表 10–10）。

表 10-10 开封市传统手工产品与工艺品调查单体

名称	特点	备注
汴绣	针法细腻，层次分明，古朴典雅，山水人物荣彩夺目，神韵怡代	古称宋绣，至今已有 800 多年历史。其代表作品有《清明上河图》《百骏图》等，产品运销欧亚美等 20 多个国家
汴绸	经久耐磨，美观大方，拉力性能强，穿着时日越久，光色越亮	始于明末清初。至今有 300 多年生产历史
朱仙镇木版年画	其形式多样、种类繁多，有门神灶画、门头对联、仙佛图像，中堂条幅等，大多取材于人们喜闻乐见的民间传说、神话故事、演义小说和戏曲等	可追溯至北宋，兴盛于明代
官瓷	宋代官窑生产的瓷器，工艺复杂，烧造难度大，成品率低	官窑毁于宣和七年（1125 年），失传已 800 余年，传世作品甚少。1981 年开封市工艺实验厂试制官窑瓷成功。专家技术铸定，认为仿制品十分逼真于传世官瓷珍品
盆景	形式多样，善取当地素材，因地制宜，制作水平很高	早在北宋就盛行培育盆景

（5）文艺团体。主要指文艺团体这一种基本类型，共有 3 个单体。

选一项予以表述示例：开封市豫剧团，建于 1942 年，是豫剧五大流派之一“祥符调”这一颇具代表性的剧团。代表人物是陈素贞、桑振君、李志贞等享有盛誉的演员。新中国培养起来的有朱巧云、李良魁等。朱巧云获 1995 年全国戏曲表演梅花奖，豫剧十大名旦之一；李良魁获豫剧十大名丑殊荣。传统剧目有“抬花轿”“包公误”“梨花归唐”“花为媒”“窦娥冤”等。

（6）民间节庆。开封市的民间节庆活动主要有如下 2 个单体。

选一项予以表述示例：元宵灯会。元宵节，开封有各种各样花灯展出，鼓楼大街、龙亭与铁塔等公园皆是花灯集中展示场地；相国寺是新中国成立以来举行灯展次数最多的场所。全城老小出门观看灯展。开封元宵灯会已在省内外享有盛名，每届大型灯会都有国内外游客赶来观光和参与猜灯谜活动，共度佳节盛会。

（7）民间演艺。该基本类型有 6 个单体（表 10-11）。

表 10-11 开封市民间演艺调查单体

类别	说明
盘鼓	
舞狮子	群众性的娱乐活动，在重大节日和喜庆场合演出。群众涌上街头表演和观看
秧歌舞	群众性娱乐健身活动。近些年来，在春节、国庆节及其他喜庆活动，都要组织秧歌队举行演出活动，活跃气氛，是群众喜闻乐见的民间演艺形式
划旱船	群众性娱乐活动，多在春节、元宵等喜庆节日在鼓楼、寺庙和大街等繁华空旷场所及乡村都有组织此类活动，是群众喜闻乐见的文娱形式
踩高跷	是民间游艺中较为常见的一种，有着浓厚的地方色彩。清明上河园中有演出

续表

类别	说明
放风筝	每年春节一过，城内许多热闹地方，卖风筝者相继上市。每到清明时节，日丽风清，开封老幼争相到郊外或开阔广场放风筝，为古城一大景观。自 20 世纪 80 年代开始，开封市每年都举办风筝比赛，由民间的分散向集中的有组织的文化活动发展
斗鸡	开封斗鸡游艺多在庙会和节日举行，是人们喜爱的观赏活动之一。每逢节假日，斗鸡场都是人群拥挤，男女老少争相观赏，一派热闹景象

（8）民族健身活动与赛事。开封市该基本类型主要有 1 个单体，即民族健身舞。近年来，随着人民生活水平的不断提高，开封兴起了“民族健身舞”的热潮。开封的民族健身舞已辐射到外地，相邻城市相继来开封参观学习。

（9）旅游节。菊花花会是开封市的重要经贸旅游活动。选择菊花作为市花，并举办菊花花会，有很好的基础。开封市 1983 年确定每年举办一次“菊花菊会”，会期为 10 月 25 日至 11 月 25 日，1983 年首届菊花花会以来已经举办了 21 届。开始菊会在禹王台公园举办，2003 年主会场设在龙亭公园，分会场由禹王台、铁塔公园、清明上河园、大相国寺、包公祠等 11 个公园组成，同时还在市区各大街、广场、重点交通路口进行布展。还举办经贸活动，上演各种剧目。

（三）开封市旅游资源评述

1. 评价的依据

规划组在实地调查后，对开封市的旅游资源单体进行数值、品质的认定。此外对全市旅游资源赋存环境也进行了同步评价。

对于旅游资源数值，主要是对旅游资源单体在不同旅游资源类型中的表现。

对于旅游资源品质，依据《标准》中的“旅游资源共有因子综合评价系统”赋分并划分等级。对开封市旅游资源赋存环境进行的评价，目的是阐明开封市区域旅游资源的质量及其开发利用的社会经济条件和自然环境的限制性因素，为全市制定旅游的发展规划提供较为全面的科学依据，其评价内容涉及资源与环境及社会经济诸有关方面许多困素，是个较为综合性的评价体系。对开封市旅游规划区域的旅游环境评价，评价项目有旅游资源（包括资源的质量及其数量）构景岩石、水文状况、生物多样性、环境安全、社会生产与居民生活及旅游管理与旅游服务 8 个方面，每个方面有 2~8 个评价因子，并根据各类因子对旅游环境的重要程度进行赋分，最后根据诸因子分值统计总分来划分旅游环境质量等级：一级（≥ 350 分）、二级（350~200 分）、三级（200~100 分）、四级（<100 分）。

2. 评价内容

（1）数值构成。目前调查收集到的开封市拥有的旅游资源按国家标准分类如下（表 10-12）。

表 10-12　开封市旅游资源类型数量统计

<table>
<tr><th rowspan="2">主类名称</th><th rowspan="2">亚类名称</th><th rowspan="2">基本类型名称</th><th colspan="3">各类单体数量统计</th></tr>
<tr><th>基本类型</th><th>亚类</th><th>主类</th></tr>
<tr><td rowspan="2">A 地文景观</td><td rowspan="2">AC 地质地貌过程形迹</td><td>ACN 岸滩</td><td>2</td><td rowspan="2">3</td><td rowspan="2">3</td></tr>
<tr><td>ACM</td><td>1</td></tr>
<tr><td rowspan="5">B 水域风光</td><td rowspan="2">BA 河段</td><td>BAA 观光游憩河段</td><td>8</td><td rowspan="2">9</td><td rowspan="5">19</td></tr>
<tr><td>BAC 黄河古道</td><td>1</td></tr>
<tr><td rowspan="2">BB 天然湖泊与池沼</td><td>BBA 观光游憩湖区</td><td>6</td><td rowspan="2">9</td></tr>
<tr><td>BBB 沼泽与湿地</td><td>3</td></tr>
<tr><td>BD 泉</td><td>BDB 地热与温泉</td><td>1</td><td>1</td></tr>
<tr><td rowspan="3">C 生物景观</td><td rowspan="2">CA 树木</td><td>CAA 林地</td><td>1</td><td rowspan="2">14</td><td rowspan="3">15</td></tr>
<tr><td>CAC 独树</td><td>13</td></tr>
<tr><td>CC 花卉地</td><td>CCA 草地花卉</td><td>1</td><td>1</td></tr>
<tr><td rowspan="6">E 遗址遗迹</td><td>EA 史前人类活动场所</td><td>EAA 人类活动遗址</td><td>6</td><td>6</td><td rowspan="6">30</td></tr>
<tr><td rowspan="5">EB 社会经济文化活动遗址遗迹</td><td>EBA 历史事件发生地</td><td>8</td><td rowspan="5">24</td></tr>
<tr><td>EBB 军事遗址与古战场</td><td>4</td></tr>
<tr><td>EBC 废弃寺庙</td><td>3</td></tr>
<tr><td>EBE 交通遗迹</td><td>1</td></tr>
<tr><td>EBF 废城与聚落遗迹</td><td>8</td></tr>
<tr><td rowspan="17">F 建筑与设施</td><td rowspan="7">FA 综合人文旅游地</td><td>FAA 教学科研实验场所</td><td>2</td><td rowspan="7">33</td><td rowspan="12">225</td></tr>
<tr><td>FAB 康体游乐休闲度假地</td><td>1</td></tr>
<tr><td>FAC 宗教与祭祀活动场所</td><td>12</td></tr>
<tr><td>FAD 园林游憩区域</td><td>8</td></tr>
<tr><td>FAZ 附属建筑</td><td>1</td></tr>
<tr><td>FAF 生产地</td><td>1</td></tr>
<tr><td>FAH 动植物展示地</td><td>8</td></tr>
<tr><td rowspan="5">FB 单体活动场馆</td><td>FBA 聚会接待厅堂（室）</td><td>2</td><td rowspan="5">37</td></tr>
<tr><td>FBB 祭拜场馆</td><td>20</td></tr>
<tr><td>FBC 展示演示场馆</td><td>10</td></tr>
<tr><td>FBD 体育健身馆场</td><td>4</td></tr>
<tr><td>FEB 歌舞游乐场馆</td><td>1</td></tr>
<tr><td rowspan="5">FC 景观建筑与附属型建筑</td><td>FCA 佛塔</td><td>4</td><td rowspan="5">81</td><td rowspan="5">225</td></tr>
<tr><td>FCB 塔形建筑物</td><td>2</td></tr>
<tr><td>FCC 楼阁</td><td>17</td></tr>
<tr><td>FCF 城（堡）</td><td>2</td></tr>
<tr><td>FCH 碑碣</td><td>16</td></tr>
</table>

续表

主类名称	亚类名称	基本类型名称	各类单体数量统计		
			基本类型	亚类	主类
F 建筑与设施	FC 景观建筑与附属型建筑	FCI 广场	2	81	225
		FCK 建筑小品	38		
	FD 居住地与社区	FDA 传统与乡土建筑	4	34	
		FDB 特色街巷	8		
		FDD 名人故居与历史纪念建筑	8		
		FDE 特色社区	1		
		FDG 特色店铺	10		
		FDH 特色市场	3		
	FE 归葬地	FEA 陵区陵园	3	17	
		FEB 墓（群）	14		
	FF 交通建筑	FFA 桥	8	11	
		FFC 港口渡口码头	3		
	FG 水工建筑	FGB 水井	4	11	
		FGC 运河与渠道段落	1		
		FGD 堤坝段落	4		
		FGF 堤水设施	1		
		FGE 灌区	1		
G 旅游商品	GA 地方旅游商品	FAA 菜品饮食	3	16	16
		FAB 农林畜产品与制品	8		
		FAC 水产品	1		
		FAE 传统手工产品与工艺品	4		
H 人文活动	HB 艺术	HBA 文艺团体	3	4	8
	HC 民间习俗	HCB 民间节庆	2	4	
		HBZ 文化艺术活动	1		
		HCC 民间演艺	1		
		HCD 民间健身活动与赛事	1		
主类 8	亚类 18	基本类型 59	单体 316		

按区域划分，旅游资源基本类型和单体数量在各区县分配情况如下（表 10–13）。

表 10–13　开封市各区县旅游资源单体数量

区县	基本类型名称（括号内为其单体数量）	数量	
		类型	单体
龙亭	碑碣（林）(2)、传统与乡土建筑（2）、动物与植物展示地（2）、独树（1）、废城与聚落遗址（2）、废弃寺庙（1）、歌舞游乐场馆（1）、观光游憩河段（2）、观光游憩湖区（3）、祭拜场馆（3）、建筑小品（17）、康体游乐休闲度假地（1）、历史事件发生地（1）、楼阁（9）、名人故居与历史建筑物（1）、桥（5）、水井（1）、特色店铺（3）、林地（1）、特色街巷（3）、特色市场（1）体育健身场馆（2）、园林休憩区域（5）、展示演示场馆（7）、宗教与祭祀活动场所（1）(其中优良级 38 个）	25	77
鼓楼	观光游憩湖区（1）、教学科研试验场所（1）、民间演艺（1）、建筑小品（11）、宗教活动（1）、文化艺术活动（1）、特色市场（2）、特色街巷（4）、碑碣（林）(4)、广场（1）、附属建筑（1）、祭拜场馆（7）、水井（1）、宗教与祭祀活动场所（2）、园林休憩区域（2）、展示演示场馆（2）、聚会接待厅堂（1）、楼阁（7）、特色店铺（6）、历史事件发生地（1）、交通遗址（1）	19	60
顺河	宗教与祭祀活动场所（4）、展示演示场馆（1）、体育健身场馆（2）、特色社区（1）、特色店铺（1）、桥（1）、名人故居与历史建筑物（6）、历史事件发生地（1）、聚会接待厅堂（1）、建筑小品（4）、建设工程与生产地（1）、祭拜场馆（4）、观光游憩湖区（3）、佛塔（1）、废弃寺庙（1）、动物与植物展示地（4）、传统与乡土建筑（1）、碑碣（林）(4)	18	41
南关	塔形建筑物（1）、水井（1）、楼阁（1）、陵区陵园（1）、历史事件发生地（1）、建筑小品（2）、祭拜场馆（4）、佛塔（1）、独树（3）、动物与植物展示地（2）、草场花卉地（1）、碑碣（林）(3)	12	21
市区	废城与聚落遗址（1）、民间节庆（1）、城（堡）(1)、文艺团体（3）	4	6
郊区	墓（群）(1)、岸滩（1）、碑碣（林）(1)、堤坝段落（3）、地热与温泉（1）、废城与聚落遗址（3）、港口渡口与码头（2）、古河道河段（1）、观光游憩河段（3）、广场（1）、建筑小品（1）、历史事件发生地（2）、陵区陵园（1）、沙丘地（1）、塔形建筑物（1）、特色街巷（1）、提水设施（1）、园林休憩区域（1）、沼泽与湿地（3）	19	29
尉氏	宗教与祭祀活动场所（1）、碑碣（林）(1)、城（堡）(1)、传统与乡土建筑（1）、独树（1）、废城与聚落遗址（1）、废弃寺庙（1）、佛塔（1）、祭拜场馆（1）、建筑小品（1）、墓（群）(5)、农林畜产品与制品（1）、人类活动遗址（1）	13	17
开封	农林畜产品与制品（1）、碑碣（林）(2)、传统手工产品与工艺品（1）、独树（2）、废城与聚落遗址（1）、灌区（1）、祭拜场馆（1）、建筑小品（1）、军事遗址与古战场（4）、墓（群）(1)、农林畜产品与制品（1）、桥（2）、水井（1）、运河与渠道段落（1）、宗教与祭祀活动场所（3）	15	24
兰考	港口渡口与码头（1）、农林畜产品与制品（2）、墓（群）(2)、名人故居与历史建筑物（1）、陵区陵园（1）、观光游憩河段（2）、独树（1）、堤坝段落（1）、岸滩（1）	10	11
杞县	建筑小品（1）、人类活动遗址（5）、农林畜产品与制品（2）、历史事件发生地（2）、佛塔（1）、独树（4）	6	15
通许	墓（5）	1	5

续表

区县	基本类型名称（括号内为其单体数量）	数量	
		类型	单体
全市	水产品与制品（1）、农林畜产品与制品（2）、民间节庆（1）、传统手工产品与工艺品（3）、菜品饮食（3）	5	10
合计		147	316

（2）品质评价。基于此次进行的开封市旅游资源初步调查的精度和对各旅游资源基本类型单体掌握程度的不够，所以尚不可能完全按照《标准》中规定的评价系统对开封市所有旅游资源进行准确的评定，此次评价的主要依据除了在实地调查时获取的初步资料和直接感受印象以外，还参考了地方上提供的文字材料，包括各主要景区景点的说明书或介绍说明以及开封市和有关职能部门提供的资料，完成了对开封市旅游资源的优良级和普通级的两类品质评价。另外，此次品质评价中约有 42 个单体尚未有较为统一或公认的评判标准，诸如菜品饮食、农林畜水产品和制品之类单体，故暂未予以评价。

优良级旅游资源单体共 124 个，占全部单体总数的 39.24%。它们大多是开封以往古老文化遗产（包括大量遗址、遗迹、祭祀场馆、古墓与古碑）和名人塑像、优秀仿古建筑等，还有反映开封近代革命历史丰功伟业的陵园、纪念馆以及休闲娱乐健身场所和地方旅游商品，以及黄河地上河河段等。

普通级旅游资源单体 192 个，数量多。但是它们中或因体量小、缺乏特色、观赏性较差，或因掌握资料不够而评级较低，甚至评级还不准确。

总之，开封市旅游资源类型多、数量大、总体质量较高，其中优良级占据了旅游资源总量的 39.24%，在开封市旅游资源开发中有着举足轻重的地位，它们大多依托着黄河或天然湖泊等水域，辅之以具有宋文化特色和深厚历史积淀的大量人文景观，从而成为众多颇有吸引力的观光游览场所，使开封这个我国著名的历史文化名城有条件成为很有开发前景的旅游胜地（表 10–14）。

表 10 14　开封市各区县优良级旅游资源单体名录

区县	名录	总数
龙亭	宝珠寺、北林地、矾楼、开封市体育馆、少奇逝世纪念地、龙亭区广济河河段、翰园碑廊、翰园碑林日月阁、轩辕黄帝像、龙亭公园朝门石狮、龙亭公园龙亭大殿、龙亭公园龙亭大殿蜡像、龙亭公园盆景园、龙亭公园嵩呼、龙亭公园宋代蜡像馆、龙亭公园探古苑、龙亭公园同春园、龙亭公园午门、龙亭公园月季园、龙亭公园植物造型园、潘家湖湖区、杨家湖湖区、清明上河园汴河、清明上河园城门楼、清明上河园风味食街、清明上河园古玩字画市场、清明上河园虹桥、清明上河园虹桥广场、清明上河园民俗街、清明上河园张择端塑像、山陕甘会馆大殿、山陕甘会馆牌楼、山陕甘会馆戏楼、山陕甘会馆照壁、天波杨府天波楼、天波杨府孝严祠、天波杨府杨家花园、稻香居、宋都御街	39

续表

区县	名录	总数
鼓楼	包公湖湖区、北宋官瓷研究所、第一楼包子馆、古州桥遗址、鼓楼夜市、老宝泰食品商店、陆稿荐酱肉店、马道街、马豫兴烧鸡店、善义堂清真寺、书店街、西门城楼、西司广场夜市、祥符县文庙大成殿、又一新饭庄、包公祠包公铜像、包公祠大殿、包公祠蜡像群、大相国寺藏经楼、大相国寺大雄宝殿、大相国寺梵乐、大相国寺空海大师铜像、大相国寺罗汉殿、大相国寺祈祷世界和平水陆空吉祥大法会、大相国寺千手千眼观音菩萨像、大相国寺青少年书画大赛、大相国寺天王殿、大相国寺玉佛像、大相国寺针灸铜人、开封博物馆展室、开封府原题名记碑、开封府府门、开封府府司西狱、开封府拱奎楼、开封府戒石铭、开封府明礼院、开封府齐民堂、开封府潜龙殿、开封府清心楼、开封府天庆观、开封府英武殿、开封府正厅、延庆观吕祖殿、延庆观山门、延庆观玉皇阁	45
顺河	汴京桥体育馆、东大寺、古观音寺大雄宝殿、开封汴锈厂刘家宅院、天主教堂、文殊寺街清真寺、中兴楼、“天下第一塔”石碑、何公轩、河南大学博文楼、河南大学大礼堂、河南大学东十斋、河南大学贡院碑、河南大学六号楼、河南大学七号楼、河南大学体育馆、河南大学西二斋、灵感院、顺河区广济河段、铁塔、铁塔公园福胜院盆景苑、铁塔公园接引殿、铁塔公园月季园、铁塔公园竹园	25
南关	繁塔、康有为游禹王台诗碑、辛亥革命十一烈士陵园、禹王殿、御书楼	5
市区	北宋东京城遗址、开封古城墙、开封市文工团、开封市豫剧团、开封市杂技团、菊花花会	6
郊区	大花园村化工路花卉一条街、革命烈士纪念碑、黑池湿地、黑岗口黄河河段、黑岗口险工、黑岗口引黄闸、黄河 42 号坝、黄河大堤柳园口段、金明广场、开封市烈士陵园、林工堤、柳池湿地、柳园古渡口、柳园口险工、柳园湿地、铁犀牛	16
尉氏	尉氏城门奇柏、兴国寺塔	2
开封	陈留豆腐棍、黄河公路大桥、朱仙镇豆腐干、朱仙镇关帝庙、朱仙镇木版年画、朱仙镇清真寺、朱仙镇岳飞庙、朱仙镇岳飞庙拜殿、朱仙镇岳飞手迹碑、朱仙镇运粮河河段	10
兰考	焦裕禄墓、焦裕禄同志纪念馆、焦裕禄陵园园区、东坝头黄河河段、焦桐、黄河大堤东坝头段、东坝头险工	7
杞县	大云寺塔、千年古槐	2
全市	汴锈、官瓷、黄河鲤鱼、菊花、元宵灯会	5
合计		162

表中仅列入优良级旅游资源单体名录，未列普通级；另有 42 个单体未参与品质评定。

（3）旅游资源区域组合关系评析。开封市各区县旅游资源的质量和数量存在明显的空间差异，表 10–14 为各区县旅游资源基本类型单体的质量等级构成（主要是极品级和优良级），表 10–13 为各区县旅游资源基本类型单体不同等级的数量构成。从这两表可知，开封市旅游资源单体总数 316 个，有 77 个单体集中在龙亭区，数量最多；其次是鼓楼区，拥有 60 个单体；以下依次是顺河（41）、郊区（29）、开封县（24）、南关（21）、尉氏（17）、杞县（15）、兰考（11）、市区（6）、通许（5）。但若从各区县旅游资源单体的质量等级构成来看，显然鼓楼区旅游资源的质量最高，该区拥有45个优良级旅游资源单体，占该区旅游资源单体总量的89%。而旅游资源单体数量最多的龙亭区优良级旅游资源单体仅有39个，占该区旅游资源单体总量的一半，普通级旅游资源单体亦占该区旅游资源单体总量的一半，所以该区旅游资源的总体质量稍逊于鼓楼区。至于顺河、南关与郊区等其它区县，不仅旅游资源单体数量较少，大多属普通级，所以它们的旅游资源总体质量偏低。

根据开封市各区县旅游资源质量与数量的区域组合关系，开封市区应是旅游资源集中分布区，尤其是鼓楼、龙亭、顺河三区更是重点区域。其次是南关、郊区和开封县三个区域。至于外围的尉氏、兰考、杞县和通许等县旅游资源量少质差，旅游资源的优势就远不如前述的重点与次重点区。但是根据各区县旅游资源的内容和类型的差异特点，各区县各有不同的侧重点。例如，鼓楼、龙亭、顺河等区的旅游资源可侧重于宋文化与现代人文活动等类型，诸如宗教（佛、道、伊斯兰和天主教等）皇家园林、仿古建筑、文物展览、民间节庆演艺文学艺术工艺品及商贸饮食等。南关、郊区和开封等区，旅游资源侧重在园林建设、古城墙与护城河的恢复与保护及黄河游览等方面。其他外围区县的旅游资源，除部分重要历史遗址、遗迹的保护和黄河治理工程有关外，重点是农林畜水等地方土特产品。

3. 旅游资源构成

（1）旅游资源类型构成。开封市旅游资源类型单体分属于7个主类、18个亚类、51个基本类型，在全国所占的比例如下（表10–15）。

表10–15　开封市调查的旅游资源类型占全国的比例

	主类	亚类	基本类型
全国	8	31	155
开封市	7	18	51
比例（%）	89	58	33

如表10–15所示，开封市拥有全国所有8个主类中的7个主类，31个亚类中的18个，155种基本类型中的51种，分别占各个类别的89%、58%与33%。开封市的旅游资源的主类和亚类在全国旅游资源同类别中占据一半以上，属较为丰富的。基本类型种数上较少，占全国基本类型总数的1/3左右，从全国的角度看来，作为旅游资源主要形式的基本类型数量不占优势。

（2）不同旅游资源数量构成。开封市的7个旅游资源主类所拥有的基本类型差别很大（表10–16）。

表 10-16　开封市不同性质旅游资源数量构成

主类	各主类拥有的基本类型数量			各主类拥有的旅游资源单体	
	全国（处）	全市（处）	占主类基本类型总数（%）	数量（处）	占全市旅游资源单体总量（%）
地文景观	37	1	2.7	3	0.95
水域风光	15	4	26.7	19	6.01
生物景观	11	3	27.3	15	4.75
遗址遗迹	12	6	50.0	30	9.49
建筑与设施	49	30	61.2	225	71.21
旅游商品	7	4	57.1	16	5.06
人文活动	16	3	18.8	8	2.53
合计	155	51	32.9	316	100.00

上表显示，开封市 51 种旅游资源基本类型中共有 316 个单体，其中主要集中在建筑与设施主类内，共有 225 个单体，占全市旅游资源基本类型单体总量的 71.21%，其后依次为遗址遗迹主类（30 个单体，占 9.49%）、水域风光主类（19 个单体，占 6.01%）、旅游商品主类（16 个单体，占单体总量的 5.06%）、生物景观主类（15 个单体，占单体总数的 4.75%）、人文活动主类（8 个单体，占单体总数的 2.53%）、地文景观主类最少，仅 3 个单体。由此可见，开封市旅游资源的性质比较单一。

（3）旅游资源类型的区域构成。如果将开封市城区和开封市其余区域（郊区及各县）分为两个旅游区域，在旅游资源单体数量上，开封市市区拥有旅游资源单体 145 处，占全市旅游资源单体总数（235 处）的 61%。如果按单位面积计算，市区（面积 60 平方公里）内每 10 平方公里 24 处，其余区域（6183 平方公里）拥有旅游资源单体 90 处，每 10 平方公里 0.15 处，相差 160 倍。

若从旅游资源单体的绝对数量来看，开封市市区和郊县的差别很大（表 10-17）。

表 10-17　开封市城区和郊县旅游资源类型、单体及其中优良级单体数量（个）

范围	区县	类型	单体	优良级单体	范围	区县	类型	单体	优良级单体
市区	龙亭	20	56	28	郊县	郊区	17	19	7
	鼓楼	15	36	32		尉氏	14	20	4
	顺河	19	28	17		开封	10	18	10
	南关	14	25	10		兰考	10	12	3
						杞县	6	16	4
						通许	1	5	1
城区合计		37	235	87	郊县合计		34	235	29

上 10–17 表所示，城区内的旅游资源基本类型有 37 种，郊县 34 种，差别不大。但旅游资源单体数量和其中的优良级单体数量却不同，城区旅游资源单体有 145 处，占全市 235 处的 61%。其中龙亭区最多，其后依次为鼓楼区、顺河区、南关区。郊县拥有旅游资源基本类型，旅游资源单体 90 处，占 39%。优良级单体数量在市区有 87 处，占全市优良级单体的 69%，郊县有 29 处，占 31%。说明城区的旅游资源相对集中，质量高，两者旅游资源的丰度相去甚远。

（4）区域旅游资源的性质差异。开封市自然类旅游资源与人文类旅游资源构成如下（表 10–18）。

表 10–18　开封市调查的自然旅游资源与人文旅游资源比较（按基本类型）

区域	自然旅游资源基本类型（处）	人文旅游资源基本类型（处）	自然旅游资源与人文旅游资源的比值
全国	71	84	1 ： 1.18 或 0.85
开封市	8	23	1 ： 8.03 或 0.13
龙亭区	3	17	1 ： 5.67 或 0.18
鼓楼区	2	12	1 ： 6.50 或 0.16
顺河区	17	16	1 ： 8.00 或 0.12
南关区	2	12	1 ： 6.00 或 0.17
郊区	5	13	1 ： 2.6 或 0.39
尉氏	1	13	1 ： 13.00 或 0.08
开封	1	9	1 ： 9.00 或 0.11
兰考	3	7	1 ： 2.33 或 0.43
杞县	1	5	1 ： 5.00 或 0.20
通许		1	0：1.00

如表 10–18 所示，开封全市的自然旅游资源基本类型与人文旅游资源的比值为 0.13，远远低于全国两者的比值 0.85，相差 6 倍以上。至于全市 10 个区县中，除通许县因旅游资源较少，自然与人文两者比值略高于全国两者比值外，其他各区县两者的比值都是低于 0.43，最低的尉氏县两者比值为 0.08，要比全国两者比值低 11 倍左右，可见，七朝古都的开封，其旅游资源绝大多数属于人文旅游资源，无论是基本类型的数量上抑或单体数量上都大大地超过自然旅游资源，并成为开封旅游资源的一大特点。

开封市旅游资源在类型及其性质、原生资源和再生资源、资源潜力、单体数量等各方面存在着明显的地区差异。

（5）优势旅游资源类型。作为七朝古都的开封，遗留下来的文化遗存，其类型多，数量大，品位高，不但在地 上的旅游资源十分丰富，埋藏在地下的旅游资源也很可观，它们构成开封市最有亮色的旅游资源群体。

这一旅游资源群体占据了各级类型中的大部分，包括主类中的 4 类（遗址遗迹、建筑与设施、旅游商品、人文活动）占全市全部主类的 57%；61% 亚类中 11 类（社会经济文化活动遗址遗迹、综合人文旅游地、单体活动场馆、景观建筑与附属型建筑、居住地与社区、归葬地、交通建筑、水工建筑、地方旅游商品、艺术、民间习俗），占全市全部亚类的 61%；基本类型中的 25 类（历史事件发生地、废弃寺庙、交通遗迹、废城与聚落遗迹、康体游乐休闲度假地、宗教与祭祀活动场所、园林游憩区域、文化活动场所、聚会接待厅堂（室）、祭拜场馆、展示演示场馆、佛塔、楼阁、城（堡）、碑碣、建筑小品、传统与乡土建筑、特色街巷故居与历史纪念建筑、特色店铺、墓（群）、桥、水井、菜品饮食、传统手工产品与工艺品、民间节庆、民间演艺），占全市全部基本类型的 49%，与其他范围内的旅游资源相比比例较高。

4. 旅游资源基本特征

（1）旅游资源集聚度大，总体质量高。开封市的旅游资源的主类和亚类在全国旅游资源同类别中占据一半以上，属较为丰富的。基本类型种数上较少，占全国基本类型总数的 1/3 左右，从全国的角度来看，作为旅游资源主要形式的基本类型数量不占优势。

开封市旅游资源基本类型主要集中在建筑与设施主类内，其后依次为遗址与遗迹主类、水域风光主类、旅游商品主类及生物景观主类等，地文景观主类最少。这一方面表明开封平原地貌较为简单自然旅游资源较为贫乏的特点，另一方面也反映了开封市文化资源非常丰富的显著特点。

开封市优良及旅游资源单体数量占全部旅游资源单体（调查数）总量一半多、质量较高，显示了开封市旅游资源拥有很大优势和较大的开发潜力。

（2）水域类旅游资源特色鲜明。开封主要旅游资源，如仿古建筑群和园林等大多集中在城区几个湖泊周围，显示了旅游资源以湖泊为依托的布局特点，“湖在城中，景在湖中”，此种魅力无穷的奇妙景观，充分展现了开封市“北方水城”的旅游资源鲜明的特色。

（3）人文类旅游资源优势突出。开封全市的自然旅游资源基本类型与人文旅游资源的比值为 0.21，远远低于全国两者的比值 0.85，相差 4 倍以上。

全市 10 个区县中，除通许县因旅游资源较少，自然与人文两者的比值相对略高于全国这两者的比值外，其他各区县两者的比值都是低于 0.43；最低的尉氏县两者比值为 0.08，要比全国两者比值低 11 倍左右，可见，七朝古都的开封，其旅游资源绝大多数属于人文旅游资源，并且成为开封旅游资源的特色优势所在。

（4）反映宋文化的旅游资源形成完整的群体。作为曾是七朝古都的开封，遗留下来的文化遗存，其类型多，数量大，品位高，不但在地上的旅游资源十分丰富，埋藏在地下的旅游资源也很可观，它们构成开封市最有亮点的旅游资源群体。

目前开封市内反映宋城文化的旅游资源既有物质型的（如河湖遗址、古建筑、碑碣、仿古建筑、主题公园等），也有非物质型的（如历史事件与历史人物、花会、宋代民间游乐活动和传说故事等）。

现今开封旅游资源开发中仿古建筑、主题公园等物质型文化旅游资源开发较盛，相比起来历史上宋代延续了 319 年（其中北宋 167 年，南宋 152 年）的地域文化，诸如宋代较发达的科技文化、教育及黄河文化、宗教文化等在开封市目前的旅游资源开发中体现得还不够。

（5）“环境变迁—文明兴衰”旅游资源形成系列。从公元前 300 多年以来，开封城地下叠压着被洪水淹没的 6 座城池，包括 3 座国都、2 座省城及 1 座中原重镇，构成了“城摞城”的奇特景观。这 6 座城池基本处在同一区域，埋在最下面的是战国时期魏都大梁城，埋藏深度在 10 米以上。大梁城之上，依次是埋深 10 米的唐代汴州城、埋深 8 米的北宋东京城、埋深 6 米的金代汴京城、埋深 5~6 米的明代开封城和埋深 3 米的清代开封城。

人类历史上，由于自然环境变化而对人类文明造成影响的事例很多，开封地区的黄河变迁史与开封城市发展史的紧密关联，是极为典型和生动的人与自然抗争的深层次旅游开发主题，具有很大的旅游开发价值。此次旅游资源研究所获得的许多旅游资源单体中，蕴含了这方面的一些内容。

在环境变迁方面，黄河地上河河段、黄河滩地、黄河大坝、黄河险工河段，以及处于黄河古泛区的背河洼地、湖泊与湿地区域、河流段落等，反映了历史上黄河的泛滥与安流及人类与之抗争的记录；在文明兴衰方面，开封地下古城遗址、地上历代建筑、非物质文化中的文学艺术、科技成就、地方风俗与人生礼仪等，分别组成了各自的旅游资源组合，共同形成完整的旅游资源系列，其内涵之丰富、联系之紧密、形象之鲜明，在全国是极其少见的。然而，这一系列中的地下文物旅游资源，目前还没有揭示得很清晰。因此尚有极大的开发潜力。

黄河悬河这一自然现象对于解释开封历史演变、阐述人与自然的关系提供了直接的依据、为特种旅游产品开发提供了机遇。

（6）城区和郊县旅游资源类型区域结构不均。如果将开封市城区和开封市其余区域（郊区及各县）分为两个旅游区域，则两个区域的旅游资源差别很大：城区拥有的旅游资源单体占全市旅游资源单体总数的 61%；城区平均每 10 平方公里拥有旅游资源单体 24 处，其余区域每 10 平方公里仅 0.15 处，两者相差 160 倍；城区旅游资源基本类型有 37 种，郊县 34 种，区域差别不大。但它们的旅游资源单体数量及其中的优良级单体数量却有明显差别：城区有 87 处，占全市优良级单体的 69%，郊县有 29 处，占 31%。说明两者旅游资源的丰度相差甚远。

二、湖南省凤凰县旅游资源调查分析案例（完成于 2016 年）

（一）旅游环境

1. 旅游环境基础

（1）自然地域。凤凰县位于湖南省西部，属于湘西土家族苗族自治州的西南部，西侧临贵州省。

凤凰县地处云贵高原东北缘，武陵山脉支脉。全境多中山和低山，从西到东大致有三级台阶，海拔从800多米下降到500米以下。凤凰县县城所在的沱江镇在最低一级台阶上，这里地势和缓，表现为河谷丘陵地貌。超过千米的山峰只有五六座，主要在禾库（铜锣山1038米、高官罗山1028米）和柳薄（高武山1022米）等地。

这些山地主要是由石灰岩组成，因此喀斯特现象十分明显，地上的峰丛、洼地、漏斗，地下的溶洞分布普遍。溶洞中，地下伏流随处可见。

凤凰县属中亚热带季风湿润性气候，冬季少严寒，夏季少酷暑，年均降水量1300多毫米。境内河网密度大，有大小河流15多条，其中最大河流沱江贯穿本县中部，总长97公里，水流充沛。

凤凰县的这些自然条件，为这里的青山秀水，绮丽风光打下了良好的基础。

（2）历史与人文环境。凤凰县是苗族土家族聚居地区。湘西地区历史上很长时期是少数民族居住地区。

宋代在此设五寨司，对这里的少数民族进行管理。明代万历年间，为了封锁“苗疆”，修筑了一条内地长城——边墙。在边墙西北部，为苗族居住区，而在边墙东南部，为汉族与苗族和土家族杂居地区。清代又重新修筑边墙工程，而且边墙的规制比明代更为加强，兵员比明代数量增多。军事建制的加强进一步导致凤凰县城地位的提高和城市建设与城市文化的发展。

凤凰古城历史有千年之久，有巍峨的门楼；古城内，有古街巷、古码头、古民居等众多古建筑。古街巷多为较狭窄的石铺路面，两侧房屋为传统的阁楼式两层楼和四合院套院。街巷两侧，有许多苗族民族工艺品和古董商店。此外还有大量庙宇、塔、楼、阁、桥、台、民居、祠堂、名人故居和纪念地等。

长期来，各民族间进行融合，包括通婚和文化的融合。另外，由于驻防边墙的官兵来自各地，以及随着凤凰军事与政治地位的提高，各地商人、手工业者等也云集这里。他们带来了各地文化。

凤凰丰富多彩的历史文化，表现在有众多的古建筑与丰富多彩的民族风情和民俗文化等多方面。

凤凰的古建筑反映出了时代和民族特征。特别是有不少聚落，将建筑技术、建筑风格和建筑艺术与优美的自然环境紧密地结合在一起，如凤凰县县城所在地沱江镇，四周青山环抱，沱江傍古城流过，江边有许多水运码头。古城历史有千年之久，有巍峨的门楼；古城内，有古街巷、古码头、古民居等众多古建筑。古街巷多为较狭窄的石铺路面，两侧房屋为传统的阁楼式两层楼和四合院套院。街巷两侧，有许多苗族民族工艺品和古董商店。此外还有大量庙宇、塔、楼、阁、桥、台、民居、祠堂、名人故居和纪念地等。

凤凰县农村苗寨多建在依山傍水，山清水秀的山麓或山腰。寨子当中或寨旁，一般都有一块或数块大小不等的坪坝或泥坪，作为公众晾晒或娱乐的场所。寨内的巷道多为石板铺筑，有的寨落还有寨墙、寨门，有碉楼等。临江房屋建筑多为“吊脚楼”，一般为两层，有一部分悬在江面之上。房屋悬着的这部分，用柱子支撑在江面上，好像悬吊在半空中。

凤凰县苗族文化还包括民族文学、歌舞、戏剧、民族节日、民族工艺品等诸多方面。

苗族文学主要为代代口头相传的史诗。主要叙述人类的起源和苗族的迁徙、苗族婚姻的起源。苗族人民喜欢唱的苗歌，内容很多，有情歌、迎亲歌、送亲歌、做客歌、贺生子歌、贺造屋歌、打鞦歌、哭嫁歌、哭丧歌等。

傩堂戏是在古代苗族驱鬼敬神还愿的一种宗教仪式上演出的戏剧。到明代万历年间，开傩堂戏的原始唱腔，幽默风趣，通俗易懂，富有地方特色。

苗族善跳舞，流行的有圆手鼓舞、花手鼓舞、起手花鼓舞等。

苗族的民族节日有四月八、跳年和六月六等。最初是纪念苗族英雄的日子，后来活动逐渐丰富，包括传统歌舞演出和文娱表演以及杂技等表演活动。农历六月六是苗族传统歌节“苗歌节”。“跳年”是每年农历正月初一至十五期间，苗族各山寨举行青狮、龙灯、武杂要等表演。

苗族有多种具有特色的民族工艺品，有苗族妇女喜欢佩戴银饰、腊染和扎染服饰等。

2. 旅游环境评述

（1）自然与人文旅游环境和谐统一。凤凰县特色的人文地理区域与自然地理环境密切相关。二者和谐统一，相互映衬，达到良好的旅游效果。

如凤凰边墙的西北部，是高峻的山地和高原区，交通较闭塞，基本上是纯苗族居住区，保留了丰富多彩的苗族文化。而边墙东南侧地区，地形为丘陵和低山区，交通相对较方面，和外界交流较容易，因此，在历史时期，较早有汉族来此进行开发，与当地民族进行融合，形成苗族、土家族与汉族多民族杂居的人文景观。

又如凤凰县许多农村苗寨多建在依山傍水，山清水秀的山麓或山腰。寨子当中或寨旁，一般都有一块或数块大小不等的坪坝或泥坪，作为公众晾晒或娱乐的场所。寨内的巷道多为石板铺筑，有的寨落还有寨墙、寨门、碉楼等。临江房屋建筑多为“吊脚楼”，一般为两层，有一部分悬在江面之上。房屋悬着的这部分，用柱子支撑在江面上，好象悬吊在半空中。

（2）人文环境构成凤凰县旅游环境的支柱。凤凰县旅游环境中，人文环境占有突出的位置。反映在部分人文环境，如凤凰古城的环境氛围、苗族灿烂的地方文化等，档次较高。再者，人文旅游环境涉及的面广，如建筑文化、宗教文化、民俗文化等，形成一个完好的体系，成为全县旅游环境的核心。

（3）名人效应有良好的发挥。人文旅游环境中，注意发挥了名人效应，其中特别是多年来构筑的“沈从文现象”，大大地提高了凤凰县旅游环境的整体质量。沈从文的故居展览馆、沈从文墓地以及对他在湘西小说、散文、诗歌，如《旅店》《还乡》《边城》中描写湘西地区少数民族风土民情以及凤凰县城的民俗风情的恢复上，勾绘出了一幅凤凰小城优美的图画。

此外还有发挥对凤凰籍画家黄永玉和历史名人熊希龄的作用，也很成功。

（二）旅游资源

1. 旅游资源基本类型

根据《中国旅游资源普查规范》中的普查分类系统初步统计，凤凰县旅游资源拥有以下类型和实体（表 10-19）。

表 10-19 凤凰县旅游资源类型表

类	基本类型	名称	主要内容
地文景观类	名山	南华山	南华山景区由虎尾峰、观景山、观日台等 45 座峰峦和许多景点组成
	蚀余景观	上马通石林	
	奇特与象形山石	象鼻山天生桥	位于铜梁山
	洞穴	奇梁洞	位于七梁桥乡七梁桥村，长 6235 米，有溪水阴阳河穿洞而过。洞内有画廊、“天堂”、云雾山、龙宫等溶蚀景观区
		老司洞	地下谷地型溶洞。洞长 8000 米
水域风光类	风景河段	沱江镇沱江河段	沱江上自老营哨，下至沱江大桥的沱江河段，长 2 公里，河宽数十米，多年平均流量 11.89 立方米 / 秒。沿岸自然和人文景观众多
	湖泊	龙塘河水库	
	瀑布	尖朵朵瀑布	位于柳薄乡禾排村。落差 236 米，最低流量 0.27 立方米 / 秒，最大流量 50 立方米 / 秒
	泉	龙井潮泉	位于辽家桥乡永兴村龙井寨，定时涌出泉水，最大水量 2 立方米 / 秒
生物景观类	树林	南华山森林	位于沱江镇东南部，面积 9500 亩。由 45 座峰峦、72 条沟豁、10 余处建筑景观组成的大型天然园林
古迹与建筑类	军事设防构筑物及军事遗址	靖边关	横跨在擂草坡山坳凤乾大道之中，是边城的咽喉要地。关门分上下两层，通宽 9.8 米，进深 3.6 米，高 6.2 米，可以屯兵驻守
	古城和古城遗址	黄丝桥古城	位于阿拉营镇黄丝桥村。是一座城墙保存完整的石头城。这里也是古战场遗址。建于清乾隆十八年（1753 年）。城墙周长 686 米，面积 0.29 平方公里。墙道宽 3.4 米，墙高 5.6 米，有大小箭垛 300 个。设东西北三个门，并建有城堡，城上有炮台两座。古城是古时边墙上的一大屯兵城堡
	长城	“南方长城”—边墙	凤凰县境内的边墙是规模巨大的军事防御工程体系，称为“南方长城”。在湘西地区的历史与文化进程中起过重要作用。边墙上设关门、关厢、碉卡、哨台、炮台等 800 余座。目前边墙的大部分以及作为边墙防御体系重要组成部分的营盘、堡寨大多已不存在，演变成今天的村落

续表

类	基本类型	名称	主要内容
古迹与建筑类	宗教建筑与礼制建筑群	文庙	坐落在北门城内等瀛街，始建于康熙四十九年（1710年）。现仅保存大成殿。殿门外有古银桂、丹桂各一株。外有宫墙（照墙），宫墙内有棂星门、泮池、大成门。大成殿之后是崇圣祠，东为明伦堂
		万寿宫	坐落在东门外沙湾，北靠东岭，面临沱江。始建于明末清初。正殿硬山式屋顶。殿后有石井捆龙井和水府三宫殿。右侧有一组肖公殿、晏公殿、财神殿；左侧有梅廊、天符、雷祖殿和轩辕、韦驮、观音殿
		天王庙	坐落在观景山麓，唯湘西鄂西一带才有此殿。清嘉庆三年（1798年）建立，占地3000平方米。有头门、大戏台、正殿
		龙王庙	全庙占地约500平方米
		奇峰寺	位于城外大街南侧，为凤凰八景之一的“奇峰挺秀”
		陈氏宗祠（朝阳宫）	坐落在西门坡，民国四年（1915年）兴修。由大门、正殿、戏台、左右包厢等14间房屋组成的四合院建筑，占地540平方米。整个建筑布局对称，内檐装修、瓦饰及楹联、浮雕、彩绘等，做工考究，小巧玲珑，古朴典雅
	楼阁	遐昌阁	坐落在万寿宫内，清咸丰四年（1854年）兴建。占地137平方米，建筑面积91平方米，高20米。平面呈正六方形。它是目前县内仅存的唯一大阁楼
		石莲阁	位于南华山山麓，清嘉庆五年（1800年）建，原名观云阁，用来培植风水，以蔚起文风，历代经营。这里是一个丛生枇杷、松、柏、楠、樟、银杏、椿等常绿树和落叶乔木相间丛生的小石山，形成莲座，故名石莲。半山有“朗风亭”
		八角楼	（青龙山）位于城东，为凤凰八景之一的“东岭迎晖”
		回龙阁	位于县城东南门外，阁下有一深潭，凤凰八景的“梵阁回涛”就是指的此处
	塔	万名塔	坐落在青龙山（八角楼）麓黄土坎的沱江边。建于清嘉庆年间，为三级六角砖塔，塔高11米
	碑碣	革命烈士纪念碑	坐落在南华山森林公园的马颈坳上，纪念自1840年鸦片战争以来各个时期在革命斗争中牺牲的烈士。纪念碑高20米
	园林景观建筑	观日台	在观景山东侧，建在山峦中
	桥	虹桥	横跨沱水，长112米的一座风雨桥。始建于明代。桥身用本地红色砂岩条石砌垒，2墩3孔，半月拱形，上有阁楼式建筑，为凤凰八景之一的“溪桥月夜”
		乌巢河大桥	长241米，高42米，宽8米，主跨长120米，是我国跨径最长的石拱桥

续表

类	基本类型	名称	主要内容
古迹与建筑类	墓地	唐力臣墓	位于县城北 3 公里平炼村，为辛亥革命光复军的首领的墓地
		复汉流血义士冢	在城北擂烧坡半山。辛亥革命时凤凰起义军阵亡和被捕杀害者 170 人的墓地
		沈从文墓	位于县城东面沱江南岸的山崖之下的半坡上，无坟堆，用一块巨大的天然石块做标识
	厂矿	雪茄烟厂	
		猫儿口水电站	
	农林渔牧场	南华山林场	位于县城南，建于 1958 年。面积 8213 亩，有松、杉、柏为主的用材林
		黄丝桥苗圃	1952 年建立，有松、杉、柏、樟、银杏、女贞等 40 多个品种
		天王庙花圃	1983 年建立。有地方和引进名贵花卉数百种
	特色城镇与村落	凤凰古城沱江镇	沱江镇位于县境东南部，占地面积 6 平方公里。古城历史有千年之久，历来被视为“黔楚咽喉”，清代时期，镇台、道台、厅治、县治都设在此。战略地位重要。清康熙五十四年（1715 年），始建石城。石城周长 2 公里多，城高 5.7 米，顶宽 3.7 米；开设四门，各有巍峨的门楼，用城砖砌筑，东门和北门两门至今仍保存完整。古城内，东至万名塔，南至岩脑坡，西至池塘坪，北至沱江，面积 1 平方公里，是凤凰县古建筑最多的地区。在这一区域内，有虹桥、万寿宫、遐昌阁等建筑，有古街巷、古码头、古民居、名人故居等众多古建筑
		阿拉营镇	在县城西部 24 公里，为多民族杂居区，历史上的军事要塞，集镇商业兴起最早，为县内第一大墟场。是凤凰西南部连接湘、黔、川三省地区的主要物资集散地
		吉信镇	在县城东北部 22 公里。为县内第二大墟场，为苗、汉、回、土家杂居之地，现存清代三潭书院、城门、城墙、排楼
	特色城镇与村落	山江镇	位于县境西北方向 23 公里。乾嘉年间，清军曾在此设总兵营
		廖家桥苗寨	位于廖家桥
		黄毛坪苗寨	位于山江镇，居民 300 人
	港口	东码头	沱江镇东门外
	广场	文化广场	位于沱江镇
	乡土建筑与传统街巷	沱江镇古街巷	包括东正街、南正街、中营街、兴隆街、岩脑坡街、登瀛街、文星街北边街、十字街等
		山江保家楼	位于山江镇。方形石砌碉房
	庭院与民居	陈姓住宅	位于东门内吴家弄，保存较完整。平面布局对称，总体成长方形。典型四合院建筑。屋内装饰讲究，木做精细

续表

类	基本类型	名称	主要内容
古迹与建筑类	纪念地与纪念性建筑	沈从文故居	坐落在县城内中营街，建于清同治五年（1866 年）。四合院式建筑，共有房舍 11 间。两进，前栋临街。建筑小巧别致。室内装修讲究。现为沈从文故居展览馆。沈从文（1902—1988 年）有不少作品是描写湘西地区少数民族风土民情以及凤凰县城的民俗风情，如《旅店》《还乡》《边城》等。他还有其他题材的小说、散文和诗歌等以及对中国的服饰和考古文物都有许多独到研究。他被称为民俗文学家，在国内外享有盛誉
		熊希龄故居	三合院的小院落
		儒龙居	土家族艺术家田儒龙的故居。在池塘坪的小河边，古典式的四合院
		古椿书屋	画家黄永玉的住宅。坐落在城南白羊岭半山腰上
消闲求知健身类	公共科学教育文化场所	三潭书院	位于今吉首镇，建于清同治十三年（1874 年）。因下临万溶江的三潭（罗布潭、杨柳潭、漆树潭）而得名。书院阁楼犹存
		文昌阁小学藏书楼	1986 年建成的一座两层楼房，为沈从文先生捐助修建
	节日庆典活动	四月八	最初是纪念苗族英雄的日子，后来活动逐渐丰富，包括传统歌舞演出和文娱表演以及杂技等表演活动
		六月六	苗族传统歌节“苗歌节”
		跳年	每年农历正月初一至十五期间，苗族各山寨举行青狮、龙灯、武杂要等表演
购物类	市场与购物中心	阿拉墟场	农村进行集市贸易的场所
		吉信墟场	农村进行集市贸易的场所
		夺希墟场	农村进行集市贸易的场所
		禾库墟场	农村进行集市贸易的场所
		山江墟场	农村进行集市贸易的场所

2. 旅游资源评述

根据上表，对凤凰县旅游资源提出如下认识：

（1）旅游资源基本类型数量。全县旅游资源基本类型共有 29 种，占全国总数 56 种的 51.78%，从一个县级区的角度来看，资源类型数量属于比较丰富的区域。其中：

地文景观类旅游资源 4 种，占其总数 12 种的 33.4%，比例较小；

水域风光类旅游资源 4 种，占其总数 6 种的 66.7%，比例较大；

生物景观类旅游资源 1 种，占其总数 5 种的 20.0%，比例较小；

古迹与建筑类旅游资源 18 种，占其总数 31 种的 58.0%，比例较大；

消闲求知健身类旅游资源 2 种，占其总数 12 种的 16.7%，比例很小；

购物类旅游资源 1 种，占其总数 4 种的 25.0%，比例较小。

从旅游资源种类数量总情况来看，凤凰县的古迹与建筑类旅游资源占据了很大优势，构成旅游资源的主体。

（2）旅游资源基本类型实体数量。此次调查的旅游资源基本类型实体数量总数较少，共有61处，但部分类型的实体数量较多，宗教建筑与礼制建筑类旅游资源有6处，特色城镇与村落6处，纪念地与纪念性建筑4处，三种类型的实体占总数的26.22%。另外，从旅游资源的基本性质上来看，自然旅游资源实体数量与人文旅游资源实体数量也有显著差别，二者分别为9处和52处，相差近5倍，因此可以大致确定注重开发人文旅游资源的趋向。

（3）旅游资源的质量。根据中国旅游资源沟因子综合评价的原则，估算全部类型实体质量等级，结果如下：

一级2处，沱江镇、“南方长城”——边墙。占全部资源实体总数的3.28%，均为人文旅游资源。

二级7处，奇梁洞、尖朵朵瀑布、黄丝桥古城、文庙、乌巢河大桥、虹桥、沈从文故居。占全部资源实体总数的11.48%。其中，自然旅游资源2处，人文旅游资源5处。

优良级（一级、二级）旅游资源有9处，占全部资源实体总数的14.76%。其中，自然旅游资源2处，人文旅游资源7处。

中等级（三级）36处，占全部资源实体总数的59.02%。

普通级（四级）16处，占全部资源实体总数的26.22%。

优良级、中等级和普通级的资源实体数量呈“纺锤”形结构。

（4）区域分配。按乡镇为主要区域单元考虑，在全县的所有乡镇中，沱江镇的资源实体占有绝大多数，共35处，占总数的57.38%。其他乡镇的实体数量都不多，比较均衡。

在资源质量方面，也是沱江镇占明显优势，其优良级资源实体有7处，占全部的77.78%。其他乡镇比较均衡。

三、河南焦作云台山景区旅游资源分析案例（完成于2000年）

（一）旅游资源数值构成

1. 旅游资源大类及所属基本类型数量总体上的丰富程度

全区共有四大类17种旅游资源基本类型，基本类型数量占全国68种基本类型的25%。云台山的旅游资源基本类型的数量的丰富程度在全国属中上等。

2. 各基本类型所属实体数量

17种旅游资源基本类型中，包括113处实体，数量较多。这些实体不是平均分配在17种旅游资源基本类型中。各基本类型的实体数量差别很大，其数量的丰富程度为：

最丰富类型1种：奇特与象形山石（32处）；

丰富类型2种：湖泊与潭池（14）、瀑布（12）；

中等丰富类型6种：凸峰（9）、洞穴（9）、纪念地与纪念性建筑（7）、泉（井）（6）、风景谷地与河段（5）、城镇与村落（5）；

缺少类型8处：塔（3）、观景地（3）、古代社会经济文化遗址（2）、摩崖字画（2）、沙（砾石）地风景（1）、森林（树林）（1）、古树名木（1）、水工建筑（1）。

3. 旅游资源大类及基本类型的区域数量分配

为了深入了解旅游资源在风景区内的分布，以下使用“旅游资源聚集区”的概念，本区的聚集区有5个：小赛沟—老潭沟、子房沟、岸上、茱萸峰、百家岩这些聚集区内的不同性质的旅游资源在各聚集区内有不同表现：

A. 自然旅游资源类型的奇特与象形山石、湖泊与潭池、瀑布、泉（井）在茱萸峰、小赛沟—老潭沟、子房湖等聚集区内数量最集中。

B. 人文旅游资源类型的古代社会经济文化遗址、宗教建筑与礼制建筑、塔、摩崖字画等基本类型在百家岩、岸上聚集区分布普遍。

C. 子房湖聚集区内的自然旅游资源数量较多（24处），人文旅游资源基本类型较少（2处）。

D. 小寨沟—老潭沟聚集区自然旅游资源实体数量远多于人文旅游资源（25∶1）。

E. 茱萸峰聚集区的自然旅游资源实体数量远多于人文旅游资源（30∶2）。

F. 岸上聚集区的人文旅游资源实体数量远大于自然旅游资源（8∶1）。

G. 百家岩聚集区的自然旅游资源和人文旅游资源的实体数量大致相等（10∶9）。

（二）旅游资源品质构成

1. 整体情况

整个风景区的旅游资源结构呈纺锤形，反映为

A. 属于“优”的实体19处，占16.81%。

B. 属于“良”的35处，占30.97%。

C. 属于“中”的48处，占全部实体的42.48%。

D. 属于“普通”级的11处，占9.74%（表10–20）。

表10–20　云台山旅游资源基本类型实体分级名录

等级	实体名称	数量
优	三秀峰、小北顶、黄楝沟陡崖、天门、老潭沟南岸陡崖、西岸东仓村西沟陡崖、温盘峪陡崖、叠彩洞、小寨沟、百家岩谷、老潭沟、温盘峪、温盘峪卧龙潭、老潭沟云台天瀑、茱萸峰森林、万善寺、孝女塔、温盘峪白龙渠	19
良	万善寺陡崖、子房湖东岸陡崖、小北顶陡崖、小寨沟东岸陡崖、小寨沟西岸陡崖、寺头顶陡崖、老潭沟北岸陡崖、茱萸峰一线天、温盘峪砾石滩、石青洞、龙宫洞、药王洞、阎王洞、橱灶洞、天门谷、子房湖（马鞍石水库）、小寨沟丫字瀑下瀑、小寨沟李世民饮马池、温盘峪白龙潭、温盘峪黑龙潭、温盘峪睡龙潭、小寨沟水帘洞瀑、老潭沟丫字瀑、老潭沟孔雀泉瀑、温盘峪白龙潭瀑布、温盘峪白龙瀑、一斗水、红豆杉、云桥、云梯、云台寺、崇明寺（百岩寺）、东仓村、西岸上村	35

续表

等级	实体名称	数量
中	小寨沟企鹅峰、云门峰、天门山、老潭沟五老峰、杜鹃峰、黑石岭、翠微峰、“二鹑斗48”石、“下不来”石、“天狗守门”石、“军舰巡山”石、“茅笋入云”石、“蜗牛爬山”石、小寨沟“石舟”、小寨沟“蝴蝶”石、兴隆掌陡崖、老潭沟“孔雀屏”石、老潭沟波浪石坪、温盘峪“石龟石”、温盈峪“砥柱石”、锯齿山、通天洞、小寨沟龙蛇潭、老龙潭、温盘峪青龙潭、温盘峪黄龙潭、温盘峪游龙潭、温盘峪醒龙潭、小寨沟凤属串珠潭、小寨沟白蛇出洞潭、小寨沟蛟龙吐雾、天门瀑、温盘峪无名瀑、温盘峪水帝瀑、王烈泉、明月泉、茱萸峰古井、焦泉、万善寺石塔、“孝女崖”刻字、马蹄窑村、东岸上村、黑龙王庙村、刘伶醒酒台、孙登啸台（凤凰台）、嵇康淬剑石、温盘峪象鼻山、老潭沟观瀑台	48
普通	老潭沟王烈石、老潭沟孙登石、黄泥洞、厨灶洞、温盘峪子龙潭、小寨沟私语泉、二乐台、汉献帝避暑台、敬德试鞭石、西瀛观、望亲台	11
总数		113

说明：本评价结果为局部区域封闭式评价。

2. 各基本类型质量分级构成

17 种旅游资源基本类型质量等级差异明显：

A. 拥有各个等级的基本类型共有 3 种，奇特与象形山石、湖泊与潭池、瀑布。

B. 实体中有“优”的基本类型有 10 种，共有 19 处实体。

C. 实体中有“良”的基本类型有 12 种，共有 39 处实体。

3. 旅游资源质量等级区域构成

5 个旅游资源聚集区中各质量等级资源的数量差别很大，“优”“良”两等级加在一起的“优良”级旅游资源所拥有的实体数量排序为：

A. 子房湖聚集区拥有 16 处。

B. 茱萸峰聚集区拥有 14 处。

C. 小寨沟—老潭沟聚集区拥有 12 处。

D. 百家岩聚集区拥有 8 处。

E. 岸上聚集区拥有 4 处。

（三）旅游资源组合关系构成

根据上述旅游资源组合关系评价方法完成各聚集区旅游资源基本类型及实体在该区域内的数值评价。

各聚集区旅游资源组合关系的质量差别是：

A. 茱萸峰聚集区和小寨沟—老潭沟聚集区都是优等，茱萸峰聚集区上升到了首位。

B. 子房湖聚集区和百家岩聚集区位居中等。

C. 岸上聚集区质量较差。

（四）旅游资源开发结构

对风景区 5 个聚集区进行了开发评价的质量等级赋分，评定级别如下：

A. 属于一级的是小寨沟—老潭沟聚集区。

B. 属于二级的是子房湖和茱萸峰聚集区。

C. 属于三级的是岸上和百家岩聚集区。

（五）旅游资源的优势与不足

1. 优势

风景区内最醒目的旅游资源基本类型是奇特与象形山石，此类型有 32 处实体，其中的陡崖分布广泛，质量档次较高，优良级达到 17 处，占全部 54 处优良级旅游资源实体 31.48%。其形象十分突出，可观赏性很强，这正是本风景区的基本形象特点。

水文景观类旅游资源中的风景谷地与河段、湖泊与潭池、瀑布、泉（井）等多种类型往往是在同一地区密集地出现，形成了旅游资源整体优势，在风景区内构成了形象鲜明的资源群体，它们共拥有 37 处实体，拥有优良级资源实体 24 处主要集中在小寨沟、老潭沟、温盘峪内，它们构成了生态型旅游资源的主体类型。

此次旅游资源调查中，由于客观原因，记录下来的森林（树林）实体很少（只有茱萸峰的 1 处），影响这一优势旅游资源类型的数值评价结论。从质量等级来看，此类型属于“优”等，在一定程度上可以弥补数量的不足。再者，本区森林面积很大，如果按旅游资源统计中的面积法进行校正，则这一类型仍可成为风景区内主体旅游资源。

从地理空间上考虑，风景区内 5 个旅游资源聚集区中的小寨沟—老潭沟、子房湖、岸上等 3 个区，基本上由子房河上下贯穿了起来，形成一个串珠状的风景旅游线，旅游开发环境结构十分理想，其资源优势很明显，优良级旅游资源基本类型实体达到 32 处，开发环境良好，开发条件已有相当积累，是风景区最有前途的区域，可统一考虑。

百家岩的纪念地较为突出，历史上的许多学者、文人等知名人士在这里活动所留下来的遗址蕴藏了深厚的文化内涵。旅游开发有很多工作可做。

2. 不足

森林面积广阔，但植被类型区域不明显，不但影响资源评价，也不利于形成景区。

人文旅游资源实体形象不突出，历史传闻有一定深度，但其载体不明确。

第十一章　西部地区实践案例

一、内蒙古自治区旅游资源分析案例（完成于2003年）

（一）旅游资源定量评价

利用实际调查的旅游资源资料和数据，探讨用数值方法对旅游资源进行全面评价，包括对旅游资源量值、品质和组合关系的评价。

1. 旅游资源的量值评价

（1）不同性质的旅游资源单体数量构成。此次调查所获得的旅游资源单体构成见表（略）。

（2）旅游资源类型数量总汇。数量总汇是体现一个区域旅游资源的宏观结构的主要标志。将此次调查所获取的旅游资源主类、旅游资源亚类、旅游资源基本类型的数量与全国对比，求出其相应的百分比比例，以表示该区旅游资源的丰富程度（表11–1）。

表11–1　内蒙古调查的旅游资源类型占全国的比例

	主类	亚类	基本类型
全国	8	34	181
内蒙古	8	29	108
比例（%）	100	85.3	59.7

上表说明，内蒙古旅游资源总的情况是：代表宏观结构的旅游资源亚类属于丰富级，代表精细程度的旅游资源基本类型属于中上等级。

（3）旅游资源基本类型数量档次。在获得的108种旅游资源基本类型中，根据它们各自拥有的单体数量，可以归为以下6个数量档次（表11–2）。

表11–2　内蒙古自治区旅游资源类型数量档次

单体数量	基本类型名称	数目
40处（含）以上	观光游憩湖区、宗教与祭祀活动场所、墓（群）、人工水域观光游憩区段、草地、废弃居住地、林地、原始聚落与宅院或活动地、综合自然景观区	9

续表

单体数量	基本类型名称	数目
30 处（含）以上	建筑工程与生产地、长城段落、纪念性建筑	3
20 处（含）以上	菜系肴馔、民间演艺、奇特与象形山石、观光游憩河段、冷泉、摩崖字画	6
10 处（含）以上	生物化石点、展示演示场馆、沙地区、祭拜场馆、凸峰、地热与温泉、独树、军事遗址与古战场、岩洞、佛塔、沟壑地、沼泽与湿地、废弃生产地、园林、桥	15
10 处以下	地表坑穴、废弃社会文化设施、塔形建筑物、祭祀堆石、口岸、水井、饮料食品、民间礼仪、地方风俗、石（土）林、废弃寺庙、康体游乐休闲度假地、烽燧、堤坝段落、文艺团体、疏林草地、民间节日、戈壁区、滩地、火山与熔岩、悬瀑、极端与特殊气候显示地、教学科研实验场所、广场、水产山珍、药材补品、工艺制品、宗教活动与庙会、矿石积聚地、冰川侵蚀遗迹、丛树、水生动物栖息地、鸟类栖息地、海市蜃楼现象多发地、避暑与避寒气候地、聚落与宅院、社会与商贸活动场所、碑碣、城（堡）垣、特色服饰、民间健身活动与赛事、民间集会、断层景观、地层剖面、岩壁与陡崖、岩缝、潭池、跌水、陆地哺乳动物栖息地、物候景观、事件发生地、文化场所、动物与植物展示地、体育健身场馆、石窟、戏台、堆石洞、峡谷河段、日月星辰观察地、奇异自然现象、文化层、文物散落地、洞居遗址、雕塑、牌坊、喷泉、港口、提水设施、特色街区、特色市场、特色商品街、花卉果品、雕塑制品、文化节、商贸农事节	75
基本类型数量		108

在表 11-2 的旅游资源基本类型的 6 个数量档次中，观光游憩湖区、宗教与祭祀活动场所、墓（群）、人工水域观光游憩区段、草地、废弃居住地、林地、原始聚落与宅院或活动地、综合自然景观区 9 种基本类型所拥有的单体数量超过了 40 处。

（4）旅游资源类型的区域构成和单体数量分配。旅游资源在全区地域上的分配状况，依据其旅游资源单体的数量而区分出在各盟市和旗县上的差别，见各盟市和旗县表（略）。

反映出：各地拥有的旅游资源基本类型的数量有较大差别，其中数量超过 20 的有赤峰市的克什克腾旗（24）、阿拉善盟的额济纳旗（21）；15~19 的有赤峰市的喀拉沁旗（19）、宁城县（18），锡林郭勒盟的锡林浩特市（17），阿拉善盟的阿拉善左旗（17），乌兰察布市的凉城县（16），呼伦贝尔市的海拉尔区（16），鄂尔多斯市的伊金霍洛旗（15），赤峰市的巴林右旗（15）、翁牛特旗（15）；10~14 的有赤峰市的巴林左旗（14）、呼和浩特市的回民区（13）、鄂尔多斯市的鄂托克旗（13）、准格尔旗（13），巴彦淖尔市的乌拉特后旗（13），呼和浩特市的清水河县（12），呼伦贝尔市的根河市（12）、鄂温克旗（11）、满洲里市（11），包头市的昆都仑区（10），呼伦贝尔市的扎兰屯市（10）。

按盟市统计，旅游资源基本类型和旅游资源单体数量见表 11-3。

表 11–3 内蒙古各盟市旅游资源基本类型和旅游资源单体数量构成

盟市名称	旅游资源基本类型数量	旅游资源单体数量
阿拉善盟	29	79
巴彦淖尔市	31	69
包头市	31	44
赤峰市	52	197
鄂尔多斯市	28	91
呼和浩特市	39	115
呼伦贝尔市	45	70
通辽市	28	70
乌海市	8	8
乌兰察布市	32	44
锡林郭勒盟	32	78
兴安盟	22	43

（5）旅游资源主类所属基本类型数量及其旅游资源单体数量。统计全市各主类旅游资源中基本类型的数量及其旅游资源单体数量占该基本类型的比例和全部单体数量的比例，以此表明旅游资源的基本性质与构成，表列格式见表 11–4。

表 11–4 内蒙古不同性质旅游资源数量构成

主类名称	各主类拥有的基本类型			各主类拥有的旅游资源单体	
	全国数量	全区数量	占主类基本类型百分数（%）	数量	占全区旅游资源单体总数百分数(%)
地文景观	36	19	52.8	182	15.64
水域风光	17	9	52.9	121	10.40
生物景观	13	8	61.5	120	10.31
天象气象与特殊景象	15	6	40.0	14	1.20
遗址	10	10	100	132	11.34
景观建筑	60	38	63.3	475	40.81
旅游商品	13	7	53.8	51	4.38
人文活动	17	11	64.7	69	5.92
总计	181	108	55.67	1164	100

表明内蒙古自治区拥有的旅游资源基本结构为：

全区拥有全国 181 类基本类型中的 108 种，占 55.67%，属于中上比例。

全区各旅游资源主类的基本类型中，占全国该类主类的比例不同，其中遗址、人文活动、景观建筑、生物景观所占的比重较大。

各旅游资源主类中拥有的旅游资源单体，景观建筑类基本类型所占的比重最大，占 40.81%，其次是遗址、地文景观和生物景观。

（6）人文旅游资源和自然旅游资源数量结构。根据全国旅游资源基本类型的数量，如果自然旅游资源基本类型（地文景观、水域风光、生物景观、天象气象与特殊景象）数量和人文旅游资源基本类型（遗址、建筑与设施、旅游商品、人文活动）数量所占的比例达到 4∶5 时，即可认为该地区自然旅游资源和人文旅游资源并重。大于 4∶5 时，即可认为该地区以自然旅游资源为主，小于 4∶5（0.80）时，可认为该地区以人文旅游资源为主。这一结论，有时还应以其拥有的旅游资源单体的数量加以校正（见表 11–5）。

表 11–5　内蒙古调查的自然旅游资源与人文旅游资源比较

	自然旅游资源基本类型	人文旅游资源基本类型	自然旅游资源与人文旅游资源的比值
全国	81	100	0.80
内蒙古	42	65	0.65

内蒙古自然旅游资源基本类型与人文旅游资源基本类型的比值约为 3.2∶5（0.65），接近 4∶5，可以认为其自然旅游资源与人文旅游资源大体相当，二者处于相互融合状态。

2. 旅游资源品质评价

（1）区域旅游资源单体质量分级构成。按照前述旅游资源质量等级评价方法，可将调查所获得的 1377 处旅游资源单体进行质量划分，得出其属于优良级的等级差别，按盟市和旗县区的区域列出其名录（略）。

（2）各盟市、旗县旅游资源单体等级构成。根据以上表及其余的普通级旅游资源单体可以归总为内蒙古旅游资源等级的区域构成表（略），以集中反映自治区旅游资源质量等级的整体形象。

（3）各盟市、旗县旅游资源质量等级序列。如果将五级、四级、三级和普通级旅游资源的单体数量分别乘以权值 30、20、10 和 5，则可得出各盟市及各旗县旅游资源的等级分值，以此能够区分出它们彼此之间品位上的差别。表 11–6 是各盟市旅游资源质量等级的数学标志和等级排序。

表 11-6　内蒙古自治区各盟市旅游资源等级分值及排序

盟市	五级		四级		三级		普通级		$\sum n_5\times30+\sum n_4\times20+\sum n_3\times10+\sum n_{普}\times5$	排序
	n_5	$\sum n_5\times30$	n_4	$\sum n_4\times20$	n_3	$\sum n_3\times10$	$n_{普}$	$\sum n_{普}\times5$		
赤峰市	2	60	5	100	43	430	150	750	1340	1
呼伦贝尔市	1	30	12	240	45	450	78	390	1110	2
呼和浩特市			5	100	25	250	71	355	705	3
鄂尔多斯市	1	30	4	80	11	110	76	380	600	4
锡林郭勒盟	2	60	5	100	19	190	48	240	590	5
阿拉善盟	2	60	7	140	12	120	54	270	590	5
乌兰察布市			2	40	13	130	65	325	495	7
包头市			4	80	17	170	44	220	470	8
巴彦淖尔市			1	20	15	150	54	270	440	9
通辽市			2	40	10	100	54	270	410	10
兴安盟			6	120	15	150	19	95	365	11
乌海市					5	50	4	20	70	12

表 11-6 所反映的由于是盟市的情况，地域过于广泛，实际上还不能说明旅游资源在区域内的富聚程度，蕴藏着某些事务。用同样的方法对旗县区进行排序，形成内蒙古自治区各旗县旅游资源等级分值及排序表（略），将适当弥补这一缺陷。

3. 旅游资源组合关系评价

（1）经验式评价。根据上文旅游资源组合关系评价的经验公式和旅游资源调查所获旅游资源单体数量、单体所属基本类型数量，计算出各盟市、各旗县旅游资源组合关系，见表 11-7。

表 11-7　内蒙古自治区各盟市旅游资源组合关系表

盟市	S1		S2										S
	J	J × 5.52 × 0.2	Σa	Σa × 10	Σb	Σb × 5	Σc	Σc × 3	Σd	Σd × 1	D	D × 1.74 × 0.8	S1 + S2
赤峰市	197	107.09	2	20	5	25	43	129	150	150	324	451.01	558.1
呼伦贝尔市	70	77.28	1	10	12	60	45	135	78	78	283	393.94	471.2
呼和浩特市	115	126.96			5	25	25	75	71	71	171	283.03	410.0
阿拉善盟	79	97.22	2	20	7	35	12	36	54	54	145	201.84	299.1

续表

盟市	S1		S2										S
	J	J × 5.52 × 0.2	Σa	Σa × 10	Σb	Σb × 5	Σc	Σc × 3	Σd	Σd × 1	D	D × 1.74 × 0.8	S1 + S2
锡林郭勒盟	78	86.11	2	20	5	25	19	57	48	48	150	208.80	294.9
鄂尔多斯市	91	100.46	1	10	4	20	11	33	76	76	139	139.49	240.0
巴彦淖尔市	69	76.18			1	5	15	45	54	54	104	144.77	221.0
通辽市	70	77.28			2	10	10	30	54	54	94	130.85	208.1
乌兰察布市	44	48.58			2	10	13	39	65	65	114	158.69	206.8
兴安盟	43	47.47			6	30	15	45	19	19	94	130.85	178.3
包头市	44	48.58			4	20	17	51	44	44	115	160.08	154.7
乌海市	9	8.83					5	15	4	4	19	26.45	35.3

表 11-7 表明，赤峰市、呼伦贝尔市、呼和浩特市区域内的旅游资源组合关系良好。

（2）组合区评价。依据自治区全区旅游资源概查提供的类型单体质量级别（优良级、普通级，其中重点是优良级旅游资源单体），按各旗县级行政中心为核心，人为规定在 100 公里的半径范围内，建造约 70 多处雏形组合区。对这些雏形组合区内的旅游资源单体进行机械搜寻，求出各区旅游资源的价值总和，初步确定以下 5 个雏形组合区为优势旅游资源组合区。依据各旗县所得的旅游资源分值，在区域上相互结合，寻找出以下 5 个优势旅游资源组合区（见表 11-8）。

表 11-8　内蒙古自治区优势旅游资源组合区

名称	主要区域	旅游环境	等级分值
蒙中中段旅游资源组合区	包括呼和浩特市区、包头市区、东胜市、伊金霍洛旗、达拉特旗、准格尔旗、托克托县、和林格尔县、察哈尔右翼后旗、察哈尔右翼中旗、四子王旗、凉城县、集宁市、武川县、清水河县	黄河河套平原、大青山山地、鄂尔多斯高平原、干草原、荒漠草原、蒙古族文化遗存、现代城市与产业、蒙古族民俗	2110
蒙中东段旅游资源组合区	锡林浩特市、克什克腾旗、翁牛特旗、巴林左旗、巴林右旗、赤峰市区、喀喇沁旗、东乌珠穆沁旗、正蓝旗、宁城县、林西县	大兴安岭南段西侧、浑善达克沙地、干草原、荒漠草原、火山与熔岩山地与台地、蒙古族民俗	1975

续表

名称	主要区域	旅游环境	等级分值
蒙东北旅游资源组合区	阿尔山市、扎兰屯市、阿荣旗、莫力达瓦旗、新巴尔虎左旗、新巴尔虎右旗、海拉尔市、鄂温克旗、牙克石市、陈巴尔虎旗、额尔古纳市、鄂伦春旗、根河市	大兴安岭北段、草甸草原、森林、火山与熔岩、地热与温泉、蒙古族民俗、鄂温克族民俗、达斡尔族民俗、鄂伦春族民俗	1400
蒙中西段旅游资源组合区	包括阿拉善左旗、乌海市、乌拉特前旗、乌拉特后旗、乌拉特中旗、临河市、磴口县	三大沙地（腾格里、乌兰布和库布齐）、黄河谷地、贺兰山与狼山山地、荒漠、荒漠草原、历代水利工程、蒙古族民俗	555
蒙东南旅游资源组合区	扎鲁特旗、科尔沁左翼后旗、科尔沁右翼前旗、乌兰浩特市、扎赉特旗、库伦旗	大兴安岭南段东侧、科尔沁沙地、草甸草原、古冰川地形、蒙古族民俗	390

根据各组合区的等级分值，可以将其分为四个档次，划分的依据是按分值大小分为优（大于等于 2000）、良（1000~1999）、中（500~999）、平（小于 500）。

内蒙古自治区组合区评价，是以该区旅游资源的现实状况为基础，考虑其核心旅游环境和开发条件，利用简明的评价因子赋分法完成的。具体步骤和方法是：

（1）选择并确定评价因子。这些评价因子包括“旅游资源”和“开发环境和开发条件”。其中“开发环境和开发条件”又分为“交通条件”“已有基础”和“计划潜力”。旅游资源考虑到资料掌握程度和操作便利，以已确定的 5 个优势旅游资源组合区为基本评价单元。交通条件是指外地游客进出该区中心点的便捷程度，包括路况、主要交通工具和交通服务等项内容。已有基础指该区旅游开发的综合程度，包括旅游市场效益、旅游区和旅游点建设成绩。计划潜力是该区内行政主管部门和旅游企业的管理力度，包括已经出台的旅游发展和旅游开发规划。

（2）分别对各评价因子进行等级划分。其中旅游资源按其 3 个档次划分为优、良、中。交通条件、已有基础和计划潜力按组合区的实际情况分为优、良、中三级。

（3）视各因子的重要程度赋以权重，旅游资源为 15（优、良、中各得分 15、10、5），交通条件、已有基础各为 10（优、良、中各得分 10、7、4），计划潜力为 15（优、良、中各得分 15、10、5）。按各自等级进行再分配。（4）专家评定得出各雏形组合区旅游资源开发得分，再按得分区间将组合区分为 4 级：一级≥ 20，二级≥ 15~20，三级≥ 10~15，四级≥ 5~10。

根据上述标准和方法，评出内蒙古自治区优势旅游资源组合区的开发等级（表 11–9）。

表 11-9　内蒙古自治区优势旅游资源组合区评价赋分等级表

组合区名称	旅游资源			开发环境与开发条件									得分	排序
				交通条件			已有基础			计划潜力				
	优	良	中	优	良	中	优	良	中	优	良	中		
蒙中中段旅游资源组合区	15			10				7		15			54	1
蒙东北旅游资源组合区		10			7			7		15			39	2
蒙中东段旅游资源组合区	15				7			7			10		39	2
蒙中西段旅游资源组合区		10			7			7				4	28	4
蒙东南旅游资源组合区			5		7				4			4	20	5

从表 11-9 可以看出：

内蒙古的 5 个优势旅游资源组合区，以呼和浩特市和包头市为核心的蒙中中段旅游资源组合区，具有先天优越条件，得分最高；

以呼伦贝尔、阿拉山、克什克腾为代表的蒙东北旅游资源组合区和蒙中东段旅游资源组合区得分相等，具有后发优势。

（二）旅游资源分析：优势集合

内蒙古自治区具有较丰富的旅游资源类型，若干类型的集合可能产生具有强大优势的旅游资源系列，主要有以下 4 组。

1. 古地文旅游资源系列

内蒙古高平原具有特殊的地文现象，其地质历史发育过程通过丰富的地质遗存和壮美的地貌景观表现出来。在全国同类旅游资源中，具有较突出的地位。

此次调查的古地文旅游资源十分丰富，主要类型反映在地质与构造、古生物化石点、火山与熔岩、第四纪冰川遗存以及一些派生的旅游资源，如奇特与象形山石、凸峰、石林、热水与温泉等方面。

（1）位于中国地势的第二大台阶上，地形结构严紧，层次鲜明。内蒙古地质地貌很有特点，它们是古环境演化的实际记录，从旅游资源的角度来说，可以注意它们的宏观格局和微观显示。

在宏观上，内蒙古是我国版图内唯一的面积巨大的高平原，它是一个由多种构造体系复合交织的地区，其主要构造体系有阴山东西向复杂构造带、呼伦贝尔—大兴安岭—鄂尔多斯的多字形构造、内蒙古北部的山字形构造、狼山旋钮构造、桌子山构造等。这些巨大的构造体系在地层、构造、地貌上都有很多明显的显示，如体现阴山东西向复杂构造带的大青山断裂，该断裂界于内蒙古高平原和鄂尔多斯高原之间，其多次活动将中、晚更新世的洪积物错断，形成高低错落的洪积台地；后来由于山地的不断抬升，山麓线向平原一侧移动，形成了多期叠覆的山前洪积扇，成为今天认识新构造活动的主要证据。在土默特左旗、土默特右旗、乌拉特前旗、包头市东郊表现最好。另外还有反映多字形构造的锡林郭勒高平原—阴山山地丘陵—河套平原—鄂尔多斯高平原的地貌结构等，则是由一些旅游资源单体，如反映内蒙古主要区域构成体系的阿拉善、鄂尔多斯、呼伦贝尔、锡林郭勒等高原景观区，反映山地结构的大青山、大兴安岭、阴山、贺兰山、狼山、桌子山等景观区，反映荒漠环境的巴丹吉林沙漠、腾格里沙漠、乌兰布和沙漠、库布齐沙漠、毛乌素沙漠、科尔沁沙地等体现出来的。

在微观上，有许多诸如石林、沙地等类型。

（2）中生代以来的古生物演绎，揭示了本区远古大型生物活动信息。内蒙古在多处地方发现过远古生物化石，时代从中生代到第四纪晚期。这些化石及其出土地点已经成为内蒙古重要的古生物旅游资源。

在距今7000万年前的中生代时期，内蒙古曾经是一处气候温和潮湿、湖泊众多，植被茂密的地方，像恐龙这样的大型爬行类动物在这里的生存空间很大，至今留下了大量化石痕迹，如额济纳旗的马鬃山、东胜市的泊（尔）江海子、鄂托克旗的查布、杭锦旗的敖楞补拉和乌兰伊日、二连浩特市的盐池、苏尼特右旗的查干诺尔，以及察哈尔右翼后旗、乌拉特后旗等地，都出土过各种恐龙化石遗体或残痕。

到了距今4万、5万年前的第四纪时期，这里经历过数次冰期，一些耐寒的大型哺乳动物如猛犸象、披毛犀、野牛等在这里活动，在呼伦贝尔市的扎赉诺尔湖区有猛犸象化石点；在四王子旗的南梁发现过犀牛化石；代表里斯冰期的动物猛犸象（象牙化石），在大兴安岭南部库伦旗境内山前平原区也有发现，它是世界性最大冰期到来冰缘地区的动物。以此可以确认在上更新世期间以及全新世初，本区气候湿冷处于冰缘气候的环境。所以在呼伦贝尔市、锡林郭勒盟等地的上更新世砂层中均发现有猛犸象、披毛犀等化石，同时在呼伦贝尔市地区的海拉尔组砂层内，冰卷泥构造比较普遍，充分说明了这一点。在札赉诺尔煤矿的其他剖面中，发现许多上更新统上部的冰卷泥现象，还在乌兰塔拉盖的民井剖面中，看到中更新统的棕红色黏土被压挤并穿注到上覆的砂层之中达一米许。此外，在二连浩特车站北部的一个人工剖面中也发现了第四纪的冰卷泥构造，上更新世地层中受挤压后相互穿注的特点极为明显。此外在达拉特旗、乌审旗、准格尔旗、苏尼特右旗等许多地方都发现过各种丰富的大型哺乳类动物群化石群。其中呼伦贝尔市的扎赉诺尔湖区的猛犸象化石，共发现过三副骨架，其中一架全长9米，高4.7米，门齿长3.1米，推测体重8~9吨。

这些地方的古生物化石不少已经成为我国古生物演化和环境变迁的重要标志物，如锡林郭勒各地的恐龙化石群，受到国家学术界的极大重视。目前许多化石已被移至异地保存和展出，如在锡林郭勒盟已在锡林浩特市为此修建了大型恐龙展览馆。另外，部分化石发现地点竖立了导游标识，得到了初步的保护。

（3）地下岩浆出露，分布广泛、个体密集、类型丰富。内蒙古自治区古火山活动很频繁，是国内有数的几个火山与熔岩地貌展示区。

第四纪时这里火山及玄武熔岩的溢出，大体上可分成以下几个带：大兴安岭东侧火山熔岩带，主要分布在诺敏河、绰尔河河谷地带；大兴安岭西侧火山熔岩带，主要分布于阿尔山一带，断续向西南延伸至达里诺尔北岸；阿巴嘎火山熔岩带，集中分布于锡林郭勒高平原的中部地带；锡林郭勒盟北部火山熔岩带，向西南断续延至吉尔嘎郎图和二连浩特；西拉木伦河上游—岱海盆地火山熔岩带，呈东北向断续相接，中部与张北玄武岩台地连成一带；阿巴嘎—达里诺尔火山熔岩带，北起巴彦图嘎，南至西拉木伦上游；察哈尔火山熔岩带，广泛分布在乌兰察布盟各地，在集宁周围形成大片台地。

这些带上的火山与熔岩一般都有数量很多、体量巨大、造型鲜明的个体，如在锡林郭勒盟的中部地带，发育着大片的第三系末到第四系初期的玄武岩组成的熔岩台地，总面积在 12000 多平方公里。台地上很有规律地排列着许多第四纪的死火山锥。在阿巴嘎旗的北部的一片面积达 2200 多平方公里的台地玄武岩熔岩台地上有 40 余座火山。阿巴嘎熔岩由上新世末期的大规模的裂隙喷溢，到更新世初逐渐转变为中心式喷发并形成一系列火山锥耸立在各级玄武岩台地上，有 206 座火山锥。达里诺尔火山熔岩台地有 102 截头圆锥形火山锥。岱海南部火山群有 7 座火山锥。分布在察哈尔乌兰哈达的火山群有 9 座火山锥。分布在大兴安岭中部的哈拉哈火山群有 50 余个火山锥。这些火山和熔岩景观类型很典型，主要表现为各类形式的锥形火山，如截头圆锥状火山锥马蹄形火山锥、新月形火山锥、双环形火山锥、双梁状火山锥、复式火山锥、马蹄形熔渣火山锥、胎火山丘、熔岩台地、熔岩峡谷、方山等。

此次调查了其中的 39 处火山与熔岩，分布在克什克腾旗的达里火山群、塞汗坝熔岩台地，鄂伦春旗的达尔滨火山、四方山，扎兰屯市卧牛湖火山口、月亮湖火山口，乌兰察布市的阿里乌素、北炼丹炉、大红山子、东火烧山、锅巴山火山锥、红山子、立山湾子火山锥、南炼丹炉、西火烧山、小红山子、鹰嘴山火山锥、中火烧山、中炼丹炉，锡林郭勒盟的阿巴嘎马蹄形火山锥、包音图熔岩台地、达里淖尔马蹄形火山锥、达里淖尔熔岩台地、达里淖尔新月形火山锥、汗乌拉熔岩台地、乾德门熔岩台地、沙里鄂博钟状火山锥、灰腾梁，阿尔山的 1 号到 8 号火山和 1 号熔岩（石塘林）、2 号熔岩。

（4）矿泉在很多地方集中出现，具有良好使用价值。内蒙古自治区的泉很多，大部分为矿泉，其中有许多与火山与熔岩关系密切的地热与温泉。主要分布在大兴安岭至集二线与集宁、丰镇、大青山山前一带，现已发现矿水点 57 处，此次调查了 28 处。这些矿泉的水类型主要是碳酸矿水，对消化系统疾病、冠心病、高血压、外科溃疡疾病有很好疗效，如阿尔山矿泉、贵力斯太矿泉、维纳河矿泉等。其中不少与断裂活动有关的温泉主要分布在大兴安岭南端及阴山山地如克什克腾、敖汉、宁城、阿尔山、凉城等地，矿水温度一般在 37~85℃之间。

阿尔山市是其集中分布的地方，在相距不到 800 米的范围内有 48 个矿泉，按水温不同分为 4 个泉区，它们的形成与这里的第三纪玄武岩火山活动有关，为含碳酸矿水。此次调查了其中的五里泉、金江沟热泉，以及鼻眼泉、口腔病泉、关节炎病泉等 17 处矿泉。

此外还在乌拉特前旗、敖汉旗、克什克腾旗、宁城县、鄂托克旗、杭锦旗、凉城县、卓资县、锡林浩特市等地调查了 10 余处温泉。

（5）第四纪寒冷时期曾经在这里发生过多次冰川活动，有很多遗存。第四纪时期，大兴安岭地区发生过多次冰川作用，它所形成的冰川活动遗迹，其中特别是冰川侵蚀遗迹在这里普遍见到，这也构成了自治区古地文旅游资源的主要内容。

目前在大兴安岭南部的巴林右旗的汗山（海拔 1930 米）和克什克腾旗的黄岗山（海拔 2034 米），见到许多冰川地形。这些山地山顶平坦，四周山坡常是发育有稳定石流的冰斗后壁。在海拔 1600 米以上的地方，普遍见到角峰和刃脊，坡上保存有冰雪作用刻蚀成的浅凹地。南坡海拔 1250 米处以及北坡约 1200 米处，均有古冰斗遗迹，北坡尤为典型。有的冰斗出口处，横剖面常有呈浅 U 形的古冰坎。附近一带山间平原，组成物质均为棱角清楚的石块、细砂和土壤，是冰碛后受冰水冲刷改造的堆积物。在大兴安岭北部，自海拉尔以北，沿三河道至额尔古纳旗、黑山头、那木达林、三河镇、伊根等地区，也广泛发育有冰川地形，主要形态是冰蚀谷、冰斗、悬谷与三角面、冰碛物等。冰蚀谷在这里的山区谷地大多都具有宽广谷地，剖面呈显著的“U”形，宽谷两侧为峭壁崖，谷地中河道规模则很小，一般仅 3~5 米宽，与宽谷相比极不相称。古冰斗见于额尔古纳河右岸八大关东侧山顶，有数个冰斗。悬谷与三角面在根河上游依根附近，被切削成冰蚀崖三角面。在二连浩特以北的哈拉特苏木至萨达特苏木一带，分布着一片第四纪上更新世的冰碛泥砾、漂砾等冰川堆积物。此次调查了 7 处冰川侵蚀遗迹，有克什克腾旗的大浩来冰槽、经棚冰斗、摩天岭 – 韭菜山角峰与刃脊，下店的冰槽、下排长头营子冰坎、帐房沟冰斗。宁城县莲花山的冰石海等。

2. 自然生态旅游资源系列

自然生态在内蒙古自治区是一个完整的系列，本区地理位置偏北，大部分地区海拔 1000 米以上，山地与平原镶嵌排列，东部有大兴安岭森林，西部有鄂尔多斯和阿拉善的沙漠；南部以黄河流域和辽河流域为主形成的平原谷地；北部有呼伦贝尔和锡林郭勒的广阔草原。内蒙古虽然地处内陆干旱地区，然而水资源却比较丰富，淡水面积达 85.7 万公顷，在中国居第二位。内蒙古的河流分属于外流和内流两大水系。外流水系主要由黄河、永定河、滦河、西辽河、嫩江、额尔古纳河 6 大水系组成，流域面积 60 万平公里，汇入鄂霍茨克海和渤海。内流水系分布比较零星，流域面积 11 万平方公里，无流区分布于荒漠地带，占全区面积的 1/3。构成内蒙古旅游资源的基本类型主要有草地、林地、水域、沙地等。它们在地域上的渗透交叉，构成了内蒙古极有特色的旅游资源系列，它们共同组成的景观形象，在全国范围内十分突出。

（1）草原与草地面积大、类型多、景象壮美，是本区核心资源。草原与草地是内蒙古自治区自然旅游资源的支柱类型，包括草地和疏林草地 2 种基本类型。在这里可以开展观光和生态旅游，还可以组织各种草原民俗活动，旅游开发的力度很大。

全区现有 8667 万公顷天然草场，由于自治区地跨寒温带、中温带和暖温带，气候湿润又有很大差异，水热因素影响草场植被与牧草群落的分布，从而形成了从东到西的草甸草原、干草原、荒漠草原与荒漠 4 个草原生态类型。

草甸草原主要包括大兴安岭东西两侧和南麓、赤峰市东北部、通辽市的北部、锡林郭勒草原的东北部。这一地区气温较低，冬季严寒而漫长，降雨量较多，水源充足，草层高度为 30~80 厘米，草群盖度为 40%~100%，适合放牧饲养牛、马等大家畜。干草原分布范围广，是构成内蒙古草原的主体。

干草原的草层高度为 25~40 厘米，草群盖度为 30%~40%，适宜于放牧饲养绵羊和马。

荒漠草原主要分布在锡林郭勒盟的西部、乌兰察布市北部和鄂尔多斯市西部的草原地带。这一区域气候寒冷而干燥，年降水量仅为 200 毫米左右，天然植被以禾本科牧草与灌木群落为主，草层高度为 15~20 厘米，草群盖度为 10%~20%，灌木占四分之一，放牧饲养的家畜以绵羊和山羊占优势。

荒漠主要分布在阿拉善高原、巴彦淖尔市的西部和北部，以及鄂尔多斯市的部分地区。这些地区的气候比上述三种草原类型稍暖，但降水量少，蒸发量大，特别干燥。草场的植被稀疏，灌木类占草群的 98%，草本牧草只有 3~10 厘米高，而且是一年生的短营养期的牧草，小灌木也仅高 10~25 厘米，少量梭梭群落高 70 厘米以上，草群高度不到 10%。

内蒙古天然草场上生长的牧草种类繁多，分属于 81 个科、312 属、916 种。其中分布较广、饲用价值较高的天然牧草有羊草和老芒麦。羊草又叫碱草，为多年生禾本科牧草，是耐寒的多年生禾本科牧草，株高 40~100 厘米，是家畜早春的放牧场，也适宜制干草。营养价值较高。老芒麦也叫垂穗大麦草、西伯利亚碱草，是一种耐寒耐旱的多年生疏丛禾本科牧草，株高 30~90 厘米，叶量大，营养丰好。

此外，比较重要的灌木、半灌木品种还有沙柳、梭梭、红沙、珍珠、沙冬青、沙蒿、籽蒿、踏郎、山楂、鼠李、优若藜、沙拐枣、花棒等。内蒙古各地的草地很多都是连片分布，根据其环境条件可以人为地分为许多局部草地地块，构成旅游资源单体。

此次调查的草地主要有阿拉善左旗草原、包头市成吉思汗生态园草地、达茂旗白云鄂博草原、固阳县春坤山草地、巴林右旗巴彦塔拉草原、克什克腾旗贡格尔草原、乌兰布统草原、翁牛特旗布日敦湖坨甸大草原、达拉特旗恩格贝草原、呼和浩特市希拉穆仁草原、陈巴尔虎旗呼和诺尔草原、鄂温克旗巴彦胡硕草原、伊敏河草原、牙克石金帐草原、察哈尔右翼中旗辉腾锡勒草原、四王子旗格根塔拉草原、西乌珠穆沁旗巴彦乌拉草原、锡林郭勒市白音锡勒草原、金顶大帐草原、科尔沁右翼前旗察尔森草原、乌兰毛都草原等。疏林草地有克什克腾旗大局子疏林草甸草原、黄岗梁疏林草甸草原，鄂温克旗伊敏河东森林草原，科尔沁左翼中旗北部疏林草原，乌兰浩特市王府五枫疏林草原等。

（2）林地分布广泛，种类丰富，特别在东部山地成为优势资源。内蒙古自治区森林，包括动物和植物在内的资源十分丰富，其水平分布表现出明显的地带性，自北向南呈现为寒温型、中温型、暖温型三种植被气候型。垂直地带性由于山地相对高差普遍不大而不过显著，但在诸如贺兰山、大兴安岭北部等一些较高峻的山地地段也有反映。

全区森林总面积达 1680 万公顷，主要分布在东部的大兴安岭，中部的阴山和西部的贺兰山，有天然林和人工林，树种可分为针叶林、落叶阔叶林、针叶落叶阔叶混交林、河岸林等。

针叶林是本区最重要的森林旅游资源，分布在大兴安岭、燕山、阴山和贺兰山等山地，以松柏林树种占优势，主要有油松、樟子松、兴安落叶松、华北落叶松、侧柏林等，针叶林树干挺直，树形优美，林中常有各种野生动物，如松鼠、紫貂、熊、鹿、松鸡等。

落叶阔叶林分布在大兴安岭山地东麓及河谷地带、燕山山地、阴山山地、贺兰山山地，多以天然次生林为主。其常见树种有栎、桦、杨、柳、槭、榆、椴等，这类林地树冠宽大密集，林下植被层次复杂，四季变化丰富。

针叶落叶阔叶混交林是由针叶林和落叶阔叶林共同组成，在大兴安岭中部和北部常形成兴安落叶松和杨树、桦树、栎树的混交林，在其他地区常形成油松与多种夏绿树组成的混交林。这类林地植被富于变化。

河岸林是在河流两岸存在的天然森林群落，以落叶阔叶混交林为主。在大兴安岭和额济纳河流域最多见。

此外，本区还有胡杨林、梭梭林等林木景观。

此次调查的树木旅游资源包括上述森林组成的林地阿拉善梭梭林、贺兰山白桦林、蒙古栎林、云杉林、额济纳旗居延红柳林、包头市乌拉山森林、阿鲁科尔沁旗罕乌拉山森林、敖汉旗大黑山森林、赤峰市大乌梁苏森林、克什克腾旗黄岗梁落叶松林、呼和浩特市大青山蒙古栎林、阿荣旗库伦沟森林、额尔古纳市莫尔道嘎森林、鄂伦春旗达尔滨森林、诺敏原始林、鄂温克旗东南落叶松林、红花尔基森林、根河市犴马森林。奥科里堆山森林、潮查原始林、乌力库玛景区、伊克萨马森林、玉泉风景林、海拉尔樟子松林、科尔沁区森林、科尔沁左翼后旗大青沟天然阔叶混交林、奈曼旗怪柳林等57 处。此外还有丛树 3 处和 14 株独树。

（3）沙地分布零散，小片集中，与草地、湖泊等自然体常有交叉。内蒙古沙地和沙漠分布很广。由于深居欧亚大陆中部，并受高原周沿山地的阻隔，使夏季季风难以伸入，降雨稀少。冬季经常受蒙古—西伯利亚冷高压控制，形成干燥寒冷少雪的特点，为本区沙地与沙漠的生成创造了条件。

本区沙地和沙漠具有分布零散和小片集中的特点，在距海洋较近的沙区，由于气候较温润，多形成沙地。伸入内陆的沙区，多形成沙漠。东部有锡林郭勒盟的浑善达克（小腾格里）沙地，南部有伊克昭盟的毛乌素沙地，西部有巴彦淖尔戈壁沙漠、乌兰布和沙漠的一部分以及黄河南岸的库布齐沙漠等，总面积达 12.96 万平方公里，其中流动沙丘3.83万平方公里，固定沙丘6.57万平方公里，半固定沙丘2.56万平方公里。

位于东部的半湿润地区的沙区，大部为固定沙丘和半固定沙丘组成，呼伦贝尔海拉尔河南岸和红花尔基一带有固定沙丘和半固定沙丘为主的沙地；科尔沁沙地主要分布在赤峰市北部，通辽市的中部和南部，其间分布着沙地，外在赤峰市的克什克腾、阿鲁科尔沁、哲里木盟的札鲁特等地，也有零星的沙地分布。

位于本区中部锡林郭勒盟的浑善达克沙地，东西长约 260 公里，南北宽 30~100 公里不等，总面积为 2.0576 万平方公里。地面起伏不大，其间散布着大小不等的湖沼洼地，流沙面积占沙地总面积的 2%，半固定沙地占 34%，固定沙地占 64%。

位于鄂尔多斯市南部的毛乌素沙地，沙区内气候属于温带半干旱季风区，年平均降水量在东南为400~440毫米，向西北递减至250~320毫米，沙地主要是固定和半固定沙地。

西部属较干旱和干旱类型，沙区多为流动和半流动沙丘形成的沙漠，沙漠中植被稀疏，沙丘移动。有库布齐沙漠、乌兰布和沙漠、巴丹吉林沙漠等，其中库布齐沙漠呈带状横亘于黄河南岸，东西长约370公里，向东延伸至黄河湾一带，南北较窄，宽约30公里。以流动砂丘为主，次为半固定沙丘和固定沙丘；乌兰布和沙漠约1500平方公里，地形由东南向西北倾斜，年平均降雨量118毫米，多为高1~3米的固定、半固定沙丘和沙垄，其间夹一些斑状的流沙；巴丹吉林沙漠位于阿拉善右旗，这里有高差超过200米的沙山。

巴音戈壁沙漠处于巴音戈壁的西南部，呈西北—东南向的长方形。

内蒙古中部、东部的沙地多生长有种类繁多的草本植物和灌木，有的还生长了人工天然乔木，如在呼伦贝尔海拉尔河南岸和红花尔基一带的沙丘，植被生长茂密，不少地区残留有成片的松林，从海拉尔河嵯岗至完工，经海拉尔西山，北山而后从伊敏河支流锡尼克河经红花尔基、辉河一直到哈尔哈河，沙地上有一条断断续续的樟子松林；库布齐沙漠、乌兰布和沙漠、毛乌素沙地上也生产着很多植物。

本区的许多沙地中间，时常分布着一些湖泊，被称为“沙湖”，如浑善达克沙地中宝沙岱湖群，就是以较大的巴哈台诺尔（卜沙代诺尔）为中心。在毛乌素沙地中的湖群也有类似情况。翁牛特旗、阿拉善左旗等地的沙地中因为有沙湖存在，被开发成了旅游区。

此次调查的沙地有阿拉善右旗九棵树沙地、马山井沙地、乌拉特后旗白音查干沙地、海里斯沙地、翁牛特旗布日敦沙地、东额其响沙、达拉特旗响沙湾、鄂托克旗吐格利沙地、伊金霍洛旗哈劳沙地、科尔沁左翼后旗大青沟沙坨、库仑旗査干沙地、塔敏查干沙地、奈曼旗白沙湾沙地、乌海市乌海沙山、阿巴嘎旗浑善达克沙地、多伦县多伦南沙梁、滦源殿沙地、西乌珠穆沁旗嘎亥额勒苏沙地等。

（4）天然湖泊星罗棋布，盐湖、碱湖成为这里的一道风景。湖泊水域是旅游资源的主要类型。内蒙古虽大部分处于干旱和半干旱地区，由于特有的高平原地貌条件，本区湖泊从东到西星罗棋布，数量达到1000多个，是我国湖泊的主要聚集地区之一。这些湖泊具有以下特点：

第一，多为内陆湖：本区降水量自东南向西北的带状递减分布规律，因而使区内的河网水系造成了东多西少，南多北少的分布特点。除在黄河沿岸有少数的湖泊属外流湖外，广大地区的湖泊都为内陆湖区。注入湖中的河流短而小，同时由于气候干旱、湖面蒸发剧烈，湖水矿化度高，多成盐湖，蕴藏丰富的盐矿资源。

第二，湖泊的分布明显地受两个构造线影响，沿第一条华夏或新华夏沉降带构造线分布的湖泊最多，它们呈北东方向，如呼伦湖、贝尔湖等。此外还有沿着乌拉盖沉降带分布的乌拉盖流域的湖群，沿着二连—哲斯沉降带分布的达布斯诺尔、呼和诺尔、腾格诺尔等湖泊。沿第二条断裂线分布的是东西向，如浑善达克沙地北缘从东向西断续分布着的三十余个大小湖泊，就是沿乌日根塔拉（二道井）—西拉木伦的东西向断裂带发育的，较大的有查干诺尔和达里诺尔等。另外在集宁一带，因地处多个构造体系的复合部位，所以湖泊的分布也鲜明地反映出构造线的复合关系，方向多变。

第三，盐湖众多：盐湖占本区湖泊总数的80%以上，盐湖中除天然碱、芒硝及食盐外，有些盐池还储藏有钾、锂、硼、溴、碘等稀有元素。

第四，湖泊浅小成群分布：由于区内长期处于干旱的气候条件之下，湖水蒸发旺盛、补给来源欠缺以及渗透和本身淤积等，造成湖泊一般较小，而且很浅。湖面在1000平方公里以上的，仅有呼伦湖，面积500~1000平方公里的有贝尔湖（中蒙共有），面积在100~500平方公里的有乌梁素海、达里诺尔、库勒查干诺尔、岱海、黄旗海等5个。可以看出，面积在100平方公里以上的湖泊只有9个，湖水平均深度在1.5~4米，浅者不及1米。在沙漠和高平原上，成群的小湖泊很多，平均深度多在0.3~0.5米。湖泊往往有长满芨芨草平坦的盐渍湖岸，湖内形成浓密的草丛，在旱季常呈盐漠景观。

此次调查天然湖泊主要有阿拉善右旗雅布赖盐湖、阿拉善左旗阿拉善月亮湖、吉兰泰盐湖、额济纳旗居延海、乌拉特后旗沙顶湖、包头市南海、达茂旗天鹅湖、克什克腾旗达里诺尔、公主湖、伊金霍洛旗红海子、满洲里市呼伦湖、新巴尔虎右旗贝尔湖、扎兰屯市卧牛泡、月亮湖、科尔沁左翼中旗荷花湖、察哈尔右翼前旗黄旗海、凉城县岱海、东乌珠穆沁旗额吉盐池、多伦县呼痕湖、苏尼特右旗察干诺尔、阿尔山市杜鹃湖、鹿鸣湖（达尔滨湖）、松叶湖、眼镜湖等。

这些湖泊大部分还可列入沼泽与湿地类型中。另有一些湖泊，如额济纳旗居延海、克什克腾旗达里诺尔、根河市约安里、新巴尔虎右旗乌兰泡、阿尔山市仙鹤湖同时被列为野生鸟类栖息地。

3. 蒙古民族历史遗存旅游资源系列

内蒙古是有49个民族共同聚居的地区，每个民族都创造出了自己的文化，留下了种类丰富的历史遗存，这些遗存都可以衍生出很有特色的旅游资源。其中蒙古族的历史遗存数量最多，分布最广泛，可利用的价值最高。

（1）悠久而壮丽的早期人类活动历史，为保持历史遗存的量质准备了条件。内蒙古地区历史悠久，早在距今70万年前，就有人类活动，1973年在呼和浩特市的大窑遗址内发现过旧石器时代的石器制造工场，被定名为大窑文化。此后又相继发现了包头市的阿善文化、凉城老虎山文化、乌审旗的河套文化和赤峰市的红山文化。此次调查了古人类文化遗址35处，有敖汉旗南台地文化遗址、三道湾子文化遗址、四楞山文化遗址、小河沿文化遗址、兴隆洼聚落遗址、巴林左旗富河文化遗址、赤峰市蜘蛛山遗址、林西县大井古铜矿遗址、锅撑子山细石器文化遗址、翁牛特旗三星他拉遗址、乌审旗河套文化遗址、呼和浩特市大窑文化遗址、鄂温克旗辉河水坝细石器遗址、苏格尔嘎特山下遗址、海拉尔市海拉尔西山细石器遗址、扎赉诺尔人类化石点、库仑旗额布斯台契丹文化遗址、哈达图夏家店文化遗址、奈曼旗胜利庙红山文化遗址等。此外，还发现一些人类原始聚落或活动地，如阿拉善右旗新石器遗址、乌拉特后旗达日盖遗址、达拉特旗阿善文化遗存、乌审旗萨拉乌苏遗址、伊金霍洛旗庙子沟文化遗存、一处洞居遗址、鄂伦春旗鲜卑旧墟石室（嘎仙洞）。

有史以来的蒙古族历史更是辉煌，源于公元 7 世纪的今额尔古讷河东岸的古老部落。9 世纪蒙古部落西迁到蒙古高原，到 12 世纪时分布在鄂嫩河、克鲁伦河、土拉河的上游肯特山一带，且分化出许多部落，与居住在那里的突厥语族的居民融合、繁衍。13 世纪，以铁木真为首的蒙古部落逐渐强大起来，凭其军事才能，削平各部，统一草原，并于 1206 年被选为蒙古大汗，号成吉思汗。随后成吉思汗展开大规模的军事行动，把势力扩大到中亚和南俄罗斯。横跨欧亚的汗国，对东西方文化的交流起了积极的作用。

1260 年成吉思汗的孙子忽必烈自立为汗，1271 年改国号为“元”，后灭南宋，统一中国。1368 年明朝建立、元朝亡，蒙古统治集团退回蒙古高原，为争夺汗权，战争不断，人民饱受战乱之苦。

明朝末年，女真贵族努尔哈赤统一女真各部，势力逐渐强大，建后金国。漠南、漠北、漠西及新疆、青海等地的蒙古各部先后归顺金国（清朝）。

蒙古族人民在长期的历史发展进程中，为开发和保卫北部边疆做出重要贡献。1947 年 5 月 1 日建立内蒙古自治区。面积 120 万平方公里，人口 2162.6 万，其中蒙古族有 337.5 万人。1949 年 10 月 1 日，中华人民共和国成立，内蒙古自治区是新中国第一个民族自治区。

蒙古族开拓的这块土地，留下了大量遗存，成为今天旅游开发的丰厚物质基础。

（2）内蒙古自治区的各类文物，类型丰富，数量很多。内蒙古的历史文物主类很多，主要有以下种类。

军事与战场遗址有乌拉特中旗唐代西受降城，五原县五原誓师台，克什克腾旗乌兰布统古战场、应昌路古战场，鄂托克前旗杨九娃寨子，海拉尔市海拉尔北山日伪地下工事、海拉尔日军要塞、海拉尔西山日伪地下工事，新巴尔虎左旗诺门罕达战争遗址，察哈尔右翼中旗窝阔台点将台，凉城县杀虎口。

内蒙古古城遗址较多，此次调查了 26 处，其中属于国家文物保护单位的有巴林左旗辽上京遗址、额济纳旗居延海古城、宁城县辽中京遗址、正蓝旗元上都遗址，属于自治区文物保护单位的有托克托县云中城古城遗址、包头市麻池古城遗址、准格尔旗十二连城遗址、额济纳旗黑城子古城、正蓝旗四郎城遗址、宁城县黑城遗址、黑山头古城等。此外还有乌拉特前旗增隆昌故城、五原县五份桥古城、巴林右旗怀州古城遗址、巴林左旗祖州古城遗址、乌审旗统万城遗址、额尔古纳市黑山头古城遗址等。此外还有一些居民聚落遗址，如额济纳旗额济纳商周文化遗址、甲渠侯官遗址、磴口县鸡鹿塞遗址、乌拉特前旗光录寨、敖汉旗赵宝沟聚落遗址、巴林右旗那斯台聚落遗址、南杨家营子聚落遗址、赤峰市红山聚落遗址、宁城县宁城南山根聚落遗址、鄂托克旗城川民族学院旧址伊金霍洛旗朱开沟聚落遗址清水河县白泥窑子聚落遗址、凉城县老虎山聚落遗址等。

内蒙古的宗教与祭祀活动场所很多，这些建筑主要是喇嘛教寺院（召庙），部分是清真寺和教堂。召庙建筑及其内部佛像造型和壁画是我国古建筑的精华。此次调查了 89 处，其中呼和浩特市大召、席力图召、包头市五当召、土默特右旗美岱召、巴林右旗荟福寺、喀拉沁旗龙泉寺、翁牛特旗梵宗寺、库仑旗兴源寺、福禄寺、准格尔旗准格尔召、阿拉善左旗延福寺等，都是内蒙古自治区所属的文物保护单位。此外在阿拉善右旗、额济纳旗等 32 个旗县调查了很多寺庙。

至于清真寺，则见于呼和浩特、包头市、临河市、开鲁县、锡林浩特等地。在鄂托克前旗调查了一处教堂。

调查的佛塔分布在额济纳旗、敖汉旗、巴林右旗、巴林左旗、宁城县、翁牛特旗、呼和浩特市、开鲁县、科尔沁左翼后旗、奈曼旗等地。其中重要的有巴林右旗庆州白塔、宁城县中京大塔、呼和浩特市万部华严经塔、五塔寺等。

摩崖字画主要是岩画，此类型旅游资源在内蒙古占有重要地位，很引人注目。广泛见于阴山、贺兰山山地中，反映了草原民族自石器时代以来各个时期猎牧人群的生产、生活、崇拜、信仰的场景。此次调查的有乌拉特后旗大巴沟岩画、乌海市召烧沟桌子山岩画是自治区文物保护单位，其他的还有阿拉善右旗、阿拉善左旗、额济纳旗、磴口县、乌拉特中旗、达尔罕茂明安旗、达茂旗、克什克腾旗、鄂托克旗、扎鲁特旗、察哈尔右翼后旗乌兰察布岩画苏尼特左旗等地。

长城段落在内蒙古见到很多，从时代上看，有战国长城、金代长城、汉长城、明长城。战国长城中的秦长城分布在鄂尔多斯东部伊金霍洛旗和准格尔旗的交界处，赵长城见于乌兰察布市东南部，燕长城见于乌兰察布和锡林郭勒盟交界处的南部。这个时期的长城有用石、土砌夯筑成，石砌长城保存较好，完整的段落高达 4~5 米，底厚 4 米。沿长城有屏障、烽燧、塞围磴遗迹；金代长城又称金界边墙、金界壕，由金代女真族修筑，距今 800 多年。在全区分布很广，主要起自呼伦贝尔市的莫力达瓦旗，经兴安盟的索伦旗、突泉，赤峰市的阿鲁科尔沁旗、巴林左旗、巴林右旗、林西县、克什克腾旗，到锡林郭勒盟的镶黄旗，全长近 5000 公里。金代长城保存不好，一般仅存土、壕沟、方城遗迹；汉长城距今 2000 多年，仅见于赤峰市的宁城县和喀喇沁旗，由烽燧、城堡等遗存。明长城在内蒙古有 3 条，其中外长城（外边、武明大边），在区内长度 990 公里，见于乌兰察布市的兴和县和鄂尔多斯市的准格尔旗；内长城（内边）见于呼和浩特市的清水河县，只有 5 公里；次边保存最好，沿边内外，墩台、城堡齐全，见于呼和浩特市的清水河县、和林格尔县，乌兰察布盟的凉城县、丰镇市、兴和县，全长 700 公里。此次调查的长城段落中，属于战国长城的有托克托县、乌拉特前旗、乌拉特、包头市、固阳县、固阳县赵长城、赤峰市、准格尔旗、武川县、通辽市、乌海市等境内的段落。属于金界壕的有达尔罕茂明安旗、达茂旗、巴林右旗、克什克腾旗、武川县、莫力达瓦旗、扎兰屯市、苏尼特右旗等境内的段落。属于汉长城的有额济纳旗、乌拉特后旗、乌拉特中旗、达茂旗、喀喇沁旗、宁城县汉长城等境内的段落。属于明长城的有准格尔旗、清水河县、凉城县等境内的段落。

墓（群）因墓主的声望而确定其价值。内蒙古的古墓很多，此次调查了 56 处。其中有呼和浩特市昭君墓（青冢）、托克托县东汉闵氏墓、奈曼旗辽代陈国公主墓、和林格尔汉墓、呼伦贝尔扎赉诺尔鲜卑墓、乌兰浩特市前公主陵墓、库伦旗奈林稿辽墓等。这些墓保存较好，出土了不少文物。昭君墓体量巨大，是内蒙古自治区古墓的代表。奈林稿辽墓、和林格尔墓、扎赉诺尔鲜卑墓有许多表现北方游牧民族的壁画。其他古墓还广泛见于阿拉善右旗、阿拉善左旗、额济纳旗、磴口县、达茂旗、阿鲁科尔沁旗、巴林右旗、巴林左旗、赤峰市、喀拉沁旗、克什克腾旗、宁城县、翁牛特旗、达拉特旗、东胜市、鄂托克旗、杭锦旗、伊金霍洛旗、准格尔旗、陈巴尔虎旗、海拉尔市、满洲里市、新巴尔虎右旗、科尔沁左翼中旗、库仑旗、扎鲁特旗、察哈尔右翼后旗、东乌珠穆沁旗等地。

纪念性建筑主要是一些重要人事活动过的场所，此次调查了21处，包括历代人物故居，如阿拉善左旗阿拉善王府、额济纳旗土尔扈特王府、巴林右旗贝子王府、多罗郡王府、伊金霍洛旗郡王旗王府、喀拉沁旗喀拉沁王府、土默特左旗贾力更烈士故居、万家沟革命遗址奈曼旗奈曼王府四王子旗王爷府、苏尼特右旗德王府、准格尔旗准格尔贝勒府、林格尔县大都护府、呼和浩特市公主府、将军府、清将军衙署；历史事件活动场所，如鄂托克旗桃力民工委旧址、鄂托克前旗三段四革命旧址、乌审旗嘎鲁图革命活动旧址、新三师政治部旧址、中共绥远地区工作委员会旧址；乌兰浩特市“五一”会址、内蒙古自治区政府办公楼旧址、乌兰夫办公室旧址、乌兰浩特市“五一”会址等。

4. 非物质旅游资源系列

非物质旅游资源是一种精神财富，将其与物质型旅游资源结合起来，可产生积极的作用。这类资源是以历史上居住在内蒙古的北方游牧民族和游猎民族长期形成的生产、生活习俗为特征的。形式多样，可观性强，感受丰富，有巨大的旅游开发潜力。

内蒙古自治区是多民族聚居区，其中长期生存在这里的民族有蒙古族、达斡尔族、鄂温克族、鄂伦春族。蒙古族分布在各地，其他三个民族主要居住在东部呼伦贝尔。居住地域的如此分配有其历史原因，10至13世纪，蒙古高原少数民族各部大致可以分为两类：草原游牧部落和森林狩猎部落。时至今日，这些民族的社会经济关系发生了很大变化，但他们长期形成的传统生产生活方式仍有很多保留了下来，其中特别是一些民族习俗和某些非物质文化意识等依然存在于整个民族的日常活动中，与现代生活形成鲜明的反差，对旅游者产生很大的吸引力。这表现在他们的传统生产方式、待人接物的礼仪、祭祀神灵与礼拜祖先程序、民间演艺等许多方面。

（1）传统生产生活方式基本上完好地保存了下来，有旅游开发的空间。蒙古族是草原游牧部落发展起来的民族，主要从事畜牧业，畜牧业是草原部落经济的主要部门，生活的主要来源。游牧民饲养羊、牛、马，有的部落还养骆驼。牛、羊的肉与牛、马的奶和奶制品是主要的食物。牲畜的皮可制衣服，毛可制成毡毯与绳线，是制作毡帐的主要材料。马是主要交通工具，牛也用来拉车。逐水草放牧是游牧民的主要生产方式。在不同的季节，为了适应放牧的需要，他们要移换牧地，选择水草丰美的地方作夏营地，寻找可避风寒的谷地作冬营地。各个部落都有大致固定的地域，牧民们每年冬夏，沿着习惯形成的路线在牧地间迁移。

其他三个民族是从森林部落发展起来的，他们主要从事狩猎。狩猎业是森林部落经济的主要部门，他们居住在用木头和桦树皮搭盖的棚子里，穿的是兽皮，吃的是野牛和野羊肉。冬季出猎时，他们使用一种滑雪板，名为“察纳”，也叫“木马”，在山林中飞快地追逐野兽。猎获物则放在雪橇上。狩猎在游牧民的生活中仍占有重要地位。他们狩猎的方式主要是集体围猎，常以部族为单位联合举行。狩猎的季节多在冬季。

鄂温克族是我国唯一饲养驯鹿的民族，驯鹿成为鄂温克族人的重要生产工具和交通工具，也是他们主要生活资料和主要经济来源。出外打猎时，他们驾驶着机灵、聪明的杆子马，使用一种套马杆，用来套马、抓马、套牛、套羊、套骆驼和野生动物。

鄂伦春族依靠马、枪、猎犬，一年四季在外狩猎。男孩从七八岁起就学习捕鱼、打猎，到十五六岁时，就可以单枪匹马活动。鄂伦春妇女能熟练地加工兽皮，缝制狍皮衣和狍皮帽，还善于刺绣，在狍皮衣和狍皮帽上绣上各种动物、花卉图样。

达斡尔族从事农牧业生产，同时兼营渔猎。他们擅长冰上捕鱼，用的方法一是“溜冰叉鱼”，二是“凿冰叉鱼”。

（2）待人接物的礼仪亲切生动，集中表现在婚俗上。蒙古族对婚姻大事很重视，婚前要经过择偶、求婚、订婚、送聘礼等过程，求婚时要唱“劝嫁歌”，订亲时，男方要携带整羊、哈达、酒到女方喝“开口酒”。此后还要举办备婚礼、受赠礼、订婚礼、迎亲宴。婚礼中要唱许多歌曲，如“祭灶词”“骏马赞”“劝酒歌”“送亲歌”“聘礼赞”等。交际礼仪中，主人以送鼻烟壶待客，这是一种十分庄重的礼仪。在拜佛、祭祀、婚丧、拜年、拜长辈和一些重要活动中要献白色、蓝色或黄色的哈达，以示尊重。

达斡尔族的婚姻习俗中很重视订婚礼，第一次由男方携礼品到女方家，称为送“恰安特”，女方举行礼酒开封仪式，称“开坛礼”。第二次送彩礼称为送“托列”。男女双方送亲迎亲时要赶在日落前，谓之“抢日头”。婚礼时新人同吃黏粥，谓之吃“拉里”。在呼伦贝尔市莫力达瓦旗达斡尔族流行一种为长辈点烟，平辈交换烟袋的“装烟礼”，表示恭敬礼貌待人。

鄂伦春人在婚礼时要对歌，十分喜庆。他们很注重礼节，对老人特别尊敬，经常给老人请安。

（3）祭祀神灵与礼拜祖先的程序严密，仪式隆重。蒙古族流传着很多传统的祭祀风俗，有祭火、祭成吉思汗陵、祭山、祭坛、祭湖、祭敖包、祭飨神等。祭火也称祭火神、祭灶神，认为火是神圣的，火是民族、部落的保护神，一般在农历腊月二十三举行，传说这一天是火神密仁扎木勒哈降生的日子。仪式非常隆重，往往在一两天前就开始洒扫庭院、房屋，准备祭品。一家一户的祭火，还有继嗣的含义，举凡婚娶大事，都要祭火。围绕火盆、炉灶，有着一系列祭礼和禁忌。祭火时，参加者各端一个盛食品的小木盘或碗，坐地准备招福，献祭词，祭词有的是藏经，有的是蒙语，有的深奥，有的通俗，都是优美的韵文。

祭山、祭敖包均在特定的时间、地点举行，主要集中在每年的丰收季节。届时人们或乘马驾车，从四面八方云集一起，在山巅或泉边垒起敖包，并且用鲜绿的松柏、艳丽的花束装扮起来，升起天马佛幡，设祭坛，焚香诵经，唱赞美颂歌，酹奶酒。

祭坛是在蒙古包大小的地面上，摆一人高的奶食品、点心、阿木斯等食品，供桌上摆着整牛、整羊，有的用整羔羊。牺牲物数量有的八只，有的九只，甚至有的达二十七只不等。

主持祭仪的是一位具有“达嘎阿玛拉”（管事人）身份的人。由他焚香、酹酒、献哈达、献祭品、献祭歌。祭品主要是一匹好马。祭奠仪式完毕，主祭人把供品分给大家享用。同时开始比赛和游艺活动。白天的项目多是赛马、摔跤、射箭、棋类、比赛布鲁棒等，晚上唱歌、跳舞、说书等，一直联欢三天。

祭飨神，完整地说叫飨神毛都，即祭神树。是一种以村或家族为单位的祭礼活动，曾经在内蒙东部农区盛行。时间多在旧历五六月份。届时，人们集聚在预定地点，杀牛宰羊，以羊乌查、奶食品酹酒设祭，众人围坐祈祷福寿归来。甚至也进行好汉三赛、说书、奕棋等活动。置酒宴，载歌载舞，欢度节日。

祭湖泊，《成吉思汗祭》中说，这是遵照神明大帝忽必烈旨意定下来的四大庆典之一。巴林人祭查干诺尔湖，据说是巴彦罕山的山神曾在山前山后的查干诺尔照过面、洗过脸，所以每年五月到这里设祭。

达斡尔族也有“敖包祭”的仪式，由春祭和秋祭两种。

鄂伦春族通常把熊作为图腾来崇拜，猎到熊后要举行祭熊仪式。

鄂温克人祭敖包的仪式称为“敖沃塔黑仁”，分为公祭和民祭两种。

（4）节庆与民间演艺丰富多彩，体现出了草原民族的性格。此次调查的安代舞、布利亚特舞、查玛舞、长鼓舞、岱日查、二人台、二人台民俗表演、二人转、海青舞、好来宝、快板书、筷子舞、撂地摊儿、露日格仁、鲁日格勒、漫瀚剧、蒙古话剧、蒙古评书、蒙剧、奴该勒、萨满舞、数来宝、太平鼓舞、乌力格尔、武灶火、喜歌、笑哈亚热、秧歌、盅碗舞、祝赞词。

蒙古族的传统节日是那达慕大会，一般是在农历七八月举行，为期一至数天。节日期间不仅有传统的射箭、赛马、摔跤等竞技项目，还有体育比赛和商贸活动。另一个节日是流行于锡林郭勒盟的马奶节，在八月末举行，为期一天。会上举行赛马，杀牛羊，饮马奶酒。在农历正月过“白月”节，此期间祭佛、拜祖。

内蒙古有着悠久的群众文化传统，有着绚丽多彩的民间艺术形式，有“音乐民族”“诗歌民族”“歌海舞乡”之美誉。在蒙古族民歌中，主要有长调和短调两种，字少腔长、嘹亮悠扬、节奏自由的长调流行于牧区；节奏规则、节拍固定、流行于半农半牧区。蒙古族舞蹈节奏欢快，动作刚劲有力，最能表现蒙古族人民淳朴、热情、粗犷的气质。“好来宝”是蒙古族民间流传很广的一种自拉自唱、即兴创作的表演形式，有固定的曲调，没有固定的唱词。曲调朴素、明快、流畅，很受群众欢迎。演唱人常用一种马头琴，演奏时讲究弓法和技法，音色既可粗犷豪放，又可圆润婉转，如泣如诉。

蒙古族遗留下来的文学遗产非常丰富，其中尤以史诗和叙事长诗最引人注目。《江格尔》《格斯尔传》长达几十万行，表现了蒙古族先民在谋求自身生存和社会发展过程中，一方面表现要同自然斗争，另一方面表现要抵御各种外来的侵略，争取更好的生活境域，发展自己的社会的愿望。《江格尔》塑造了以江格尔为首的十二名“雄狮”英雄和六十名勇士同入侵者进行顽强斗争的故事，结构宏伟而严紧，情节紧凑而又变幻莫测，说唱时生动流畅，十分感人。

达斡尔族称春节为“阿聂节”，节期 15 天。农历正月十六为“黑灰节”，全村人互相往对方脸上抹黑灰，以示吉利喜庆。

鄂温克族民族喜爱歌舞，其民歌悠扬、奔放，尤其是牧歌和猎歌激人心弦。他们歌唱时常常触景生情，即兴填词。他们还喜欢唱一种称为“赞达拉嘎”的民间山歌小调，如诗似歌。舞蹈也是鄂温克民族的长项，舞蹈大多是集体舞，舞步简捷、矫健、活泼，内容以表现生产生活为主，也有表现动物搏斗的，他们最常跳的一种舞蹈是模仿天鹅飞翔的“斡日切”舞。

鄂温克族也称春节为“阿聂节”。农历四月十三，居住在呼伦贝尔草原西部的鄂温克人过“帕斯克”节，人们到教堂区礼拜，喝酒，吃美食。阿荣旗的鄂温克人在每年农历四月初三举行“四月会”，这是一种信奉萨满教的宗教集会。会上要跳神，以祈求生活幸福。

（三）旅游资源开发建议

旅游资源开发涉及的问题很多，涉及其所在区域的旅游资源、旅游环境、旅游开发条件等要素。鉴于规划对本专题的基本要求，以下依然主要探讨旅游资源本身，包括旅游资源的集合特点、潜力优势、在特定区域上的组合关系等。

根据上文分析和对本规划其他方面内容的了解，通过对内蒙古旅游资源的性质、特点的认识，提出旅游资源开发建议如下：

1. 营造主体旅游资源类型实现多元

此次调查的旅游资源基本类型达 108 种，旅游资源单体有 1300 多处，虽然这还只是一个不完全的统计，但已经说明内蒙古旅游资源的丰富多样。这些类型和单体在全自治区地域上的分布也很普遍，全区 13 个盟市 82 个旗县中的 77 个都记录有单体。这样丰富多彩的旅游资源在内蒙古自治区旅游开发中将发挥作用，这种作用的性质是多层面的、多元的，如旅游开发目标的多元、旅游开发形象的多元、旅游地类型的多元、开发途径的多元、旅游产品的多元、开发效果的多元等。

2. 坚持草原系列旅游资源所构成的旅游开发强项地位

在这些旅游资源类型中，草原散发出异常的光彩，要充分认识它对内蒙古旅游的作用，使其在旅游开发中居于强项地位。作为旅游资源的内蒙古草原的内涵极其丰富，一是多样的地理环境决定它拥有自然界所有草原类型，内蒙古大地几乎就是一个完整的天然草原博物馆；二是这里的草原面积巨大，因此草原景观无比壮美；三是草原作为内蒙古各族人民的生息之地，演绎过许多生动感人的故事。草原所构成的内蒙古旅游资源的强盛态势，树立起了内蒙古旅游业的主题形象，在国内占据了突出的地位。

3. 挖掘蒙古民族文化旅游资源使之形成体系

内蒙古自治区有 49 个民族，少数民族中蒙古族占大多数，蒙古族在中国历史上曾经辉煌一时，创造了十分灿烂的文化，蒙古族的宗教信仰、衣食住行、日常礼仪、历史传闻、文体娱乐，与草原同生共存，造就了中国北方这片茫茫旷原上的独特文化形态。二者结合得如此紧密，充分展现了自然系列与人文系列的和谐氛围，挖掘蒙古民族文化旅游资源使之形成体系，可以为内蒙古旅游创造更多的机会。

4. 再造一批极品旅游资源

内蒙古自治区旅游资源中，优良级旅游资源单体占已知旅游资源的近二分之一（602 处），据此有条件形成许多特色旅游产品，为开拓新的旅游市场打下了良好的基础。但因为目前还没有条件对全部旅游资源单体进行品质细分，所以优良级单体中的极品旅游资源还不能得出一个确切的数字。根据推测，内蒙古极品级旅游资源数量可能不多，总的看来，原生旅游资源偏于粗放，大面积的雷同现象普遍，不利于再生资源的层次提升和精细旅游资源产品营造。为此，需要深层次挖掘现有旅游资源，包括对物质型旅游资源的科学包装和对非物质型旅游资源的全面整理。

5. 加强与外围的旅游资源开发联合

某些资源类型与东北、华北、西北等周边地区的接近，使内蒙古旅游产品系列有了向外联合扩展的空间；它们之间存在的差异，又可产生彼此吸引的动力，取长补短，实现彼此共生共存的稳定框架。可以在第四纪火山活动、历史环境变迁、民族文化发展、沙湖开发、草原与森林、绿色产业旅游等多方面与河北省张北地区、山西省雁北地区、黑龙江省五大连池地区和齐齐哈尔地区、宁夏回族自治区、河西走廊等地区联合，开展科学考察和生态旅游。

6. 改善旅游资源深层次开发的基础条件

资源的生成、演化有坚实的环境基础的支撑，造成资源形态稳定、结构完整，由此构成的景观突出、便于实施旅游开发的良好局面。为此，应认真执行国家旅游行业标准，保证旅游资源能够在质量水平上提高一步。

7. 加快旅游资源科学认定步伐

由于存在着旅游资源某些主观、片面的认定，而使旅游资源科学、客观、准确原则不能完整地贯彻，对正常的旅游开发产生误导，对资源造成浪费。应及时安排对全区旅游资源进行详细调查，取得系统、实用的旅游资源资料与数据，建立旅游资源信息网络系统。

8. 加大旅游资源科学保护力度

部分地区旅游资源和旅游环境由于自然变化和人类活动影响而受到干扰和破坏，正在发生质量变化。加强对生态脆弱地区旅游资源与赋存环境的科学检测，制定旅游资源保护法规和实施办法。

二、新疆阿勒泰地区旅游资源调查与评价案例（完成于 2003 年）

（一）概述

1. 区域划分

旅游资源区域表达中的“区域”划分，可依据《标准》中对调查小区划分的规定：“调查小区一般按行政区划分。如地区一级的调查区，可将县一级的行政区划分为调查小区”。按此规定，阿勒泰地区的旅游资源区域是按 7 个县市的行政区域划分，据国家标准《中华人民共和国行政区代码》规定，阿勒泰地区的行政区域划分见表 11-10。

表 11-10　阿勒泰地区旅游资源表达中的区域划分

名称	字母码	名称	字母码	名称	字母码
阿勒泰市	ALT	哈巴河县	HBN	富蕴县	FYN
布尔津县	BUX	青河县	QHX	吉木乃县	JEN
福海县	FHI				

说明：据国家标准《中华人民共和国行政区代码》（1999 年），其中区县名称依据《中华人民共和国行政区划简册（2002 年）》修订。

除此之外，为使旅游资源的区域表达更加丰富细致，可在上述行政区域划分的基础上增加现有的旅游区（点），其区域字母码可依据其名称汉语拼音 3 位字符（由研究者自定）表示，如布尔津县的喀纳斯湖风景区的代码为“KNS”。

2. 旅游区域

根据国家旅游局全国旅游业发展“十五”计划和 2010—2020 年远景目标的设想，阿勒泰地区属于全国 6 大重点旅游区的“西北旅游区”的一部分，对这一区域旅游环境和旅游资源的认定是“地域辽阔，人文积淀深厚，地形地貌独特，民俗风情浓郁”。

根据新疆维吾尔自治区旅游局全疆旅游业发展“十五”计划和 2010—2020 年远景目标的设想，阿勒泰地区属于 5 个重点旅游区中的“阿勒泰旅游区”，特别强调将根据阿勒泰地区旅游环境和旅游资源特点开发喀纳斯生态旅游，此外还特别认为这一区域“冰雪旅游资源禀赋好”。

在最近旅游业发展计划中，根据全地区旅游环境和旅游资源特点，确定了以下主要品类：以喀纳斯湖区西部环行线为主的生态旅游，以布伦托海海滨风景区为主的消闲旅游，以阿勒泰地区人文景观为主的观光度假旅游，以三道海子蒙古皇陵为代表的草原文化旅游，以喀纳斯、泰加林、友谊峰、可可托海三号矿坑、地震断裂带为代表的科考科普旅游，以三个开放口岸为基地的边贸、购物旅游和跨国旅游等。另外，还分出以下两个层次的旅游区：主体旅游区和潜在旅游区（表 11-11）。

表 11–11 阿勒泰地区旅游区域

类别	旅游区	核心旅游环境与旅游资源特征	产品类型
主体旅游区	喀纳斯湖旅游区	自然生态景观	观光、休闲、度假、科考、登山、民俗风情、漂流
	乌伦古湖旅游区	湖泊	民族地区的水上游乐，观光、休闲、度假、疗养、消闲娱乐、特色餐饮
	阿勒泰地区郊旅游区	古代草原民族文化	观光、休闲、度假、草原文化、民俗风情
	边境旅游区	口岸	边境与跨国旅游、购物探亲、宗教朝觐、休闲疗养、度假、消闲娱乐
潜在旅游区	三道海子旅游区	古冰川遗迹、湖泊、草原、墓	观光、民族风情、凭吊朝觐
	大红山狩猎旅游区	野生动物	狩猎
	富蕴地震断裂带旅游区	地震遗迹	科考
	可可托海矿区旅游区	金属矿脉	科考
	阿拉善—蝴蝶沟旅游区	泉	休闲、疗养、度假
	阿黑吐别克口岸边贸旅游区	口岸、沙地、湖泊	边贸、登山、观赏、科考、边塞风情
	喀纳斯达坂边贸购物旅游区	口岸	边贸、跨国旅游
	吉木乃木斯套冰山旅游区	岩画、冰川、口岸	冰川探险、观光、民族风情、草原文化、边贸

（二）旅游环境分析

1. 环境基础

（1）地质构造。阿勒泰地区位于新疆的最北部，中、俄、蒙边境的阿尔泰山南坡和准噶尔盆地北缘。阿尔泰山在大地构造上属于阿尔泰—萨颜褶皱区，地处西伯利亚地块西南缘，构成向南突出的弧形构造系统。整个山地呈北西向展布，我国境内为其中段南坡，长度约 450 公里。这里地势起伏很大，地质背景复杂，地质构造多样，各种地质构造都有所显示，形式多种多样。

（2）水热条件。阿尔泰山的气候主要受北冰洋气团和大西洋西风气流的影响，西部比较湿润，东部比西部干旱。

阿尔泰山西部海拔 3000 米以上，年均降水量为 700~800 毫米，年均温约 –13℃，向下年均降水量逐渐减少，年均温随之升高。到 1200~2300 米处年均降水量 650~850 毫米，年均温 2~7℃，800~1200 米年均降水量 300~450 毫米，年均温 2~4℃；800 米以下年均降水量 150~300 毫米，年均温 3.5~4.1℃。从西北向东南，由于受湿气流影响作用逐渐减小，降水量也逐渐降低。东部山区降水量普遍低于西部，山区年均降水量平均 500 毫米左右。其中喀纳斯地区属寒冷湿润气候，冬季漫长而冷。气温在 0℃以下的时间长达 5~7 个月，土壤冻结深厚，可达 2~3 米，1 月平均气温低于 –20℃，夏季温凉而短暂，7 月平均气温在 12~18℃，生长期 100~200 天，年平均降水量为

1065毫米。

阿勒泰地区风能资源比较丰富，哈巴河、布尔津、吉木乃等地的额尔齐斯河谷西部是新疆的一个著名的风区，风能为900~1100千瓦时/平方米·年。

由于降水条件好，阿勒泰地区地表水和地下水都较丰富，河流、湖泊众多。

以友谊峰和奎屯峰为中心的阿尔泰山是亚洲现代冰川活动中心之一，也是中国最北的冰川分布区。其雪线高程在3100~3300米。据1981年航空相片统计，这里共有冰川416条，面积293.20平方公里，冰川类型主要是冰斗冰川和悬冰川，各有79条和270条。其中89%集中在额尔齐斯河水系的布尔津河源头，共有冰川302条，面积247.55平方公里，分别占阿尔泰山冰川总数的72.6%和82.43%。其次为哈巴河下游，共有冰川35条，面积19.48平方公里，分别占阿尔泰山冰川总数的8.4%和6.64%。其余零散分布于克兰河、哈拉额尔齐斯河等河流源头。

（3）森林与草原。这里是中国唯一的古北界欧洲—西伯利亚动植物分布区。据初步统计，这里有植物766种，两栖爬行动物7种、鱼类9种、昆虫300余种、鸟类124种。

阿尔泰山西部和东部的植被发育不同。西部山地植被垂直带从下至上为山地草原带、山地森林—草甸带（南泰加型阴暗针叶林与落叶松林）、亚高山草甸带、高山草甸带、高山冻原—冰川恒雪带。

这里森林下限为1200米，上限2300米，垂直幅度宽达1200米。森林由多种适应冷湿气候的针叶树种组成。河谷中为针阔混交林。在阿尔泰山中部，垂直植被带的各带下界上升。下部出现荒漠草原带，森林带下限为1500米左右，上限为2300米。森林类型以较耐干旱的落叶松林为主。在东部富蕴、青河两县山区，植被垂直带不完整，荒漠草原上升到1300米左右，灌木草原上升到1600米左右，针叶林带处于海拔1600~2600米处，以耐旱的落叶松林为主，森林稀疏。

阿勒泰地区是新疆的两大天然林区之一，占全疆山区森林面积的47%，约700万亩，主要分布在北部山区、两河流域（额尔齐斯河流域、乌伦古河流域）、前山地带、荒漠地区及农牧业耕作区。山区多而集中，平原地区少，分布极不均匀。截至2000年，阿勒泰地区森林覆盖率为7.38%，其中山区高达29.9%。有以下几种类型：山区水源涵养林，主要分布在海拔1300~2800米的山坡上，由西伯利亚红松、西伯利亚冷杉、西伯利亚云杉、西伯利亚落叶松组成。河谷中有山杨、疣枝桦等阔叶树与针叶树形成混交林；河谷次生林，主要分布在额尔齐河流域和乌伦古河流域，以杨、柳、桦树等阔叶树种占优势，这两个林带构成了阿勒泰地区的两道绿色屏障，是新疆的天然杨柳林和桦树林最集中的分布区。杨树主要类型有苦杨、银白杨、银灰杨、欧洲黑杨、胡杨等，在阿勒泰、福海、青河、布尔津、哈巴河等县市境内的银白杨，属地中海区系成分。银灰杨生长在阿勒泰、布尔津、哈巴河的额尔齐斯河流域，海拔440~580米。胡杨多分布在布尔津县。柳树主要品种是白柳。桦树在阿勒泰、布尔津、哈巴河、富蕴等县市分布很广。这些次生林成年树高度可达到15~20米，很有观赏价值；荒漠灌木林，重点分布在前山地带和平原荒漠地区。主要树种有绣线菊、忍冬、爬地柏梭梭、沙拐枣、柽柳、胡杨等。针叶树形成混交林，引起湖面缩小；人工林，主要分布在农牧业耕作区，即两河流域一带。以乡土杨、柳、沙枣、榆树为主，兼有少量引进杨树和苹果、枸杞等。

阿勒泰地区有大面积山地草甸草原。天然草场约有 724 万公顷，所以是新疆主要的牧区。最典型的是喀纳斯地区的草原，由高山草甸、亚高山草甸、灌木草甸组成，从湖旁到山顶填补了森林带的空间，呈楔形从下向上或从上向下交错分布在湖的南部冰川终积垄上，与森林沼泽交错分布，由于湖的西岸草原在夏季禁止放牧，使这一带草地保护完好，从 5 月至 9 月各种花卉竞相开放，每平方米地块就有高达 200 种花卉。可以说是世界上最美丽的花园。草场的季节性强，夏场面积虽比冬场少，但由于产草量高，全年利用时间短，所以夏场较宽裕，而冬场紧张，春秋场也紧张。冬场面积虽比夏场大 2.4 倍，但有很大面积分布在准噶尔盆地中的无水荒漠地区，只有在冬季积雪以后才能利用。春季积雪融化以前便转场。

（4）自然保护区。阿勒泰地区有喀纳斯自然保护区、卡拉麦里有蹄类野生动物保护区、金塔斯草原保护区、布尔根河狸自然保护区。

①喀纳斯国家级自然保护区：地处布尔津县境内，北面与哈萨克斯坦、俄罗斯和蒙古三国交界，面积 2500 平方公里。本保护区属于森林生态系统类型的自然保护区，是对区内的森林、珍稀动植物、有特殊作用的生物资源进行保护的同时对区内冰川、湖泊进行重点保护的地区。这里森林带是我国唯存的南西伯利亚泰加林分布区，乔木树种在新疆最多，主要有西伯利亚冷杉、红松、云杉、落叶松、圆柏和方枝柏、欧洲山杨、苦杨、花楸、接骨木、疣枝桦、圆叶桦、小叶桦、沼泽桦及五蕊柳等。林中有马鹿、狍鹿、貂熊、棕熊、白鼬、紫貂等泰加林的典型森林动物。草原植物有鹿蹄草、唐松草、苔草、早熟禾等。

②卡拉麦里：有蹄类野生动物保护区面积 1700 平方公里，基本地表形态为荒漠和半荒漠。阿勒泰地区青河、富蕴、福海等县的部分平原在此保护区内。本保护区的主要保护对象有野驴、野马、盘羊、鹅喉羚、野山羊、狍鹿、马鹿等。目前这里有 4000 多只鹅喉羚，400 多头野驴。富蕴县建立了卡坞斯克保护站。

③金塔斯草原保护区：位于福海县境内阿尔泰山中段，面积 97.7 平方公里。主要保护对象是山地草原及其生态系统。

④布尔根河狸自然保护区：位于青河县境内，主要保护动物河狸属于世界上稀有品种。

（5）社会经济人文。阿勒泰地区汉代为匈奴地，后属突厥、辽，元代为蒙古族窝阔台部封地，明清为卫拉特蒙古和哈萨克游牧地，民国隶属新疆省，1954 年称阿勒泰。现在属伊犁哈萨克自治州。

阿勒泰地区是多民族聚居区，有哈萨克、汉、维吾尔、回、乌兹别克、塔塔尔、俄罗斯等 13 个民族。其中许多少数民族长期在这里游牧狩猎，形成内涵丰富的民族文化。图瓦人是蒙古族的一个支系，他们保留着自己独特的生活习惯和语言，语言属于阿尔泰语系的突厥语种，过敖包节、邹鲁节，信仰佛教。传统屋舍由圆木搭盖。

2000年，阿勒泰地区国内生产总值达到31.5亿元（2000年价格），产业结构调整后，一、二、三产业比重为40.4∶31.6∶28。全地区总人口65万左右。人均国内生产总值5299元，地方财政收入1.21亿元。2000年完成工业总产值7.77亿元，改制面达95%，多种经济并存。国有、集体和其他经济的比例为49.2∶21∶29.8。采掘工业产值占全部重工业的50%左右。职工平均货币工资7592元，农牧民人均纯收入2165元。

农村经济中，畜牧业的主体地位不断加强。牲畜饲养量达484.53万头，定居、半定居牧民19524户，占牧业总户数的82.6%。种植业结构调整至45.9:18.1:36。畜牧业，是阿勒泰地区国民经济的支柱产业。2000年，全地区畜牧业产值8.3亿元，占农业总产值的58.9%。年末存栏323.42万头只，商品率43.15%。建设塑料暖圈36147座，配种站2017座，饲草料地63.85万亩，改良草场111.05万亩；畜均备草280.5公斤，提高了抗御自然灾害能力。近年来在世界粮食计划署的帮助下，建设阿勒泰、布尔津、福海与富蕴三县的草料基地共4万公顷，其中草料粮占地3.1万公顷。

交通，重点实现了阿勒泰—北屯二级柏油路改造、阿勒泰民航机场扩建、阿勒泰—布尔津三级柏油路改造、布尔津—喀纳斯旅游公路等工程，已初步形成以国道、省道为主，县乡道路为辅，公路、民航并举的立体交通网。

能源建设，完成了哈尔交火电厂扩建、托洪台水电站扩建和哈巴河山口电站工程，完成了由原来的小型水电站为主，向具有一定储电能力的中型骨干电站建设的转变。农村已初步形成一批较好的农村电网。

林业，几十年来，阿勒泰地区林业事业稳步发展，人工造林从无到有，发展到2001年前的年造林2.5万亩。2002年达到61.5万亩，其中退耕还林13.2万亩，“三北”四期和重点防护林工程28.3万亩，荒山荒地造林20万亩。一年的造林面积几乎相当于前几十年的总和。

在阿尔泰山西南侧依托额尔齐斯河和乌伦古河的一片绿洲，目前是新疆生产兵团的8个团场所在地，土地面积11.75万平方公里，农作物以油料、粮食、甜菜为主。

阿勒泰地区是新疆的主要黄金产区，阿尔泰山南缘沿额尔齐斯河南岸及以北的广大山区，呈北西—南东向，长500公里，宽50~200公里，是一条面积约500平方公里的沙金矿区，开采历史悠久。20世纪80年代以来，在这里发现了许多金矿床。

（6）生态问题。阿勒泰地区环境良好，但仍有许多不可忽视的生态与环境保护问题，主要有以下几个方面。

①阿勒泰地区矿产资源丰富，有大型的矿产开发，矿产资源开发活动的实施，使得开发地原有的自然景观被彻底破坏、地表土剥离、植被消失、动物被迫迁徙、水资源被污染。尾矿及矿石堆的堆积、人流大量涌入产生大量垃圾。其中特别是个体采砂、金矿活动对植被的破坏十分严重，沙金采掘点在阿尔泰山西部中高山带的山间盆地，那里作为砂金沉降场，但又是优良的夏牧场，采金活动使河谷中尾砂堆积如山，破坏了植被草场；地下开采，冬冻夏融会造成塌陷，使草场大面积退化。青河县境内的喀拉秋拉矿区，属典型的低山草原半荒漠区，采金区的植被几乎被完全破坏。额尔齐斯河和乌伦古河平原区河谷生长有多种杨树、柳树、桦树和沙枣树生长繁茂的河谷林。

1959年河谷乔灌木林面积7.3万公顷，蓄积量328.2立方米，1998年缩减为2.6万公顷。由于采矿时表土剥离植被破坏或河道被翻起，遇暴雨冲刷容易引起水土流失。阿尔泰山区的森林草场对涵养水源、保护水土起重要作用，使山区河流含沙量很少。但在金矿区却完全不同，如1998年的夏季，一小时暴雨后，哈巴河水陡涨，泥沙浑浊，显然与采矿对植被的破坏有关。而在同期的克兰河由于自然植被破坏较轻，暴雨后河水仍很清澈。大型厂矿对河水的污染来源于工业废水、生活污水和废石场淋溶水，造成重金属和汞及其他有毒物质的污染。在砂金采矿区则有淘洗泥沙、有害元素和病菌垃圾污染。

②河流湖泊水体发生的环境变化。由于人口不断增加，布伦托海湖区周围过量开垦，灌溉面积从20世纪50年代末期的20多万亩，增至20世纪70年代末期的60多万亩，年引用水量从1.0亿立方米增至7.0亿立方米，这样导致了湖水量锐减。尤其是1974年吉力湖出口处建闸控制后，乌伦古河进入布伦托海的水量经常处于断流状态。由于入湖水量明显减少，该湖水量入不敷出，引起湖面缩小，湖水矿化度增高，布伦托海在20世纪80年代的水位与1959年相比下降了5米。布伦托海南端的中海子地区，原是鱼类产卵场所，现在经常干枯，在额尔齐斯河下游及乌伦古湖周围原有十多个小湖现已消失或缩小，给湖区渔业生产带来威胁。布伦托海湖水矿化度从1959年的2720毫克/升，增至1986年的3510毫克/升，为高矿化水。含盐量的增加会使一些鱼种繁殖率降低、减产，甚至造成一些鱼种绝迹。平均每年增加29毫克/升，为高矿化水。在距布尔津73公里的地方，布伦托海与额尔齐斯河最窄处只有2.2公里，1970年建设兵团在此处建成了引额济海渠，开辟了该湖的第二水源。另外，布伦托海与骆驼脖子周围污染因素较多，湖区主要污染源来自乌伦古河流域大片农田、牧区及福海县城、北屯镇数万居民的生活污水和工业废水随济海渠入湖，受到有机物的轻污染综合水质为是三级水。乌伦古湖的吉力湖、中海子和73公里小海子可以作为渔业正常用水，布伦托海和骆驼脖子受到有机物轻污染，对鱼类生长繁殖均有影响。

③沙漠的变化。阿勒泰地区目前还受到沙化威胁，这里现有固定、半固定、流动沙丘0.39万平方公里，其中流动沙丘0.15万平方公里，主要分布在额尔齐斯河下游两侧和乌伦古河三角洲。根据不同时期航片、卫星相片和地图测算，证明近几十年中，荒漠化日益严重，面积不断增加。阿克库姆沙漠正在扩大；吉木乃县以北的沙漠正以每年16平方公里的速度增长；布尔津县北30多公里的阔帕附近和乌伦古河北岸扎河坝附近的沙漠在20世纪后才逐渐形成。乌伦古河三角洲沙漠也在不断扩大。与此同时，这里的生态环境也在发生着明显的变化，20世纪50年代，阿勒泰地区河谷林茂密，人和大牲畜很难随意进入林地，林中常有野猪出没。后来河谷林面积日益减少，林地退化，自20世纪60年代之后更为显著。可可托海原意为青青一片，克拉通克原意为一片黑色芦苇和柳树，现在植被退化明显。阿苇戈壁因生长大量药材而得名，现在变成以蒿类为主的荒漠草原。在乌伦古河及额尔齐斯河的河间平原及乌伦古河以南平原原有大量梭梭林，现已多数成为假木贼荒漠区。阿尔泰山区的森林下线有上移的

趋势。阿勒泰地区的草场也有退化，主要表现在覆盖率降低、产草量减少和牧草质量下降。各类草场都有不同程度的退化，其中以干草原草场退化最显著。

近年来，旅游开发也存在着许多无序现象，对环境也带来一些负面影响。其中在喀纳斯风景区的问题最明显。目前在旅游区内的生活垃圾未得到妥善处理，缺少垃圾收集站和处理设备。厕所少且设施简陋，缺少无害化处理，对周围空气和环境及河湖都造成直接或间接污染。景区内草地上牛羊粪便随意排放。在阿勒泰地区内游人活动较密集的景点及游路上都设置了垃圾箱，而且造型美观，对保持景区卫生起到很好的作用。沿湖尾及河岸建的大量建筑物及服务设施，使周围的草地遭到破坏，发生裸地现象，其中有些是由于在建设和开发后管理不当、缺乏适当的保护措施造成的。区内旅游项目设置过多，缺乏对生态型自然与人文景点的开发，缺乏地方特色，与当地的自然环境和生态景观不够协调，破坏了自然景观并造成视觉污染，并且有污染和破坏生态环境的潜在危险。

2. 旅游环境分析与评价

（1）评价的依据。旅游环境受很多因素影响，进行旅游环境分析要从这些因素入手。其中旅游资源、现有旅游区域、可进入性、构景岩石与土壤、水文状况、生物多样性、环境安全、社会与人文、旅游管理与旅游服务 9 项因素可以用来描述阿勒泰地区旅游环境的整体状况。因此在对阿勒泰地区旅游环境认定过程中，首先要调查、收集这些资料和数据，随后根据“旅游环境评价表”对阿勒泰地区和个别区域（如喀纳斯）进行旅游环境评价。

可将这些因素分解成若干评价因子，根据各因子在评价区内的相对质量，按档次对其进行赋分。设总分为 500，按各因子的权重分别赋分，每项评价因子又可分为 3 个档次。这些因子数据可在旅游环境调查中获得。

表 11-12　旅游环境评价表（地区一级使用）

项目（总分值）	评价因子（因子分值）	单位	说明	一档		二档		三档	
				指标	分值	指标	分值	指标	分值
旅游资源（120）	五级旅游资源数量（50）	处		每 1 处 10 分，最多 50 分					
	四级旅游资源数量（30）	处		每 1 处 5 分，最多 30 分					
	三级旅游资源数量（20）	处		每 1 处 2 分，最多 20 分					
旅游资源（120）	二级旅游资源数量（10）	处		每 1 处 1 分，最多 10 分					
	一级旅游资源数量（10）	处		每 2 处 1 分，最多 10 分					

续表

项目（总分值）	评价因子（因子分值）	单位	说明	一档		二档		三档	
				指标	分值	指标	分值	指标	分值
现有旅游区域（50）	世界级称号景区数量（250）	处	由政府或组织命名的旅游区（点）、文物保护单位、风景名胜区、自然保护区、森林公园、文化部门、宗教场所等	每处 5 分，最多 25 分					
	国家级称号景区数量（15）	处		每处 3 分，最多 15 分					
	省级称号景区数量（7）	处		每处 1 分，最多 7 分					
	地区级景区数量（3）	处		每处 1 分，最多 3 分					
可进入性（100）	交通线路状况（30）		航空、铁路、公路、水运	齐备	30~20	一般	19~10	欠缺	9~0
	交通便捷程度（70）	小时	从主要集散地乘车进出需要花费的时间	≤ 4	70~40	5~≤ 8	39~10	＞ 8	9~0
构景岩石与土壤（20）	主要构景岩石出露状况（20）		花岗岩、灰岩、砂页岩、火山岩	丰富	15~10	一般	9~5	缺少	4~0
	构景岩石与土壤规模（5）			巨大	5	较大	4~3	较小	2~0
水文状况（40）	河网密度（10）	公里/平方公里	三级和三级以上的水系	≥ 0.3	20~10	0.3~≥ 0.1	9~5	＜ 0.1	4~1
	干流河道长度（10）	公里	干流及其一级支流河道	≥ 100	10~5	99~50	4~3	≤ 49	2~1
	地表水景观（15）	处	河道、瀑布、湖泊等	丰富	15~10	一般	9~5	缺少	4~0
	地下水丰富程度（5）	处	泉、地下河	丰富	5	一般	4~3	缺少	3~0
生物多样性（40）	植被覆盖度（20）	%		≥ 0.8	20	0.8~≥ 0.5	19~10	＜ 0.5	9~0
	林地或草原比例（10）	%	林地占区域总面积的百分数	≥ 30	10~5	29~15	4~3	＜ 15	2~0
生物多样性（40）	保护植物数量（5）	种		≥ 20	5	19~10	9~3	4~1	2~0
	野生保护动物种数（5）	种		≥ 20	5	19~10	4~3	9~1	2~0

续表

项目（总分值）	评价因子（因子分值）	单位	说明	一档		二档		三档	
				指标	分值	指标	分值	指标	分值
环境安全（60）	阿勒泰地区大气污染状况（10）		近一年监测数据	达标	15	中度污染	-20	重度污染	-50
	水体污染程度（10）		近一年监测数据	达标	15	中度污染	-20	重度污染	-50
	严重环境污染事件（10）	次/近3年		无	10	1	-20	≥2	-50
	水土流失（10）	次	对阿勒泰地区生活造成重大损害	0	10	1	-20	≥2	-50
	洪涝灾害发生率（5）	次/近3年	造成生命财产重大损失	0	5	1	-20	≥2	-50
	旱灾发生率（5）	次/近3年		0	5	1	-20	≥2	-50
	旅游责任事故发生率（10）	次数/上年	1人死亡或损失5000万元	0	10	1	-20	≥2	-50
社会与人文（30）	少数民族数量（10）	个		1个1分，最多10分					
	国民生产总值（GDP）（20）	万元	上年统计数据	1亿元1分，每增加2000万元加1分，最多20分					
	人均收入（5）	元	上年统计数据	1000元1分，每增加1000元加1分，最多5分					
	名牌商品数量（5）	种	获得省级称号	1种1分，最多5分					
旅游管理与旅游服务（40）	旅游局机构完备程度（5）			独立机构	5	合署机构	3	无机构	0
	景区管委会数量（5）	个		1个1分，最多5分					
	涉外饭店床位数（10）	张		100张床1分，最多15分					
	普通饭店床位数（10）	张		100张床1分，最多15分					

续表

项目（总分值）	评价因子（因子分值）	单位	说明	一档		二档		三档	
				指标	分值	指标	分值	指标	分值
旅游管理与旅游服务（40）	国内旅行社数量（5）	个		1个1分，最多15分					
	国际旅行社数量（5）	个		1个1分，最多5分					
	旅游车辆数量（5）	辆		10辆1分，最多10分					
	旅游船舶数量（5）	艘		1艘1分，最多5分					

因子赋分后，获得总分。评价区旅游环境质量按总分4个分数段分为四级：第一级（≥350），第二级（350~200），第三级（200~100），第四级（＜100）。

（2）评价实施。根据旅游环境调查的实际资料，对每项评价因子进行专家打分，得出如下结果（表11-13）。

表11-13　阿勒泰地区旅游环境评价赋分表

项目（总分值）	评价因子（因子分值）	实际参评内容提要		得分
		单位	数量	
旅游资源（120）	五级旅游资源数量（50）	处	2	20
	四级旅游资源数量（30）	处	27	30
	三级旅游资源数量（20）	处	88	20
	二级旅游资源数量（10）	处	49	10
	一级旅游资源数量（10）	处	19	10
现有旅游区域（20）	世界级称号景区数量（20）	处	无	0
	国家级称号景区数量（15）	处	3处	15
	省级称号景区数量（7）	处	（待查）	4
	地区级景区数量（3）	处	（待查）	1
可进入性（100）	交通线路状况（30）		航空线、公路	15
	交通便捷程度（70）	小时	从乌鲁木齐岛阿勒泰地区，航空1小时，公路8小时	9
构景岩石与土壤（20）	主要构景岩石出露状况（20）		花岗岩、砂页岩出露少	5
	构景岩石与土壤规模（5）		中等	3

续表

项目（总分值）	评价因子（因子分值）	实际参评内容提要		得分
		单位	数量	
水文状况（40）	河网密度（10）	公里 / 平方公里	（待查）	5
	干流河道长度（10）	公里	额尔齐斯河 633 公里，乌伦古河 821 公里	8
	地表水景观（15）		山区丰富，平原缺少	7
	地下水丰富程度（5）		一般	3
生物多样性（40）	植被覆盖度（20）	%	全地区 4.45	5
	林地或草原比例（10）	%	林地 7.38	4
	保护植物数量（5）	种	20	10
	野生保护动物种数（5）	种	一类 15 种，二类 43 种	10
环境安全（60）	城市大气污染状况（10）		达标	10
	水体污染程度（10）		达标	10
	严重环境污染事件（10）	次 / 近 3 年	（待查）	5
	水土流失（10）	次	（待查）	5
	洪涝灾害发生率（5）	次 / 近 3 年	（待查）	3
	旱灾发生率（5）	次 / 近 3 年	（待查）	3
	旅游责任事故发生率（10）	次数 / 上年	无	10
社会与人文（30）	少数民族数量（10）	个	13 个	10
	国民生产总值（GDP）（20）	万元	34.8 亿	20
	人均收入（5）	元	职工 9887 元，农牧民 2361 元	3
	名牌商品数量（5）	种	（待查）	3
旅游管理与旅游服务（40）	旅游局机构完备程度（5）		（待查）	3
	景区管委会数量（5）	个	（待查）	3
	涉外饭店床位数（10）	张	（待查）	5
	普通饭店床位数（10）	张	（待查）	5
	国内旅行社数量（5）	个	（待查）	3
	国际旅行社数量（5）	个	（待查）	3
	旅游车辆数量（5）	辆	（待查）	3
	旅游船舶数量（5）	艘	（待查）	3
总计				294

说明：本表资料不完全，待查的项目暂时得该项平均分数。
根据以上赋分（294），阿勒泰地区旅游环境属于第二级（未定）。

（三）旅游资源分析与评价

1. 旅游资源分类与调查的技术要求

本研究按照阿勒泰地区总体规划的质量要求运作，其基础资料的获取、归类与评价依据专业经验和相关技术标准运作。

（1）旅游资源分类。依据《标准》对旅游资源进行分类。以使得出的结果和全国接轨。并可为今后有可能开展的正式旅游资源调查和评价打下基础。对所有符合旅游资源含义的事物和因素进行划分，包括稳定的、客观存在的单体和不稳定的、客观存在的事物和现象。

（2）旅游资源调查。《标准》规定旅游资源调查分为“详查”和“概查”两个档次，旅游资源调查方式和精度要求虽有不同，但均要保证成果质量，强调整个运作过程的科学性、客观性、准确性，并尽量做到内容简洁和量化，如资料收集时应对资料和数据去伪存真，保证其时效质量；文件和图件编制时要进行严格的甄别落实等。

此次进行的旅游资源调查属于概查性质。主要目的是了解和掌握阿勒泰地区旅游资源及其赋存环境的基本脉络，考察和认识核心旅游资源及其开发区域的现实状况，达到为总体规划整体发展思路和项目设计提供科学依据。

此次调查主要是在对调查区域进行的路线考察中，实地观测部分旅游资源现场，然后在室内广泛收集和摘取已有资料和数据中的单体。选取的资料和数据包括与旅游资源有关的各种资料和研究成果，如地方志书、乡土教材、旅游点介绍、规划与专题报告、各类图形资料、照片、音像资料等。

此次调查获得如下旅游资源单体（表 11–14）。

表 11–14　阿勒泰地区旅游资源单体名录

主类	亚类	基本类型	单体名称
地文景观	地质过程地表形迹	断层景观	布尔津河口—阿拉哈克断层崖、可可托海—二台断层崖、富蕴—阿苇滩断层崖
		生物化石点	硅化木群、富蕴恐龙化石点
	山石堆积峪蚀余景观	综合自然景观区	蝴蝶沟
		凸峰	奎屯山、友谊峰
		石（土）林	阿拉善小石林
		奇特与象形山石	神钟山、哈龙沟、熊猫山
		岩壁与陡崖	阿克吐别克五彩岸、那林塔拉断层崖
		雅丹	五彩城
		矿石堆积地	切木尔切克陨石群
		沙地区	阿克库姆沙地、库姆塔别沙地、塔孜库姆沙地、屯克库姆沙地、乌伦古沙地、富蕴鸣沙山、哈巴河鸣沙山
		岸滩	乌伦古湖沙滩

续表

主类	亚类	基本类型	单体名称
地文景观	自然剧（灾）变遗迹	地震遗迹	富蕴地震裂缝、二台地震遗迹
		冰川堆积	布尔津河出山口漂砾地、喀纳斯谷地冰碛堤、白哈巴谷地冰碛堤
		冰川侵蚀痕迹	喀纳斯谷地古冰川遗迹、奎屯山主峰古冰川遗迹、沙勒哈木尔山冰斗群、一道湾羊背石、友谊峰主峰古冰川遗迹、白哈巴古冰川遗迹
水域风光	河段	观光游憩河段	克兰河河段、额尔齐斯河与布尔津河交汇河段、喀流滩、鹿角滩、神仙湾、卧龙滩、月亮湾、珍珠滩、淘金沟、大东沟河段、额尔齐斯河南湾河段、四号沟界河河段、乌拉斯特河段
	天然湖泊与池沼	观光游憩湖区	阿克库勒湖、杰铎哈铎冰斗湖、喀拉琼库尔湖、喀纳斯湖、千湖、双湖、土尔滚湖、小湖、鸭泽湖、姊妹湖、73 公里小海子、布伦托海、吉力湖、骆驼脖子、中海子、野鸭湖、白沙湖、三道海子、套查干郭勒湖
		沼泽与湿地	喀拉琼库尔湖沼泽地、白哈巴山间盆地沼泽、骆驼脖子山间沼泽
	泉	冷泉	阿拉善冷泉、五指泉、齐也村镜泉
		地热与温泉	阿拉善奶泉、阿拉善蛇泉、阿拉善胃泉、阿拉善心泉、阿拉善血泉
	冰雪地	冰雪观光地	波塔尼纳冰川、霍鲁木图鲁努山冰川、喀纳斯冰川、喀纳斯达坂冰川、喀纳斯套山冰川、友谊峰主峰冰川、斯套冰川
		积雪地	木斯岛雪山
生物景观	树林	林地	小东沟森林、布尔津泰加林、喀纳斯白桦林、喀纳斯桦树林、大东沟白桦林、哈巴河桦树林、吉木乃红桦林、吉木乃泰加林、青河公园白桦林
	草原与草地	草地	哈流滩草原、禾木草原、金塔斯草原、萨依恒布拉克草原、阿齐克草甸草原、那仁草原、三道海子草原
	花卉地	草地花卉	百花园
	野生动物栖息与动物活动	陆地哺乳动物栖息地	福海野生动物栖息地、富蕴野生动物栖息地、布尔根河狸栖息地、大洪山野生动物栖息地
		蝶类栖息地	蝴蝶沟
天象气象与特殊景象	天气与气候现象	避暑气候地	喀纳斯避暑气候、阿拉善避暑气候、白哈巴避暑地
	自然现象与自然事件	垂直自然带	团结峰自然带

续表

主类	亚类	基本类型	单体名称
遗址	史前人类活动场所	文化层	齐得哈仁细石器遗址
	历史事件遗址	军事遗址与古战场	北塔山军事遗址、北塔山古炮台
	社会经济文化遗址	废弃生产地	可可托海三号矿坑
景观建筑	综合人文旅游地	聚落与宅院	可可托海镇、禾木村、图瓦东村、图瓦新村、白哈巴村
		建设工程与生产地	布尔津地毯厂、布尔津酒厂、布尔津毛纺厂、哈巴河鹿场、贾登峪苗圃、马鹿饲养场、托洪台水电站、齐干吉迭种养场、富蕴地下电站、山口电站、青河绒毛厂、阿舍勒铜矿、西岔河沙金矿、托库斯巴依沙金矿、吉木乃枸杞酒厂
		景物观赏点	观鱼亭、瞭望塔
	单体场馆	展示演示场所	阿勒泰博物馆、可可托海地质陈列馆
	附属建筑与艺术小品	摩崖字画	库须根岩画、吐鲁克岩画、也根布拉克岩画群、多尕特岩画、塔特克什阔拉斯岩画、查干郭勒岩画、多拉特岩画、老鹰嘴岩画
		雕塑	阿勒泰地区城雕、青河县城雕、苏普特石人
		碑碣（林）	什巴尔库勒鹿石
	归葬地	墓（群）	切木尔切克墓葬、白山布－杜南拜墓、吾木尔台墓、努尔尕森塔木古墓、蒙古皇陵、萨木特墓葬、三道海子石堆墓
	交通设施	桥	喀纳斯木桥
		口岸	红山嘴口岸、阿黑吐别克口岸、吉木乃口岸、塔克什肯口岸
	水工建筑	港口	喀纳斯湖码头
		人工水域观光游憩区段	塘巴湖水库、海子口水库、齐背岭水库、阿苇滩水库、峡口水库
		渠道段落	“引额济湖”工程
	购物场所	特色商品街	珠宝街
旅游商品	地方旅游商品	名优百货	阿山皮衣
		水产山珍	喀纳斯红鱼、阿魏菇
		雕塑制品	阿尔泰珠宝
		其他物品	阿尔泰大尾羊、阿尔泰绒山羊
人文活动	民间习俗	民间演艺	阿勒泰弹唱、阿依加勒克舞
	现代节庆	旅游节	阿勒泰地区冬季冰雪旅游艺术节、喀纳斯生态旅游节、福海海滨旅游艺术节、敖包节、邹鲁节

2. 主要旅游资源单体陈述

（1）地文景观。地文类旅游资源基本类型共有 13 种，有断层景观、生物化石点、综合自然景观区、凸峰、石（土）林、奇特与象形山石、岩壁与陡崖、雅丹、矿石堆积地、沙地区、岸滩、地震遗迹、冰川堆积、冰川侵蚀痕迹等。

①断层景观见于布尔津河口—阿拉哈克、可可托海—二台、富蕴—阿苇滩等地，这里处于阿尔泰山地与盆地过渡带，主要见到断层崖、断层三角面、梯形面，一般高差几十米至几百米，大断层崖长度可超过 100 公里。可可托海—二台的断层崖长达 170 公里，最大高差 500 米。布尔津河口—阿拉哈克大断层崖、富蕴—阿苇滩的大断层崖等长度都在几十公里至 200 公里，高差在 200 米以上。

②生物化石点有位于富蕴县南部，有硅化木群、恐龙化石点遗址。这些化石点是 1.95 亿 ~1.37 亿年前侏罗纪时代的产物。

③凸峰有友谊峰、奎屯峰以及喀纳斯湖东岸的肖洛戈山，它们都是由于冰川作用所造成的突出角峰。友谊峰位于为喀纳斯河源区，是阿尔泰山最高峰，顶峰海拔 4374 米。

④岩壁与陡崖有布尔津县的阿克吐别克五彩岸和福海县的那林塔拉断层崖。阿克吐别克五彩岸位于窝依莫克乡额尔齐斯河河岸阶地斜坡上那些被流水冲刷成为千沟万壑的劣地，加上五颜六色的沉积岩层，形成五彩岸景观。

⑤奇特与象形山石分布很广泛，其中位于富蕴县大东沟河谷内的一座钟形石，十分壮观。

⑥雅丹有位于富蕴县的五彩城。为一侵蚀台地，面积 5 平方公里。因受流水和风力切割后成为残丘，残丘间沟谷交错，宽数米到数十米，高度 10~20 米。峰丘密度每平方公里约 200 个。由于组成峰丘的岩石是由紫红、褐红、姜黄、灰绿、灰白、灰黑的杂色侏罗纪泥岩和沙砾岩构成，因此这里成为五颜六色的景观。

⑦矿石堆积地有切木尔切克陨石群。位于阿勒泰地区的阿勒泰地区西侧 24 公里处的缓丘地上。大小百余陨石块体堆成一座范围东西长 39 米，南北宽 11.3 米，高 3 米的小丘。石块呈灰黑色，质地坚实，硬度很大。

⑧沙地区主要分布在乌伦古湖湖盆地区，北达布尔津—富蕴公路一线，乌伦古河入乌伦古湖的三角洲淤积平原上，以及布尔津—哈巴河—吉木乃沙地，断续分布于额尔齐斯河、布尔津河两侧，有库姆塔别沙地、塔孜库姆沙地、屯克库姆沙地、阿克库姆沙地四大片。沙地类型以新月形沙丘、沙垄、沙丘链、丘陵性沙梁、沙山为主，相对高度均在 15 米以上。此外在一些地方还有多处鸣沙山。

⑨岸滩数量较少，只在乌伦古湖滨见到一片沙滩。

⑩冰川侵蚀痕迹分布极为普遍。喀纳斯河上游、白哈巴、布尔津河出山口等地一般有三层冰斗（分布高度从1700米到2840米），两套U形谷，三道不同时代的终碛垄，两级侧碛堤以及悬谷、刃脊、角峰、羊背石、冰刻槽、磨光面、冰擦痕等一系列的冰蚀冰碛地貌。是一种大型围场状凹地，有完整的斗壁，后壁高达百余米。悬谷多分布在喀纳斯湖至谷源东岸，以 100~200 米陡壁相间，落差最高的可达 400 多米。羊背石

多分布在U形谷底，在喀纳斯近湖口的东岸高50~60米的基岩平台上有极光滑的磨光面并保留丁字头冰擦痕，擦痕最宽达54厘米，深3厘米，背冰面由于冰流挖蚀使基岩参差不齐。此次调查了白哈巴、喀纳斯谷地、友谊峰主峰、奎屯山主峰、沙勒哈木尔山等地的古冰川。

⑪冰川堆积有终碛垄（扇）、侧碛堤。分布在各喀纳斯谷地和白哈巴谷地各主支谷内，一般由粗细冰碛砾块与砂、黏土等混合而成，最大的漂砾直径在5米以上。另外，在布尔津河出山口附近平原上，散布有巨大漂砾。

⑫地震遗迹在富蕴县和青河县有很好的表现，1931年8月11日这里发生了里氏8级强烈地震，至今震中还保留着地震大裂缝。这条断裂带大致呈北北西走向，北起买增萨依山口，经可可托海、白杨沟、乌伦古河，终止于阿尔曼特山北麓，全长176公里。形成了一系列断层、滑塌、陡坎、鼓包、垄背等。

（2）水域风光。水域风光类旅游资源基本类型有观光游憩河段、观光游憩湖区、沼泽与湿地、冷泉、地热与温泉、冰川观光地、积雪地7个基本类型。

①观光游憩河段克兰河河段、额尔齐斯河与布尔津河交汇河段、喀流滩、鹿角滩、神仙湾、卧龙滩、月亮湾、珍珠滩、淘金沟、额尔齐斯河南湾河段、四号沟界河河段、乌拉斯特河段等。卧龙滩又称卧龙湾，此处是喀纳斯河河段，河床呈凸状，有心滩数个，河水清澈，与河岸的林地草地一起组成优美的风景。

②观光游憩湖区单体很多，阿克库勒湖、杰铎哈铎冰斗湖、喀拉琼库尔湖、喀纳斯湖、千湖、双湖、土尔滚湖、小湖、鸭泽湖、姊妹湖、73公里小海子、布伦托海、吉力湖、骆驼脖子、中海子、野鸭湖、白沙湖、三道海子、套查干郭勒湖等。其中最有名的喀纳斯湖最深处达189.5米，平均水深120.1米，湖南北长24公里，湖东西宽1.9公里，面积44.78平方公里，淡水容积53781 108立方米，湖面海拔1373米。布伦托海（大海子）、吉力湖、73公里小海子、骆驼脖子、中海子都是乌伦古湖的子湖，属于湖泊单体，其中布伦托海湖面积680.9平方公里，轻污染；骆驼脖子，湖面积25.2平方公里，轻污染；小海子，湖面积17.6平方公里，较清洁；中海子，湖面积29.3平方公里，较清洁；吉力湖，湖面积174平方公里，较清洁。吉力湖湖水矿化度514毫克/升（1985年），为中等矿化水，属淡水湖区。阿克库勒湖是由布尔津河源头的喀纳斯冰川融水补给，是阿尔泰山区的第二大湖。喀拉琼库尔湖、土尔滚湖等湖位于喀纳斯湖东岸山地，属于冰斗湖。这里的众多湖泊被沟谷切穿，成排并列或串联为湖群。高、中层冰斗在阿勒泰地区超过百余，是山区水资源的宝库。下层冰斗位于20000米上下，多为大型凹地或小盆地，其内发育了沼泽及湿地。如喀纳斯西北岸的谷源凹地。

③沼泽与湿地有位于喀拉琼库尔湖沼泽地、白哈巴山间盆地沼泽、骆驼脖子山间沼泽。这些沼泽与湿地多与冰川活动有关。

④冷泉有位于阿勒泰地区汗德尕特蒙古族乡的五指泉，位于哈巴河县库勒拜乡的齐也村镜泉，均为山前溢出泉。此外在福海县县城以北140公里的喀拉玛盖乡的阿拉善也有冷泉。

⑤地热与温泉有位于福海县县城以北140公里的喀拉玛盖乡的阿拉善温泉群，共有

24处泉眼，单体有奶泉、蛇泉、胃泉、心泉、血泉等，这些温泉出水口水温30℃~60℃。其中奶泉水色乳白，泉眼直径40厘米，每隔3秒钟喷水一次，很有观赏价值。

⑥冰雪观光地单体数量很多，有波塔尼纳冰川、霍鲁木图鲁努山冰川、喀纳斯冰川、喀纳斯达坂冰川、喀纳斯套山冰川、友谊峰主峰冰川、斯套冰川等。其中喀纳斯冰川是布尔津河源头的最大冰川，为一复式山谷冰川，长10.8公里，面积31.13平方公里，平衡线高度3100~3200米，末端下降到416米。友谊峰主峰冰川位于友谊峰西南坡，冰川末端海拔2416米，是喀纳斯河上游源头区最大的冰川，也是阿尔泰山最大的冰川，它由两支冰川汇合而成为山谷冰川，冰舌前端，海拔下降到2416米，最大厚度130米，冰面坡度很缓，为1.5~1°，冰舌前端，冰面上有各种融蚀形态，如融蚀洼地、冰蘑菇、冰裂隙、冰洞等。

（3）生物景观。生物景观类旅游资源基本类型有林地、草地、草地花卉、陆地哺乳动物栖息地、蝶类栖息地5种。

①林地有位于阿勒泰地区的小东沟森林，位于布尔津县的布尔津泰加林、喀纳斯白桦林、喀纳斯桦树林，位于富蕴县的大东沟白桦林，位于哈巴河县的哈巴河桦树林，位于吉木乃县的红桦林和泰加林。喀纳斯白桦林位于禾木乡内的阿尔泰山南坡中山地带，在卧龙滩一带生长浓密，几乎为潮湿性西伯利亚白桦纯林，覆盖度90%以上，平均树龄150年。泰加林分布于海拔1200~2200米的阿尔泰山中山带，林地以新疆落叶松占优势，新疆云杉、新疆冷杉、新疆五针松等树种混生，并有疣枝桦（白桦）、山杨次生林。这些森林中有各种真菌、野生花卉和野生动物，林相十分丰富。桦林由白桦组成，喜湿润环境，抗寒、树龄150~250年，有的单株达到300年，树高20~40米，郁闭度0.8以上。

②草地有位于布尔津县的哈流滩草原、禾木草原，位于福海县的金塔斯草原，位于富蕴县的萨依恒布拉克草原，位于哈巴河县的阿齐克草甸草原、那仁草原，位于青河县的三道海子草原等。哈流滩草原位于窝依莫克乡内，地势平坦，面积147.3平方公里，植被有禾草、苔草、早熟禾、大针茅、羊茅等。草高10~20厘米。禾木草原地处中山森林与山地草原的交会带，海拔1124~2300米，草被以禾木科和杂草类为主，主要有禾草、间茅、毛茛、苔草、茅草等，草高20~50厘米，覆盖度90%。

③草地花卉有位于喀纳斯湖风景区的百花园。该园是一处典型的中山森林草甸草原。夏季彩草原上开满了野花，主要有黄矍絮栗、麦芍、野火球、金线花、柴胡、金志梅、独活、蔷薇、尤花龙胆等。

④陆地哺乳动物栖息地有福海野生动物栖息地、富蕴野生动物栖息地和位于青河县的布尔根河狸栖息地、大洪山野生动物栖息地。

⑤蝶类栖息地有位于福海县的蝴蝶沟。

（4）天象气象与特殊景象。天象气象与特殊景象类旅游资源有避暑气候地和垂直自然带两个基本类型。

①避暑气候地存在于阿尔泰山地中，有喀纳斯避暑气候地、阿拉善避暑气候地、白哈巴避暑气候地。喀纳斯湖区平均气温–4℃，最热的7月平均温度只有18℃，昼夜温差

12℃，十分凉爽。加上相对湿度 65%，空气湿润清新，负氧离子浓度较高，适宜避暑。

②垂直自然带在喀纳斯自然保护区反映得最清晰。从下向上依次为森林带、森林草原带、亚高山草甸带、高山冰沼草甸带、地衣高山冻原带。森林带是我国唯存的南西伯利亚泰加林分布区，森林草原带分布于海拔 1300~2300 米之间，生长着大面积的森林和草原。亚高山草甸带分布于海拔 2300~2600 米之间，草甸牧草植物发达，为阿勒泰地区的主要夏牧场和主要的大草场。高山冰沼草甸带分布于海拔 2600~3100 米之间，地面为粗砾碎石，藓类植物发育良好。地衣高山冻原带分布于海拔 3100 米雪线以上的高山地区，现代冰川地貌发育，呈现特殊的石海景观，其上面布满多种石生壳状地衣。

（5）遗址。遗址类旅游资源有文化层和军事遗址与古战场两种基本类型。

①文化层有位于齐得哈仁细石器遗址。该遗址位于哈巴河县县城南 10 公里的额尔齐斯河的二级阶地上。曾经在这里出土过石片、石核、细石叶、石镞、石钻等各类石器，有的制作很精细。遗址的时代距今 7000~8000 年。

②军事遗址与古战场有位于青河县的北塔山军事遗址。这里距中蒙边界只有 10 公里，附近有房屋、碉堡遗迹。在这里曾经发现过弹壳、钱币、文书等。

（6）景观建筑。景观建筑类旅游资源基本类型有聚落与宅院、建筑工程与生产地、景物观赏点、展示演示场所、摩崖字画、雕塑、碑碣（林）、墓（群）、桥、港口、口岸、人工水域观光游憩区段、渠道段落、特色商品街 14 种基本类型。

①聚落与宅院有布尔津县的禾木村、图瓦东村、图瓦新村，哈巴河县的白哈巴村。白哈巴村位于铁热克提乡，距中国和哈萨克斯坦的边界线只有数公里。该村地处一条布满茂密的桦树杨树的河谷中，有图瓦人居住区和哈萨克人居住区，居民的木头住房散落在四处。图瓦东村位于喀纳斯湖南岸 2~3 公里的喀纳斯河谷地中，周围环境优美，村落沿河展布，房屋皆用粗壮的圆木构筑，下为方体，上为尖顶。房屋四周由木栏围护。

②建设工程与生产地有布尔津地毯厂、布尔津酒厂、布尔津毛纺厂、哈巴河鹿场、贾登峪苗圃、马鹿饲养场、托洪台水电站、阿舍勒铜矿、齐干吉迭种养场、西岔河沙金矿、可可托海三号矿脉、山口电站、托库斯巴依沙金矿、吉木乃枸杞酒厂、青河绒毛厂。西岔河沙金矿、托库斯巴依沙金矿。前者位于福海县额尔齐斯河源头水域，有红山嘴、新金沟、西岔河等矿点，矿体呈长条带状，含矿沙层平均厚七八米，品位 0.38 克 / 立方米，探明沙金储量 3227 千克。后者位于哈巴河县北西 35 公里，有 70 多个矿体，探明沙金储量 5.7 吨。

③展示演示场所有阿勒泰博物馆和可可托海地质陈列馆。

④摩崖字画在阿勒泰地区很多，库须根岩画、吐鲁克岩画、也根布拉克岩画群、多尕特岩画、塔特克什阔拉斯岩画、查干郭勒岩画、多拉特岩画、老鹰嘴岩画、三道海子岩画等。这些岩画题材广泛、内容丰富，反映了草原游牧民族生活及内心世界。其中布尔津县也根布拉克岩画群是一处保存较完好、数量多、面积大的一处岩画群，位于冲乎尔乡西北方 20 公里处布尔津河谷西岸，在陡峭的山石上。主要凿刻在平面的黑紫色岩石上，在延绵 1.5 公里的岩壁上及滚落的山石上就凿刻着 300 余幅岩画，以阴刻为主。艺术技法古朴生动具有独特的风格，画面最大的一幅为 17 米 ×15 米；最

小的仅有 0.3 米 ×0.5 米。位于阿尔泰阿勒泰地区境内的多拉特岩画分布面积较大，岩画雕刻在山坡岩面上，造型多样，内容主要以动物为主，有羊、牛、马等，还有游牧生活和狩猎场面。青河县三道海子鹿石岩画处有 60 多座大小石堆，排列有序，石体上有各种动物和神秘图形。

⑤雕塑有阿勒泰地区城雕、青河县城雕、富蕴县的苏普特石人。苏普特石人选用的石质是花岗岩砾石，出露地表部分 90 厘米，宽 100 厘米，厚 60 厘米。雕刻的手法为突起浮刻法，面部线条粗壮，工艺独特。

⑥观景地有位于喀纳斯湖西岸的观鱼亭，建于哈拉开特山峰顶，高出喀纳斯湖湖面 660 米。在这里可以俯视哈纳斯湖，雨后偶尔可以见到“佛光”或“宝光”，还可眺望远处的雪峰。

⑦墓（群）有位于阿勒泰地区的切木尔切克墓葬，布尔津县的白山布－杜南拜墓、吾木尔台墓，福海县的努尔尕森塔木古墓，青河县的蒙古皇陵和萨木特墓葬。切木尔切克墓葬周围的平坦地面上，分布着 32 座墓冢，形制有坟院制和单墓制两种。坟院制墓有 22 座，四周用平铺或直立的块石或条石围成一个矩形，面积约 200~600 平方米。墓冢有石棺和竖穴石坑两种。在这里出土的文物有石器、陶器、铜器、铁器、骨质器等。墓葬时代从战国延伸到唐代，反映了延续千年的匈奴、突厥等北方游牧民族文化。

⑧口岸有福海县的红山嘴口岸、哈巴河县的阿黑吐别克口岸、吉木乃口岸、青河县的塔克什肯口岸。阿黑吐别克口岸，是国家一级对外口岸，边区风景秀丽，距对方哈萨克斯坦边境城镇阿连谢夫卡仅 2 公里。吉木乃口岸也是国家一级口岸，在这里与对方俄罗斯的来往早在清代就已开始。此口岸位于乌拉斯河谷地，地势平坦，四季可以开放。目前口岸海关设施齐全，较为繁荣。红山嘴口岸，是中蒙边界上的通货口岸。

⑨人工水域观光游憩区段有位于阿勒泰地区的齐背岭水库、阿苇滩水库、塘巴湖水库，位于富蕴县的海子口水库、峡口水库等。阿苇滩水库距阿勒泰地区 20 公里，水面面积 9.6 平方公里，目前发展了旅游活动。塘巴湖水库处于克兰河中游，四周环山，湖滨有低山草场和湖岸沙滩，北岸有数条支流汇入，在东南角流出。水库水域面积约 16 平方公里。库区是各种水鸟栖息地，目前开展了旅游活动。

⑩渠道段落有位于福海县的解特阿热乡境内的“引额济湖”工程。该工程是为了改善乌伦古湖的水环境而修建的引水渠，自额尔齐斯河至乌伦古湖长 24 公里，有河渠和拦河大坝等水利工程，每年可引水 4 亿至 5 亿立方米。

⑪特色商品街有位于富蕴县城内的团结路，长约 500 米，宽约 30 米，沿街有几十家珠宝公司，加工、出售由阿尔泰山出产的宝石制成的珠宝首饰等工艺品。

（7）旅游商品。旅游商品类旅游资源有名优百货、水产山珍、雕塑制品、其他物品 4 种基本类型。

①名优百货有阿山皮衣。

②水产山珍有喀纳斯红鱼、阿魏菇。阿魏菇主要生长在乌伦古河和额尔齐斯河之间的戈壁滩上，是一种寄生于阿魏根或倒伏茎上的白色圆蘑菇，食用时其色香、味美，

又是一种开胃健脾、治关节炎和风湿的中草药。

③雕塑制品有阿尔泰珠宝。阿尔泰山盛产黄金和宝石，其中宝石的品种很多，比较珍贵的有用绿宝石、红绿碧玺、海蓝宝石和黄金等制成的工艺品。

④其他物品有阿尔泰大尾羊、阿尔泰绒山羊等。阿尔泰塔尾羊是全国优良羊种，其肉质鲜美。

（8）人文活动。人文活动类旅游资源有民间演艺、民间节日、旅游节3种基本类型。

①民间演艺有阿勒泰弹唱、阿依加勒克舞。弹唱是哈萨克族常见的传统文艺活动，从 1964 年开始，布尔津县城已经举办了十多次大型弹唱会。

②民间节日有布尔津县的敖包节、邹鲁节。其中邹鲁节又名“入冬节”，是喀纳斯湖区图瓦人特有的节日，传说是为了纪念马盒卡拉活佛的忌日而设立的。每年 10 月 25 日返乡过冬的牧民聚在一起，点燃松枝施放烟火，牧民们围坐在周围礼拜祈祷。

③旅游节有阿勒泰地区冬季冰雪旅游艺术节、喀纳斯生态旅游节、福海海滨旅游艺术节。1998 年以来，全地区旅游业共投入 2.5 亿元建设资金，相继成功地举办了福海海滨旅游艺术节、喀纳斯生态旅游节和阿勒泰地区冬季冰雪旅游艺术节。至 2000 年年底，全地区接待旅游人数 36 万人次，年均增长 73.3%，旅游收入 6000 万元。旅游总收入占国内生产总值的 1.9%。进出口贸易总额 6309.6 万美元。

3. 旅游资源的区域表达

本章利用实际调查的旅游资源资料和数据，探讨用数值方法对旅游资源进行全面评价，包括对旅游资源量值、品质和组合关系的评价。

（1）旅游资源的量值评价。不同性质的旅游资源单体数量构成调查所获得的旅游资源单体构成，见表 11–15。

表 11–15　阿勒泰地区旅游资源类型统计

<table>
<tr><th rowspan="2">主类</th><th rowspan="2">亚类</th><th rowspan="2">基本类型</th><th colspan="3">各类单体数量统计</th></tr>
<tr><th>基本类型</th><th>亚类</th><th>主类</th></tr>
<tr><td rowspan="12">地文景观</td><td rowspan="2">地质过程地表形迹</td><td>断层景观</td><td>3</td><td rowspan="2">5</td><td rowspan="12">35</td></tr>
<tr><td>生物化石点</td><td>2</td></tr>
<tr><td rowspan="10">山石堆积峪蚀余景观</td><td>综合自然景观区</td><td>1</td><td rowspan="10">19</td></tr>
<tr><td>凸峰</td><td>2</td></tr>
<tr><td>石（土）林</td><td>1</td></tr>
<tr><td>奇特与象形山石</td><td>3</td></tr>
<tr><td>岩壁与陡崖</td><td>2</td></tr>
<tr><td>雅丹</td><td>1</td></tr>
<tr><td>矿石堆积地</td><td>1</td></tr>
<tr><td>沙地区</td><td>7</td></tr>
<tr><td>岸滩</td><td>1</td></tr>
</table>

续表

主类	亚类	基本类型	各类单体数量统计		
			基本类型	亚类	主类
地文景观	自然剧（灾）变遗迹	地震遗迹	2	11	35
		冰川堆积	3		
		冰川侵蚀痕迹	6		
水域风光	河段	观光游憩河段	13	13	51
	天然湖泊与池沼	观光游憩湖区	19	22	
		沼泽与湿地	3		
	泉	冷泉	3	8	
		地热与温泉	5		
	冰雪地	冰雪观光地	7	8	
		积雪地	1		
生物景观	树林	林地	9	9	22
	草原与草地	草地	7	7	
	花卉地	草地花卉	1	1	
	野生动物栖息与动物活动	陆地哺乳动物栖息地	4	5	
		蝶类栖息地	1		
天象气象与特殊景象	天气与气候现象	避暑气候地	3	3	4
	自然现象与自然事件	垂直自然带	1	1	
遗址	史前人类活动场所	文化层	1	1	4
	历史事件遗址	军事遗址与古战场	2	2	
	社会经济文化遗址	废弃生产地	1	1	
景观建筑	综合人文旅游地	聚落与宅院	5	22	56
		建设工程与生产地	15		
		景物观赏点	2		
	单体场馆	展示演示场所	2	2	
	附属建筑与艺术小品	摩崖字画	8	12	
		雕塑	3		
		碑碣（林）	1		
	归葬地	墓（群）	7	7	
	交通设施	桥	1	5	
		口岸	4		

续表

主类	亚类	基本类型	各类单体数量统计		
			基本类型	亚类	主类
景观建筑	水工建筑	港口	1	7	56
		人工水域观光游憩区段	5		
		渠道段落	1		
	购物场所	特色商品街	1	1	
旅游商品	地方旅游商品	名优百货	1	6	6
		水产山珍	2		
		雕塑制品	1		
		其他物品	2		
人文活动	民间习俗	民间演艺	2	2	7
	现代节庆	旅游节	5	5	

旅游资源类型数量总汇是体现一个区域旅游资源的宏观结构的主要标志。将此次调查所获取的旅游资源主类、旅游资源亚类、旅游资源基本类型的数量与全国对比，求出其相应的百分比比例，以表示该区旅游资源的丰富程度（见表 11–16）。

表 11–16　阿勒泰地区调查的旅游资源类型占全国的比例

	主类	亚类	基本类型
全国	8	34	181
阿勒泰地区	8	26	51
比例（%）	100	76.47	28.18

上表说明，阿勒泰地区旅游资源总的情况是：代表宏观结构的旅游资源亚类属于丰富级，代表精细程度的旅游资源基本类型属于中上等级。

旅游资源基本类型数量档次在获得的 108 种旅游资源基本类型中，根据它们各自拥有的单体数量，可以归为以下 6 个数量档次（见表 11–17）。

表 11–17　阿勒泰地区旅游资源基本类型数量档次

单体数量	基本类型名称	数量
15 处（含）以上	观光游憩湖区（19）、建设工程与生产地（15）、观光游憩河段（13）	3
5 处（含）以上	林地（9）、摩崖字画（8）、冰雪观光地（7）、草地（7）、墓（群）（7）、沙地区（7）、冰川侵蚀痕迹（6）、地热与温泉（5）、聚落与宅院（5）、旅游节（5）、人工水域观光游憩区段（5）	11

续表

单体数量	基本类型名称	数量
3~4 处	口岸（4）、陆地哺乳动物栖息地（4）、避暑气候地（3）、冰川堆积（3）、雕塑（3）、断层景观（3）、冷泉（3）、奇特与象形山石（3）、沼泽与湿地（3）	9
2 处	地震遗迹、景物观赏点、军事遗址与古战场、民间演艺、其他物品、生物化石点、水产山珍、凸峰、岩壁与陡崖、展示演示场所	10
1 处	岸滩、碑碣（林）、草地花卉、垂直自然带、雕塑制品、蝶类栖息地、废弃生产地、港口、积雪地、矿石堆积地、名优百货、桥、渠道段落、石（土）林、特色商品街、文化层、雅丹、综合自然景观区	18

在表 11–17 的旅游资源基本类型的 3 个数量档次中，观光游憩湖区、建设工程与生产地、观光游憩河段等 3 种基本类型所拥有的单体数量超过 10 处。属于较丰富的基本类型。林地、摩崖字画、冰雪观光地、草地、地热与温泉、冰川侵蚀痕迹、墓（群）、沙地区、人工水域观光游憩区段 9 种基本类型在 5~9 处之间，丰富程度属于中等。

旅游资源类型的区域构成和单体数量分配状况，依据其旅游资源单体的数量而区分出在阿勒泰地区和县市上的差别，见表 11–18。

表 11–18　阿勒泰地区旅游资源单体数量

县市名称	基本类型名称	数量	
		类型	单体
阿勒泰市	综合自然景观区（1）、矿石堆积地（1）、观光游憩河段（1）、林地（1）、展示演示场所（1）、雕塑（2）、墓（群）（1）、人工水域观光游憩区段（3）、名优百货（1）、雕塑制品（1）、旅游节（1）	11	14
布尔津县	断层景观（2）、凸峰（2）、岩壁与陡崖（1）、沙地区（5）、冰川堆积（2）、冰川侵蚀痕迹（5）、观光游憩河段（7）、观光游憩湖区（10）、沼泽与湿地（1）、冰雪观光地（6）、林地（3）、草地（2）、草地花卉（1）、避暑气候地（1）、垂直自然带（1）、聚落与宅院（3）、建设工程与生产地（7）、景物观赏点（2）、摩崖字画（3）、墓（群）（2）、桥（1）、港口（1）、水产山珍（1）、旅游节（3）	24	72
福海县	石（土）林（1）、岩壁与陡崖（1）、岸滩（1）、观光游憩河段（1）、观光游憩湖区（5）、冷泉（2）、地热与温泉（5）、草地（1）、陆地哺乳动物栖息地（1）、蝶类栖息地（1）、避暑气候地（1）、建设工程与生产地（3）、墓（群）（1）、口岸（1）、渠道段落（1）、旅游节（1）	16	27
富蕴县	断层景观（1）、生物化石点（2）、奇特与象形山石（1）、雅丹（1）、沙地区（1）、地震遗迹（1）、观光游憩河段（1）、观光游憩湖区（1）、林地（1）、草地（1）、陆地哺乳动物栖息地（1）、废弃生产地（1）、聚落与宅院（1）、建设工程与生产地（1）、展示演示场所（1）、雕塑（1）、人工水域观光游憩区段（2）、特色商品街（1）	18	20
哈巴河县	奇特与象形山石（1）、沙地区（1）、冰川堆积（1）、冰川侵蚀痕迹（1）、观光游憩河段（1）、观光游憩湖区（1）、沼泽与湿地（2）、冷泉（1）、林地（1）、草地（2）、避暑气候地（1）、文化层（1）、聚落与宅院（1）、建设工程与生产地（2）、摩崖字画（1）、口岸（1）	16	19

续表

县市名称	基本类型名称	数量	
		类型	单体
吉木乃县	观光游憩河段（2）、冰雪观光地（1）、积雪地（1）、林地（2）、建筑工程与生产地（1）、摩崖字画（1）、口岸（1）	7	9
青河县	奇特与象形山石（1）、地震遗迹（1）、观光游憩湖区（2）、林地（1）、草地（1）、陆地哺乳动物栖息地（2）、军事遗址与古战场（2）、建设工程与生产地（1）、摩崖字画（3）、碑碣（林）（1）、墓（群）（3）、口岸（1）	12	19
全地区	水产山珍（1）、其他物品（2）、民间演艺（2）	3	5
总计			185

表 11–18 反映出：各地拥有的旅游资源基本类型的数量有较大差别，其中布尔津县基本类型和单体数量分别达到 24 和 72，远远超过其他县市。福海县、富蕴县、阿勒泰地区居中，它们的旅游资源基本类型和单体均超过了 15 和 20。详细情况见表 11–19。

表 11–19　阿勒泰地区旅游分档数量构成

县市名称	旅游资源主类	旅游资源亚类	旅游资源基本类型	旅游资源单体
阿勒泰市	6	10	11	14
布尔津县	8	18	24	72
富蕴县	5	14	18	20
福海县	6	12	16	27
哈巴河县	6	12	16	19
青河县	5	11	7	9
吉木乃县	3	6	12	19
全地区	2	2	3	5
总计				185

统计阿勒泰地区各主类旅游资源中基本类型的数量及其旅游资源单体数量占该基本类型的比例和全部单体数量的比例，以此表明旅游资源的基本性质与构成，表列格式如下（表 11–20）。

表 11-20　阿勒泰地区不同性质旅游资源数量构成

主类名称	各主类拥有的基本类型			各主类拥有的旅游资源单体	
	全国数量（处）	阿勒泰地区数量（处）	占主类基本类型百分数（%）	数量（处）	占阿勒泰地区旅游资源单体总数百分数（%）
地文景观	36	14	38.89	35	18.92
水域风光	17	7	41.2	51	27.57
生物景观	13	5	38.5	22	11.89
天象气象与特殊景象	15	2	13.3	4	2.16
遗址	10	3	30.00	4	2.16
景观建筑	60	14	23.3	56	30.27
旅游商品	13	4	30.8	6	3.24
人文活动	17	2	11.76	6	3.24
总计	181	51	28.18	185	100.00

表 11-20 表明阿勒泰地区拥有的旅游资源基本结构为：

阿勒泰地区拥有全国 181 类基本类型中的 51 种，占 28.18%，属于中等比例。

阿勒泰地区各旅游资源主类的基本类型中，占全国该类主类的比例不同，其中水域风光、生物景观、地文景观所占的比重较大，达到 40% 上下。

各旅游资源主类中拥有的旅游资源单体，景观建筑类基本类型所占的比重最大，占 30.7%，其次是水域风光。人文活动、旅游商品、天象气象与特殊景象类旅游资源所占比例很小，均在 5% 以下。

人文旅游资源和自然旅游资源数量结构。根据全国旅游资源基本类型的数量，如果自然旅游资源基本类型（地文景观、水域风光、生物景观、天象气象与特殊景象）数量和人文旅游资源基本类型（遗址、建筑与设施、旅游商品、人文活动）数量所占的比例达到 4∶5 时，即可认为该地区自然旅游资源和人文旅游资源并重。大于 4∶5 时，即可认为该地区以自然旅游资源为主，小于 4∶5（0.80）时，可认为该地区以人文旅游资源为主。这一结论，有时还应以其拥有的旅游资源单体的数量加以校正（表 11-21）。

表 11-21　阿勒泰地区调查的自然旅游资源与人文旅游资源比较

	自然旅游资源基本类型	人文旅游资源基本类型	自然旅游资源与人文旅游资源的比值
全国	81	100	0.81
阿勒泰地区	27	23	1.17

阿勒泰地区自然旅游资源基本类型与人文旅游资源基本类型的比值约为 5.87∶5（1.17），大于 4∶5，可以认为其自然旅游资源超过人文旅游资源，阿勒泰地区以自然

旅游资源占优势。

（2）旅游资源品质评价。区域旅游资源单体质量分级构成。按照前述旅游资源质量等级评价方法，可将调查所获得的176处旅游资源单体进行质量划分（表11–22）。

表11–22　阿勒泰地区旅游资源单体分级统计

县市名称	五级	四级	三级	二级	一级
阿勒泰市		1	5	5	3
布尔津县	1	10	39	14	8
福海县		3	12	8	4
富蕴县	1	3	12	3	1
哈巴河县		4	5	9	1
吉木乃县		2	3	3	0
青河县		3	8	6	2
全地区		1	4	1	0
统计	2	27	88	49	19

各等级旅游资源，按县市列出其名录（表11–23）。

表11–23　阿勒泰地区各级旅游资源单体名录

县市名称	单体名称	数量
阿勒泰市	【四级】切木尔切克墓葬	1
	【三级】蝴蝶沟、小东沟森林、阿山皮衣、阿尔泰珠宝、阿勒泰市冬季冰雪旅游艺术节	5
	【二级】切木尔切克陨石群、克兰河河段、阿勒泰博物馆、阿勒泰市城雕、齐背岭水库	5
	【一级】青河县城雕、塘巴湖水库、阿苇滩水库	3
布尔津县	【五级】喀纳斯湖	1
	【四级】友谊峰、喀纳斯谷地古冰川遗迹、奎屯山主峰古冰川遗迹、友谊峰主峰古冰川遗迹、喀流滩、神仙湾、月亮湾、喀纳斯冰川、友谊峰主峰冰川、团结峰自然带	10
	【三级】阿克吐别克五彩岸、布尔津河口—阿拉哈克断层崖、可可托海—二台断层崖、奎屯山、沙勒哈木尔山冰斗群、一道湾羊背石、额尔齐斯河与布尔津河交汇河段、鹿角滩、卧龙滩、珍珠滩、阿克库勒湖、杰铎哈铎冰斗湖、喀拉琼库尔湖、千湖、双湖、鸭泽湖、姊妹湖、小湖、喀纳斯达坂冰川、喀纳斯套山冰川、布尔津泰加林、喀纳斯桦树林、禾木草原、哈流滩草原、喀纳斯避暑气候、禾木村、图瓦东村、贾登峪苗圃、马鹿饲养场、布尔津地毯厂、布尔津酒厂、布尔津毛纺厂、哈巴河鹿场、托洪台水电站、观鱼亭、库须根岩画、喀纳斯红鱼、喀纳斯生态旅游节、邹鲁节	39

续表

县市名称	单体名称	数量
布尔津县	【二级】阿克库姆沙地、库姆塔别沙地、布尔津河出山口漂砾地、喀纳斯谷地冰碛堤、土尔滚湖、喀拉琼库尔湖沼泽地、喀纳斯白桦林、百花园、图瓦新村、瞭望塔、吐鲁克岩画、也根布拉克岩画群、吾木尔台墓、敖包节	14
	【一级】塔孜库姆沙地、屯克库姆沙地、乌伦古沙地、波塔尼纳冰川、霍鲁木图鲁努山冰川、白山布－杜南拜墓、喀纳斯木桥、喀纳斯湖码头	8
福海县	【四级】布伦托海、阿拉善奶泉、阿拉善心泉	3
	【三级】乌伦古湖沙滩、淘金沟、吉力湖、五指泉、阿拉善蛇泉、阿拉善胃泉、阿拉善血泉、福海野生动物栖息地、蝴蝶沟、阿拉善避暑气候、红山嘴口岸、福海海滨旅游艺术节	12
	【二级】阿拉善小石林、阿拉善冷泉、金塔斯草原、齐干吉迭种养场、阿舍勒铜矿、西岔河沙金矿、努尔尕森塔木古墓、“引额济湖”工程	8
	【一级】那林塔拉断层崖、73 公里小海子、骆驼脖子、中海子	4
富蕴县	【五级】五彩城	1
	【四级】神钟山、大东沟河段、可可托海三号矿坑	3
	【三级】富蕴—阿苇滩断层崖、硅化木群、富蕴鸣沙山、富蕴地震裂缝、野鸭湖、大东沟白桦林、萨依恒布拉克草原、富蕴野生动物栖息地、可可托海镇、富蕴地下电站、珠宝街、富蕴恐龙化石点	12
	【二级】可可托海地质陈列馆、海子口水库、峡口水库	3
	【一级】苏普特石人	1
哈巴河县	【四级】哈巴河鸣沙山、白沙湖、哈巴河桦树林、那仁草	4
	【三级】额尔齐斯河南湾河段、阿齐克草甸草原、白哈巴避暑地、白哈巴村、山口电站	5
	【二级】哈龙沟、白哈巴谷地冰碛堤、白哈巴古冰川遗迹、白哈巴山间盆地沼泽、骆驼脖子山间沼泽、齐也村镜泉、托库斯巴依沙金矿、多尕特岩画、阿黑吐别克口岸	9
	【一级】齐得哈仁细石器遗址	1
吉木乃县	【四级】斯套冰川、吉木乃口岸	2
	【三级】木斯岛雪山、吉木乃枸杞酒厂	2
	【二级】吉木乃泰加林、四号沟界河河段、乌拉斯特河段、吉木乃红桦林、塔特克什阔拉斯岩画	5
青河县	【四级】二台地震遗迹、蒙古皇陵、什巴尔库勒鹿石	3
	【三级】三道海子、套查干郭勒湖、三道海子草原、布尔根河狸栖息地、大洪山野生动物栖息地、北塔山古炮台、青河绒毛厂、塔克什肯口岸	8
	【二级】熊猫山、青河公园白桦林、北塔山军事遗址、多拉特岩画、萨木特墓葬、三道海子石堆墓	6
	【一级】查干郭勒岩画、老鹰嘴岩画	2
全地区	【三级】阿魏菇、阿尔泰大尾羊、阿尔泰绒山羊、阿勒泰弹唱	4
	【二级】阿依加勒克舞	1
统计		185

根据以上表旅游资源单体可以归总为表 11–23，以集中反映自治区旅游资源质量等级的整体形象。

阿勒泰地区旅游资源质量等级序列。如果将五级、四级、三级、二级、一级旅游资源的单体数量分别乘以权值 30、20、10、5、3，则可得出阿勒泰地区各县市旅游资源的等级分值，以此能够区分出它们彼此之间品位上的差别。表 11–24 是阿勒泰地区旅游资源质量等级的数学标志和等级排序。

表 11–24　阿勒泰地区各县市旅游资源等级分值及排序

县市	五级		四级		三级		二级		一级		$\sum n_5\times 30+\sum n_4\times 20+\sum n_3\times 10+\sum n_2\times 5+\sum n_1\times 3$	排序
	n_5	$\sum n_5\times 30$	n_4	$\sum n_4\times 20$	n_3	$\sum n_3\times 10$	n_2	$\sum n_2\times 5$	n_1	$\sum n_1\times 3$		
布尔津县	1	30	10	200	39	390	14	70	8	24	714	1
福海县			3	60	12	120	8	40	4	12	232	2
富蕴县	1	30	3	30	12	120	3	15	1	3	198	3
哈巴河县			4	80	5	50	9	45	1	3	178	4
青河县			3	60	8	80	6	30	2	6	176	5
阿勒泰市			1	20	5	50	5	25	1	3	98	6
吉木乃县			2	40	3	30	3	15			85	7
单体统计	2		26		84		48		17		1681	

（3）旅游资源组合关系评价。经验式评价：在表 11–24 中，采集了各县市（不含全地区）各级旅游资源单体如下数据：

$\sum a_i$——2

$\sum b_i$——26

$\sum c_i$——84

$\sum d_i$——48

$\sum e_i$——17

根据上文旅游资源组合关系评价的经验公式，可以计算出阿勒泰地区各县市旅游资源组合关系。计算出了如下数据：

$\sum a_i+\sum b_i+\sum c_i+\sum d_i+\sum e_i=180$

D——871（$D=2\times 15+26\times 10+84\times 5+48\times 3+17\times 1=30+260+420+144+$

17）

M——4.84（$M = D / \Sigma a_i + \Sigma b_i + \Sigma c_i + \Sigma d_i + \Sigma e_i = 871 \div 180$）

根据以上数据计算阿勒泰地区旅游资源组合关系，见表 11–25。

表 11–25　阿勒泰地区各县市旅游资源组合关系表

县市	$S_1 = J \times 5.52 \times 0.2$		$S_2 = \Sigma a_i \times 15 + \Sigma b_i \times 10 + \Sigma c_i \times 5 + \Sigma d_i \times 2 + \Sigma e_i \times 1 \times M \times 0.8$												S
	J	$J \times 5.52 \times 0.2$	Σa	$\Sigma a \times 15$	Σb	$\Sigma b \times 10$	Σc	$\Sigma c \times 5$	Σd	$\Sigma d \times 3$	Σe	$\Sigma e_i \times 1_i$	D	$D \times 4.84 \times 0.8$	$S_1 + S_2$
布尔津县	24	26.5	1	15	10	100	39	195	14	42	8	8	360	1393.9	1420.4
福海县	16	17.7			3	30	12	60	8	24	4	4	118	459.9	477.6
哈巴河县	16	17.7			4	40	5	25	9	27	1	1	93	360.1	377.8
富蕴县	18	19.9	1	15	3	30	12	60	3	9	1	1	115	445.3	465.2
吉木乃县	12	13.3			2	20	3	15	3	9			44	170.4	183.7
阿勒泰市	11	12.1			1	10	5	25	5	15	1	1	51	197.5	209.6
青河县	7	7.7			2	30	3	15	3	9			54	209.1	216.8

表 11–25 表明，布尔津县旅游资源组合关系优良，明显优于其他地区。其次是福海县和富蕴县，属于良好，哈巴河县属于中等偏上，其余县市属于中等。

组合区开发评价：阿勒泰地区旅游资源开发是按县市级行政区域进行的，这样可以形成 7 个旅游资源组合区，对这些区域的旅游资源开发评价是以该区旅游资源的现实状况为基础，考虑其核心旅游环境和开发条件，利用简明的评价因子赋分法完成的。具体步骤和方法是：①选择并确定评价因子。这些评价因子包括“旅游资源”和“开发环境和开发条件”。其中“开发环境和开发条件”又分为“交通条件”“已有基础”和“计划潜力”。旅游资源考虑到资料掌握程度和操作便利，以已确定的 7 个旅游资源组合区为基本评价单元。交通条件是指外地游客进出该区中心点的便捷程度，包括路况、主要交通工具和交通服务等项内容。已有基础指该区旅游开发的综合程度，包括旅游阿勒泰地区场效益、旅游区和旅游点建设成绩。计划潜力是该区内行政主管部门和旅游企业的管理力度，包括已经出台的旅游发展和旅游开发规划。②分别对各评价因子进行等级划分。其中旅游资源按其 3 个档次划分为优、良、中。交通条件、已有基础和计划潜力按组合区的实际情况分为优、良、中三级。③视各因子的重要程度赋以权重，旅游资源为 1~15（优 10~15、良 5~9、中 0~4），交通条件、已有基础各为 1~10（优 8~10、良 5~7、中 0~4），计划潜力为 1~15（优 10~15、良 5~9、中 0~4）。按各自等级进行再分配。④专家评定得出各雏形组合区旅游资源开发得分，再按得分区间将组合区分为 4 级：一级≥ 30，二级≥ 25~29，三级≥ 20~24，四级≥ 19。

根据上述标准和方法，评出阿勒泰地区各旅游资源组合区的开发等级（表 11–26）。

表 11–26　阿勒泰地区优势旅游资源组合区评价赋分等级表

组合区名称	旅游资源			开发环境与开发条件									得分	级别
				交通条件			已有基础			计划潜力				
	优	良	中	优	良	中	优	良	中	优	良	中		
布尔津县	13				6			7		13			39	一级
阿勒泰市		6		8				7		11			32	二级
福海县		7			7			7		11			34	二级
哈巴河县		6			7				4		9		28	二级
富蕴县		8			6				4		9		27	二级
吉木乃县			3		7				4		9		23	三级
青河县			5			5			4		9		23	三级

从表 11–26 可以看出：

阿勒泰地区的 7 个旅游资源组合区，布尔津县开发条件相对优越，其余各县市相差不大，阿勒泰市、福海县、哈巴河县、富蕴县良好。

（四）旅游环境建设与旅游资源开发建议

1. 保持森林、草原景观的环境与资源优势，将旅游开发纳入到长期的宏观生态建设中去

森林、草原是阿勒泰地区，特别是阿尔泰山地自然环境的基本要素，其景观突出，生态意义明显，在地区旅游开发中占据重要位置。此次旅游资源调查，记录了森林、草原的主体旅游资源树林、草地及其相关的草地花卉、陆地哺乳动物栖息地、蝶类栖息地、沼泽与湿地等 7 种基本类型的 24 个单体，占全地区旅游资源单体总数的 13.64%。森林、草原生态系统的环境与景观建设关系到阿勒泰地区旅游的整体形象。

虽然如此，但阿勒泰地区直接构成旅游开发基本要素的森林、草原主体大多分布在阿尔泰西部山区，至于在东部富蕴、青河两县山区和前山及山前平原地区，森林、草原稀疏，乃至成为荒漠景观，分布极不均匀。在南部平原、丘陵及沙漠边缘的许多地区，不但缺少大面积森林、草原，而且沙化水土流失现象日趋严重。

为改变这一状况，阿勒泰地区在未来规划中，提出以生态建设为重点，以两河流域综合治理和准噶尔盆地北缘沙漠化治理为中心，治理荒漠化面积 400 万亩，人工种

草50万亩，河谷林封育改造保护100万亩。重点实施调水工程沿线绿色走廊、公路绿色通道、两河流域天然林保护工程、阿勒泰地区荒漠化治理、谷尔班通古特沙漠周边区域生态环境建设。大力推进山区、河谷天然林和天然草场保护，有计划进行退耕还林还草，实现退耕还林还草85万亩。

这一生态建设规划，为阿勒泰地区的旅游开发提供了机遇。在旅游开发建设中，应结合上述计划进行林业、草原建设，特别在城镇聚落周围、旅游交通线两侧、旅游区和旅游点内，通过封山育林，植树种草，增加土壤肥力，保持水土，保护现有森林，并使森林面积增大，森林覆盖率增加，促使生物多样性增加，形成确保旅游景区良好生态环境的绿色屏障。与此同时，逐步改造和营建草场、风景林、果树林、花卉园、药材园、苗圃和具有一定规模的综合植物景观园，形成以草原、森林为核心的生态旅游系列。

2. 依照阿尔泰山区原住民聚落历史与环境特点，在保持其传统布局与结构的前提下，对其进行生态化改造

阿勒泰地区阿尔泰山区谷地中，有许多环境优美的自然区域，在这里的湖畔、森林草原深处散布着一些简朴的村舍，在布尔津县的喀纳斯村和禾木乡村、哈巴河县的白哈巴村，居住的主要是蒙古族图瓦人和哈萨克族居民，他们是世世代代生活在这里的原住民。

禾木喀纳斯乡由禾木村及喀纳斯村组成，喀纳斯村位于喀纳斯河下游，临近喀纳斯湖，属于该旅游区的一部分，一些村民办起了家庭旅馆，成为一个小的社区。近来居民统一搬迁到喀纳斯河北岸山麓平原地带，建起了喀纳斯新村，保留了原有住房风格。禾木村位于禾木河的河谷深处，交通不便，多年封闭状态使其至今仍保持古老的生产、生活方式，目前有一个度假村，没有家庭旅馆。白哈巴村的情况也大体如此。

根据旅游发展需要，同时为保护景区环境，可在上述几个图瓦人村庄就地建设一个农林牧全面发展，各项自然资源和旅游资源都能得到充分利用，又具有现代化生态建筑设施，人居环境优化的有典型生态环保意义的图瓦山庄旅游村。

生态旅游村主要进行三个方面的建设：①生产结构的调整与建设。改变目前以游牧放养牛马等大牲畜的牧业为主，这种单一的生产方式限制了该地区经济的发展，同时使居住人群在生产及生活中产生的大量废物、废水不能得到综合利用和生态处理，根据当地的资源特点，开展多种经营，形成一个立体农业结构，保持其农业生态平衡。建成从生产到加工为可销售商品的生产基地。形成多种物质循环和重复利用的立体网络结构。②人畜粪便及生活污水等有机废料综合利用和循环使用。在村内建立家庭规模型的沼气池，可在棚内养花、种菜或饲养家禽，提供燃料和照明，解决农村对燃料和有机肥料的需要。③新能源建设。阿勒泰地区水能、风能及太阳能资源都十分丰富，因此在生态村的建设中，要重点开发中小型水电、风电、太阳能等绿色清洁能源，彻底改变传统的燃烧木材，既浪费能源又污染环境的状况。

人居生态环境的建设有以下几个方面：①完整地保持村落中木屋的原木建筑，房

屋格局，室内装饰也应保持原貌，对一些有代表性的建筑及民族特色文物应完整地保留其真实的历史遗存，但其室内生活设施应逐步改善和现代化。②营造浓郁的山庄情调，室外环境包括庭院和道路绿化，改善现有的牧民住房设施和建造生态型的家庭旅馆，室内及院内布设保持当地的习俗，室内有水、电、卫生设备。③节能型日光温室的建设。可以与沼气池连用。可在喀纳斯生态村内进行示范建设。

3. 继续保持旅游开发地区原始生态的良好状况，注意生态脆弱地段的环境治理和对核心污染因素的监测

阿勒泰地区除某些矿区和城镇的环境受到一定程度的污染外，大部分地区的大气和地表水未受到明显影响。即使是目前开发的几个旅游区的大部分景区景点，依然未脱离原始自然状态，大气洁净，河湖水体清澈，水质良好，水中污染物的大部分监测值低于地表水或地下水的环境质量标准，自然和人文旅游资源保存完好。但从整体上看来，这些地区的生态也有脆弱的一面，存在着某些环境隐患，随着旅游深度开发，放牧超载使草场退化、植被破坏造成水土流失、区内旅游项目不合理设置及设施不完善而对景观破坏和引发的环境污染，可能会越来越严重，需要引起各方面的关注。

考虑到旅游区内无论是自然资源还是人文景观资源在很多方面都有不可替代性和不可再生性，因此环境保护是进行旅游开发的前提，在生态环境能承受的范围内进行适度的开发利用。阿勒泰地区旅游区内的开发特别要注意链状景观破坏和环境污染问题。阿勒泰地区的生态是一个复合系统，自然与人文景观环境相互依存、相互影响的关系极其密切，有牵一发动全身的力度，因此需要旅游及其相关部门，特别是产业部门的通力合作，才能起到好的效果。在阿勒泰地区，矿产开发—居民生产活动—植被景观—水体环境就存在着一个明显的复合生态链，这里的沙金、宝石采掘产业有一定规模，但又有些处于无序状态，本地区矿产资源的开发地大多位于河流上游地带，资源开发活动的实施，往往使开发地乃至整个河流流域原有的自然景观遭到破坏，表现为地表土剥离，地表塌陷，植被消失，草场退化，动物被迫迁移，水资源被污染，尾矿及矿石的废渣堆积，人流大量涌入产生的大量垃圾，遇暴雨冲刷引起水土流失等，扰乱了生态平衡。阿尔泰山西部中高山带的许多山间盆地砂金场，采金区的植被几乎被完全破坏。额尔齐斯河和乌伦古河平原区河谷生长有多种杨树、柳树、桦树和沙枣树生长繁茂的河谷林，发生了显著退化。

与此同时，需要在旅游区内选择关键地区和关键地段建立大气、水监测站，长期积累核心环境要素的监测数据，严格控制区内污染。加大旅游污染防治力度。如在旅游区内禁止外来机动车辆进入，提供具有环保功能的绿色游览车。发展水力或风力发电，饮食及生活供热全部采电力能源，禁止野外烧烤等污染环境的旅游活动。生活污水必须通过下水管道集中至污水处理池经净化达标后，方可排入地下排水总管再进行自然过滤。在图瓦村附近的生活基地也需建一个污水处理池，以解决生活污水。河湖中的柴油机船可换用电瓶机船。组织及时清理垃圾，将垃圾分类处理，在远离景区和水源的适合地点建垃圾处理场。

4. 蕴含着深刻的科学内涵的旅游环境和旅游资源，它们的形成机制、演化过程、景观要素等，为科学旅游开发提供了丰富的营养

阿尔泰是我国环境和资源最有特色的地区之一，其中特别是自然环境和自然资源的表现尤为突出，它们有条件成为我国内陆地区的一个大型的自然博物馆。

这个自然博物馆，涉及区域自然学科中的很多核心问题，科学家一直对这一区域进行不断深入研究，将逐步解决这些问题，提供许多专门知识。对于旅游开发者和管理者来说，在旅游开发中，将这些知识融入旅游区和旅游点的建设，强化科学普及，可极大丰富本旅游地的科学文化含量，提高本身档次，扩大旅游区域的社会影响和号召力；对于广大旅游者来说，在旅游者的旅游行为中，参加探索和学习这些知识的旅游项目和旅游活动，开展科学旅游、科普旅游，可大大增加旅游者的兴趣，使旅游行为成为一个多层面的活动。

具体而言，本区开展的科学旅游有下列特点：①科学意义明显。阿尔泰地区所处的区域位置，使它具有了特殊的环境和生态意义。这个位于亚洲大陆腹地的神秘区域，为广大旅游者提出了许多科学问题，区域地质构造的活动机制和演化轨迹、与山前准噶尔盆地的层状地貌结构、阿尔泰山自然垂直带的环境意义、自然生态链中气候、水文、生物特征及其关联效应、人类干预对环境的影响和恢复途径等，都是本地区科学旅游的主要内容。②内涵丰富。本区可以开展科学旅游的对象很多，从旅游环境角度看，有自然地理区系和区域环境结构模式、热量与水分分配的区域表现、生态类型与自然保护区网络等；从旅游资源角度看，本地区类型较多，有 4 种主类，13 种亚类，27 种基本类型。形态突出、规模较大、单体数量较多的基本类型有断层景观、综合自然景观区、凸峰、石（土）林、沙地区、地震遗迹、冰川侵蚀痕迹、观光游憩河段、观光游憩湖区、地热与温泉、林地、草地、陆地哺乳动物栖息地、避暑气候地、垂直自然带等，它们形成了结构严谨、多层次的资源系列。③基本处于原生状态。本地区除了部分矿区和城镇附近外，由于开发力度较小，大部分区域的旅游环境和旅游资源总体上还没有受到很大破坏，其中特别是一些保护区的环境良好，众多资源尚处于原生状态。④有清晰的展示。本地区生态与环境脉络清楚，自然环境自身各要素、自然环境与人文环境之间的关系明确；资源类型个性突出，形态鲜明，易于认识和掌握。

5. 多层面的旅游环境和旅游资源，在空间上展现了一个多彩的画面，据此各地区可以开发自身的特色旅游，形成一个互通共进的局面

本地区的旅游环境和旅游资源在空间上的分布有鲜明的特色，从而为各地的特色旅游开发准备了条件。整体环境与新疆自治区的其他区域有明显差别，在地理环境和生态环境上有着强烈的对比。

在地区内部的差异也很大，每个地区分别拥有各自的环境与资源特点。从宏观角度来看，整个地区可分为南北两个地势单元，南部为平缓的盆地，北部是高耸的山地，二者大体以额尔齐斯河和乌伦古河中游为界。这两个地势单元的地理环境很不相同，在文化发展上也有明显差异。由于这些地理和文化上的差异，使本地区大体上又成为了两个旅游发展单元。

南部所在的准噶尔盆地北端属于温带干旱地区，降水量很少，地面物质粗疏，地面海拔 700~1000 米，地势东北高西南低，除了额尔齐斯河向西北流向国外注入北冰洋外，其余均为内陆水系，在盆地内消失或潴流成湖，如乌伦古河的尾闾就是乌伦古湖（布伦托海）。这一环境特点为本区的特色旅游开发提供了机遇：①干旱环境下的特殊地貌形态构成的地文景观类旅游资源成为旅游开发的主体，如干旱环境下形成的雅丹、沙地区域的旅游开发。其中富蕴县的五彩城最具代表性。②地表水汇集形成的洼地湖泊布伦托海，是新疆自治区仅次于博斯腾湖和艾丁湖的第三大湖，景观壮美，旅游开发的潜力还可进一步发挥。③平坦广阔的准格尔平原是许多野生动物的栖息地，在这里活动的野驴等野生动物栖息地是新疆卡拉麦里有蹄类自然保护区的组成部分，开展特色观光旅游有移动条件。

北部山地由阿尔泰山和萨吾尔山共同组成，其中有以阿尔泰山为代表的山地，这里开发特色旅游有以下途径：①本区新构造运动形迹十分明显，除了层状地貌如多级夷平面、阶地外，特殊景观多而醒目，如许多河流（克兰河、布尔津河等）的急遽湾点，布尔津河沿山地与盆地交界线上的大断层崖，青河、富蕴等地的地震滑坡、地裂缝等。这些形迹景观集中、明显。②本地区虽然地处西北干旱地区，但降水充沛而成为一块“湿岛”。湿岛效应又改变了这里的生态环境，使其成为地表水丰富、森林草原茂密、动物种类繁多的区域。其中特别是在山地西部的喀纳斯地区，现代冰川和第四纪冰川活动、河流、湖泊、森林、草原、民俗成为一条完美的生态链条，这在其他地方是很少见到的，所以在本区开展高档次的原始特色生态旅游有很好的前途。③这里历史和现代人文活动活跃，为以采掘工业为主的产业旅游、原住游牧民采风旅游、边境旅游、以金石雕为主的商务购物旅游，山区休闲度假疗养和城镇聚落观光旅游等开辟了道路。

三、四川省宜宾市旅游资源调查与评价案例（完成于2014年）

（一）宜宾市旅游资源评价

1. 旅游资源单体与类型

通过旅游资源单体实地考察踏勘及与当地各部门座谈调查、相关资料整理提取等途径和方法，对宜宾市旅游资源进行调查，经整理与筛选，本规划共提取 305 处代表性的旅游资源单体（见表 11–27）。

依据国家标准《旅游资源分类、调查与评价（GB/T 18972—2003）》（以下简称《标准》）中的旅游资源分类体系进行分类。旅游资源分类结构为“主类”“亚类”“基本类型”3 个层次，每个层次的旅游资源类型有相应的代号。

表 11-27 宜宾市旅游资源分类调查

主类	亚类	基本类型	旅游资源单体	
			名称	数量
A 地文景观	AA 综合自然旅游地	AAA 山丘型旅游地	* 僰王山、凌霄山、* 胜天红岩山、仙雾山、四里坡、龙抱山、大雪山、* 老君山、* 七星山、芙蓉山、* 佛来山、龙峰山、阆池顶、* 翠屏山、* 真武山、* 白塔山、可久红岩山、* 罐口风景区、龙头山	19
		AAB 谷地型旅游地	* 七洞沟、五条沟风景区	2
		AAD 滩地型旅游地	草包滩	1
		AAF 自然标志地	* 长江首城、* 三江汇合处	2
	AB 沉积与构造	ABE 钙华与泉华	仙人洞钙华池群	1
		ABG 生物化石点	恐龙化石、二龙口硅化木群	2
	AC 地质地貌过程形迹	ACC 峰丛	* 古楼峰丛、双河坝子	2
		ACD 石（土）林	* 兴文石海、院山石林、峰岩石林、* 梅硐竹石林、太安石林	5
		ACG 峡谷段落	* 金沙江大峡谷、青木峡	2
		ACI 丹霞	* 岷江丹霞、* 长江丹霞、* 竹海丹霞、佛来山丹霞、古河镇丹霞、石城山丹霞	6
		ACL 岩石洞与岩穴	* 神羊洞洞群、* 兴文石海大漏斗、周家溶洞群、* 筠连岩溶、罗汉洞、仙寓洞、双河镇溶洞群、富兴乡溶洞群、龙虎洞、朝阳洞	10
	AD 自然变动遗迹	ADE 火山与熔岩	火山熔岩遗迹	1
	AE 岛礁	AEA 岛区	橙花岛	1
		AEB 岩礁	* 龙脊石	1
B 水域风光	BA 河段	BAA 观光游憩河段	* 长江（宜宾段）、* 金沙江（宜宾段）、* 岷江（宜宾段）、* 南广河、* 淯江、越溪河、关河、蟠龙小三峡	8
	BB 天然湖泊与池沼	BBA 观光游憩湖区	云台湖、少娥湖、* 金秋湖、* 七仙湖、踏浪湖、三松湖、梅白乡碧浪湖、胭脂湖和绵溪湖、都掌湖、石龙湖、七洞湖	11
		BBB 沼泽与湿地	永兴荷莲湿地公园	1
	BC 瀑布	BCA 悬瀑	僰王山瀑布群	1
	BD 泉	BDA 冷泉	* 葡萄井、玉壶井、海赢潮涌泉	3
		BDB 地热与温泉	* 骑龙村温泉、观斗山温泉、* 书楼温泉、* 巡司镇温泉群、龙头镇竹海氡温泉、竹海镇蜀海温泉、桂平（村）温泉、长宁顺江（村）温泉、龙口山温泉、* 双河温泉、蜀南温泉	11

续表

主类	亚类	基本类型	旅游资源单体	
			名称	数量
C 生物景观	CA 树木	CAA 林地	* 蜀南竹海、仁和百竹海、* 翠屏山森林公园、云台山森林公园、石城山森林公园、* 青峰寺森林公园、五指山森林公园、香水山森林公园、青山岩森林公园、玉屏山森林公园、芭茅坡森林公园、南屏山森林公园、* 红岩山桫椤海、王家镇四里坡林区	14
	CC 花卉地	CCB 林间花卉地	* 龙茶花海、罗场花海、金山村花卉苗木基地	3
	CD 野生动物栖息地	CDA 水生动物栖息地	* 长江上游珍稀、特有鱼类国家级自然保护区	1
D 天象与气候景观	DB 天气与气候现象	DBA 云雾多发区	蜀南竹海雨雾景观	1
		DBB 避暑气候地	宜宾避暑气候	1
E 遗址遗迹	EA 史前人类活动场所	EAA 人类活动遗址	沐滩乡傅家坝汉代遗址、石柱地遗址	2
	EB 社会经济文化活动遗址遗迹	EBA 历史事件发生地	* 会诗沟、* 中国营造学社旧址、国立剧专旧址、中央研究院旧址、沐爱衙署旧址、兴文县委旧址、* 国立同济大学旧址	7
		EBB 军事遗址与古战场	古战场遗址（僰人石寨古堡）	1
		EBD 废弃生产地	* 五粮液古窖池（长发升、利川永）、糟房头酿酒作坊遗址、“德盛福”“元兴和”酒窖	3
		EBE 交通遗迹	* 五尺道、* 榨子母码头遗址、筠连凌云关、石门乡石门关	4
		EBF 废城与聚落遗迹	* 九丝王城、唐代旧州城遗址、宋末元初登高山抗元城遗址、* 宜宾古城墙、* 南溪古城墙	5
F 建筑与设施	FA 综合人文旅游地	FAA 教学科研实验场所	竹海镇世纪竹园	1
		FAC 宗教与祭祀活动场所	楞严寺、苦竹寺、法禅寺、西明禅寺、龙吟寺、* 红佛寺、* 真武山古建筑群、万寿寺、万寿观、清凉寺、禹帝宫、回龙寺、* 李庄禹王宫、* 李庄东岳庙、大窝文昌宫、双河文庙、玄义玫瑰教堂、珙县北京寺、川主庙、* 哪吒行宫	20
		FAD 园林游憩区域	* 翠屏山公园、* 人民公园、天池公园、江北公园、* 流杯池公园、滨河公园	6
		FAF 建设工程与生产地	鹿鸣茶场、清溪沟茶园、* 五粮液工业园、* 叙府龙芽茶业、南溪金龙酒厂曲酒酿造车间、南溪叙南酒业曲酒酿造车间	6
		FAG 社会与商贸活动场所	* 东街、* 人民路、* 清华路	3

续表

主类	亚类	基本类型	旅游资源单体	
			名称	数量
F 建筑与设施	FB 单体活动场馆	FBC 展示演示场馆	* 宜宾市博物馆、* 赵一曼纪念馆、竹海博物馆、江安民俗博物馆、* 李庄抗战文化陈列馆	5
		FBE 歌舞游乐场馆	* 酒都剧场	1
	FC 景观建筑与附属型建筑	FCA 佛塔	镇南塔、映南塔、* 旧州塔、* 东山白塔、* 七星山黑塔、罗场白塔	6
		FCC 楼阁	* 大观楼、* 奋戎城城楼、瀛洲阁	3
		FCF 城（堡）	明代马湖府城	1
		FCG 摩崖字画	花台寺庙唐代石刻、千佛崖摩崖造像、大佛沱唐代摩崖造像、明代八仙山大佛、宋代仙寓洞摩崖造像、锁江石刻、“丹山碧水”摩崖造像、龙吟寺石刻造像	8
		FCI 广场	* 合江门广场、江北文化广场、南岸文化广场	3
		FCK 建筑小品	* 隘口牌坊、洛表牌坊、* 流杯池及其石刻题记、玉壶井碑刻、关东石坊群、* 平蛮碑、薛文清坊、*“百二河山”石坊	8
	FD 居住地与社区	FDA 传统与乡土建筑	板栗坳栗峰山庄 、旋螺殿、* 夕佳山民居、可久镇高岭古民居、* 朱家民居、吴氏民居、龙氏山庄、* 李庄张家祠、油榨坪祠堂、肖公馆、* 丞相祠堂	11
		FDB 特色街巷	* 冠英街、* 走马街历史街区、* 南溪古街、麻柳街、官仓街、武德古街、* 古河镇老街、* 塘坝古街	8
		FDC 特色社区	* 龙华古镇、* 李庄古镇、* 南广古镇、* 横江古镇、* 双河古镇、* 夕佳古镇、大坝喀斯特水乡、* 建武古镇	8
		FDD 名人故居与历史纪念建筑	赵一曼故居、* 李硕勋故居、朱德旧居、余泽鸿故居、周洪谟故居、唐君毅故居、阳翰笙故居	7
		FDE 书院	* 翠屏书院、蟠龙书院	2
		FDF 会馆	* 滇南馆、叙府会馆	2
		FEB 墓（群）	黄伞汉代崖墓群、石城山三十六臂山的宋、明民族崖墓群、* 七个洞岩墓群、淯江和乐崖墓群、北斗岩墓群、南广河流域崖墓群及石刻、郭成夫妇墓、隆兴石室墓群、徐家石室墓群	9
		FEC 悬棺	* 僰人悬棺、高崖悬棺、* 九丝城悬棺	3
	FF 交通建筑	FFA 桥	* 金沙江戎州大桥、* 南门大桥、* 中坝大桥、* 岷江大桥、* 宜宾长江大桥、* 南广大桥、* 天池金沙江特大桥、* 马鸣溪金沙江大桥、* 渝昆高速金沙江大桥、* 南溪长江大桥	10
	FG 水工建筑	FGA 水库观光游憩区段	* 向家坝库区高峡平湖、兴坝水库	2

续表

主类	亚类	基本类型	旅游资源单体	
			名称	数量
G 旅游商品	GA 地方旅游商品	GAA 菜品饮食	* 名酒五粮液、* 宜宾燃面、* 李庄白肉、* 长宁县竹全席、竹海土鸡、思坡醋、* 叙府龙芽、* 双河凉糕、* 红桥猪儿粑	9
		GAE 传统手工产品与工艺品	* 竹工艺品、江安竹簧工艺品、苗族蜡染、苗族刺绣、贾氏微刻传统手工艺品	5
H 人文活动	HA 人事记录	HAA 人物	革命烈士抗日英雄赵一曼、五四运动工人领袖刘华、秋收起义的总指挥卢德铭、宋代文学家诗人苏轼、黄庭坚、建筑大师梁思成夫妇、中央研究院历史语言研究所的创办者傅斯年、中华人民共和国前总理李鹏的父亲李硕勋	7
		HAB 事件	中国“敦刻尔克大撤退”	1
	HB 艺术	HBB 文学艺术作品	大型民族风情舞蹈诗《长江之头》	1
	HC 民间习俗	HCA 地方风俗与民间礼仪	金沙江下游船工号子、苗族花山节、大坝高装、李庄草龙	1
		HCB 民间节庆		3
		HCC 民间演艺	苗族古歌、苏济川虫虫歌、苗族大唢呐、屏山薅草歌、南溪哈号	5
		HCE 宗教活动	观音小彩龙	1
	HD 现代节庆	HAD 旅游节	中国四川名酒节、四川（宜宾）国际旅游节 、宜宾乡村旅游节	3
		HDB 文化节	南溪豆腐干食品文化节、宜宾酒圣文化节、中国白酒文化节	3

* 为现场调研资源。

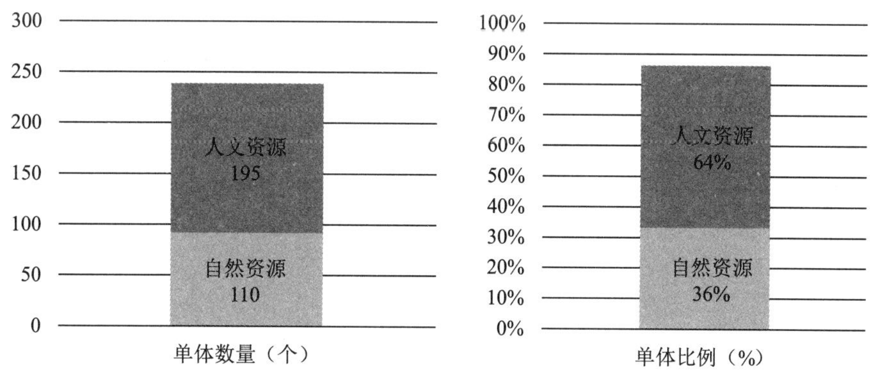

图 11-1　宜宾市旅游资源单体数量及比例

从旅游资源单体数量及类型来看，人文资源和自然资源相得益彰，分别占比 64% 和 36%，比例较为均衡，旅游商品和人文活动也十分丰富，占比达 14%（图 11-1）。

2. 宜宾旅游资源的结构和等级

调查发现宜宾拥有五级旅游资源 9 项，占 8%；四级旅游资源 12 项，占 11%；三级旅游资源 27 项，占 24%；宜宾旅游资源等级结构为：8% 为特品级旅游资源；34% 为其他（不含特品级）优良级旅游资源；58% 为普通级旅游资源（表 11–28，图 11–2）。

表 11–28　宜宾市旅游资源定量评价（部分）

资源类型	具体资源	资源要素价值（85 分）					资源影响力		附加值	总分	等级 ≥ 90 五级 ≥ 75—89 四级 ≥ 60—74 三级 ≥ 45—59 二级 ≥ 30—44 一级 ≤ 29 未获等级
		观赏游憩使用价值 30 分	历史文化科学价值 25 分	珍稀奇特度 15 分	规模、丰度、概率 10 分	完整性 5 分	知名度和影响力 10 分	适游期或使用范围 5 分			
A	僰王山	20	17	8	5	3	6	5	0	64	★★★
	红岩山	19	16	6	5	4	3	4	3	60	★★★
	大雪山	18	10	6	5	4	3	3	3	52	★★
	老君山	20	10	10	6	5	5	4	3	63	★★★
	七星山	16	12	8	6	5	6	4	2	59	★★
	佛来山	18	10	10	6	5	5	4	2	60	★★★
	翠屏山	25	15	10	6	5	8	4	2	75	★★★★
	七洞沟	20	10	10	6	5	5	4	3	63	★★★
	龙峰山	17	9	6	5	4	3	3	3	51	★★
	阆池顶	17	10	7	5	4	3	3	3	51	★★
	三江汇合处	28	22	14	8	5	9	5	2	93	★★★★★
	仙人洞钙华池群	18	10	6	5	4	3	4	2	52	★★
	古楼峰丛	25	10	10	6	5	5	4	2	67	★★★
	兴文石海	30	20	14	8	5	7	4	3	91	★★★★★
	梅硐竹石林	25	12	14	6	5	7	4	2	75	★★★★
	院山石林	18	10	6	5	4	3	4	2	52	★★
	峰岩石林	17	10	6	5	4	3	4	2	51	★★
	周家溶洞群	17	9	6	5	4	3	4	2	50	★★
	双河坝子	14	8	6	5	4	3	4	2	45	★★
…… 以上作为示例，其他略。											

续表

资源类型	具体资源	资源要素价值（85 分）					资源影响力		附加值	总分	等级 ≥ 90 五级 ≥ 75—89 四级 ≥ 60—74 三级 ≥ 45—59 二级 ≥ 30—44 一级 ≤ 29 未获等级
		观赏游憩使用价值 30 分	历史文化科学价值 25 分	珍稀奇特度 15 分	规模、丰度、概率 10 分	完整性 5 分	知名度和影响力 10 分	适游期或使用范围 5 分			
总均分		18	15	10	8	4	6	4	1	66	★★★
	55					10		1			

注：这里用五星代表五级，四星代表四级，以此类推。

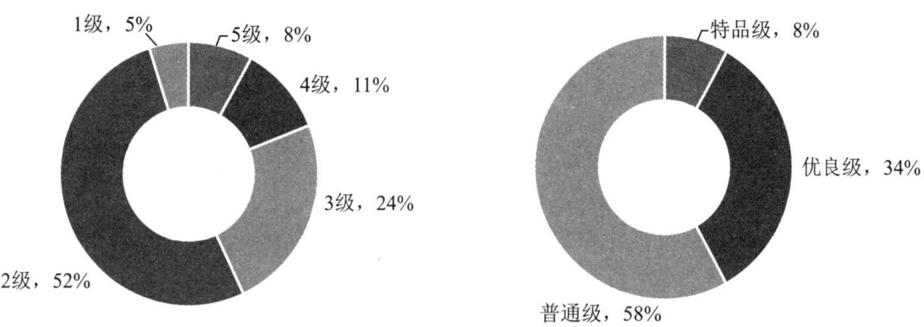

图 11-2　宜宾旅游资源分级评价

其中，三江汇合处、李庄古镇、宜宾五粮液酒厂、长江宜宾段、岷江宜宾段、金沙江宜宾段、蜀南竹海、兴文石海、八仙山大佛为特品级旅游资源。

其他（即不含特品级）优良级旅游资源主要集中在自然景观（多为喀斯特地文景观、温泉等）、遗址遗迹（古城、古镇、古道遗迹等）、历史建筑（古民居、历史街区等）等方面。

其余为普通级旅游资源，多集中在历史建筑、遗址遗迹、自然景观、文化与宗教场所、城市公园等方面。

表 11-29　宜宾旅游资源分级评价

等级	旅游资源单体
特品级	三江汇合处、李庄古镇、宜宾五粮液酒厂、长江（宜宾段）、岷江（宜宾段）、金沙江（宜宾段）、蜀南竹海、兴文石海、八仙山大佛
优良级（特品级之外的）	僰王山、红岩山、老君山、佛来山、翠屏山、七洞沟、古楼峰丛、梅硐竹石林、金沙江大峡谷、神羊洞洞群、金秋湖、书楼温泉、巡司镇温泉群、龙头镇竹海氡温泉、红岩山桫椤海、龙茶花海、五尺道、九丝王城、真武山古建筑群、翠屏山公园、流杯池公园、叙府龙芽茶业、合江门广场、板栗坳栗峰山庄、夕佳山民居、走马街历史街区、龙华古镇、夕佳古镇、翠屏书院、滇南馆、七个洞岩墓群、僰人悬棺、向家坝库区高峡平湖、横江古镇

续表

等级	旅游资源单体
普通级	大雪山、七星山、龙峰山、阆池顶、双河坝子、仙人洞钙华池群、岷江丹霞、长江丹霞、佛来山丹霞、古河镇丹霞、院山石林、峰岩石林、周家溶洞群、双河镇溶洞群、富兴乡溶洞群、南广河、淯江、七仙湖、都掌湖、梅白乡碧浪湖、胭脂湖和绵溪湖、葡萄井、竹海镇蜀南温泉、桂平（村）温泉、长宁顺江（村）温泉、翠屏山森林、青峰寺森林、青山岩森林公园、长江上游珍稀、特有鱼类国家级自然保护区、会诗沟、中国营造学社旧址、古战场遗址（僰人石寨古堡）、五粮液古窖池（长发升、利川永）、榨子母码头遗址、唐代旧州城遗址、宜宾古城墙、南溪古城墙、红佛寺、李庄禹王宫、李庄东岳庙、玄义玫瑰教堂、哪吒行宫、滨河公园、东街、宜宾市博物馆、李庄抗战文化陈列馆、酒都剧场、石海洞天·洞藏酒旅游体验区、旧州塔、东山白塔、七星山、黑塔、大观楼、隘口牌坊、洛表牌坊、流杯池及其石刻题记、平蛮碑、“百二河山”石坊、冠英街、塘坝古街、南广古镇、双河古镇、大坝喀斯特水乡、李硕勋故居、蟠龙书院、九丝城悬棺、金沙江戎州大桥、南门大桥、中坝大桥、岷江大桥、宜宾长江大桥、新坝水库、永兴荷莲湿地公园

3. 旅游资源分类评价

（1）地文景观类。此类型数量多且品质较优，主要包括生态“三江”的自然地标——三江汇合处，以及三江沿岸众多山体，与三江水体、城镇风光及历史文化形成良好的组合，是宜宾旅游的最大特色和突出品牌。

喀斯特旅游资源丰富且质量较高，较知名的如兴文石海、古楼峰丛、梅硐竹石林等，资源单体价值高，但相比较来看其知名度不如云贵高原的同类资源，且与之同质性较强，旅游开发受到一定程度的制约。

（2）水域风光类。长江、金沙江、岷江三江河段构成旅游资源的核心，景观独特，资源优势突出，开发比较优势明显，南广河、淯江景观独特，与周边竹海、古镇等资源相结合，也具有较大的开发潜力。湖泊与池沼多位于城区或景区，活动参与性较高。

地下水与温泉类资源丰富且品质优，书楼温泉、巡司镇温泉群、龙头镇竹海氡温泉等价值均较高，与周边地文、生物等景观资源结合较好，有利于整体联动开发。

（3）生物景观类。主要为森林公园及水生动物栖息地，红岩山桫椤海、龙茶花海具有一定的景观价值，生态价值高、可观赏性强，但环境脆弱、敏感，开发受各种保护要求限制，不宜大规模化和完全市场化的过度开发。

（4）天象与气候景观类。物候景观缺乏，但地处四川盆地云雾多发地区，景观上有一定独特性，可与其他资源结合，针对细分市场进行特色化开发。

（5）遗址遗迹类。主要体现在：

① 社会经济文化活动遗址遗迹，以古酒窖池闻名，包括利川永（五粮液古窖池）、刘鼎兴（五粮液古窖池）、长发升（五粮液古窖池）、龙门口御酒坊窖池、德盛福酒窖，作为中国白酒老作坊的重要载体已纳入中国申报世界遗产名录预备名单，给旅游利用带来重大机遇。

② 古城古道遗迹，包括九丝王城、五尺道、唐代旧州城遗址、宜宾古城墙、南溪古城墙等，其所蕴藏的文化内涵十分丰富，但其资源价值总体仍较有限、规模小而分散，旅游开发难度较大。

（6）建筑与设施类。资源单体丰富，主体有三类：

①综合人文旅游地，包括诸多城市公园和工业及其他产业生产地，开发具备一定基础，具有一定的区域性比较优势；

②宗教与祭祀活动场所类，以道观建筑群、佛教寺庙及附属建筑为主，数量多，但除真武山道教建筑群等少数外，其他知名度和影响力大都不高；

③居住地与社区，包括传统与乡土建筑、特色街巷、特色社区等，具有较高稀缺性，古镇资源十分丰富，以李庄古镇和龙华古镇为代表，具有较大开发利用价值；夕佳山民居、走马街历史街区等街巷、社区特色鲜明，但开发过程中要处理好保护与利用的关系，并能让社区居民充分获益。

（7）旅游商品类。酒制品和川南传统饮食尤其是“戎州菜”很有特色。五粮液酒具有较大品牌价值，叙府茶业、宜宾燃面、竹制品等作为特色和品牌较具开发利用潜力。

（8）人文活动类。诗酒文化和大师李庄带来名人荟萃，僰人文化神秘而历史悠久，由名人、僰人文化衍生的人文活动是开发利用的重点。金沙江下游船工号子、大坝高装、苗族服饰等地方风俗与民间礼仪独具特色，但需处理好保护传承和旅游利用的关系。现代节庆如中国白酒文化节可作为聚人气的重要手段进行旅游的引导利用。

4. 宜宾旅游资源的空间分布特征

从各行政区的分布情况来看，翠屏区作为宜宾市主城区，集中了最多的旅游资源，占全市资源比重达到20%左右，其余各区县中，长宁县、宜宾县、筠连县、屏山县的旅游资源单体较多（图11–3）。

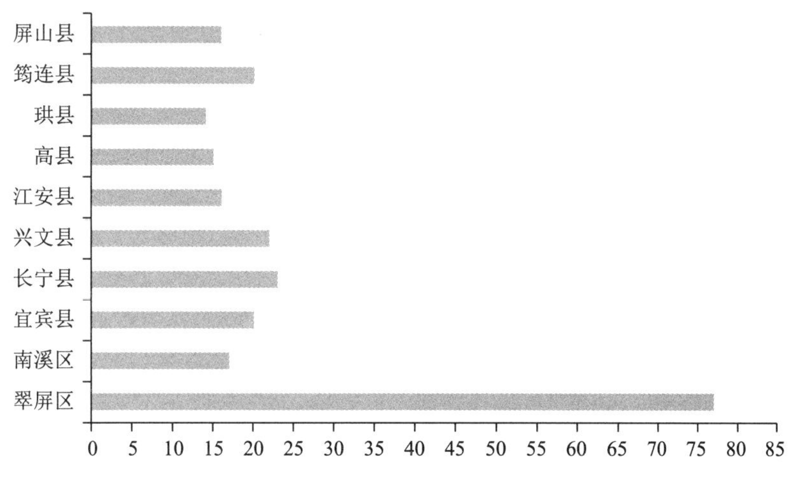

图11–3　宜宾市旅游资源区县分布（单体数：个）

从旅游资源空间分布特征来看，形成了若干空间聚集区域：包括三江、宜宾都市区、长宁兴文一线、沿僰道一线。具有显著的“沿江（三江）、沿路（茶马古道、旅游路）”的空间分布特征。金沙江、长江、岷江、淯江沿岸地区，是旅游资源富集的区域。其中，自然旅游资源多集中于三江沿线及长宁—兴文一带，人文旅游资源多集中于宜宾都市区以及沿古僰道一线。

5. 宜宾旅游资源综合评价

（1）资源丰富，品质优越。宜宾特品级和优良级旅游资源丰富。宜宾拥有三江口、蜀南竹海、兴文石海等特品级旅游资源，是川南旅游环线资源的核心组成。“三江交汇”是不可复制的独特景观，更是宜宾形象的城市地标。宜宾拥有世界级旅游资源包括三江汇合处、李庄古镇、宜宾五粮液酒厂、长江宜宾段、岷江宜宾段、金沙江宜宾段、蜀南竹海、兴文石海等，优良级资源占比达45%。

（2）总量较大，类型众多。旅游资源总量多，种类丰富多样，自然资源与人文资源相得益彰。

（3）自然和历史文化资源禀赋高，开发条件好。自然资源价值特色鲜明，旅游价值高，在9个五级旅游资源单体中，自然旅游资源占了6个。历史文化资源以古镇、僰人文化和宗教资源最为突出。

（4）资源组合条件好。山水格局、历史文化与现代城市风貌相结合体现出较高的景观价值和游憩价值，一些较为集中的区域如翠屏山—真武山、三塔—三江口、李庄—长江等，不仅单体价值高，而且组合价值突出。

（5）知名度高，利用空间巨大。作为“三江”地带和万里长江起点，大江大河文化载誉天下，僰人文化特色鲜明，且承载的文化内涵非常丰富，历史文化旅游资源可利用的空间巨大。

（6）开发利用潜力巨大。宜宾旅游资源具有一定的稀缺性，且现状开发利用不足，旅游开发潜力巨大。与周边地区相比，如同处川渝地区的长江三峡、都江堰、峨眉山等，在开发成熟度上仍然存在较大差距。一些溶洞资源、温泉资源价值高，但受制于交通等方面因素，目前开发利用有限，未来旅游发展的潜力巨大。

6. 宜宾旅游资源开发利用的重点方向

（1）可利用的优质资源。

①城——长江首城、文化名城：宜宾是“长江第一城”，是国家级历史文化名城；

②镇——大师古镇、历史名镇：李庄古镇曾会聚多位大师，且和龙华古镇等同是国家级历史文化名镇；

③江——三江汇聚、资源富集：长江、金沙江、岷江三条高知名度的大江汇聚宜宾，三江成为资源集聚带；

④海——石海、竹海：石海是世界地质公园，喀斯特地貌景观独特。竹海是世界“绿色环球21”认证景区。老君山、蜀南竹海是国家级自然保护区，并有石城山等若干省级森林公园；

⑤人——神秘僰人、文化名人：僰道是南方丝绸之路之一，神秘的僰人（都掌蛮）文化影响力遍及全球；宜宾名人：宜宾有黄庭坚等众多文化名人；

⑥佛——丹霞立佛：八仙山大佛是现存世界第一大立佛；

⑦酒——金奖美酒：五粮液因醇香而得巴拿马金奖，宜宾因五粮液而成为“中国酒都”。五粮液和红楼梦酒老作坊已列入世遗预备名录。

⑧坝——向家坝水电站：中国第三大，世界第四大水电站。

（2）可塑造的旅游品牌。“一城一路，两人三镇，三江两海”是宜宾市旅游资源开发的主要方向和未来塑造的主导品牌，“一城一路”即宜宾古城和南方丝绸之路；“两人”即神秘僰人、文化名人；“三镇”即大师古镇李庄、历史名镇龙华和横江古镇；“三江”即长江、金沙江、岷江；“两海”即竹海与石海。

（二）宜宾市旅游环境分析

1. 自然环境

宜宾自然环境良好，旅游氛围极佳。地形西南部以中低山为主，东北部以丘陵—平原为主。宜宾青山绿水，山水景观丰富，有老君山、云台山等山地环境和高峡平湖、金秋湖、七仙湖等水域环境。大自然不仅孕育了三江口、蜀南竹海、兴文石海等特色旅游资源，而且其独特的山水格局奠定了发展旅游所需的良好自然环境，宜宾拥有“绿色环球 21”认证景区 1 家（四川蜀南竹海国家级风景区），3 个国家级自然保护区（长江上游珍稀、重庆马桑溪至金沙江向家坝、岷江口至岷江月波的特有鱼类国家级自然保护区，长宁竹海国家级自然保护区，老君山自然保护区）、全国重点风景名胜区 2 家（蜀南竹海、兴文石海洞乡），生态环境总体较好。

（1）大气环境。宜宾空气质量相对较高，高于周边成渝等都市圈。全年共监测 366 天，二级以上天数为 354 天，占总监测天数的 96.7%。中心城区空气质量 API 指数为 65，首要污染物仍为可吸入颗粒物。与周边地区相比较，宜宾大气环境质量较好（图 11–4）。

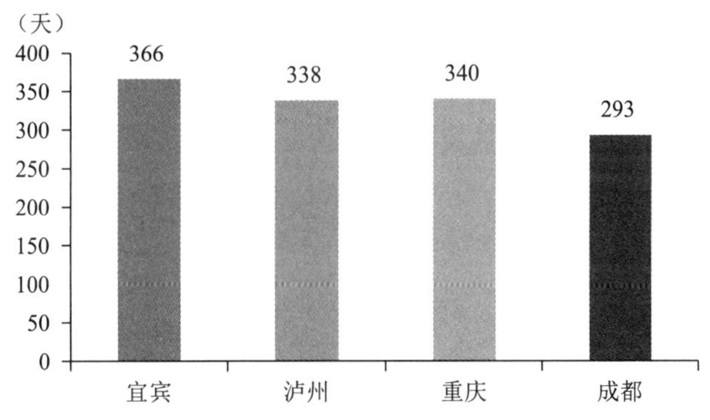

图 11–4　近年空气质量达标天数比较

（2）生态环境。宜宾是四川盆地的西南边缘过渡地带，是长江上游重要的生态屏障，也是川南地区重点发展的生态城市。宜宾植被条件好，森林覆盖率达 39.46%，植被覆盖率接近 70%。宜宾市域生态环境质量为良好，8 县 2 区县域生态环境质量也为良好。为宜宾打造长江上游国际生态山水园林城市奠定了基础。

（3）水环境。宜宾水资源丰富，水环境条件较好，金沙江、岷江、长江宜宾段 6 个断面水质持续保持稳定，其中，长江水系检测断面两个，达标率 100%，金沙江水系检测断面 2 个，水质达标率 100%，岷江水系检测断面 2 个，受上游来水影响，岷江月波断面水质受一定污染。

2. 人文环境

（1）旅游区位。长江首城，三江交汇，宜宾市旅游区位十分优越。宜宾是长江上游面向国际开放的桥头堡，国家级旅游线路丝绸之路西南线上的亚枢纽；是川南旅游环线的最重要旅游目的地城市以及川滇黔接合部旅游发展的潜力核心；是川南旅游环线的核心部分，宏观旅游区位条件突出。

（2）文化环境。宜宾深具文化厚度，是千年古城、丝路节点、中国酒都和抗战名城。宜宾拥有近 2200 年的建城史，1986 年被评为第二批国家历史文化名城，是长江上游历史最为悠久的人文胜地，是川南地区历史上的政治、商贸、文化中心，南方丝绸之路重要节点，是川滇黔结合部汉文化和少数民族文化交融的重要地域，拥有 4000 多年的酿酒史，是三大酒都之一。李庄是文化抗战的地域代表，宜宾是中国抗战时期教育、科研、文化薪火传续的功勋城市。

（3）千年古城，历史悠久。宜宾历史悠久，在距今 4 万年时，宜宾市境内已有人类生存。五六千年前，出现了氏族部落，进入原始渔猎和农耕的生活阶段。

宜宾在春秋、战国时大部分为僰人聚居之地，史籍有“古僰国”“僰侯国”之称，后为蜀国征服，臣属于蜀国。战国后期今市境已全部纳入秦之巴、蜀二郡。

今宜宾市境在秦朝建置了第一个县级政区为僰道（学界也有西汉置县之说）。治所僰道城，始建于西汉高后六年（前 182 年），处于金沙江、岷江汇流为长江的三江口，是今天宜宾城前身。

汉武帝建元六年（前 135 年）建置犍为郡，至汉昭帝始元元年（前 86 年），犍为郡移治三江口僰道城，僰道城成为辖 12 县，地跨今川、滇、黔、渝三省一市地域的郡、县同治之所。

唐贞观六年（632 年）在戎州僰道城置戎州都督府，管理六十四羁縻州远及今云南文山、蒙自、曲靖和贵州的威宁、六盘水一线，地域极广，史有“西南半壁”之称。

北宋政和四年（1114 年）以“州名为戎不雅”，戎州改名为叙州，僰道县改为宜宾县，“宜宾”首次成为州治所在县地名。

1950 年 1 月设川南区辖宜宾区，“宜宾”首次成为辖县行政区域名称。1996 年 10 月，撤销宜宾地区，改设四川省辖宜宾市，原县级宜宾市改设为宜宾市翠屏区，宜宾市辖有 1 区 9 县。2011 年 2 月南溪撤县改为宜宾市南溪区，至今宜宾市辖有 2 区 8 县。

（4）文化多元融汇。根据《宜宾主城区特色文化品位展示规划》确定的：

①长江文化。宜宾是长江起点，她坐拥三江、因水而生、因水而荣。大江容纳百川、激流勇进的气魄，塑造了宜宾兼容并包、开放豁达、勇敢进取的精神，是长江文化之魂。宜宾素有“六渡八帮”，有兴盛的大江码头文化，有特色的纤夫文化，长江文化丰富多彩。

②产业文化。宜宾工业基础承载了长江上游工业文化厚重的历史记忆，这两个时期的工业奠定了宜宾现代工业的物质、技术、人才基础，是中国民族工业发展的重要文明遗产，应当引起高度重视。

③白酒文化。地处大西南名酒带中心，有悠久的酿酒历史，几千余年来名酒代出。

美酒是诗人灵感的源泉，历代名人也在此留下大量的诗篇，孕育出独特的诗酒文化。

④名人文化。宜宾人杰地灵，有众多历史名人在这里留下了大量文化遗迹。杜甫、黄庭坚、陆游等名人都曾在宜宾留下足迹。抗战时期有梁思成、林徽因、傅斯年、童第周等名人在这里居住，进行了长期的斗争。

⑤生态园林文化。宜宾是长江上游重要的生态建设区，也是四川林业产业建设的优势地区。宜宾曾获“全国造林绿化十佳城市”和“全国林业生态建设先进市”荣誉称号。宜宾主城区生态环境良好，被三山环抱，具有城市森林特色。

除以上所述主城区五类特色文化之外，结合宜宾市委确定的十大文化[a]，宜宾市域还有如下丰富的特色文化资源：

⑥僰文化。僰人是曾长期生活在宜宾的少数民族部落之一。至今已销声匿迹，仅有传说和遗存堪资探究。僰文化的唯一性和神秘性成为宜宾独特的地域文化特质。

⑦苗彝文化。苗、彝是宜宾的世居民族，苗族主要分布在兴文县、珙县和筠连县，彝族主要分布在屏山县。宜宾少数民族风情浓郁，苗彝歌舞、服饰、饮食等特色吸引了八方来客。

⑧抗战文化与“文化抗战”。宜宾作为抗战大后方，承接了大量工业和科研院所，同济大学、中央研究院、中央博物院、中国营造学社、金陵大学文科研究所等10家有名的文化学术机构和学府，辗转万里先后迁到了长江边的古镇李庄，一批全国知名的专家学者如傅斯年、陶孟和、李济、吴定良、梁思成、林徽因、董作宾、夏鼐、梁思永、刘敦桢、莫宗江、周均时、童第周等，云集李庄，国难当头之日在这里坚守着中国学术的命脉。大师云集的李庄也成了开展文化斗争的重要阵地，在抗战时期展开了持续的“文化抗战”。

⑨南方丝路文化。宜宾系川滇黔重镇，是秦五尺道、汉南夷道的起点，是唐宋时代，从蜀西南通往吐蕃而达天竺的起点，同时也是通往西南少数民族地区的交通枢纽。宜宾独特的区位使其在促进民族文化交流和安定西南等方面具有重要作用。

⑩地域文化。宜宾地处川南，融入了以农耕文化、古建筑文化、竹文化、茶文化、盐文化、佛文化为特色的川南生态文化，加之宜宾特色的道教文化、哪吒文化、饮食文化，形成了宜宾特有的、典型的宜宾地域文化特征。

（3）产业环境。宜宾提出了“建设成为长江上游川滇黔接合部经济强市和成渝经济区次中心”的发展目标。要自主创新能力明显增强，特色优势产业不断发展壮大，战略性新兴产业发展取得实质性突破，服务业比重提高，基本形成现代产业体系。在这一城市定位引领下，多种产业将予以支撑，形成二产支撑三产，三产带动二产的良性互动循环，形成良好的旅游发展产业环境。

（4）政策环境。宜宾规划提出将旅游业建设“成为现代服务业的支柱产业”。宜宾旅游正处于经济转型阶段，按照集团化、差异化、精品化和原生态的发展思路，推

① 长江文化（包括纤夫文化、哪吒文化）、白酒文化、茶文化、僰苗彝文化、名人文化、文化抗战、竹文化、古建筑文化、农耕体验文化。

动宜宾市由观光的单一游向观光、休闲、度假、养生、科考等为一体的综合游转变，由旅游资源大市向旅游强市转变。要打造西部特色旅游品牌，构建国家级、国际性的自然生态休闲度假旅游目的地和世界白酒文化体验与酒旅游的最佳目的地。

宜宾市根据《旅游法》，加大对旅游服务质量提升的政策支持力度，加大在高端人才培训、人才引进、旅游服务规范化、标准化等方面的管理力度。同时不断改善招商政策环境，加大项目的招商引资力度，利用四川旅游招商引资项目推介会、中国（四川）国际旅游投资大会、四川国际文化旅游节等平台，推动项目推介。

宜宾市政府对旅游发展高度重视，为其发展提供了良好的政策环境。

（5）设施环境。目前宜宾设施配套水平较为有限，旅游基础服务设施主要在宜宾城区、长宁、兴文一带较为集中，在乡村地区信息咨询、交通集散、环境卫生等设施则较为缺乏，偏远地区的旅游设施受交通、水、电等基础设施的制约，设施配套水平相对不高。

3. 休闲度假环境

宜宾休闲度假环境总体良好，安全性高、康益性好、舒适性突出。

（1）舒适性。宜宾市属中亚热带湿润季风气候，低丘、河谷兼有南亚热带的气候属性。具有气候温和、热量丰足、雨量充沛、光照适宜、无霜期长、冬暖春早、四季分明的特点。年平均气温 18℃左右，多年平均相对湿度 82%，风速小，按此计算，宜宾的温湿指数（THI）为 66.9，在人体舒适度指数分级等级划分中为 0 级（59~70），人体感觉最为舒适，属于特别舒适的环境，不仅适宜旅游，还适宜休（疗）养。

（2）康益性。宜宾市森林覆盖率由 30 年前的 12% 提升到 42.61%。森林面积达 774 万亩，森林蓄积达 2234 万立方米，城区绿地率 33.57%，绿化覆盖率达 36.92%，人均公园绿地达 8.17 平方米。良好的植被条件，形成了蜀南竹海等区域休闲度假条件优越的小气候。近几年，大气环境优良率在全国重点城市空气质量排行榜中稳居前列，自然环境康益性强。与此同时还拥有大量的休闲性康体设施和运动健身场所，人文环境的康益性也很突出。

（3）安全性。宜宾社会治安稳定，商业环境规范，社会治安水平在西南地区处于前列，城市旅游的安全性有较高保障。位于美国华盛顿的中国研究中心发布了首个针对中国市级政府的年度表现排行榜《2014 年中国 100 大最佳市政府》，四川省有南充、遂宁、泸州、成都、宜宾 5 个城市进入前 100 名，宜宾的突出表现创造了良好的休闲度假环境。

4. 宜宾环境特征解读

（1）三江之地——无可替代的世界地标。

①地标性的“三江之地”。因金沙江、岷江在此汇合，长江至此始称“长江”，故宜宾也被称为“万里长江第一城”，三江之地也成为宜宾具有世界意义的地标性景观。

②得天独厚的山水格局。宜宾城自古以“三山（翠屏山、白塔山、七星山）、三江（岷江、金沙江、长江）、三塔（白塔、黑塔、旧州塔）”闻名，“三江环抱、三山相映，三塔相望”形成了完整的景观风貌，构成“山环水抱，山顾盼有情，水曲折有致”的绝佳风水环境格局。

（2）历史节点——中国文脉的坚守与传承。

①“民族精神涵养地、中国文化折射点”。国民政府迁都重庆后，来自华北、华东等地上千家工业企业，各类高校及科研院所，通过川江转移到西南大后方。在被称为“中国敦刻尔克大撤退”的战略转移中，把中华民族仅存的硕果和希望运往大西南，宜宾李庄是其重要一站。正如李庄古镇的楹联所书，这里是“民族精神涵养地、中国文化折射点”。

②中国文脉的坚守与传承。宜宾李庄是抗日战争时期大后方的文化中心之一。1939 年，一些知名度很高的高等学府、研究机构等陆续从北京、南京、上海等地辗转内迁李庄镇，直到抗战胜利后的 1947 年才先后迁回原处。全国知名专家、学者如李济、傅斯年、陶孟如、吴定良、梁思成、林徽因、童第周、梁思永、劳干等云集李庄达五六年，形成了一些知名的成果，对后世影响深远。

表 11–30 抗战期间李庄古镇主要研究机构及重要人物

类型		名录
主要机构		国立同济大学、中央研究院、中央博物院、中央营造学社、中国大地测量所、金陵大学文科研究所
主要人物	建筑	梁思成、林徽因夫妇、罗哲文、王世襄、莫宗江、卢绳、刘敦桢、陈明达、刘致平
	科学技术	王葆仁、周绍南、唐哲、杜公振、朱洪之、陶亨咸、王宋武、唐有祺、吴式枢、苏兆南、霍藻润
主要人物	文史哲	傅斯年、邓广铭、任继愈、王明、马学良、刘念和、逯钦立、胡庆钧、王叔岷、李孝定、王利器（均为北大文科所人员和研究生）； 向达、丁声树、岑仲勉、张政烺、王崇武、董作宾、李方桂、陈盘、劳干、石璋如、董同龢、凌纯声、芮逸夫、全汉升、杨时逢、王献唐、屈万里（以上中央研究院历史语言研究所人员）； 李济、夏鼐、李霖灿（中央博物院）； 陶孟和、罗尔纲（中央研究院社会科学所）； 周均时、童第周（中央研究院体质人类所）； 郭沫若、曹禺
	外国人	费正清夫妇、李约瑟

（3）环境特征三：西南半壁——民族融合的重要廊道。

①民族文化走廊。“民族文化走廊”：在中国西南方的怒江、澜沧江、金沙江、雅砻江、大渡河、岷江 6 条大河构成的南北通道，使历史上的多民族交流更加便捷，称之为“民族文化走廊”。汉人由长江上溯，兄弟民族顺走廊而下，其交汇点就在宜宾（图 11–5）。

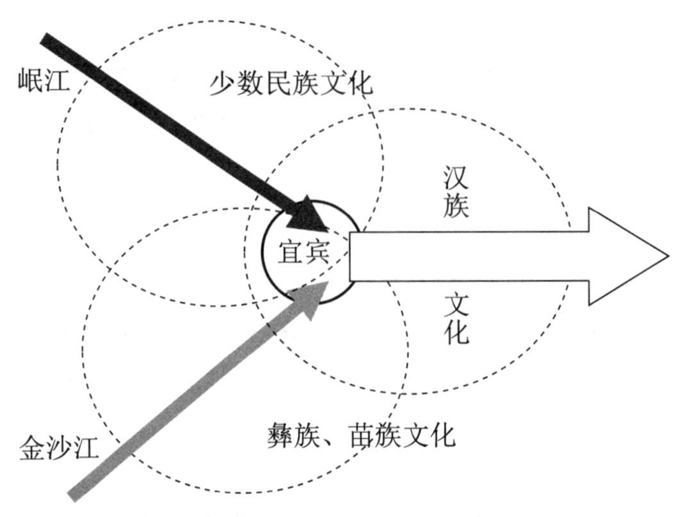

图 11-5　宜宾民族走廊示意图

宜宾历史上在强化民族管理，促进金沙江、岷江流域兄弟民族经济文化发展，加强边疆统治等方面具有重要地位。

②丝路亚枢纽。宜宾是川南地区历史上政治、商贸、文化中心，是南方丝绸之路上的重要节点，堪称南方丝绸之路上的亚枢纽（图 11-6）。

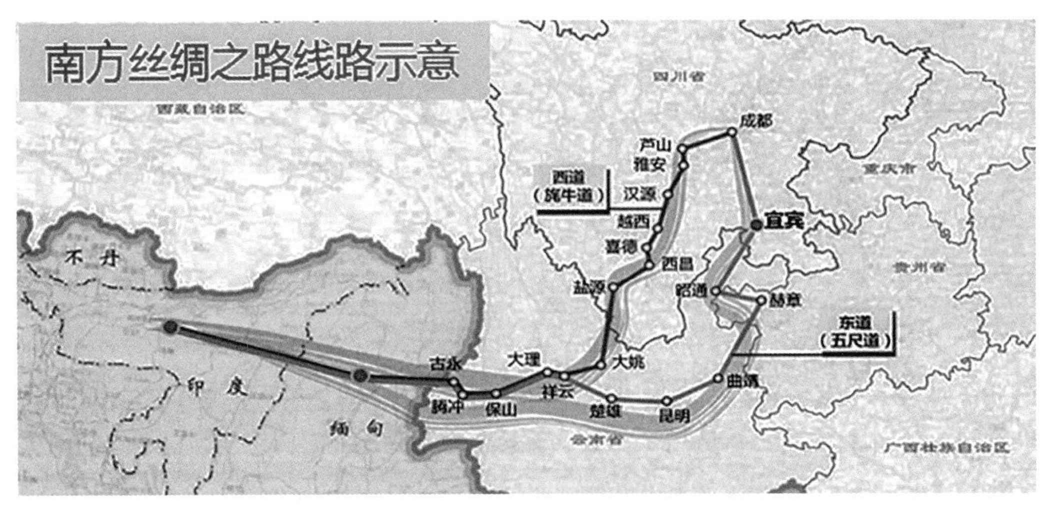

图 11-6　南方丝绸之路线路示意图

（4）环境特征四：康益胜地——康益宜游的生态环境。

①环境优良，生态地位突出。在《四川生态省建设规划纲要》中，宜宾市的主要目标是重点建设生态城市，进行循环经济示范。在《四川省环境保护“十二五”规划》中，宜宾是金沙江流域生态带、长江流域生态带和岷江—大渡河流域生态带交汇点。

②康益舒适，休闲度假条件良好。位于川南“优质生活”地域，舒适性、康益性、安全性均良好，具有较高的休闲度假发展潜力。

参考文献

[1] ANUKUL KANCHANASOOK，张清，钟永德 . 生态旅游资源分类研究进展 [J] . 中南林业科技大学学报（社会科学版），2018，12（03）：88-92.

[2] Blunmenschein K，Johannesson M. Use of contingent valuation to place a monetary value on pharmacy services：an overview and review of the literature [J] . Clinical Therapeutics，1999，21（8）：1402-1417.

[3] Bockstael N E，Strand I E，Hanemann W H. Time and the recreation demand model [J] . American Journal of Agricultural Economics，1987（59）：259-278.

[4] Clark J，Harrison C M. “I struggled with this money business”：respondents’ perspectives on contingent valuation [J]. Ecological Economics，2000（33）：45-62.

[5] CONFORTI J M. Ghettos as tourism attractions [J] . Annals of Tourism Research，1996，23（4）：830-842.

[6] Cosgrove D. Landscape studies in geography and cognate fields of the humanities and social science [J] . Landscape Research，1990，15（3）：1-6.

[7] Graik K H. Individual variation in landscape description [A] .Zuba E H，Brush R O，Fabos J G. Landscape Assessment [C] . Huthinson & Ross，1975.

[8] Harrison C，Limb M，Burgess J. Recreation 2000：views of county from the city [J] . Landscape Research，1986，11（2）：19-24.

[9] HERBERT D T. Artistic and literary places in France as tourist attractions [J] . Tourism Management，1996，17（2）：77-85.

[10] LEIPER N. Tourist attraction systems [J] . Annals of Tourism Research，1990，17：367-384.

[11] LEW A. A framework of tourist attraction research [J] . Annals of Tourism Research，1987，14：553-575.

[12] Lothinan A.Landscape and the philosophy of aesthetics：is landscape quality inherent in the landscape or in the eye of the beholder [J] .Landscape and Urban Planning，1999（44）：177-198.

[13] MACCANNELL D. The Tourist：A New Theory of the Leisure Class [M] . New York：Schocken Books，1976.

[14] MAKENSJC. The importance of US. historic sites as visitor attractions [J]. Journal of Travel Research，1987，25：8–12.

[15] NOLANML，NOLANS. Religious sites as tourism attractions in Europe [J]. Annals of Tourism Research，1992，19：68–78.

[16] Osgood C E，Suci G J Factor analysis of meaning [J] .Journal of Experimental Psychology，1955，50（5）：325–338.

[17] Price C. Valuation of unpriced products：contingent valuation，cost–benefit analysis and participatory democracy [J]. Land Use Policy，2000（17）：187–196.

[18] Rakesh P，Geevarghese G A，Ram B P. Valuation of landmass degradation using fuzzy hedonic method：a case study of national capital region [J]. Environment and Resource Economics，1999（14）：519– 543.

[19] Randall A. Beyond the crucial experiment：mapping the performance characteristics of contingent valuation [J]. Resources and Energy Economics，1998（20）：197–206.

[20] Rolfe J. Choice modeling and its potential application to tropical rainforest preservation [J]. Ecological Economics，2000（35）：289–302.

[21] SEARS J F. Sacred Places：American Tourist Attractions in the Nineteenth Century [M]. Amherst：University of Massachusetts Press，1998：6

[22] Smith V K，Desvousges W H，McGivney M P. The opportunity cost of travel time in recreation demand mode [J]. Land Economics，1983（59）：259–278.

[23] Spash C L. Ecosystems，contingent valuation and ethics：the case of wetland recreation [J]. Ecological Economics，2000（34）：195–215.

[24] TIMOTHY D J. Political boundaries and tourism：Borders as tourist attractions [J]. Tourism Management，1995，16（7）：525–532.

[25] WALL G. Tourism attractions：Points，lines，and areas [J]. Annals of Tourism Research，1997，24（1）：240–243.

[26] WANG N. Vernacular house as an attraction：Illustration from hutong tourism in Beijing [J]. Tourism Management，1997，18（8）：573–580.

[27] 安应民.关于加快旅游标准化建设的思考 [J].标准科学，2009（01）：31–34+46.

[28] 白凯，王馨.《旅游资源分类、调查与评价》国家标准的更新审视与研究展望 [J].自然资源学报，2020，35（07）：1525–1540.

[29] 查爱苹，邱洁威.国外旅游资源经济价值研究述评 [J].经济问题探索，2015（02）：183–190.

[30] 巢奎鹏，宗鹏.旅游环境质量评价模型研究 [J].桂林旅游高等专科学校学报，2007（02）：227–230.

[31] 陈传康，刘振礼.旅游资源鉴赏与开发 [M].上海：同济大学出版社，

1990.

［32］陈述彭，周成虎，陈秋晓．格网地图的新一代［J］．测绘科学，2004，29（4）：1–4.

［33］陈学章．对当前旅游标准化工作的思考与建议［J］．标准科学，2010（08）：51–55.

［34］程道品，林治．模糊评价法在旅游资源评价中的应用［J］．桂林工学院学报，2001（02）：186–190.

［35］崔凤军．旅游环境研究的几个前沿问题［J］．旅游学刊，1998，（5）：35–39.

［36］丁季华．旅游资源学［M］．上海三联书店，1999.

［37］丁任重，廖瑾．中国旅游业发展中的矛盾及调整思路［J］．财经科学，2004（02）：104–107.

［38］窦群．我国旅游标准体系的构筑、作用及其展望［J］．中国标准化，2000（11）：43–44.

［39］范保宁．区域旅游资源评价探讨［J］．商学论坛．广东商学院学报，1997（04）：59–61.

［40］傅文伟．旅游资源评估与开发［M］．杭州大学出版社，1994.

［41］甘枝茂，马耀峰．旅游资源与开发［M］．南开大学出版社，2000.

［42］郭来喜，吴必虎，刘锋等．中国旅游资源分类系统与类型评价［J］．地理学报，2000（03）：294–301.

［43］国家旅游局资源开发司，中国科学院地理研究所．中国旅游资源普查规范（试行稿）［M］．中国旅游出版社：1993.

［44］何力，李泽华．走向世界的中国旅游标准化工作［J］．中国标准化，2003（07）：17–20.

［45］胡书玲，牟晓娟．以旅游规划为导向的旅游资源评价研究［J］．当代经济，2012（8）：2.

［46］黄震方，葛军莲，储少莹．国家战略背景下旅游资源的理论内涵与科学问题［J］．自然资源学报，2020，35（07）：1511–1524.

［47］贾慧敏．基于模糊综合评价模型的旅游资源评价［J］．科技和产业，2009，9（03）：28–30+49.

［48］蒋勇军，况明生，齐代华等．基于 GIS 的重庆市旅游资源评价，分析与规划研究［J］．自然资源学报，2004，19（1）：9.

［49］李江，段杰．区域旅游资源评价基本方法及其在天水旅游区的应用［J］．西北师范大学学报（自然科学版），2000（02）：81–85.

［50］李明龙，戴光全．旅游资源的包装与景区景点的可持续发展［J］．江西科技师范大学学报，2000（3）：75–78.

［51］李文苗，吴国清，丁水英．我国旅游标准化发展状况研究［J］．标准科学，

2010（10）：30–35.

［52］梁修存，丁登山．国外旅游资源评价研究进展［J］．自然资源学报，2002（02）：253–260.

［53］刘佳，张雨苗．国内外旅游资源非使用价值评估研究综述［J］．热带地理，2017，37（01）：130–141.

［54］刘家明．从规划实践看旅游资源开发评价［J］．旅游学刊，2006（01）：9–11.

［55］刘洋，邵景安，梁修银等．全域旅游视角下我国地质旅游资源研究现状与展望［J］．重庆工商大学学报（自然科学版），2020，37（04）：63–73.

［56］刘益．从旅游规划角度论《旅游资源分类，调查与评价》的实践意义［J］．旅游学刊，2006，21（1）：2.

［57］刘振礼．旅游环境的概念及其他［J］．旅游学刊，1989，58（4）：1–3.

［58］罗芬，黄清麟，张寅等．森林旅游资源分类与调查及评价研究进展［J］．世界林业研究，2014，27（06）：8–13.

［59］罗浩，冯润．论旅游景区、旅游产品、旅游资源及若干相关概念的经济性质［J］．旅游学刊，2019，34（11）：116–123.

［60］罗艳，李荣彪．国内外旅游资源评价研究综述［J］．凯里学院学报，2015，33（01）：88–92.

［61］马慧琴，李优锋．我国旅游资源开发利用的现状分析及其对策［J］．生产力研究，2002（5）：3.

［62］潘雅辉．旅游资源规划系统及应用［J］．测绘科学，2011，36（5）：4.

［63］齐武福．地质公园旅游资源研究进展［J］．绿色科技，2011（05）：46–48+53.

［64］秦登妹，黄鹄，黎树式等．海滩旅游资源评价研究进展与展望［J］．钦州学院学报，2019，34（03）：1–7.

［65］冉雯瑞．中国生态旅游资源研究进展、问题与对策［J］．安徽农学通报，2017，23（23）：114–116.

［66］邵秀英，李静．古村落旅游地旅游环境评价及案例研究——以碛口古镇为例［J］．旅游科学，2007，（06）：62–66.

［67］石德旺．论旅游资源的保护性开发［J］．焦作大学学报，2006.

［68］苏文才，孙文昌．旅游资源学［M］．高等教育出版社，1998.

［69］孙根年．论旅游环境的性质与旅游环境学的任务［J］．河南大学学报，1993.

［70］佟玉权．旅游资源的模糊性及其评价［J］．桂林旅游高等专科学校学报，1998（02）：15–16.

［71］王建军．旅游资源分类与评价问题的新思考［J］．旅游学刊，2005（06）：7–8.

［72］王嵘山．中国旅游标准化工作成效回顾［J］．旅游学刊，2008（11）：8–10.

［73］王湘．论旅游地的旅游环境质量评价［J］．北京联合大学学报，2001，15

（2）：35-38.

［74］王英杰，张桐艳，李鹏等．GIS 在中国旅游资源研究与应用中的现状及趋势［J］．地球信息科学学报，2020，22（04）：751-759.

［75］吴必虎．区域旅游规划原理［M］．中国旅游出版社，2001.

［76］肖星，严江平．旅游资源与开发［M］．中国旅游出版社，2000.

［77］朱鹤，甘萌雨，陈佳等．新时代的旅游资源研究：保护利用与创新发展——旅游地理青年学者笔谈［J］．自然资源学报，2020，35（4）：25.

［78］徐菊凤，任心慧．旅游资源与旅游吸引物：含义、关系及适用性分析［J］．旅游学刊，2014，29（07）：115-125.

［79］徐军．探析旅游环境保护内涵［J］．旅游学刊，1998，（5）：40-43.

［80］杨芳．基于 GIS 的旅游资源开发与规划探讨［J］．资源节约与环保，2013（6）：2.

［81］杨冠雄．试论旅游资源开发规划［J］．旅游学刊，1988（S1）：26-29.

［82］杨桂华．旅游资源学［M］．云南大学出版社，1994.

［83］杨振之．旅游资源开发与规划［M］．北京大学出版社，2013.

［84］尹泽生．旅游资源调查、评价实用技术方法提要，2000.

［85］尹泽生，宋关福．区域旅游资源评价基本原理［J］．旅游学刊，1995（05）：39-42+61.

［86］尹泽生．中国旅游资源的合理开发与旅游业的可持续发展

［87］尹泽生，马绍嘉．旅游资源特征值评价，中国旅游业可持续发展研究［M］．河北科学技术出版社，1999.

［88］尹泽生．旅游资源详细调查实用指南：GB/T 18972—2003《旅游资源分类，调查与评价》理解与实施［M］．中国标准出版社，2006.

［89］应月芳．我国旅游环境评价体系的建立［J］．金华职业技术学院学报，2005，4（5）：15-18.

［90］张广海，王佳．国内旅游资源研究进展述评［J］．青岛酒店管理职业技术学院学报，2010，2（04）：6-9.

［91］张广海，王佳．中国医疗旅游资源及功能区划研究［J］．资源科学，2012，34（07）：1325-1332.

［92］张进福．旅游吸引物属性之辨［J］．旅游学刊，2020，35（02）：134-146.

［93］张凌云，朱莉蓉．中外旅游标准化发展现状和趋势比较研究［J］．旅游学刊，2011，26（05）：12-21.

［94］张颖．论旅游资源的保护与开发［J］．商业经济，2004（06）：128-129.

［95］中国自然资源学会．中国资源科学学科史．北京：中国科学技术出版社，2017.

［96］中华人民共和国国家质量监督检验检疫总局，2003，中华人民共和国国家标准，GB/T18972—2003，旅游资源分类、调查与评价

［97］周建明．旅游资源分类评价的规划学研究［J］．国土与自然资源研究，1999（03）：67–70.

［98］周进步，庞规荃，秦关民．现代中国旅游地理学［M］．青岛出版社，1998.

［99］朱竑．从五种矛盾论旅游资源分类、调查与评价的国际视野和发展眼光［J］．旅游学刊，2005（06）：8–9.

［100］邹智深，苏勇军．国内滨海旅游研究进展与展望［J］．海洋经济，2015，5（04）：18–25.